2016 中国工业统计年鉴

上册

CHINA INDUSTRY STATISTICAL YEARBOOK

Volume 1

中华人民共和国国家统计局工业统计司 编

Compiled by Department of Industry Statistics,
National Bureau of Statistics of China

中国统计出版社
China Statistics Press

图书在版编目（CIP）数据

中国工业统计年鉴. 2016 / 中华人民共和国国家统计局工业统计司编. -- 北京 : 中国统计出版社, 2016.9
ISBN 978-7-5037-7964-0

Ⅰ. ①中… Ⅱ. ①国… Ⅲ. ①工业统计－中国－2016－年鉴 Ⅳ. ①F42-54

中国版本图书馆 CIP 数据核字(2016)第 216246 号

中国工业统计年鉴-2016（上、下册）

编　　者/中华人民共和国国家统计局工业统计司
责任编辑/许立舫
封面设计/何　平　张　冰
出版发行/中国统计出版社
通信地址/北京市丰台区西三环南路甲 6 号　邮政编码/100073
电　　话/邮购（010）63376909　书店（010）68783171
网　　址/http://www.zgtjcbs.com/
印　　刷/河北鑫宏源印刷包装有限责任公司
经　　销/新华书店
开　　本/880mm×1230mm　1/16
字　　数/250 千字
印　　张/16.25
版　　别/2016 年 11 月第 1 版
版　　次/2016 年 11 月第 1 次印刷
定　　价/528.00 元

如有印装差错，由本社发行部调换。

《中国工业统计年鉴—2016》
编辑出版人员

顾　　问：宁吉喆　许宪春

总 编 辑：赵云城

副总编辑：张卫华　周学文　江　源　杨玉民　徐　辉

编　　委：于新华　何　平　李　阳　隋秀芹　刘玉麒　于建勋

编辑部主任：何　平　赵淑焕

编　　辑：王　新　陈　星　常文莉　徐　涛　余传鑫

其他参与编辑人员：（按姓氏笔画排列）

于卫宁　万舒晨　王　力　孙　晓　刘　瑛

刘　畅　刘耀东　许立舫　李晓冬　张　琪

陈颖婷　董咏梅　蒋　睿

编 者 说 明

一、《中国工业统计年鉴 2016》是一部全面反映中国工业经济发展情况的资料性年刊，系统地收录了2015年全国各经济类型、各工业行业和各省、自治区、直辖市等工业经济各方面的统计数据，以及部分重要历史数据。

二、全书包括四大部分内容：综合数据、分行业数据、分地区数据和附录。主要反映中国工业经济的发展、中国工业经济的行业结构、中国工业经济的地区布局，以供社会各界了解和研究我国工业经济发展情况使用和参考。

三、本书所涉及的全国工业统计数据，均未包括香港特别行政区、澳门特别行政区和台湾省的数据。1997年及以前，我国工业统计范围按隶属关系划分，1998年及以后年份改变为按企业规模划分。书中1998年至2006年为全部国有及年主营业务收入在500万元及以上非国有工业企业；2007年至2010年为全部年主营业务收入在500万元及以上的工业企业；2011年及以后年份为年主营业务收入在2000万元及以上的工业企业。

目　录

一、综合数据

二、分行业数据

三、分地区数据

四、附录

一、综合数据

1-1　工业企业单位数

单位：万个

年　份	全国总计	国有控股	私　营	外商投资和港澳台商投资
1999	16.20	5.07	1.46	2.68
2000	16.29	5.35	2.21	2.84
2001	17.13	4.68	3.62	3.14
2002	18.16	4.11	4.92	3.45
2003	19.62	3.43	6.76	3.86
2004	27.65	3.56	11.94	5.72
2005	27.18	2.75	12.38	5.64
2006	30.20	2.50	14.97	6.09
2007	33.68	2.07	17.71	6.75
2008	42.61	2.07	24.59	7.78
2009	43.44	2.05	25.60	7.54
2010	45.29	2.03	27.33	7.41
2011	32.56	1.71	18.06	5.72
2012	34.38	1.79	18.93	5.69
2013	36.98	1.86	20.84	5.74
2014	37.79	1.88	21.38	5.52
2015	38.31	1.93	21.65	5.28

注：1. 统计范围1998～2006年为全部国有及年产品销售收入在500万元及以上非国有工业企业。
　　2. 2007年至2010年为年主营业务收入在500万元及以上的工业企业。
　　3. 2011年及以后年份为年主营业务收入在2000万元及以上工业企业(下表同)。

1-2　资产总计

单位：亿元

年　份	全国总计	国有控股	私　营	外商投资和港澳台商投资
1999	116968.89	80471.69	2289.21	23018.92
2000	126211.24	84014.94	3873.83	25714.06
2001	135402.49	87901.54	5901.98	28354.46
2002	146217.78	89094.60	8759.62	31513.76
2003	168807.70	94519.79	14525.29	39260.26
2004	215358.00	109708.25	23724.80	55601.79
2005	244784.25	117629.61	30325.12	64308.47
2006	291214.51	135153.35	40514.83	77108.65
2007	353037.37	158187.87	53304.95	96367.04
2008	431305.55	188811.37	75879.59	112145.01
2009	493692.86	215742.01	91175.60	124477.56
2010	592881.89	247759.86	116867.83	148552.32
2011	675796.86	281673.87	127749.86	161987.74
2012	768421.20	312094.37	152548.13	172320.28
2013	870751.07	343985.88	187704.40	188661.42
2014	956777.20	371308.84	213114.42	198162.05
2015	1023398.12	397403.65	229006.48	201302.69

1-3 流动资产合计

单位：亿元

年 份	全 国	国有控股	私 营	外商投资和港澳台商投资
1999	49630.23	31042.81	1217.04	11127.85
2000	54338.15	32628.81	1910.75	12849.54
2001	57804.97	33239.63	3130.00	14029.75
2002	63468.46	33468.77	4686.53	16237.04
2003	76163.74	36125.14	7838.48	21489.84
2004	97183.74	39376.20	13080.46	30615.15
2005	111031.41	42155.31	16426.01	35303.97
2006	132310.12	46713.09	22035.64	42674.93
2007	163259.62	54997.45	29412.56	53781.51
2008	195681.75	65493.98	40572.42	60340.18
2009	223038.68	74113.99	47550.43	69082.13
2010	279227.32	90810.23	61798.67	84328.64
2011	327778.65	106550.42	69059.45	95334.64
2012	368200.71	115385.64	81049.07	100289.94
2013	413490.92	124529.35	99272.00	108770.23
2014	445742.36	131827.32	108457.83	113723.57
2015	469207.26	138438.19	114893.16	114480.95

1-4 固定资产原价

单位：亿元

年 份	全 国	国有控股	私 营	外商投资和港澳台商投资
1999	71847.09	53146.30	1034.21	12747.02
2000	78646.30	57294.96	1651.37	14318.30
2001	86293.10	61782.45	2741.06	16700.30
2002	93887.95	64521.95	3959.95	18726.88
2003	105557.09	69701.11	6228.85	21818.93
2004	125761.85	76599.42	9992.56	29387.92
2005	143143.63	83515.49	12983.32	34266.82
2006	168850.20	96085.32	17316.09	40865.54
2007	198739.27	110084.72	22383.18	49543.59
2008	245352.80	129146.64	34437.22	60440.68
2009	278541.09	145330.28	42366.46	65507.53
2010	334839.41	165601.04	56459.89	77608.97
2011	386086.72	185896.57	65621.77	84358.88
2012	434474.27	204603.12	79904.05	91410.29
2013	499404.09	226435.38	103175.81	102638.41
2014	563859.94	255218.27	120249.25	109131.50
2015	603273.76	272563.10	128858.36	112222.44

1-5 负债合计

单位：亿元

年 份	全 国	国有控股	私 营	外商投资和港澳台商投资
1999	72322.98	49877.69	1367.12	13287.86
2000	76743.84	51239.61	2208.83	14658.92
2001	79843.42	52025.60	3527.40	15558.91
2002	85857.42	52837.08	5192.26	17136.03
2003	99527.97	55990.53	8781.24	21763.06
2004	124847.41	62005.79	14529.31	31278.34
2005	141509.84	66653.58	18038.87	36459.37
2006	167322.23	76012.52	23946.79	43398.56
2007	202913.68	89372.34	31120.19	55168.22
2008	248899.38	111374.72	42825.30	62831.00
2009	285732.81	130098.87	50495.45	69928.77
2010	340396.39	149432.08	64068.41	82038.76
2011	392644.64	172289.91	69744.77	92130.82
2012	445371.75	191349.97	82699.28	97414.09
2013	505694.32	214230.57	101333.98	106197.33
2014	547031.43	230132.08	111130.10	109924.35
2015	579310.47	246147.12	118651.48	109679.81

1-6 所有者权益

单位：亿元

年 份	全 国	国有控股	私 营	外商投资和港澳台商投资
1999	44618.80	30566.88	922.10	9730.41
2000	49406.88	32714.81	1664.99	11054.36
2001	55424.40	35741.27	2374.59	12794.29
2002	60242.01	36139.17	3567.35	14359.94
2003	69129.56	38381.02	5743.95	17473.30
2004	90286.70	47479.25	9195.48	24298.79
2005	102882.02	50625.00	12286.22	27770.72
2006	123402.54	58656.37	16567.96	33663.65
2007	149876.15	68568.59	22184.60	41198.76
2008	182353.38	77388.89	33051.48	49307.20
2009	206688.83	85186.57	40383.67	54251.47
2010	251160.35	98085.57	52295.51	66258.92
2011	282003.81	109233.21	57479.12	69702.34
2012	320614.07	120336.83	68946.35	74485.85
2013	361263.38	128655.24	84938.19	81845.13
2014	405981.71	141476.81	99880.35	87595.32
2015	440932.66	151107.60	108660.59	91126.75

1-7 主营业务收入

单位：亿元

年　份	全　国	国有控股	私　营	外商投资和港澳台商投资
1999	69851.73	35950.70	2921.58	17966.55
2000	84151.75	42203.12	4791.50	22545.74
2001	93733.34	44443.52	7982.43	26022.08
2002	109485.77	47844.21	11971.63	31189.27
2003	143171.53	58027.15	19733.77	43607.63
2004	198908.87	71430.99	33487.25	65105.85
2005	248544.00	85574.18	45801.43	78564.46
2006	313592.45	101404.62	64817.70	98936.12
2007	399717.06	122617.13	90277.81	125497.96
2008	500020.07	147507.90	131525.40	146613.62
2009	542522.43	151700.55	156603.57	150263.06
2010	697744.00	194339.68	207838.22	188729.41
2011	841830.24	228900.13	247277.89	216304.29
2012	929291.51	245075.97	285621.48	221948.78
2013	1038659.45	257816.87	342002.60	242964.16
2014	1107032.52	262692.28	372175.70	252630.07
2015	1109852.97	241668.91	386394.60	245697.55

1-8 主营业务成本

单位：亿元

年　份	全　国	国有控股	私　营	外商投资和港澳台商投资
1999	57339.52	28919.13	2485.20	14824.32
2000	68653.95	33473.62	4121.97	18583.27
2001	77259.89	35522.47	6947.43	21677.74
2002	90243.76	38048.00	10433.80	25907.35
2003	118638.47	45987.63	17194.65	36604.09
2004	167246.40	57187.96	29452.27	55649.54
2005	209862.52	69302.41	39914.50	67862.98
2006	264696.60	81957.80	56316.16	84903.31
2007	334598.64	98515.08	77335.75	106981.42
2008	423295.75	122504.18	112220.27	125931.62
2009	457510.01	124590.48	134374.58	127247.80
2010	585256.80	158727.43	177049.48	159273.10
2011	708091.99	187783.79	210191.52	183931.68
2012	784541.19	202600.35	243192.10	189558.50
2013	880679.68	213204.73	293764.75	207255.74
2014	943369.58	217409.68	322482.84	215004.20
2015	944857.26	199927.31	334569.19	208266.54

1-9 利润总额

单位：亿元

年 份	全 国	国有控股	私 营	外商投资和港澳台商投资
1999	2288.24	997.86	121.52	753.93
2000	4393.48	2408.33	189.68	1282.48
2001	4733.43	2388.56	312.56	1442.95
2002	5784.48	2632.94	490.23	1877.22
2003	8337.24	3836.20	859.64	2777.44
2004	11929.30	5453.10	1429.74	3875.97
2005	14802.54	6519.75	2120.65	4140.81
2006	19504.44	8485.46	3191.05	5384.06
2007	27155.18	10795.19	5053.74	7527.38
2008	30562.37	9063.59	8302.06	8242.63
2009	34542.22	9287.03	9677.69	10107.05
2010	53049.66	14737.65	15102.50	15019.55
2011	61396.33	16457.57	18155.52	15494.22
2012	61910.06	15715.99	20191.90	13965.94
2013	68378.91	15917.68	23327.08	15802.58
2014	68154.89	14508.02	23550.42	16577.31
2015	66187.07	11416.72	24249.73	15905.78

1-10 平均用工人数

单位：万人

年 份	全 国	国有控股	私 营	外商投资和港澳台商投资
1999	5805.05	3394.58	229.06	791.86
2000	5559.36	2995.25	346.42	852.96
2001	5441.43	2675.11	541.52	938.98
2002	5520.66	2423.63	732.90	1054.34
2003	5748.57	2162.87	1027.61	1258.67
2004	6622.09	1973.20	1515.43	1755.26
2005	6895.96	1874.85	1692.06	1899.64
2006	7358.43	1804.00	1971.01	2118.07
2007	7875.20	1742.99	2252.91	2353.04
2008	8837.63	1794.10	2871.89	2579.42
2009	8831.22	1803.37	2973.84	2450.43
2010	9544.71	1836.34	3312.06	2645.73
2011	9167.29	1811.98	2956.41	2574.14
2012	9567.32	1892.77	3121.30	2573.82
2013	9791.46	1889.49	3359.39	2536.07
2014	9977.21	1842.67	3505.32	2472.38
2015	9775.02	1777.83	3463.98	2355.44

1-11 分注册类型规模以上

分 组	企业单位数(个)	工业销售产值(当年价格)	出口交货值	资产总计	固定资产合计
总 计	**383148**	**1104026.70**	**116013.09**	**1023398.12**	**377568.47**
一、按登记注册类型分组:					
内资企业	330390	858603.77	43064.52	822095.43	316191.58
国有企业	3234	43594.48	486.98	71514.87	31772.08
中央企业	743	31788.20	332.51	53775.83	23421.93
地方企业	2491	11806.28	154.48	17739.04	8350.14
集体企业	2637	6582.79	286.54	5092.53	1252.05
股份合作企业	1136	1470.55	79.96	940.34	249.37
联营企业	147	281.30	9.43	190.13	48.84
国有联营企业	18	48.49	8.24	52.62	12.34
集体联营企业	57	72.51	0.99	34.43	12.85
国有与集体联营企业	29	33.85	0.20	61.40	6.07
其他联营企业	43	126.46		41.68	17.57
有限责任公司	94299	314906.09	15410.82	374094.85	151934.24
国有独资公司	3179	43057.69	1278.95	85436.77	37182.93
其他有限责任公司	91120	271848.40	14131.87	288658.07	114751.30
股份有限公司	11061	97332.58	7298.49	139031.35	48513.35
私营企业	216506	391618.21	19407.40	229006.48	81327.57
私营独资企业	14671	21070.90	608.11	8497.00	3738.12
私营合伙企业	2501	3356.73	120.17	1547.83	664.50
私营有限责任公司	190410	339533.16	17151.53	198077.46	70486.35
私营股份有限公司	8924	27657.44	1527.59	20884.20	6438.60
其他企业	1370	2817.76	84.90	2224.88	1094.08
港澳台商投资企业	24488	96995.39	31331.09	83244.01	24176.62
与港澳台商合资经营企业	7436	32320.20	5581.57	31112.39	9876.45
与港澳台商合作经营企业	625	2295.11	533.53	1716.42	656.35
港澳台商独资企业	15854	58248.49	24331.55	45706.74	12501.39
港澳台商投资股份有限公司	487	3802.72	745.48	4429.04	1005.05
其他港澳台商投资企业	86	328.87	138.96	279.42	137.38
外商投资企业	28270	148427.55	41617.48	118058.68	37200.28
中外合资经营企业	9958	68619.94	9973.57	56275.03	18105.28
中外合作经营企业	630	2527.47	599.65	2346.43	733.24
外资企业	17024	72162.45	29768.34	52850.78	16489.10
外商投资股份有限公司	465	4509.76	1146.13	6069.87	1693.89
其他外商投资企业	193	607.93	129.79	516.57	178.77
二、在总计中：亏损企业	48248	107435.16	10534.09	207164.95	81557.54
在总计中：国有控股企业	19273	228359.19	8516.83	397403.65	174671.96
在总计中：大型企业	9633	405225.93	65334.65	476028.20	171743.14
中型企业	54070	275163.79	28452.07	242810.41	90770.92
小型企业	319445	423636.98	22226.36	304559.51	115054.41

工业企业主要经济指标

单位：亿元

固定资产原价	累计折旧	流动资产合计	应收账款	存货	产成品	负债合计
603273.76	**257455.69**	**469207.26**	**117246.31**	**102804.00**	**39501.15**	**579310.47**
491051.33	203173.98	354726.32	81291.23	79181.82	30567.37	469630.65
53716.79	24509.31	19177.39	2687.55	4255.54	954.41	40429.35
41206.23	19373.06	12421.75	1776.38	3085.15	626.39	29346.14
12510.55	5136.25	6755.64	911.17	1170.38	328.01	11083.21
2141.85	983.39	3128.64	449.28	456.39	251.78	3008.36
462.71	236.46	541.14	159.55	112.73	50.15	468.10
81.17	35.19	108.12	23.17	19.20	10.06	109.08
23.53	11.64	28.68	8.33	6.07	2.91	42.85
19.29	7.04	15.65	4.61	4.42	2.88	13.49
14.17	8.62	45.90	6.73	4.86	2.45	35.24
24.18	7.88	17.89	3.51	3.85	1.81	17.50
222848.66	85557.22	156451.11	34651.51	35893.99	12462.53	233367.37
55070.82	22789.09	29974.38	5211.23	6988.71	1845.90	54558.62
167777.84	62768.13	126476.73	29440.28	28905.28	10616.63	178808.75
81076.32	36879.98	59541.09	12514.74	12201.31	4697.45	72606.73
128858.36	54120.33	114893.16	30628.35	26063.47	12075.10	118651.48
5972.66	2496.05	3602.55	903.87	638.39	333.32	3238.16
971.55	366.48	605.84	147.13	96.32	50.16	641.61
112282.71	47566.41	99930.99	26847.66	23071.45	10739.93	105087.74
9631.45	3691.38	10753.78	2729.69	2257.32	951.70	9683.97
1865.47	852.11	885.66	177.08	179.20	65.89	990.18
43251.68	20507.59	47835.88	15042.74	9745.48	3858.82	46666.60
16996.04	7579.40	16474.71	4069.77	3138.88	1367.99	18303.18
1429.55	858.06	911.09	188.01	181.44	53.07	851.64
22761.62	11111.47	28008.73	10108.23	5962.29	2266.08	25575.51
1895.14	904.92	2332.46	648.23	441.56	163.02	1786.69
169.32	53.73	108.89	28.50	21.31	8.66	149.58
68970.75	33774.12	66645.07	20912.34	13876.70	5074.96	63013.21
31663.20	14557.05	30827.01	8331.11	6052.41	2253.36	31862.05
1672.58	1012.49	1281.84	321.29	224.83	77.52	1163.49
32206.86	16504.98	31669.48	11566.78	6958.24	2532.57	26746.01
3172.92	1610.53	2590.56	600.94	576.30	183.20	2934.02
255.20	89.07	276.19	92.22	64.92	28.31	307.65
121913.66	49454.81	85660.35	17804.38	20431.24	7845.78	154387.22
272563.10	114090.80	138438.19	26553.48	31760.17	9128.14	246147.12
284245.35	128531.62	212169.27	47249.97	46476.30	14954.67	281147.08
146698.77	62703.02	113295.12	28665.95	24281.51	10175.30	135561.25
172329.64	66221.05	143742.87	41330.39	32046.19	14371.18	162602.13

1-11 续表 1

分组	流动负债合计	应付账款	所有者权益合计	实收资本	国家资本
总计	**431884.87**	**116886.00**	**440932.66**	**213182.37**	**53076.32**
一、按登记注册类型分组:					
内资企业	339853.88	83653.50	349805.90	162291.59	50369.47
国有企业	25270.50	7120.70	31104.64	14988.91	13170.98
中央企业	18278.96	5479.77	24431.61	12602.74	11429.76
地方企业	6991.54	1640.92	6673.03	2386.16	1741.22
集体企业	2455.29	600.50	2019.27	529.69	7.02
股份合作企业	387.61	103.96	468.26	159.38	3.22
联营企业	92.90	19.38	78.82	37.68	17.85
国有联营企业	39.05	5.31	9.77	5.90	4.10
集体联营企业	7.92	2.81	19.56	7.48	0.01
国有与集体联营企业	33.37	7.96	26.26	14.56	12.25
其他联营企业	12.56	3.30	23.23	9.74	1.48
有限责任公司	161961.67	39539.76	140030.01	75138.20	25828.89
国有独资公司	34093.22	7921.49	30895.45	15126.21	11487.16
其他有限责任公司	127868.45	31618.26	109134.55	60011.99	14341.73
股份有限公司	53487.17	13691.99	66221.33	25732.23	9790.48
私营企业	95559.52	22340.87	108660.59	45401.69	1534.01
私营独资企业	2451.50	564.83	5113.46	1807.06	4.47
私营合伙企业	450.45	95.75	877.14	364.70	2.33
私营有限责任公司	84856.61	19981.99	91547.12	39528.28	1502.41
私营股份有限公司	7800.96	1698.31	11122.86	3701.65	24.79
其他企业	639.20	236.36	1222.99	303.81	17.03
港澳台商投资企业	39350.68	13437.70	36379.57	20431.26	931.44
与港澳台商合资经营企业	14961.20	3754.81	12743.61	7922.09	721.87
与港澳台商合作经营企业	693.03	161.21	859.74	418.57	52.09
港澳台商独资企业	22088.33	9079.86	20047.07	11038.15	118.25
港澳台商投资股份有限公司	1481.49	419.30	2599.33	967.81	37.29
其他港澳台商投资企业	126.63	22.52	129.82	84.63	1.95
外商投资企业	52680.31	19794.79	54747.18	30459.52	1775.40
中外合资经营企业	26381.93	9270.91	24294.33	12333.85	1480.67
中外合作经营企业	881.50	284.87	1179.65	593.67	82.37
外资企业	22967.11	9571.32	25938.73	16109.63	71.29
外商投资股份有限公司	2198.42	581.71	3125.62	1294.75	140.27
其他外商投资企业	251.36	85.99	208.85	127.62	0.80
二、在总计中：亏损企业	113683.24	25939.40	52415.10	49362.16	14265.64
在总计中：国有控股企业	161083.94	42173.03	151107.60	79070.03	49737.34
在总计中：大型企业	207775.02	59895.06	194826.78	81128.91	34141.79
中型企业	104357.48	26407.85	107120.92	51803.53	9458.57
小型企业	119752.38	30583.09	138984.95	80249.93	9475.96

单位：亿元

集体资本	法人资本	个人资本	港澳台资本	外商资本	主营业务收入	主营业务成本
4101.08	**73321.76**	**47459.19**	**13090.64**	**22234.05**	**1109852.97**	**944857.26**
3695.70	61647.05	45404.44	517.94	758.54	864155.41	736590.72
44.22	1654.05	73.09	1.64	19.32	45201.64	39588.24
15.68	1165.67	3.57	1.64	1.43	32140.12	28153.74
28.54	488.38	69.53		17.89	13061.52	11434.50
274.29	112.79	129.84	4.69	1.06	6726.92	5657.79
11.62	47.48	96.45	0.41	0.20	1499.31	1281.06
3.55	5.91	10.32	0.05		271.60	233.56
0.22	0.29	1.29			45.22	40.02
2.30	1.75	3.36	0.05		69.01	60.36
1.03	1.19	0.09			32.59	29.96
	2.68	5.58			124.78	103.22
2039.04	33113.87	13516.90	238.14	394.32	321610.14	272770.34
80.04	3244.97	160.45	43.04	113.13	46618.03	39172.89
1959.00	29868.90	13356.45	195.10	281.19	274992.12	233597.45
755.42	8983.39	5954.80	166.38	222.14	99630.68	80136.76
557.32	17586.54	25495.59	103.42	118.63	386394.60	334569.19
11.99	719.33	1048.73	5.32	17.22	20811.90	17875.51
3.56	110.62	247.00	0.24		3273.33	2767.95
461.80	15281.50	22110.89	82.70	83.71	335261.81	290967.42
79.96	1475.08	2088.97	15.16	17.69	27047.56	22958.32
10.23	143.03	127.44	3.20	2.87	2820.53	2353.77
141.98	5091.00	957.48	11229.74	2078.74	96925.99	83155.89
94.21	3638.45	504.54	2208.64	754.38	31870.24	27016.98
5.40	111.12	11.27	210.21	28.49	2268.58	1873.46
27.15	977.02	306.65	8367.62	1240.60	58643.74	50987.52
15.17	339.24	128.08	398.06	49.98	3819.64	2986.88
0.06	25.18	6.95	45.21	5.29	323.79	291.05
263.40	6583.71	1097.27	1342.96	19396.77	148771.56	125110.65
210.11	4710.97	646.44	498.80	4786.86	69030.36	57031.59
22.15	132.44	23.20	14.40	319.12	2503.68	2088.03
21.95	1310.82	305.98	784.66	13614.93	71946.68	61512.80
7.19	390.17	113.54	38.67	604.92	4685.92	3935.57
2.00	39.32	8.12	6.44	70.95	604.92	542.67
1393.50	18739.37	6164.73	2878.08	6059.86	113756.58	106859.39
894.86	24207.09	1967.39	506.86	1867.68	241668.91	199927.31
1217.51	25525.94	7245.71	4736.17	8374.36	421567.32	354972.97
1009.33	18503.74	11755.40	4263.16	6808.12	272360.51	230665.36
1874.25	29292.09	28458.08	4091.31	7051.56	415925.14	359218.93

1-11 续表 2

分 组	销售费用	管理费用	财务费用	利息收入	利息支出
总 计	**29150.24**	**43125.30**	**13494.24**	**1619.20**	**13029.77**
一、按登记注册类型分组:					
内资企业	21143.81	32584.02	11790.31	1204.48	11257.45
国有企业	625.94	1551.93	678.91	60.75	645.25
中央企业	407.56	882.47	487.83	44.52	452.31
地方企业	218.39	669.46	191.07	16.24	192.95
集体企业	235.61	271.51	50.95	8.76	49.60
股份合作企业	33.01	56.65	10.98	0.30	9.57
联营企业	4.61	13.83	2.35	0.11	1.65
国有联营企业	0.92	3.23	0.81	0.08	0.50
集体联营企业	0.95	2.21	0.54	0.01	0.31
国有与集体联营企业	0.52	2.86	0.20	0.01	0.17
其他联营企业	2.22	5.53	0.79	0.01	0.67
有限责任公司	7798.91	13114.46	5885.32	635.09	5798.14
国有独资公司	751.44	2151.11	1196.17	178.48	1333.97
其他有限责任公司	7047.47	10963.35	4689.15	456.61	4464.16
股份有限公司	3748.96	5196.66	1530.33	294.45	1686.17
私营企业	8618.52	12278.54	3602.95	198.50	3041.23
私营独资企业	437.46	565.35	154.00	2.88	110.13
私营合伙企业	83.50	112.89	25.07	0.37	15.98
私营有限责任公司	7350.26	10610.62	3137.27	161.59	2645.21
私营股份有限公司	747.31	989.68	286.62	33.66	269.91
其他企业	78.24	100.44	28.54	6.52	25.84
港澳台商投资企业	2802.06	3995.33	713.78	168.00	767.85
与港澳台商合资经营企业	925.04	1282.97	370.55	54.23	372.44
与港澳台商合作经营企业	36.96	78.16	25.39	3.29	26.25
港澳台商独资企业	1659.99	2394.72	289.97	101.48	333.10
港澳台商投资股份有限公司	169.27	230.14	25.99	7.81	34.44
其他港澳台商投资企业	10.79	9.34	1.89	1.19	1.61
外商投资企业	5204.37	6545.95	990.15	246.71	1004.47
中外合资经营企业	2305.24	2873.01	561.17	142.28	564.07
中外合作经营企业	90.10	101.27	27.65	7.22	25.75
外资企业	2573.30	3327.59	336.35	86.76	345.62
外商投资股份有限公司	219.30	221.30	59.98	10.26	63.86
其他外商投资企业	16.42	22.78	5.00	0.19	5.18
二、在总计中：亏损企业	3086.47	6788.92	3890.06	309.28	3572.46
在总计中：国有控股企业	5245.53	11191.53	5420.69	756.65	5688.21
在总计中：大型企业	12192.79	17176.93	5563.80	1066.69	5937.48
中型企业	7373.18	11193.02	3305.70	315.79	3232.97
小型企业	9584.27	14755.35	4624.75	236.71	3859.32

单位：亿元

投资收益（损失以“-”号记）	营业利润	利润总额	亏损企业亏损额	平均用工人数（万人）
3027.94	**63925.89**	**66187.07**	**9366.84**	**9775.02**
2545.09	48511.55	50281.30	7326.74	7419.58
460.36	1896.82	2107.71	616.59	296.25
413.92	1367.46	1499.39	425.84	162.83
46.44	529.37	608.32	190.74	133.42
12.55	496.82	509.45	17.62	66.84
-1.56	106.01	108.93	4.66	15.56
0.14	15.38	10.98	5.37	2.77
-0.01	-0.85	-0.68	3.32	0.43
0.02	4.18	4.16	0.18	0.86
	-0.94	-0.51	1.65	0.46
0.12	13.00	8.01	0.22	1.03
897.87	15674.71	16712.49	3831.21	2754.09
369.49	839.41	1285.48	930.08	410.13
528.38	14835.30	15427.01	2901.13	2343.97
1418.67	5848.20	6447.74	1754.05	793.42
-240.02	24345.29	24249.73	1041.90	3463.98
-16.71	1561.33	1539.87	19.61	191.03
-2.45	236.02	230.67	8.76	40.95
-260.90	20645.87	20562.81	941.47	3016.98
40.05	1902.08	1916.38	72.04	215.02
-2.93	128.31	134.26	55.34	26.67
173.00	5760.97	5948.33	717.71	1171.23
30.71	2122.95	2198.02	201.48	298.87
-0.91	182.16	189.85	10.21	21.88
76.86	3141.32	3222.69	421.06	811.18
65.84	304.65	327.26	79.78	36.19
0.50	9.89	10.51	5.18	3.12
309.85	9653.37	9957.45	1322.39	1184.21
212.45	5243.33	5445.22	578.30	405.61
3.66	181.53	183.93	25.30	21.79
13.99	3933.67	3995.91	690.96	713.23
78.50	283.13	317.31	16.89	36.78
1.26	11.71	15.08	10.95	6.80
125.41	-9750.70	-9366.84	9366.84	1543.67
2521.76	9785.32	11416.72	5134.39	1777.83
2977.33	22063.23	23582.32	4419.14	3293.42
179.18	17511.70	17982.59	2434.61	2951.81
-128.57	24350.96	24622.16	2513.09	3529.79

1-12 分行业规模以上工业企业主要效益指标

甲栏分组	主营业务收入利润率(%)	人均主营业务收入(万元/人)	每百元资产实现的主营业务收入(元)	资产负债率(%)	产成品存货周转天数(天)	应收账款平均回收期(天)
总　计	**5.96**	**113.54**	**108.45**	**56.61**	**15.05**	**38.03**
煤炭开采和洗选业	1.70	53.63	44.19	68.70	17.83	51.35
石油和天然气开采业	8.75	107.56	38.45	46.86	6.50	11.72
黑色金属矿采选业	7.20	124.70	68.26	58.02	15.75	46.80
有色金属矿采选业	7.23	124.94	106.95	52.41	14.89	15.97
非金属矿采选业	7.80	94.89	131.71	46.31	12.75	19.96
开采辅助活动	2.87	59.63	63.02	53.19	2.96	132.83
其他采矿业	5.90	94.00	177.61	36.62	6.86	13.07
农副食品加工业	5.24	153.92	198.79	50.59	13.13	14.87
食品制造业	8.55	103.55	149.60	44.77	13.91	24.12
酒、饮料和精制茶制造业	10.36	104.14	111.37	45.22	23.24	19.75
烟草制品业	12.84	447.11	101.64	25.47	51.34	27.05
纺织业	5.56	86.09	164.53	52.20	15.71	23.86
纺织服装、服饰业	6.13	49.46	170.45	47.05	18.96	29.66
皮革、毛皮、羽毛及其制品和制鞋业	6.69	49.87	200.17	45.14	12.51	30.04
木材加工和木、竹、藤、棕、草制品业	6.29	98.79	216.75	42.10	12.33	15.59
家具制造业	6.51	65.63	157.21	49.67	16.42	30.32
造纸和纸制品业	5.69	103.31	99.42	56.78	14.79	38.93
印刷和记录媒介复制业	7.81	75.47	133.87	43.56	13.21	40.81
文教、工美、体育和娱乐用品制造业	5.84	67.72	189.92	51.37	20.98	32.39
石油加工、炼焦和核燃料加工业	2.12	370.92	139.56	66.39	12.60	15.15
化学原料和化学制品制造业	5.59	169.84	115.15	57.02	14.68	27.30
医药制造业	10.56	111.63	102.63	41.48	25.97	41.28
化学纤维制造业	4.26	154.47	107.63	60.02	22.05	23.75
橡胶和塑料制品业	6.33	91.31	143.92	47.95	16.14	37.47
非金属矿物制品业	6.44	99.82	119.97	52.42	14.06	40.96
黑色金属冶炼和压延加工业	0.94	172.65	97.30	67.59	14.95	17.52
有色金属冶炼和压延加工业	2.84	253.76	135.19	64.73	13.79	19.72
金属制品业	6.01	97.83	143.91	51.63	15.83	39.62
通用设备制造业	6.68	99.81	112.42	52.23	20.85	61.03
专用设备制造业	6.10	101.31	101.18	53.07	21.78	70.80
汽车制造业	8.78	150.52	118.57	57.72	15.52	47.88
铁路、船舶、航空航天和其他运输设备制造业	5.80	100.27	85.15	63.61	13.41	58.22
电气机械和器材制造业	6.54	109.84	121.05	56.55	17.95	64.73
计算机、通信和其他电子设备制造业	4.98	100.75	136.26	57.46	13.76	67.82
仪器仪表制造业	8.51	83.07	108.94	44.98	20.03	72.65
其他制造业	6.64	64.84	115.30	55.60	17.96	40.37
废弃资源综合利用业	5.59	205.95	190.38	60.69	13.76	21.79
金属制品、机械和设备修理业	5.01	57.74	73.91	57.73	10.86	91.85
电力、热力生产和供应业	8.79	202.12	45.44	62.46	0.87	20.43
燃气生产和供应业	8.00	233.45	80.01	54.15	2.81	22.37
水的生产和供应业	9.83	41.67	17.86	56.24	2.83	60.23

1-13 分地区规模以上工业企业主要效益指标

甲栏分组	主营业务收入利润率(%)	人均主营业务收入(万元/人)	每百元资产实现的主营业务收入(元)	资产负债率(%)	产成品存货周转天数(天)	应收账款平均回收期(天)
全　国	**5.96**	**113.54**	**108.45**	**56.61**	**15.05**	**38.03**
北　京	8.47	170.82	48.86	46.89	17.83	73.10
天　津	7.94	175.00	110.80	62.84	15.73	45.12
河　北	5.17	119.92	106.86	56.16	12.96	26.49
山　西	-0.21	73.81	45.60	75.96	23.11	57.93
内蒙古	5.54	151.93	64.25	63.40	14.85	33.02
辽　宁	3.22	111.84	86.18	61.67	16.51	40.41
吉　林	5.41	149.80	124.06	54.81	12.75	25.36
黑龙江	3.97	93.82	76.06	56.39	17.38	40.26
上　海	7.84	146.22	91.60	48.55	19.80	66.82
江　苏	6.59	129.21	137.37	53.14	13.13	42.84
浙　江	6.07	89.64	94.88	57.16	22.41	59.61
安　徽	5.12	114.95	124.57	57.49	13.40	36.35
福　建	5.96	90.77	133.54	53.56	15.35	35.47
江　西	6.42	125.11	171.48	49.95	9.84	20.00
山　东	5.95	153.17	143.70	54.25	12.74	20.82
河　南	6.68	102.28	131.69	47.01	9.31	24.61
湖　北	5.69	121.39	121.98	54.97	15.93	33.82
湖　南	5.11	107.21	150.20	51.92	11.38	29.06
广　东	6.48	81.40	124.89	57.38	16.32	50.37
广　西	6.26	118.95	135.18	62.18	15.88	24.53
海　南	6.24	142.70	59.60	55.41	26.98	36.95
重　庆	6.75	108.87	117.13	61.94	15.01	38.45
四　川	5.62	108.75	95.65	60.00	14.51	37.06
贵　州	7.42	96.66	72.95	63.52	19.30	39.37
云　南	4.74	103.78	54.07	64.81	26.54	39.07
西　藏	5.08	68.44	15.24	50.04	25.69	47.10
陕　西	7.32	111.53	69.76	56.47	19.39	42.16
甘　肃	-1.06	136.14	72.91	65.37	25.93	33.04
青　海	3.13	103.65	37.55	69.17	23.40	46.97
宁　夏	2.46	105.87	44.52	68.26	32.94	50.44
新　疆	4.16	113.93	45.16	64.11	26.19	44.99

1-14 历年主要工业产品产量

年 份	铁矿石原矿 (万吨)	硫铁矿石 (折含硫35%) (万吨)	磷矿石 (折含五氧化二磷30%) (万吨)	原盐 (万吨)
1957	1937.00	149.00	31.00	828.00
1963	2422.00	213.00	23.00	1056.00
1964	2674.00	245.00	74.00	501.00
1965	3149.00	336.00	158.00	1147.00
1966	3929.00	315.00	352.00	998.00
1967	2962.00	276.00	256.00	1043.00
1968	2679.00	220.00	101.00	1325.00
1969	4333.00	206.00	198.00	966.00
1970	6422.00	346.00	394.00	1109.00
1971	8146.00	392.00	563.00	1235.00
1972	8460.00	460.00	551.00	1386.00
1973	9164.00	431.00	530.00	1076.00
1974	8681.00	458.00	694.00	1456.00
1975	9693.00	519.00	1018.00	1481.00
1976	8970.00	588.00	866.00	1401.00
1977	9384.00	659.00	1117.00	1710.00
1978	11779.00	687.00	1138.00	1953.00
1979	11876.00	634.00	852.00	1477.00
1980	11259.00	589.00	1081.00	1728.00
1981	10459.00	588.00	1087.00	1832.00
1982	10732.00	620.00	1169.00	1638.00
1983	11339.00	742.00	1160.00	1613.00
1984	12670.00	203.00	1345.00	1642.00
1985	13819.00	692.00	681.00	1479.00
1986	14751.00	783.00	962.00	1766.00
1987	16143.00	1087.00	1517.00	1764.00
1988	16854.00	1119.00	1824.00	2264.00
1989	17145.00	1269.00	1983.00	2829.00
1990	17941.00	1275.00	2155.00	2023.00
1991	19016.00	1413.00	2140.00	2410.00
1992	21022.00	1585.00	2320.00	2838.00
1993	22599.00	1490.00	2116.00	2943.00
1994	25056.00	1724.00	2482.00	2996.00
1995	26210.00	1770.70	3120.00	2977.72
1996	25228.00	1828.07	3104.00	2903.57
1997	26699.00	2583.00	3476.00	3082.66
1998	24689.00	1284.00	2703.00	2242.52
1999	23723.00	1194.00	2510.00	2812.36
2000	22256.19	963.87	1937.00	3128.00
2001	21701.47	883.99	2100.79	3410.51
2002	23143.00	926.00	2301.00	3602.43
2003	26138.83	871.47	2447.00	3437.70
2004	34634.27	1270.00	3726.53	4043.44
2005	42049.00	1146.00	3044.00	4661.06
2006	58888.27	1189.00	3895.95	5663.13
2007	70665.53	1200.54	4541.72	6166.97
2008	82673.50	1571.01	6135.12	6664.43
2009	88122.34	1247.96	6020.89	6662.79
2010	107770.51	1512.90	6807.00	7037.76
2011	130749.01	1583.80	8122.30	6742.16
2012	130963.70	1547.40	9529.60	6911.78
2013	148636.41	1703.99	11139.40	7367.60
2014	152671.67	1738.50	12043.80	7049.71
2015	138128.90	1651.60	14203.70	6665.54

注：1.2004年、2008年、2013年为全国经济普查数据。
2.硫铁矿、磷矿石1995年及以后年份为实物量。
3.本书不包括能源产品产量(以下相关表同)。

1-14 续表 1

年 份	精制食用植物油（万吨）	成品糖（万吨）	乳制品（万吨）	罐头（万吨）	饮料酒（万千升）	
						#啤酒
1957	110.00	86.00	1.27	6.20	67.00	5.00
1963	84.00	44.00	1.33	7.30	90.00	9.00
1964	113.00	107.00	1.76	10.10	97.00	8.00
1965	139.00	146.00	2.12	12.20	89.00	9.00
1966	149.00	159.00	2.35	14.10	94.00	9.00
1967	145.00	148.00	2.31	12.20	87.00	11.00
1968	120.00	151.00	2.31	13.10	96.00	12.00
1969	100.00	121.00	2.62	15.20	105.00	15.00
1970	103.00	135.00	2.96	19.30	121.00	16.00
1971	124.00	141.00	3.03	20.00	133.00	18.00
1972	132.00	155.00	3.40	24.10	152.00	20.00
1973	136.00	191.00	3.45	28.40	163.00	23.00
1974	166.00	184.00	3.53	32.20	185.00	23.00
1975	156.00	174.00	3.66	35.10	212.00	27.00
1976	148.00	165.00	3.67	35.30	212.00	30.00
1977	154.00	182.00	3.92	44.20	238.00	35.00
1978	177.00	227.00	4.65	48.80	247.00	40.00
1979	214.00	250.00	5.36	50.10	310.00	52.00
1980	222.00	257.00	6.32	57.20	368.00	69.00
1981	292.00	317.00	7.91	68.40	447.00	91.00
1982	345.00	338.00	9.97	78.50	493.00	117.00
1983	360.00	377.00	11.22	84.50	604.00	163.00
1984	382.00	380.00	13.02	109.00	711.00	224.00
1985	401.00	451.00	16.37	142.50	851.00	310.00
1986	441.00	525.00	22.58	164.10	985.00	413.00
1987	478.00	506.00	27.22	161.50	1195.00	540.00
1988	480.00	461.00	29.53	220.90	1357.00	656.00
1989	494.00	501.00	26.68	232.50	1285.00	643.00
1990	544.00	582.00	31.37	157.10	1386.00	692.00
1991	644.00	640.00	37.66	193.00	1539.00	838.00
1992	661.00	829.00	41.29	224.30	1753.00	1021.00
1993	965.00	771.00	41.73	230.30	1971.00	1192.00
1994	724.00	592.00	42.46	247.30	2233.00	1415.00
1995	1144.00	558.64	52.57	310.60	2560.00	1568.82
1996	947.00	640.20	50.41	282.60	2651.00	1681.91
1997	894.00	702.58	56.48	254.60	2834.00	1888.94
1998	603.00	826.00	54.03	156.50		1987.67
1999	734.00	861.00	69.10	169.10	2706.00	2098.77
2000	835.00	700.00	82.92	178.20	2846.00	2231.32
2001	1383.00	653.10	74.29	290.37	2803.00	2288.93
2002	1531.00	926.00	84.55	375.20	2887.00	2402.70
2003	1584.29	1083.94	140.59	436.38	3001.33	2540.48
2004	1682.63	1033.70	1060.11	533.56	4532.60	2948.59
2005	2071.00	912.37	1204.37	500.30	3566.00	3126.05
2006	2335.23	949.07	1441.78	513.88	4072.00	3543.58
2007	2636.98	1271.38	1761.80	603.62	4601.65	3954.07
2008	2805.09	1432.61	1809.21	764.77	5394.94	4156.91
2009	3433.43	1338.35	1924.08	811.65	5066.52	4162.18
2010	3878.54	1117.59	2157.77	980.52	5668.13	4490.16
2011	4331.80	1187.43	2316.44	1093.41	6168.41	4834.50
2012	5172.97	1409.47	2537.91	1043.01	6239.37	4778.58
2013	5590.55	1592.76	2636.87	1163.62	6558.26	4982.79
2014	6534.10	1642.67	2651.80	1256.32	6543.70	4936.29
2015	6734.30	1474.11	2782.60	1309.93	6412.50	4715.60

注：1.精制食用植物油2005年及以前名称为食用植物油。
2.成品糖1997年及以前名称为糖，产量包括土糖，1998-2004年名称为机制糖。
3.饮料酒、啤酒2003年及以前计量单位为万吨。

1-14 续表 2

年 份	卷烟 (亿支)	纱 (万吨)	布 (亿米)	#棉布	印染布 (亿米)	绒线(毛线) (万吨)
1957	446.00	84.40	50.50		29.40	0.57
1963	323.00	67.80	33.40	30.70	23.40	0.80
1964	413.00	97.00	47.10	43.80	29.80	0.93
1965	478.00	130.00	62.80	57.40	35.90	1.10
1966	540.00	156.50	73.10	64.80	40.40	1.25
1967	490.00	135.20	65.60	58.10	35.10	1.11
1968	521.00	137.70	64.40	56.00	37.10	1.21
1969	677.00	180.50	82.10	71.00	48.80	1.70
1970	783.00	205.20	91.50	78.00	53.00	2.17
1971	701.00	190.00	84.20	71.00	47.60	2.35
1972	745.00	188.60	83.50	70.00	46.50	2.21
1973	846.00	196.70	87.10	72.20	51.60	2.32
1974	872.00	180.30	80.80	66.50	51.30	2.36
1975	992.00	210.80	94.00	77.70	58.90	2.66
1976	982.00	196.00	88.40	71.70	53.60	2.78
1977	1211.00	223.00	101.50	81.60	59.80	3.11
1978	1182.00	238.20	110.30	81.50	65.00	3.78
1979	1303.00	263.50	121.50	82.20	71.80	4.44
1980	1520.00	292.60	134.70	87.10	80.70	5.73
1981	1704.00	317.00	142.70	85.10	82.90	7.65
1982	1885.00	335.40	153.50	101.30	80.80	9.25
1983	1938.00	327.00	148.80	90.40	73.30	10.21
1984	2132.00	321.90	137.00	70.10	68.10	11.00
1985	2370.00	353.50	146.70	82.10	75.30	12.59
1986	2596.00	397.80	164.70	100.60	79.50	14.91
1987	2881.00	436.80	173.10	107.65	83.10	20.47
1988	3096.00	465.70	187.90	118.74	95.10	22.50
1989	3195.00	476.70	189.20	117.95	94.90	25.00
1990	3298.00	462.60	188.80	108.25	91.60	23.80
1991	3226.00	460.80	181.70	108.58	99.50	28.30
1992	3285.00	501.70	190.70	111.88	125.70	35.06
1993	3376.00	501.50	203.00	122.07	137.60	34.35
1994	3432.00	489.50	211.30	115.73	137.00	43.94
1995	3485.02	542.20	260.18	131.84	136.50	51.38
1996	3401.92	512.21	209.10	105.23	120.60	48.25
1997	3377.42	559.83	248.79	118.85	141.40	48.80
1998	3374.00	542.00	241.00	114.27	146.50	30.70
1999	3340.00	567.00	250.00	118.46	159.10	38.56
2000	3397.00	657.00	277.00	139.22	158.19	42.32
2001	3402.10	760.68	290.00	153.98	178.30	46.21
2002	3467.08	850.00	322.39	172.54	210.87	51.50
2003	3580.86	983.58	353.52	200.86	251.32	65.74
2004	18736.35	1291.34	482.10	242.00	427.57	61.78
2005	19389.08	1450.54	484.39	196.58	362.15	38.70
2006	20218.13	1742.96	598.55	235.49	430.30	40.55
2007	21438.84	1958.42	675.26	271.12	490.19	35.84
2008	22199.20	2055.72	723.05	423.64	754.03	38.13
2009	22901.50	2266.45	753.42	319.62	539.80	32.55
2010	23752.60	2572.82	800.00	383.30	601.50	29.90
2011	24474.00	2717.86	814.14	365.26	593.10	30.40
2012	25160.90	2984.00	848.94	369.59	566.20	39.23
2013	25603.86	3200.00	897.59	398.81	577.84	37.93
2014	26098.49	3379.20	893.68	388.00	536.90	40.70
2015	25890.70	3538.00	892.58	390.12	509.50	40.40

注：1.卷烟2003年及以前计量单位为万箱。
2.根据2012年纱专项调查,对2007-2011年纱产量进行了修订。

1-14 续表 3

年　份	毛机织物(呢绒)(万米)	服装(亿件)	皮革鞋靴(万双)	胶合板(万立方米)	家具(万件)	机制纸及纸　板(万吨)	#新闻纸
1957	1817.00		2529.00	7.00		91.00	12.20
1963	4369.00	2.56	2635.00	10.40		128.00	17.70
1964	4809.00	3.07	2114.00	12.00		145.00	19.40
1965	4240.00	3.85	1808.00	13.90		173.00	20.80
1966	4383.00	4.41	1970.00	15.00		209.00	23.50
1967	3577.00	4.08	2023.00	12.20		196.00	20.70
1968	3976.00	3.25	2204.00	10.60		177.00	19.20
1969	4975.00	3.54	2283.00	14.70		217.00	23.50
1970	5776.00	3.66	4729.00	17.10		241.00	23.70
1971	6153.00	4.14	4710.00	17.20		263.00	24.00
1972	6046.00	4.86	4647.00	18.20		282.00	25.90
1973	6211.00	5.47	5468.00	18.80		313.00	28.90
1974	6357.00	5.68	5794.00	17.60		299.00	28.40
1975	6943.00	6.73	6646.00	19.20		341.00	29.00
1976	7072.00	7.18	7382.00	18.40		341.00	30.60
1977	7840.00	7.17	9119.00	20.90		377.00	32.70
1978	8885.00	6.73	10053.00	25.20		439.00	33.90
1979	9017.00	7.44	11608.00	29.20		493.00	35.70
1980	10095.00	9.45	15745.00	33.00		535.00	37.60
1981	11308.00	10.08	20239.00	35.10		540.00	35.50
1982	12669.00	9.85	18661.00	39.50		589.00	37.60
1983	14291.00	10.04	18361.00	45.50		661.00	39.60
1984	18049.00	11.06	19676.00	49.00		756.00	41.30
1985	21816.00	12.67	23162.00	23.90	11641.00	911.00	42.50
1986	25187.00	27.00	26440.00	28.60	12008.60	998.00	41.40
1987	26537.00	23.00	30910.00	77.60	14484.50	1141.00	36.60
1988	28609.00	29.11	34720.00	82.70	16583.50	1270.00	34.20
1989	27962.00	30.04	35433.00	72.80	16660.20	1333.00	38.70
1990	29505.00	31.75	43770.00	75.90	16372.40	1372.00	40.00
1991	31141.00	36.30	53592.00	105.40	21437.90	1479.00	43.80
1992	33792.00	42.66	77068.00	156.50	21650.70	1725.00	48.90
1993	35382.00	63.68	115059.00	212.50	30867.40	1914.00	73.60
1994	41900.00	79.37	154284.00	260.60	50514.50	2138.00	73.30
1995	65392.00	179.96	320207.00	759.30	61865.00	2812.30	78.30
1996	45954.00	126.64	237528.00	490.30	50164.20	2638.20	90.10
1997	38791.00	136.74	247343.00	758.40	43894.30	2733.20	73.00
1998	26777.00	150.29	120562.00	446.50	10038.10	2125.63	95.60
1999	27317.00	160.90	101375.00	727.60	9968.70	2159.30	112.90
2000	27832.00	209.34	146838.00	992.54	9212.34	2486.94	145.53
2001	34303.39	228.44	133586.00	904.50	10923.10	3777.07	172.95
2002	32691.21	252.37	152282.44	1135.20	13376.00	4666.99	182.56
2003	44294.58	363.08	181646.92	2102.35	17199.08	4849.33	207.11
2004	81689.47	375.18	274393.13	5190.59	83589.21	5413.27	335.19
2005	32960.00	147.98	252547.52	2418.98	33990.14	6205.42	340.96
2006	44482.54	170.02	300300.15	2919.17	41628.59	6863.02	392.90
2007	54548.22	201.66	322902.11	4054.42	48480.56	7792.43	425.81
2008	85040.15	362.91	331533.00	7112.33	80799.21	8404.30	463.28
2009	49506.01	237.50	354616.80	6578.95	60819.04	8965.13	428.71
2010	56630.00	285.21	419308.30	9804.00	77032.70	9832.63	402.07
2011	51835.60	254.20	426642.35	11848.80	69895.60	11010.89	368.60
2012	47872.18	267.28	449662.50	14106.54	65444.30	10956.54	389.50
2013	49423.89	276.59	452369.42	15221.15	66833.02	11323.06	364.50
2014	60003.30	298.95	449879.80	17388.85	77374.62	11785.80	358.50
2015	63326.10	308.27	455800.30	18354.90	76961.70	11742.77	332.14

注：皮革鞋靴2008年及以前名称为皮鞋。

1-14 续表 4

年 份	硫酸(折100%)(万吨)	浓硝酸(折100%)(万吨)	盐酸(氯化氢含量31%)(万吨)	纯碱(万吨)	烧碱(折100%)(万吨)	合成氨(万吨)
1957	63.20	3.87	8.20	50.60	19.80	15.30
1963	130.60	5.59	19.30	66.40	33.80	64.40
1964	170.40	7.61	21.80	69.50	41.10	93.10
1965	234.00	11.56	29.00	88.00	55.60	148.40
1966	290.90	16.45	32.90	106.60	69.30	212.40
1967	198.30	11.25	29.80	91.50	57.80	152.10
1968	141.50	10.57	26.70	70.10	49.60	103.40
1969	234.30	17.95	37.80	89.40	70.40	160.30
1970	291.40	22.72	47.10	107.70	89.20	244.50
1971	357.90	28.49	52.80	115.50	105.50	310.00
1972	400.50	28.84	59.60	119.70	111.50	395.60
1973	468.10	29.36	63.10	120.40	121.00	474.40
1974	442.70	25.38	63.10	110.60	112.60	452.50
1975	484.70	30.23	78.00	124.30	128.90	607.70
1976	450.80	28.96	83.70	111.70	121.50	618.50
1977	537.50	32.88	96.20	107.70	138.60	870.30
1978	661.00	33.76	111.50	132.90	164.00	1183.50
1979	699.80	28.19	107.80	148.60	182.60	1348.20
1980	764.30	22.77	117.70	161.30	192.30	1497.40
1981	780.70	19.26	129.20	165.20	192.30	1483.40
1982	817.50	24.61	148.30	173.50	207.30	1546.30
1983	869.60	25.60	158.30	179.30	212.30	1677.10
1984	817.20	25.78	170.40	188.00	222.20	1837.40
1985	676.40	27.40	185.60	201.10	235.30	1718.80
1986	763.10	27.53	206.00	214.60	251.80	1672.90
1987	983.30	29.02	227.00	236.30	273.90	1940.60
1988	1111.30	30.33	246.20	260.90	300.50	1986.30
1989	1153.30	32.82	257.90	304.20	321.10	2068.10
1990	1196.90	31.80	262.30	379.50	335.40	2129.00
1991	1332.90	34.34	285.20	393.60	354.10	2201.60
1992	1408.70	44.41	302.80	455.00	379.50	2298.10
1993	1336.50	56.13	323.90	534.90	395.40	2192.50
1994	1536.50	49.31	336.20	581.40	429.60	2436.80
1995	1811.00	56.01	370.60	597.71	531.82	2765.90
1996	1883.57	64.17	403.90	669.29	573.78	3094.20
1997	2036.87	66.96	409.20	725.76	574.40	3000.30
1998	2171.00	75.50	371.60	744.00	539.37	3134.20
1999	2356.00	75.05	408.00	766.00	580.14	3431.70
2000	2427.00	82.48	442.10	834.00	667.88	3363.70
2001	2696.32	87.97	470.57	914.37	787.96	3427.28
2002	3050.40	99.15	492.60	1033.15	877.97	3675.30
2003	3371.22	116.16	527.60	1133.56	945.27	3822.70
2004	3928.89	184.79	737.91	1334.70	1041.12	4135.06
2005	4544.66	156.97	658.18	1421.08	1239.98	4596.30
2006	5033.17	181.78	730.58	1560.03	1511.78	4936.81
2007	5412.56	200.89	747.60	1765.00	1759.29	5171.05
2008	5097.95	197.74	730.44	1854.60	1926.01	4876.24
2009	5960.91	205.57	803.44	1944.77	1832.37	5136.35
2010	7090.47	235.60	839.00	2034.82	2228.39	4964.59
2011	7482.70	255.10	841.00	2294.03	2473.52	5252.70
2012	7876.63	262.40	876.60	2395.93	2696.82	5528.40
2013	8154.49	269.19	899.28	2431.63	2927.44	5739.00
2014	8901.55	288.10	938.30	2525.84	3063.51	5699.50
2015	8975.70	276.70	845.00	2591.80	3020.66	5791.40

1-14 续表 5

年 份	农用氮、磷、钾化肥(万吨)	#氮肥	磷肥	钾肥	化学农药原药(万吨)	纯苯(万吨)	碳化钙(电石)(万吨)
1957	15.10	12.90	2.10		6.50	5.00	4.90
1963	64.80	45.80	18.90	0.10	10.80	6.70	25.40
1964	100.80	67.50	33.20	0.10	12.90	8.30	32.50
1965	172.60	103.70	68.80	0.10	19.30	11.80	44.00
1966	240.90	146.10	94.60	0.20	26.20	15.10	56.10
1967	164.10	101.50	62.20	0.40	22.40	10.20	4.20
1968	110.90	68.40	42.20	0.30	17.10	8.20	36.00
1969	174.90	102.30	72.30	0.30	26.20	12.90	55.90
1970	243.50	152.30	90.70	0.50	32.10	16.70	69.60
1971	299.40	190.40	107.80	1.20	38.70	19.20	78.00
1972	370.10	244.40	124.90	0.80	40.20	20.50	81.30
1973	459.20	299.60	158.90	0.70	45.60	21.00	89.60
1974	422.20	282.70	139.00	0.50	37.10	18.80	91.30
1975	524.70	370.90	153.10	0.70	42.20	21.30	98.30
1976	524.40	381.50	141.80	1.10	39.10	21.10	96.30
1977	723.80	550.90	170.80	2.10	45.70	22.50	98.90
1978	869.30	763.90	103.30	2.10	53.30	32.00	123.80
1979	1065.40	882.10	181.70	1.60	53.70	33.90	140.70
1980	1232.10	999.30	230.80	2.00	53.70	36.00	152.00
1981	1239.00	985.70	250.80	2.50	48.40	35.20	151.30
1982	1278.10	1021.90	253.70	2.50	45.70	39.30	167.50
1983	1378.90	1109.40	266.60	2.90	33.10	42.50	180.80
1984	1460.20	1221.00	236.00	3.20	29.90	41.60	184.60
1985	1322.20	1143.80	176.00	2.40	21.10	39.00	195.30
1986	1395.70	1159.20	234.00	2.50	20.30	42.60	215.00
1987	1672.20	1342.30	325.90	4.00	16.10	49.40	241.20
1988	1740.20	1365.60	369.20	5.40	17.90	57.10	225.60
1989	1802.50	1424.10	372.80	5.70	20.80	59.80	246.10
1990	1879.70	1463.10	411.40	4.60	22.80	65.40	228.00
1991	1979.50	1510.10	459.70	9.90	25.50	77.50	235.80
1992	2047.90	1570.50	462.20	15.30	28.10	81.90	242.50
1993	1956.30	1525.60	419.00	11.70	25.70	81.70	264.20
1994	2272.80	1736.30	504.40	32.70	29.00	89.40	292.00
1995	2548.14	1859.18	662.60	26.30	41.65	102.30	345.70
1996	2809.04	2136.00	651.20	21.80	44.75	113.50	309.20
1997	2820.96	2075.00	714.60	31.50	52.67	135.80	344.70
1998	3010.00	2225.67	666.79	62.52	55.90	143.10	281.30
1999	3251.00	2471.96	636.07	77.86	62.50	165.70	273.10
2000	3186.00	2398.11	663.03	85.98	60.70	184.70	340.40
2001	3383.01	2527.37	752.56	100.49	78.72	198.80	346.30
2002	3791.00	2808.48	801.03	89.42	92.90	213.10	425.60
2003	3881.31	2814.50	978.10	88.60	76.72	240.80	530.00
2004	4804.82	3357.73	1246.78	200.31	82.08	262.77	796.20
2005	5177.86	3809.03	1206.20	159.09	114.73	306.10	894.57
2006	5345.05	3911.54	1225.46	207.51	138.46	344.08	1177.36
2007	5824.98	4233.13	1339.28	252.53	176.48	405.88	1471.30
2008	6028.05	4392.42	1385.50	250.13	209.99	444.67	1295.64
2009	6385.01	4553.36	1513.14	318.51	208.92	463.77	1503.27
2010	6337.86	4458.67	1532.91	346.28	223.52	553.10	1471.43
2011	6419.39	4500.97	1561.22	357.20	230.00	665.90	1725.54
2012	6832.10	4865.58	1564.41	402.11	290.88	662.30	1858.83
2013	7026.18	4832.61	1673.08	520.48	303.14	728.55	2287.52
2014	6876.85	4564.24	1743.01	569.51	374.40	733.51	2521.93
2015	7431.99	4970.57	1857.20	604.47	374.00	782.90	2482.50

注：农用化肥按100%有效成分计算。

1-14 续表 6

年 份	乙烯 (万吨)	初级形态的塑料 (万吨)	合成橡胶 (万吨)	冰乙酸(冰醋酸) (万吨)	合成洗涤剂 (万吨)	化学药品原药 (万吨)
1957		1.30		0.24		0.22
1963	0.18	4.80	0.69	0.98	2.20	0.77
1964	0.20	6.40	0.94	1.18	2.30	0.85
1965	0.30	9.70	1.59	2.08	3.00	1.05
1966	0.54	13.90	3.06	3.22	4.20	1.45
1967	0.36	11.00	1.90	2.33	3.70	1.30
1968	0.37	10.60	1.47	2.36	4.20	1.18
1969	0.51	15.10	1.85	3.66	6.20	1.67
1970	1.51	17.60	2.54	3.54	9.30	2.15
1971	3.19	21.60	3.54	4.41	10.90	2.56
1972	4.44	24.80	3.57	4.96	15.20	2.75
1973	5.10	29.50	4.09	5.09	17.90	2.90
1974	6.10	30.40	4.73	5.22	19.30	2.51
1975	6.47	33.00	5.67	6.69	22.30	(2.73)3.05
1976	13.35	34.50	5.99	6.66	21.70	3.12
1977	30.27	52.40	7.75	8.79	25.70	3.52
1978	38.03	67.90	10.19	10.46	32.40	4.07
1979	43.49	79.30	12.06	11.55	39.70	4.17
1980	48.99	89.80	12.30	12.46	39.30	4.01
1981	50.48	91.60	12.49	13.85	47.80	3.73
1982	56.49	100.30	13.60	15.54	56.90	4.22
1983	65.37	112.10	16.89	18.94	67.70	4.80
1984	64.80	118.00	17.41	17.79	81.00	5.35
1985	65.21	123.40	18.11	18.68	100.50	15.77
1986	69.52	132.10	18.84	20.82	117.50	15.14
1987	93.72	152.60	21.87	23.44	119.20	18.05
1988	123.21	190.40	25.76	28.16	131.90	20.72
1989	139.57	200.80	29.22	26.15	146.60	20.83
1990	157.20	227.00	31.76	35.85	151.40	22.10
1991	176.10	283.00	33.64	40.15	146.20	24.25
1992	200.30	330.80	37.26	44.37	166.60	28.06
1993	202.70	359.90	39.26	43.44	188.30	35.08
1994	212.90	401.40	44.35	43.65	217.50	33.09
1995	240.10	516.87	58.56	51.83	299.80	48.68
1996	304.00	576.86	59.97	51.65	262.20	42.90
1997	358.60	685.76	64.23	59.82	279.90	44.28
1998	377.30	692.58	58.90	59.87	280.30	41.55
1999	435.00	871.10	73.28	73.66	286.50	43.63
2000	470.00	1087.51	86.52	86.51	297.47	52.57
2001	480.60	1288.71	121.98	86.14	330.40	76.22
2002	543.02	1455.67	136.21	84.09	348.30	73.93
2003	611.77	1652.08	134.83	94.68	386.79	99.42
2004	629.85	2366.50	184.04	106.84	465.17	103.05
2005	755.54	2308.86	205.13	136.96	516.95	126.70
2006	940.51	2602.60	199.81	142.05	527.68	176.55
2007	1027.80	3184.54	228.92	162.79	582.97	205.07
2008	987.58	3680.23	296.03	287.01	655.31	209.70
2009	1072.62	3629.97	274.91	272.06	699.66	201.22
2010	1421.34	4432.59	319.52	383.90	752.59	226.14
2011	1527.50	4992.31	367.13	424.80	888.14	248.85
2012	1486.80	5330.92	397.39	430.20	933.80	292.19
2013	1599.31	6293.03	480.64	454.21	1094.27	263.30
2014	1696.69	7088.84	549.55	537.10	1209.73	303.40
2015	1714.60	7807.66	534.17	586.80	1311.08	334.81

注：1.初级形态的塑料2004年及以前名称为塑料树脂及共聚物，简称塑料。
2.化学药品原药1975年括号内数字及以前年份数字为七大类药品。1975年括号外数字及以后各年为十二大类药品。

1-14 续表 7

年 份	化学纤维（万吨）	#合成纤维	塑料制品（万吨）	橡胶轮胎外胎（万条）	水泥（万吨）	平板玻璃（万重量箱）
1957	0.02		1.40	88.00	686.00	430.00
1963	1.89	0.09	6.10	167.00	806.00	497.00
1964	3.21	0.19	9.20	202.00	1209.00	539.00
1965	5.01	0.52	13.00	232.00	1634.00	599.00
1966	7.58	1.77	17.60	262.00	2015.00	719.00
1967	5.22	1.54	17.80	238.00	1462.00	578.00
1968	3.60	0.97	17.10	247.00	1262.00	573.00
1969	6.66	2.11	24.60	310.00	1829.00	807.00
1970	10.09	3.62	32.80	425.00	2575.00	928.00
1971	11.99	4.39	32.50	474.00	3258.00	1051.00
1972	13.73	5.03	39.30	525.00	3547.00	1048.00
1973	14.88	5.66	50.70	578.00	3731.00	1042.00
1974	14.26	5.73	52.10	553.00	3709.00	1024.00
1975	15.48	6.57	60.70	700.00	4626.00	1262.00
1976	14.61	7.84	64.20	676.00	4670.00	1261.00
1977	18.98	10.57	76.80	770.00	5565.00	1481.00
1978	28.46	16.94	92.30	936.00	6524.00	1784.00
1979	32.63	21.36	94.90	1169.00	7390.00	2083.00
1980	45.03	31.41	114.40	1146.00	7986.00	2466.00
1981	52.73	38.47	138.40	729.00	8290.00	2701.00
1982	51.70	37.53	166.10	864.00	9520.00	3154.00
1983	54.07	40.20	191.80	1271.00	10825.00	3647.00
1984	73.49	57.58	215.30	1569.00	12302.00	4190.00
1985	94.78	77.06	248.00	1926.00	14595.00	4942.00
1986	101.73	83.07	274.50	1924.00	16606.00	5202.00
1987	117.50	98.20	297.10	2333.00	18625.00	5803.00
1988	130.12	112.47	334.60	2991.00	21014.00	7293.00
1989	148.09	128.20	352.50	3226.00	21029.00	8442.00
1990	165.42	143.43	366.80	3209.00	20971.00	8067.00
1991	191.03	167.03	443.50	3940.00	25261.00	8712.00
1992	213.04	188.17	536.80	5183.00	30822.00	9359.00
1993	237.37	208.86	669.00	6391.00	36788.00	11086.00
1994	280.33	246.72	843.00	9302.00	42118.00	11925.00
1995	341.17	308.87		7945.00	47560.59	15731.71
1996	375.45	337.05	1574.10	8806.00	49118.90	16069.37
1997	471.62	428.46	1534.20	9599.00	51173.80	16630.70
1998	510.00	441.64	843.30	9513.00	53600.00	17194.03
1999	600.00	548.75	937.60	10970.00	57300.00	17419.79
2000	694.00	629.52	1035.76	12157.87	59700.00	18352.20
2001	841.38	759.68	1184.33	13573.00	66103.99	20964.12
2002	991.20	915.16	1400.50	16306.59	72500.00	23445.56
2003	1181.15	1069.17	1650.50	19311.96	86208.11	27702.60
2004	1699.80	1581.35	3760.71	39058.33	96681.99	37026.17
2005	1664.79	1496.66	2198.54	34390.00	106884.79	40210.24
2006	2073.18	1859.63	2801.87	43547.08	123676.48	46574.70
2007	2413.78	2173.47	3305.23	55832.97	136117.25	53918.07
2008	2453.29	2244.68	5723.68	51956.94	142355.73	59890.39
2009	2747.28	2494.05	4479.28	65601.56	164397.78	58574.07
2010	3090.00	2850.27	5830.60	77611.83	188191.17	66330.80
2011	3390.07	3096.68	5474.40	83566.22	209925.86	79107.55
2012	3837.37	3448.48	5781.80	89370.49	220984.08	75050.50
2013	4160.28	3735.56	6938.65	110440.12	241923.89	79285.80
2014	4389.75	4017.49	7387.80	111913.11	249207.08	83128.16
2015	4831.71	4446.37	7560.70	92831.39	235918.83	78651.63

1-14 续表 8

年 份	生铁 (万吨)	粗钢 (万吨)	成品钢材 (万吨)	#重轨	轻轨	#大型型钢
1957	594.00	535.00	415.00	41.10	8.90	32.70
1963	741.00	762.00	533.00	28.20	12.90	9.90
1964	902.00	964.00	688.00	43.60	10.50	18.10
1965	1077.00	1223.00	881.00	53.50	13.80	21.50
1966	1334.00	1532.00	1035.00	49.90	16.70	30.40
1967	663.00	1029.00	718.00	24.00	11.30	35.70
1968	857.00	904.00	666.00	21.70	14.90	14.60
1969	1280.00	1333.00	926.00	32.20	13.90	29.60
1970	1706.00	1779.00	1188.00	61.90	16.60	41.30
1971	2100.00	2132.00	1389.00	66.70	24.80	50.10
1972	2355.00	2338.00	1561.00	82.10	22.50	52.20
1973	2490.00	2522.00	1684.00	77.90	26.40	53.30
1974	2062.00	2112.00	1466.00	41.50	19.70	38.70
1975	2449.00	2390.00	1622.00	49.50	14.90	64.70
1976	2233.00	2046.00	1466.00	49.00	15.50	49.40
1977	2505.00	2374.00	1633.00	66.10	19.70	54.60
1978	3479.00	3178.00	2208.00	81.80	26.30	88.60
1979	3673.00	3448.00	2497.00	81.30	21.60	83.00
1980	3802.00	3712.00	2716.00	67.30	22.00	69.40
1981	3417.00	3560.00	2670.00	55.60	26.00	73.00
1982	3551.00	3716.00	2902.00	63.50	26.70	89.10
1983	3738.00	4002.00	3072.00	78.40	27.50	64.70
1984	4001.00	4347.00	3372.00	85.20	28.90	61.50
1985	4384.00	4679.00	3693.00	86.80	25.30	84.70
1986	5064.00	5220.00	4058.00	88.10	22.00	79.10
1987	5503.00	5628.00	4386.00	95.70	24.30	86.90
1988	5704.00	5943.00	4689.00	98.80	25.10	87.00
1989	5820.00	6159.00	4859.00	100.50	25.10	90.60
1990	6238.00	6635.00	5153.00	92.20	34.40	105.10
1991	6765.00	7100.00	5638.00	93.30	29.90	68.40
1992	7589.00	8094.00	6697.00	92.50	21.70	87.10
1993	8739.00	8956.00	7716.00	125.60	14.10	129.30
1994	9741.00	9261.00	8428.00	137.40	30.50	103.40
1995	10529.27	9535.99	8979.80	101.70	23.80	118.10
1996	10722.50	10124.06	9338.02	73.20	34.20	115.30
1997	11511.41	10894.17	9978.93	96.40	22.40	130.60
1998	11863.67	11559.00	10737.80	114.69	13.70	102.90
1999	12539.24	12426.00	12109.78	111.87	11.30	115.40
2000	13101.48	12850.00	13146.00	116.86	12.96	161.52
2001	15554.25	15163.44	16067.61	126.35	16.83	226.17
2002	17084.60	18236.61	19251.59	135.70	25.70	267.80
2003	21366.68	22233.60	24108.01	122.50	28.20	309.30
2004	26830.99	28291.09	31975.72	172.07	58.49	809.46
2005	34375.19	35323.98	37771.14	192.67	40.21	752.04
2006	41245.19	41914.85	46893.36	201.70	90.62	917.28
2007	47651.63	48928.80	56560.87	179.32	102.66	1008.11
2008	47824.42	50305.75	60460.29	322.42	95.92	962.45
2009	55283.46	57218.23	69405.40	442.07	100.83	947.10
2010	59733.34	63722.99	80276.58	433.50	97.20	946.54
2011	64050.88	68528.31	88619.57	291.50	121.60	1085.25
2012	66354.40	72388.22	95577.83	321.50	155.60	1134.07
2013	71149.88	81313.89	108200.54	428.20	140.13	1282.61
2014	71374.78	82230.63	112513.12	405.40	120.30	1349.40
2015	69141.30	80382.50	112349.60	359.70	87.30	1435.70

1-14 续表 9

年 份				铁合金（万吨）	发动机（万千瓦）	金属切削机床（万台）	泵（万台）
	线材	无缝钢管	焊接钢管				
1957	55.60	7.80	8.20	10.50	50.78	2.80	5.10
1963	92.40	18.40	13.70	22.50	94.94	2.22	8.50
1964	103.00	22.80	21.80	26.20	131.01	2.81	11.10
1965	107.40	29.00	30.30	33.90	205.34	3.96	15.10
1966	139.20	34.20	35.90	48.70	283.36	5.49	29.70
1967	98.10	22.70	25.00	42.50	198.72	4.07	24.70
1968	94.90	22.70	27.20	28.80	204.61	4.64	22.30
1969	118.50	34.20	37.50	46.60	299.55	8.56	28.90
1970	150.30	38.80	44.30	59.50	539.49	13.89	58.20
1971	170.10	45.20	50.30	67.00	796.35	14.57	76.40
1972	186.60	49.40	55.40	75.70	978.14	16.22	83.20
1973	218.90	53.80	66.20	85.00	1218.08	18.33	110.00
1974	189.20	47.80	67.10	69.10	1340.99	16.45	112.80
1975	216.80	56.20	65.20	76.90	1728.13	17.49	118.80
1976	195.20	49.40	69.20	65.90	1715.62	15.70	109.30
1977	215.20	62.60	65.40	73.20	2017.38	19.87	121.40
1978	290.90	81.50	86.70	93.90	2074.05	18.32	133.10
1979	360.90	91.00	89.10	117.30	2140.29	13.96	125.60
1980	443.20	96.10	120.70	99.40	1868.70	13.36	109.60
1981	462.90	91.90	129.60	79.90	1474.94	10.26	115.60
1982	414.10	101.20	149.80	88.90	1689.86	9.98	156.50
1983	445.40	115.10	159.70	108.80	2133.66	12.10	185.10
1984	509.80	127.70	172.10	127.50	2996.99	13.35	220.20
1985	598.30	139.20	181.80	149.40	4082.59	16.72	210.90
1986	632.20	146.20	229.20	159.70	3625.54	16.37	261.90
1987	691.70	162.90	244.80	184.60	4335.84	17.22	332.00
1988	798.20	178.30	223.80	208.40	5932.08	19.17	411.50
1989	882.10	194.10	214.20	238.20	5905.23	17.87	420.90
1990	999.00	211.10	220.90	244.20	5402.32	13.45	366.40
1991	1099.90	231.40	261.60	246.00	6690.23	16.39	399.20
1992	1257.10	265.60	315.40	265.00	9252.53	22.87	515.00
1993	1389.50	283.10	298.70	299.90	10080.53	26.20	663.20
1994	1571.40	303.90	413.80	336.10	12181.52	20.65	645.30
1995	1687.20	327.00	497.10	431.90	15819.00	20.34	1060.60
1996	1834.00	334.00	430.10	418.00	22152.79	17.74	887.50
1997	1953.80	360.50	566.50	404.40	20641.85	18.65	1016.60
1998	2203.10	346.90	463.90	354.06	16034.30	11.91	674.60
1999	2594.90	345.80	425.20	381.40	17801.62	14.22	736.80
2000	2635.37	414.83	518.93	402.92	18857.30	17.66	1045.60
2001	3109.71	535.68	602.44	450.82	20531.17	25.58	1539.30
2002	3562.40	608.30	701.40	483.70	28505.75	30.86	1744.70
2003	4026.70	699.90	1070.20	634.06	31851.30	30.58	2263.87
2004	5148.51	1005.65	1722.13	1173.00	31893.56	48.72	2898.40
2005	6094.74	1033.32	1567.06	1067.00	36563.46	51.14	2904.30
2006	7207.40	1528.04	1977.14	1442.75	45267.36	57.30	3752.50
2007	7919.02	1881.50	2371.30	1743.60	56641.90	64.69	5946.90
2008	8053.55	2359.86	2683.64	1991.30	54977.10	71.73	10466.70
2009	9604.13	2192.88	3100.57	2210.56	84892.52	58.55	5915.46
2010	10572.67	2549.90	3246.85	2442.83	138592.03	69.73	7815.39
2011	12461.56	2680.75	4077.68	2795.64	137099.43	88.68	9739.20
2012	13659.94	2836.70	4775.40	3129.30	136111.48	88.23	8502.00
2013	15001.38	3192.83	5319.62	3709.57	193670.93	87.55	9981.31
2014	15313.91	3133.77	5784.42	3797.63	214105.40	85.80	12402.60
2015	14723.30	2857.70	6969.50	3666.40	203179.40	75.50	11749.10

注：2009年起内燃机指标名称改为发动机。

1-14 续表 10

年 份	风机 (万台)	气体压缩机 (万台)	大中型拖拉机 (万台)	小型拖拉机 (万台)	两轮脚踏自行车 (万辆)
1957	5.40	0.63			80.60
1963	1.60	0.53	0.87	0.02	148.90
1964	4.20	0.85	0.98	0.09	170.50
1965	5.80	1.23	0.96	0.36	183.80
1966	5.30	1.32	1.18	1.16	205.30
1967	3.90	0.52	0.85	0.97	177.10
1968	3.50	0.35	0.89	1.11	201.10
1969	4.90	0.90	1.34	1.94	292.10
1970	6.40	0.92	3.19	5.14	368.80
1971	7.50	1.05	4.45	8.09	412.60
1972	8.20	1.52	4.93	8.95	440.40
1973	10.20	1.95	5.79	11.93	496.80
1974	11.30	2.11	6.27	13.80	519.60
1975	13.80	2.54	7.84	20.94	623.20
1976	12.70	2.10	7.37	24.00	668.10
1977	12.70	2.10	9.93	32.05	742.70
1978	20.10	2.63	11.35	32.42	854.00
1979	23.70	2.13	12.56	31.75	1009.50
1980	20.40	1.85	9.77	21.79	1302.40
1981	19.90	1.14	5.28	19.89	1745.30
1982	20.00	1.65	4.03	29.83	2420.00
1983	22.10	1.77	3.70	49.77	2758.20
1984	30.20	2.69	3.97	68.86	2861.40
1985	38.30	7.59	4.50	82.25	3227.70
1986	40.10	5.32	2.86	77.45	3568.30
1987	44.60	4.46	3.71	110.60	4116.70
1988	54.80	6.77	4.72	133.57	4140.10
1989	48.10	7.68	3.98	111.81	3676.80
1990	34.10	5.47	3.94	110.14	3141.60
1991	42.90	6.22	5.27	134.78	3676.80
1992	61.90	8.83	5.70	139.07	4083.60
1993	58.50	9.88	3.77	96.14	4149.60
1994	138.40	10.48	4.67	135.54	4364.90
1995	223.80	86.90	6.33	206.30	4472.20
1996	183.50	62.80	8.37	209.66	3361.20
1997	121.60	40.10	8.24	201.64	2999.30
1998	94.60	47.91	6.78	187.40	2312.50
1999	53.40	53.16	6.54	205.52	2397.60
2000	66.93	25.20	4.10	193.43	2906.79
2001	65.84	18.99	3.82	192.45	2902.30
2002	76.17	31.13	4.54	184.50	3957.50
2003	123.33	41.09	4.88	186.46	5451.70
2004	1215.24	7289.56	11.38	193.98	7906.22
2005	263.80	1442.72	16.33	201.01	6900.64
2006	263.96	1841.05	19.93	191.51	7886.63
2007	432.33	3093.30	20.31	213.80	7475.20
2008	1679.65	11788.17	28.44	175.80	7185.18
2009	931.72	10164.02	37.13	190.56	5757.65
2010	1376.70	15932.90	33.68	228.10	6819.48
2011	1085.10	19250.30	40.19	237.27	7169.11
2012	2162.20	25776.90	52.73	178.70	7612.85
2013	1708.60	29339.50	66.56	184.86	7545.25
2014	1778.23	33648.50	64.37	167.80	7910.14
2015	1816.80	32526.60	68.82	140.10	6882.24

注：气体压缩机中2004年包括空调压缩机，2008年包括规模以下工业。

1-14 续表 11

年 份	表（万只）	照相机（万台）	铁路机车（辆）	铁路客车（辆）	铁路货车（万辆）	汽车（万辆）	#载货汽车	轿车
1957	0.40	0.01	167	454	0.73	0.79	0.62	
1963	91.80	1.22	20	341	0.14	2.06	1.67	
1964	101.50	1.08	59	321	0.24	2.81	2.08	
1965	108.30	1.72	146	160	0.29	4.05	2.65	
1966	137.40	2.79	353	114	0.50	5.59	3.41	
1967	145.00	4.40	269	87	0.56	2.04	1.09	
1968	183.80	4.45	280	117	0.64	2.51	1.20	
1969	268.60	4.98	397	284	0.99	5.31	3.04	
1970	358.10	4.04	573	576	1.38	8.72	4.71	
1971	429.20	4.48	598	674	1.44	11.10	5.81	
1972	491.70	5.80	595	672	1.35	10.82	6.05	
1973	573.20	7.69	665	829	1.87	11.62	6.44	
1974	673.50	11.10	573	635	1.65	10.48	5.69	
1975	809.00	18.49	526	804	1.57	13.98	7.76	
1976	949.60	22.50	327	556	0.80	13.52	7.45	
1977	1152.80	24.66	293	538	0.64	12.54	7.59	
1978	1410.80	17.89	521	784	1.70	14.91	9.61	
1979	1750.40	23.81	573	856	1.60	18.57	11.67	
1980	2267.50	37.28	512	1002	1.06	22.23	13.55	0.54
1981	2906.60	62.30	398	1159	0.88	17.56	10.83	0.34
1982	3313.20	74.23	486	1153	1.06	19.63	12.18	0.51
1983	3478.10	92.56	589	1230	1.58	23.98	13.71	0.60
1984	3807.10	126.18	658	1200	1.81	31.64	18.18	0.65
1985	5447.10	178.96	746	1447	1.93	43.72	26.90	0.90
1986	7332.00	202.54	818	1522	2.06	36.98	22.91	1.17
1987	6159.40	256.70	909	1791	1.16	47.18	29.84	1.79
1988	6788.90	312.26	844	1980	2.33	64.47	40.33	2.96
1989	7559.60	245.18	680	2000	2.41	58.35	36.34	3.58
1990	8671.30	213.22	655	1866	1.86	51.40	28.97	3.50
1991	7824.90	478.18	706	1674	1.85	71.42	38.25	6.87
1992	8658.80	526.48	798	1652	2.16	106.67	47.67	16.17
1993	19290.80	1136.49	922	1847	2.90	129.85	59.79	22.29
1994	47776.80	2830.02	992	1837	3.76	136.69	66.30	26.87
1995	48191.30	3326.15	974	2395	3.73	145.27	59.60	33.70
1996	47975.60	4120.77	1050	2616	3.28	147.52	62.51	38.29
1997	29504.60	4686.89	1069	2535	3.12	158.25	57.36	48.60
1998	23642.20	5521.87	278	1576	2.35	163.00	73.56	50.71
1999	24051.50	4832.29	300	1778	1.86	183.20	83.96	57.10
2000	21430.69	5514.52	243	3244	2.73	207.00	86.29	60.70
2001	18431.60	5962.09	303	3273	3.07	234.17	89.01	70.36
2002	18391.90	5309.61	336	2856	3.13	325.10	109.20	109.20
2003	18136.85	6198.14	323	1525	3.12	444.39	112.44	207.08
2004	50154.42	7891.40	442	1867	3.17	509.11	111.56	227.63
2005	15498.86	8199.00	838	2001	3.92	570.49	149.46	277.01
2006	14178.25	8551.51	984	2143	3.93	727.89	179.76	386.94
2007	12266.55	8689.60	1002	2425	4.22	888.89	218.31	479.78
2008	11919.20	8193.03	1235	1835	5.73	930.59	202.70	503.81
2009	13306.38	8457.81	1753	7107	4.28	1379.53	308.00	748.48
2010	14631.80	9327.70	2571	7450	4.81	1826.53	391.57	957.59
2011	13162.50	8241.34	2530	6853	6.69	1841.64	324.74	1012.67
2012	15795.80	8801.71	1622	7562	5.92	1927.62	302.04	1077.00
2013	18354.82	4690.89	1351	3631	5.19	2212.09	321.50	1210.43
2014	18253.50	3123.00	1658	3438	3.44	2372.52	312.90	1248.31
2015	17727.00	2845.40	1979	2572	2.73	2450.35	272.92	1162.97

注：铁路客车2008年、2010年及以后年份不包括动车组产量。铁路客车1998-2004年计量单位为万千瓦。

1-14　续表 12

年　份	发电设备（万千瓦）	#水轮发电机组	交流电动机（万千瓦）	变压器（万千伏安）	家用电冰箱（万台）	家用洗衣机（万台）
1957	19.80	7.20	146.00	420.00	0.16	
1963	40.40	27.80	313.00	437.00	0.14	
1964	44.00	32.50	308.00	572.00	0.17	
1965	68.30	28.00	405.00	818.00	0.30	
1966	132.30	38.20	615.00	1303.00	0.54	
1967	61.90	5.20	496.00	999.00	0.59	
1968	137.50	30.20	460.00	650.00	0.67	
1969	203.10	69.80	810.00	1490.00	0.66	
1970	291.80	90.20	1456.00	2741.00	0.52	
1971	353.30	151.40	1831.00	3011.00	0.61	
1972	432.50	177.50	2195.00	3173.00	0.76	
1973	501.80	157.50	2717.00	3490.00	1.00	
1974	461.60	131.60	2626.00	3989.00	1.34	
1975	496.50	113.60	2799.00	4097.00	1.80	
1976	400.20	57.40	2609.00	3656.00	2.12	
1977	318.10	62.60	2696.00	3581.00	2.46	
1978	483.80	144.60	3195.00	4862.00	2.80	0.04
1979	621.20	171.70	3563.00	5823.00	3.18	1.81
1980	419.30	123.80	2570.00	4461.00	4.90	24.53
1981	139.50	63.20	2126.00	2734.00	5.56	128.08
1982	164.50	57.50	2420.00	3143.00	9.99	253.26
1983	274.00	66.90	2868.00	4228.00	18.85	365.86
1984	467.40	85.80	3051.00	5030.00	54.74	578.06
1985	563.60	140.20	3484.00	8045.00	144.81	887.20
1986	722.40	188.40	3967.00	7729.00	225.02	893.40
1987	941.10	177.70	4172.00	9297.00	401.34	990.20
1988	1109.30	198.40	4511.00	10039.00	757.63	1046.80
1989	1174.00	203.50	4096.00	9931.00	670.79	825.40
1990	1225.40	210.10	3528.00	7443.00	463.06	662.70
1991	1164.20	354.00	3825.00	7748.00	469.94	678.20
1992	1297.00	411.00	5243.00	9949.00	485.76	707.90
1993	1472.80	247.30	5450.00	14332.00	596.66	895.90
1994	1674.10	609.00	5946.00	39398.00	768.12	1094.20
1995	1667.90	297.00	6011.00	16449.00	918.54	948.40
1996	2353.50	333.80	5313.00	15104.00	979.65	1074.70
1997	2405.10	326.90	5127.00	16134.00	1044.43	1254.50
1998	1608.00		4310.00	14910.00	1060.00	1207.31
1999	1369.00	468.91	4602.00	17719.00	1210.00	1342.17
2000	1249.00	391.50	5134.20	21670.39	1279.00	1442.98
2001	1340.14	303.16	6263.27	25137.00	1351.26	1341.61
2002	2120.84	353.27	7004.80	29605.79	1598.87	1595.76
2003	3700.62	608.56	8920.00	37651.00	2242.56	1964.46
2004	9233.01	1079.56	19534.76	240476.62	3007.59	2533.41
2005	9200.00	1200.86	12934.88	63115.84	2987.06	3035.52
2006	11694.27	1834.90	15826.48	73645.50	3530.89	3560.50
2007	12990.98	2836.08	18848.22	91020.78	4397.13	4005.10
2008	13942.42	2249.05	24053.72	122165.87	4799.95	4447.00
2009	11729.25	2303.96	18710.14	126075.27	5930.45	4973.63
2010	12880.21	2033.90	23212.90	134630.40	7295.72	6247.73
2011	14410.52	2644.05	26563.92	141804.05	8699.20	6715.94
2012	13005.52	2337.95	25691.20	143132.40	8427.00	6791.12
2013	14197.66	2492.01	27900.94	157294.27	9255.74	7300.53
2014	15053.02	2396.20	30134.40	170076.50	8796.09	7114.40
2015	12431.38	1727.90	28258.00	165398.00	7992.75	7274.50

注：家用电冰箱1979年以前为主要电冰箱厂的电冰箱数字，1979年及以后各年为全国家用电冰箱数字。

1-14 续表 13

年 份	家用电风扇（万台）	房间空气调节器（万台）	家用吸尘器（万台）	半导体分立器件（亿只）	集成电路（万块）	彩色电视机（万台）
1957						
1963				0.02		
1964				0.04		
1965				0.12		
1966				0.28		
1967				0.34	2	
1968				0.37	8	
1969				0.66	78	
1970				1.55	423	
1971				2.32	406	0.02
1972				1.94	264	0.01
1973				1.77	186	0.07
1974				2.27	388	0.24
1975				3.15	579	0.29
1976				3.75		0.28
1977				4.52		0.25
1978	137.80	0.02	0.41	4.42	3041	0.38
1979	233.10	0.86	0.57	4.01		0.95
1980	723.70	1.32	1.48	6.96	1684	3.21
1981	1049.90	1.40	1.73	9.96	1279	15.21
1982	918.60	2.44	2.23	6.75	1352	28.81
1983	1045.70	3.45	4.43	8.22	2604	53.11
1984	1770.70	6.12	9.10	11.76	4148	133.95
1985	3174.60	12.35	8.82	14.79	6385	435.28
1986	3528.70	9.65	8.40	10.99	5720	414.60
1987	3660.70	13.22	35.34	15.14	9544	672.72
1988	4495.50	25.91	182.93	19.77	13160	1037.66
1989	4991.90	37.47	218.98	24.80	13156	940.02
1990	5799.30	24.07	71.67	33.38	10838	1033.04
1991	6219.10	63.03	68.61	54.69	17049	1205.06
1992	6837.00	158.03	112.92	67.19	16099	1333.08
1993	7387.30	346.41	149.00	95.06	20101	1435.76
1994	8613.00	393.42	321.81	167.02	48462	1689.15
1995	12966.70	682.56	805.50		551686	2057.74
1996	10291.70	786.21	879.74	187.67	388987	2537.60
1997	8171.40	974.01	976.40	313.37	255455	2711.33
1998	6724.49	1156.87	519.18	223.83	262577	3497.00
1999	6158.14	1337.64	574.99	278.76	415000	4262.00
2000	7661.61	1826.67	1010.30	511.98	588000	3936.00
2001	9616.10	2333.64	1141.17	476.91	636288	4093.70
2002	10761.33	3135.11	1611.16	593.39	963101	5155.00
2003	12980.92	4820.86	2185.35	875.45	1483100	6541.40
2004	14169.67	6390.33	5015.42	1956.43	2355100	7431.83
2005	12022.39	6764.57	4679.31	2062.90	2699700	8283.22
2006	14465.85	6849.42	5319.13	2224.70	3357500	8375.40
2007	15440.04	8014.28	6514.22	2504.60	4116200	8478.01
2008	15866.85	8147.37	8324.32	2902.10	4387700	9187.14
2009	15955.05	8078.25	6534.66	2637.38	4144000	9898.79
2010	18067.92	10887.47	7669.36	3403.80	6525000	11830.03
2011	18845.89	13912.50	8400.46	4067.78	7195200	12231.34
2012	16593.59	12398.72	8145.09	4256.30	7796100	12823.52
2013	15875.50	13069.30	8981.07	4905.17	9034600	12745.21
2014	16551.17	14463.27	8799.80	5359.30	10155300	14128.90
2015	17173.56	14200.35	8703.60	5780.40	10872000	14475.73

注：半导体器件从1995年及以后年份为半导体分立器件。

1-14 续表 14

年 份	改装汽车（万辆）	摩托车整车（万辆）	家用吸排油烟机（万台）	微波炉（万台）	电饭锅（万个）	电话单机（万部）
1985	11.26	91.70			511.85	274.10
1986	8.61	65.57			711.41	471.68
1987	10.90	73.77			1078.74	451.96
1988	14.91	117.18			849.02	721.64
1989	11.97	104.83			918.42	880.00
1990	11.05	97.85			711.88	880.00
1991	14.99	134.10			1183.35	1482.00
1992	22.67	204.61				1982.27
1993	26.87	355.63				2663.59
1994	22.42	535.39				5722.92
1995	27.26	825.41	522.50	99.79	2149.83	9956.36
1996	24.19	916.75	309.18	302.26	1697.55	7960.82
1997	22.13	1033.42	287.59	432.40	1642.09	8653.71
1998	21.17	829.09	258.15		1057.99	6520.48
1999	25.26	978.20	351.41	824.28	871.65	7139.93
2000	28.52	960.19	366.15	1257.16	1355.46	9597.99
2001	31.42	1041.45	456.28	1817.70	1442.47	10302.74
2002	40.80	1198.80	426.46	2270.89	2109.32	11892.42
2003	39.45	1461.34	477.25	3660.40	3691.02	12935.90
2004	59.41	1674.92	677.44	4353.33	10781.90	19515.71
2005	48.16	1690.93	730.10	4931.89	6154.14	18861.52
2006	61.82	2054.50	1118.07	5570.17	8879.82	18647.83
2007	69.17	2508.32	1216.88	6289.09	11463.29	16516.46
2008	104.94	2837.87	1709.71	6286.02	13356.50	18244.72
2009	100.20	2758.72	1714.48	6107.28	14313.89	14537.70
2010	120.36	2734.17	2028.33	6781.70	17086.20	16769.68
2011	123.57	2735.50	2032.06	6692.10	18329.40	14017.91
2012	119.19	2603.02	2235.37	6999.40	18404.80	12773.84
2013	135.07	2527.10	2783.55	7277.64	21730.79	12519.67
2014	132.90	2691.70	3082.25	7750.10	28028.60	12286.80
2015	134.20	2502.80	3046.39	8774.90	32237.80	11664.70

注：电饭锅1991年以前包括电热蒸煮器具。

1-14 续表 15

年 份	传真机（万部）	微型计算机设备（万台）	移动通信手持机（万台）	程控交换机（万线）	复印和胶版印制设备（万台）
1985					2.37
1986		4.21			1.80
1987		5.12			1.81
1988		11.61			
1989		7.54			
1990		8.21			
1991		16.25			
1992		12.62			4.38
1993		14.66			6.06
1994		24.57			4.10
1995	136.12	83.57		2091.60	21.75
1996	137.87	138.83		2274.80	63.87
1997	162.51	206.55		2787.30	107.75
1998	128.69	291.40		4219.90	117.93
1999	159.99	405.00		4726.00	210.29
2000	196.29	672.00	5247.88	7136.00	156.63
2001	318.19	877.65	8031.66	7223.50	144.12
2002	297.29	1463.51	12146.35	5860.70	207.39
2003	746.58	3216.70	18231.37	6549.10	264.17
2004	851.16	5974.90	23751.58	7625.22	324.57
2005	1068.15	8084.89	30354.21	7720.90	403.56
2006	1188.63	9336.44	48013.79	7404.63	467.80
2007	888.53	12073.38	54857.86	5387.05	452.36
2008	749.40	15853.65	55945.10	4583.95	517.70
2009	683.51	18215.07	68193.37	4152.51	421.02
2010	181.09	24584.46	99827.36	3137.97	534.82
2011	268.13	32036.93	113257.71	3034.04	655.05
2012	263.57	31806.71	118154.57	2829.08	609.69
2013	172.08	35348.41	152343.90	2698.53	698.20
2014	175.18	35079.63	168202.75	2148.15	712.90
2015	168.04	31418.70	181261.40	1880.30	734.20

1-15 主要工业产品产量(2015年、2014年)

产品名称	计量单位	2015年	2014年
铁矿石原矿	万吨	138128.90	152671.67
硫铁矿石(折含硫35%)	万吨	1651.60	1738.50
磷矿石(折含五氧化二磷30%)	万吨	14203.70	12043.80
原盐	万吨	6665.54	7049.71
饲料	万吨	27775.30	27237.60
精制食用植物油	万吨	6734.30	6534.10
成品糖	万吨	1474.11	1642.67
鲜、冷藏肉	万吨	3761.20	3903.70
乳制品	万吨	2782.60	2651.80
罐头	万吨	1309.93	1256.32
饮料酒	万千升	6412.50	6543.70
#白酒(折65度，商品量)	万千升	1312.80	1256.90
啤酒	万千升	4715.60	4936.29
葡萄酒	万千升	114.80	116.20
软饮料	万吨	17661.10	16677.10
卷烟	亿支	25890.70	26098.49
纱	万吨	3538.00	3379.20
布	亿米	892.58	893.68
#棉布	亿米	390.12	388.00
印染布	亿米	509.50	536.90
绒线(俗称毛线)	万吨	40.40	40.70
毛机织物(呢绒)	万米	63326.10	60003.30
蚕丝	吨	172113.90	161095.30
蚕丝及交织机织物(含蚕丝≥50%)	万米	62410.90	64951.46
无纺布(无纺织物)	万吨	442.80	357.99
服装	万件	3082722.80	2989462.74
鞋	万双	834017.70	846320.30
#皮革鞋靴	万双	455800.30	449879.80
人造板	万立方米	31043.20	29860.69
#胶合板	万立方米	18354.90	17388.85
家具	万件	76961.70	77374.62
机制纸及纸板(外购原纸加工除外)	万吨	11742.77	11785.80
#新闻纸	万吨	332.14	358.50
纸制品	万吨	7037.70	6634.70
硫酸(折100%)	万吨	8975.70	8901.55
盐酸(氯化氢，含量31%)	万吨	845.00	938.30
浓硝酸(折100%)	万吨	276.70	288.10
烧碱(折100%)	万吨	3020.66	3063.51
纯碱(碳酸钠)	万吨	2591.80	2525.84
碳化钙(电石，折300升/千克)	万吨	2482.50	2521.93
乙烯	万吨	1714.60	1696.69
纯苯	万吨	782.90	733.51
冰乙酸(冰醋酸)	万吨	586.80	537.10
合成氨(无水氨)	万吨	5791.40	5699.50

1-15 续表 1

产品名称	计量单位	2015年	2014年
农用氮、磷、钾化学肥料(折纯)	万吨	7431.99	6876.85
#1.氮肥(折含氮100%)	万吨	4970.57	4564.24
#尿素(折含氮100%)	万吨	3446.70	3123.10
2.磷肥(折五氧化二磷100%)	万吨	1857.20	1743.01
3.钾肥(折氯化钾100%)	万吨	604.47	569.51
化学农药原药(折有效成分100%)	万吨	374.00	374.40
涂料	万吨	1717.60	1648.20
初级形态塑料	万吨	7807.66	7088.84
合成橡胶	万吨	534.17	549.55
合成纤维单体	万吨	2271.00	2283.00
合成纤维聚合物	万吨	1828.10	1721.10
合成洗涤剂	万吨	1311.08	1209.73
化学药品原药	万吨	334.81	303.40
中成药	万吨	350.35	328.77
化学纤维	万吨	4831.71	4389.75
#人造纤维(纤维素纤维)	万吨	385.20	372.25
合成纤维	万吨	4446.37	4017.49
橡胶轮胎外胎	万条	92831.39	111913.11
塑料制品	万吨	7560.70	7387.80
#农用薄膜	万吨	231.00	219.50
水泥	万吨	235918.83	249207.08
商品混凝土	万立方米	164131.10	155416.77
砖	亿块	5413.90	5053.20
瓦	亿片	128.50	138.90
瓷质砖	万平方米	820406.90	773649.98
陶质砖	万平方米	251301.80	198195.20
平板玻璃	万重量箱	78651.63	83128.16
钢化玻璃	万平方米	45518.00	42016.13
夹层玻璃	万平方米	8639.80	8055.10
中空玻璃	万平方米	11987.40	12009.26
卫生陶瓷制品	万件	19894.10	18345.31
生铁	万吨	69141.30	71374.78
粗钢	万吨	80382.50	82230.63
钢材	万吨	112349.60	112513.12
#铁道用钢材	万吨	483.80	565.40
#轻轨	万吨	87.30	120.30
重轨	万吨	359.70	405.40
大型型钢	万吨	1435.70	1349.40
中小型型钢	万吨	5660.40	5617.43
棒材	万吨	7131.00	7941.80
钢筋	万吨	20430.60	21553.51
线材(盘条)	万吨	14723.30	15313.91
特厚板	万吨	770.50	727.00

1-15　续表 2

产品名称	计量单位	2015年	2014年
厚钢板	万吨	2542.50	2638.50
中板	万吨	4019.90	4000.90
热轧薄板	万吨	777.60	815.80
冷轧薄板	万吨	3820.80	3710.00
中厚宽钢带	万吨	12334.80	12300.80
热轧薄宽钢带	万吨	5417.50	5296.80
冷轧薄宽钢带	万吨	4560.80	4259.60
热轧窄钢带	万吨	6363.20	5959.20
冷轧窄钢带	万吨	1350.70	1253.50
镀层板(带)	万吨	5210.10	5074.90
涂层板(带)	万吨	809.90	825.20
电工钢板(带)	万吨	880.90	885.20
无缝钢管	万吨	2857.70	3133.77
焊接钢管	万吨	6969.50	5784.42
铁合金	万吨	3666.40	3797.63
十种有色金属	万吨	5155.82	4828.81
#精炼铜(电解铜)	万吨	796.20	764.37
铅	万吨	385.90	406.64
锌	万吨	615.40	582.90
镍	万吨	23.21	31.80
锡	万吨	16.69	18.69
原铝(电解铝)	万吨	3141.00	2885.79
镁	万吨	85.30	87.40
氧化铝	万吨	5897.90	5239.91
单一稀土金属	万千克	2893.50	3053.20
铝合金	万吨	629.70	635.00
铜材	万吨	1913.70	1705.54
铝材	万吨	5236.40	4673.52
金属切削工具	万件	882902.70	957892.90
金属集装箱	万立方米	11516.00	13014.50
锻件	万吨	1231.30	1230.60
电站锅炉	万蒸发量吨	43.50	47.80
工业锅炉	蒸发量吨	438878.10	495471.09
发动机	万千瓦	203179.40	214105.40
#汽车用发动机	万千瓦	174919.70	182878.50
电站用汽轮机	万千瓦	7666.80	8125.70
燃气轮机	万千瓦	329.70	422.50
电站水轮机	万千瓦	204.70	193.98
金属切削机床	万台	75.50	85.80
#数控金属切削机床	万台	23.30	25.90
金属成形机床	万台	30.60	34.78
铸造机械	万台	104.20	89.07
电焊机	万台	571.90	742.10
起重机	万吨	1186.80	1095.30
电动车辆(电动叉车)	万台	18.40	17.10

1-15 续表 3

产品名称	计量单位	2015年	2014年
内燃叉车	万台	23.30	24.90
输送机械(输送机和提升机)	万吨	267.50	250.10
电梯、自动扶梯及升降机	万台	52.60	49.40
泵	万台	11749.10	12402.60
气体压缩机	万台	32526.60	33648.50
阀门	万吨	994.20	1031.90
齿轮	万吨	258.10	301.70
风机	万台	1816.80	1778.23
气体分离及液化设备	台	60948.00	70394.00
电动手提式工具	万台	24600.80	25597.30
包装专用设备	台	100507.00	102600.00
照相机	万台	2845.40	3123.00
#数码照相机	万台	1922.70	2467.50
复印和胶版印制设备	万台	734.20	712.90
自动柜员机(ATM机)	万台	14.20	12.20
减速机	万台	592.20	600.60
矿山专用设备	万吨	730.00	786.20
石油钻井设备	台(套)	235078.00	243675.00
挖掘、铲土运输机械	台	259961.00	359147.00
#挖掘机	台	92592.00	120162.00
装载机	台	128500.00	156246.00
压实机械	台	34721.00	53332.00
水泥专用设备	吨	798050.70	946030.90
混凝土机械	台	393756.00	513209.00
金属冶炼设备	吨	655542.90	1150111.10
金属轧制设备	吨	512186.30	619341.30
炼油、化工生产专用设备	万吨	217.30	241.10
饲料生产专用设备	台	517489.00	647039.00
印刷专用设备	吨	135741.70	152185.00
大中型拖拉机	万台	68.82	64.37
小型拖拉机	万台	140.10	167.80
收获机械	台	827101.00	925355.00
环境污染防治专用设备	台(套)	629054.50	579394.00
#大气污染防治设备	台(套)	354073.50	307238.00
自动售货机、售票机	台	40457.00	16582.00
工业机器人	套	32996.00	27110.00
汽车	万辆	2450.35	2372.52
#基本型乘用车(轿车)	万辆	1162.97	1248.31
多功能乘用车(MPV)	万辆	205.77	186.00
运动型多用途乘用车(SUV)	万辆	602.43	406.93
客车	万辆	80.42	158.70
载货汽车	万辆	272.92	312.90
#新能源汽车	万辆	32.78	12.55
改装汽车	万辆	134.20	132.90
铁路机车	辆	1979.00	1658.00
动车组	辆	3666.00	3388.00
铁路客车	辆	2572.00	3438.00
铁路货车	辆	27264.00	34416.00
民用钢质船舶	万载重吨	4843.71	4851.82
摩托车整车	万辆	2502.80	2691.70

1-15 续表 4

产品名称	计量单位	2015年	2014年
两轮脚踏自行车	万辆	6882.24	7910.14
电动自行车	万辆	3003.10	2904.50
发电机组(发电设备)	万千瓦	12431.38	15053.02
#水轮发电机组	万千瓦	1727.90	2396.20
汽轮发电机组	万千瓦	7373.90	9031.00
风力发电机组	万千瓦	2924.02	2150.08
交流电动机	万千瓦	28258.00	30134.40
变压器	万千伏安	165398.00	170076.50
电力电缆	万千米	5582.00	5570.40
光缆	万芯千米	31014.75	27620.34
锂离子电池	万只(自然只)	559778.30	528652.50
太阳能电池(光伏电池)	万千瓦	5382.10	4335.60
家用电冰箱(家用冷冻冷藏箱)	万台	7992.75	8796.09
家用冷柜(家用冷冻箱)	万台	2243.40	2099.22
房间空气调节器	万台	14200.35	14463.27
家用电风扇	万台	17173.56	16551.17
家用吸排油烟机	万台	3046.39	3082.25
电饭锅	万个	32237.80	28028.60
微波炉	万台	8774.90	7750.10
家用洗衣机	万台	7274.50	7114.40
家用电热水器	万台	3958.70	3429.90
家用吸尘器	万台	8703.60	8799.80
家用燃气热水器	万台	1492.10	1476.70
电子计算机整机	万台	36043.50	40552.88
#微型计算机设备	万台	31418.70	35079.63
#笔记本计算机	万台	17436.03	22728.73
显示器	万台	17365.40	16396.10
打印机	万台	5425.70	6600.90
程控交换机	万线	1880.30	2148.15
#数字程控交换机	万线	1118.60	1914.40
电话单机	万部	11664.70	12286.80
移动通信基站设备	万信道	30659.60	28015.44
传真机	万部	168.04	175.18
移动通信手持机(手机)	万台	181261.40	168202.75
#智能手机	万台	139943.11	125699.51
彩色电视机	万台	14475.73	14128.90
#液晶电视机	万台	14391.93	13865.86
#智能电视	万台	8383.49	7297.22
组合音响	万台	9665.90	11589.91
数字激光音、视盘机	万台	16705.40	19724.30
电视接收机顶盒	万台	10386.90	10150.20
半导体分立器件	亿只	5780.40	5359.30
集成电路	亿块	1087.20	1015.53
光电子器件	亿只(片、套)	5084.92	4817.30
电子元件	亿只	34394.30	38207.90
电工仪器仪表	万台	17717.20	15346.70
汽车仪器仪表	万台	5219.40	5353.20
钟	万只	12847.00	13081.68
表	万只	17727.00	18253.50

1-16 全国规模以上工业主要产品生产能力(2015年、2014年)

产品名称	计量单位	2015年	2014年
天然原油	万吨	22082.89	22062.10
卷烟	亿支	38680.01	38219.42
原油加工能力	万吨	68940.87	68568.31
焦炭	万吨	65979.59	66472.62
烧碱	万吨	3694.57	3779.67
碳化钙(电石,折 300升／千克)	万吨	3312.05	3284.53
农用氮、磷、钾化学肥料总计(折纯)	万吨	10404.16	9881.40
初级形态塑料	万吨	9241.50	8705.49
化学纤维	万吨	5482.07	5340.24
水泥	万吨	344190.83	346613.70
平板玻璃	万重量箱	96984.06	94678.84
粗钢	万吨	112688.17	112851.03
钢材	万吨	154389.91	153842.59
原铝(电解铝)	万吨	3701.92	3549.42
金属切削机床	万台	116.58	134.55
汽车	万辆	3341.12	3051.65
家用电冰箱	万台	12150.79	12522.26
房间空气调节器	万台	23575.62	22932.85
微型计算机设备	万台	49418.78	48746.37
移动通信手持机(手机)	万台	245468.76	204015.39
彩色电视机	万台	21888.37	21519.98
发电设备容量总计	万千瓦	143630.43	131368.76
#火电设备容量	万千瓦	99232.01	92083.31
水电设备容量	万千瓦	28446.94	27182.01
核电设备容量	万千瓦	2643.95	2031.77
风电设备容量	万千瓦	10244.89	7891.37

二、分行业数据

2-1 规模以上工业企业主要

行　业	企业单位数（个）	工业销售产值（当年价格）	出口交货值	资产总计
总　计	**383148**	**1104026.70**	**116013.09**	**1023398.12**
采矿业	**14479**	**49498.49**	**184.96**	**97632.54**
煤炭开采和洗选业	5924	20793.30	17.66	53788.47
烟煤和无烟煤开采洗选	5706	18939.92	17.42	50991.46
褐煤开采洗选	178	1786.80		2644.16
其他煤炭采选	40	66.58	0.23	152.85
石油和天然气开采业	141	8042.76	13.74	20570.46
石油开采	93	6246.45	0.46	17481.94
天然气开采	48	1796.31	13.27	3088.51
黑色金属矿采选业	2593	7216.98	12.87	10558.32
铁矿采选	2418	6824.70	1.12	10251.02
锰矿、铬矿采选	131	229.61	0.77	180.80
其他黑色金属矿采选	44	162.66	10.98	126.49
有色金属矿采选业	1889	6344.87	13.04	5829.68
常用有色金属矿采选	1136	2734.29	9.27	2955.08
铜矿采选	281	666.76	0.51	975.43
铅锌矿采选	491	1208.64		1163.87
镍钴矿采选	22	95.79		93.80
锡矿采选	50	91.65	0.35	202.94
锑矿采选	29	44.01	2.28	26.58
铝矿采选	97	319.77		294.42
镁矿采选	79	145.80	6.11	73.00
其他常用有色金属矿采选	87	161.87	0.02	125.05
贵金属矿采选	462	2684.78	0.03	1914.85
金矿采选	431	2583.33	0.03	1857.36
银矿采选	29	98.12		56.68
稀有稀土金属矿采选	291	925.80	3.74	959.75
钨钼矿采选	247	797.52	3.72	758.37
稀土金属矿采选	22	85.95	0.02	140.99
其他稀有金属矿采选	21	42.08		59.79
非金属矿采选业	3743	5539.19	24.97	4110.94
土砂石开采	2781	3836.19	13.32	1988.57
石灰石、石膏开采	763	1036.89	2.25	478.62
建筑装饰用石开采	641	834.74	4.35	428.23
耐火土石开采	326	439.54	2.76	208.60
粘土及其他土砂石开采	1051	1525.02	3.95	873.12
化学矿开采	340	630.72	1.25	780.20
采盐	126	346.69	1.06	874.13
石棉及其他非金属矿采选	496	725.59	9.35	468.03
石棉、云母矿采选	17	29.92	0.80	19.97
石墨、滑石采选	111	236.93	8.21	191.14
宝石、玉石采选	9	5.97		49.18
其他未列明非金属矿采选	359	452.77	0.34	207.74
开采辅助活动	169	1535.49	102.68	2760.84
煤炭开采和洗选辅助活动	11	8.76		9.60
石油和天然气开采辅助活动	154	1520.96	102.68	2749.80
其他开采辅助活动	4	5.77		1.44
其他采矿业	20	25.92		13.84
制造业	**358665**	**989362.24**	**115727.64**	**782521.90**
农副食品加工业	25694	65835.97	2950.29	32888.25

经济指标(大、中、小类行业)

单位：亿元

固定资产合计	固定资产原价	累计折旧	流动资产合计	应收账款	存货	产成品
377568.47	**603273.76**	**257455.69**	**469207.26**	**117246.31**	**102804.00**	**39501.15**
43443.24	**65613.65**	**29615.07**	**31858.34**	**5804.65**	**3990.73**	**1733.78**
20122.63	26371.78	10889.40	19852.98	3390.61	2286.74	979.08
19277.18	24955.50	10244.71	18547.45	2923.35	2071.06	924.43
792.17	1352.59	630.12	1248.16	462.24	211.51	51.46
53.29	63.69	14.57	57.37	5.02	4.17	3.19
15390.20	27528.72	13965.91	2632.28	257.48	257.05	99.38
13562.08	24702.73	12757.67	2251.18	192.94	212.62	90.80
1828.12	2826.00	1208.24	381.10	64.54	44.42	8.59
3209.91	4836.27	2000.13	4188.27	936.88	519.07	267.77
3115.73	4719.18	1962.53	4078.90	914.31	488.00	244.30
61.02	78.28	28.42	81.02	19.04	18.94	13.72
33.15	38.81	9.18	28.34	3.53	12.13	9.75
2212.02	2843.66	943.27	2153.30	276.62	467.80	218.23
1041.83	1353.89	472.32	1146.82	174.58	214.13	106.54
373.64	514.64	189.70	272.22	33.98	61.05	30.67
426.30	536.98	190.11	460.91	79.43	76.60	41.54
31.70	39.23	11.51	27.13	4.02	12.00	3.87
39.68	58.89	24.82	119.65	14.45	8.15	2.38
14.80	17.60	5.72	8.66	1.47	3.92	3.15
99.70	110.53	26.36	157.22	23.00	31.91	14.36
17.61	28.90	12.50	37.53	10.65	5.79	3.74
38.40	47.12	11.60	63.50	7.58	14.72	6.84
779.51	1001.46	308.88	676.56	60.47	154.35	53.50
757.24	974.54	299.22	649.90	59.46	149.03	49.56
21.99	26.58	9.61	26.30	0.95	5.32	3.93
390.67	488.31	162.06	329.92	41.56	99.32	58.19
343.17	423.71	141.48	267.13	34.08	68.99	36.95
22.18	32.57	11.09	41.54	5.51	20.55	18.01
24.80	31.51	9.42	21.24	1.98	9.77	3.23
1449.39	2104.96	825.05	1636.12	300.19	258.01	155.75
851.13	1221.75	451.53	724.50	176.70	121.50	77.93
205.66	362.72	170.50	177.65	49.49	22.88	15.31
176.32	240.49	87.06	167.48	35.41	29.47	20.60
89.49	123.15	44.71	88.21	18.87	17.39	10.52
379.66	495.39	149.26	291.15	72.93	51.76	31.50
191.80	275.75	106.56	341.39	54.42	58.52	30.40
250.87	372.14	170.66	379.42	34.61	41.69	25.94
155.60	235.33	96.30	190.81	34.46	36.30	21.48
8.33	38.47	30.86	8.42	0.71	2.67	1.97
55.19	80.89	34.08	87.34	10.77	9.03	4.26
6.08	7.06	1.16	14.53	0.42	7.43	4.08
86.00	108.92	30.19	80.52	22.55	17.18	11.17
1051.65	1919.62	989.34	1390.66	641.98	201.22	13.21
4.00	6.24	2.36	5.57	1.40	1.08	0.75
1046.92	1912.60	986.91	1384.38	640.14	199.97	12.32
0.72	0.78	0.07	0.72	0.45	0.17	0.14
7.45	8.62	1.97	4.73	0.89	0.84	0.36
247274.94	**403567.07**	**175610.87**	**413777.81**	**107515.14**	**97297.73**	**37594.66**
11628.63	20126.30	9669.60	16898.01	2700.10	4761.54	2116.48

2-1 续表 1

行 业	企业单位数(个)	工业销售产值(当年价格)	出口交货值	资产总计
谷物磨制	6641	13592.38	36.92	5116.26
饲料加工	4208	11326.71	88.11	4416.59
植物油加工	2154	10239.20	50.90	5586.46
食用植物油加工	2018	10006.29	46.29	5483.04
非食用植物油加工	136	232.90	4.61	103.42
制糖业	297	1192.96	4.94	1957.56
屠宰及肉类加工	4049	13220.74	242.56	6651.01
牲畜屠宰	1394	5602.79	49.59	2687.27
禽类屠宰	827	3339.99	72.65	1608.20
肉制品及副产品加工	1828	4277.96	120.33	2355.54
水产品加工	2196	5223.63	1476.06	2971.25
水产品冷冻加工	1456	3707.19	1271.21	2250.35
鱼糜制品及水产品干腌制加工	386	718.58	144.53	308.20
水产饲料制造	204	518.31	6.39	250.89
鱼油提取及制品制造	16	23.73	2.67	15.61
其他水产品加工	134	255.82	51.26	146.20
蔬菜、水果和坚果加工	3465	5437.09	795.87	2764.93
蔬菜加工	2269	3586.10	585.63	1662.73
水果和坚果加工	1196	1851.00	210.24	1102.20
其他农副食品加工	2684	5603.26	254.91	3424.18
淀粉及淀粉制品制造	865	2883.46	55.53	1999.95
豆制品制造	583	783.94	28.72	399.22
蛋品加工	198	296.07	7.84	138.20
其他未列明农副食品加工	1038	1639.79	162.83	886.81
食品制造业	8749	21871.59	1120.54	14677.48
焙烤食品制造	1539	2842.39	27.71	1624.32
糕点、面包制造	806	1080.55	7.76	729.17
饼干及其他焙烤食品制造	733	1761.84	19.95	895.15
糖果、巧克力及蜜饯制造	812	1763.98	123.68	1168.08
糖果、巧克力制造	430	1196.96	61.23	846.54
蜜饯制作	382	567.02	62.45	321.54
方便食品制造	1514	3676.71	96.06	2167.77
米、面制品制造	623	1025.71	32.23	471.06
速冻食品制造	468	864.31	47.29	611.36
方便面及其他方便食品制造	423	1786.69	16.53	1085.35
乳制品制造	633	3075.60	5.68	2639.76
罐头食品制造	902	1702.50	335.38	959.40
肉、禽类罐头制造	102	262.02	22.38	131.95
水产品罐头制造	47	96.05	21.81	55.02
蔬菜、水果罐头制造	685	1210.52	289.66	705.00
其他罐头食品制造	68	133.91	1.54	67.43
调味品、发酵制品制造	1204	2977.58	155.22	2347.55
味精制造	76	462.80	15.85	440.72
酱油、食醋及类似制品制造	419	1044.38	19.22	760.16
其他调味品、发酵制品制造	709	1470.41	120.15	1146.67
其他食品制造	2145	5832.82	376.81	3770.62
营养食品制造	273	793.00	20.81	466.04
保健食品制造	314	1594.99	23.05	872.92
冷冻饮品及食用冰制造	194	382.45	2.11	204.00
盐加工	75	121.08	0.68	187.38

单位：亿元

固定资产合计			流动资产合计			
	固定资产原价	累计折旧		应收账款	存货	
						产成品
2089.65	4667.83	2761.09	2446.92	377.73	874.41	273.43
1567.66	2678.18	1233.34	2114.98	365.75	528.62	168.00
1475.44	2461.80	1102.45	3493.22	394.90	1096.11	495.50
1436.24	2398.35	1072.36	3443.48	385.50	1079.56	483.68
39.19	63.45	30.09	49.74	9.41	16.55	11.81
394.64	758.18	390.66	1351.95	111.89	165.45	83.10
2552.16	3896.51	1545.52	3093.66	501.58	695.57	373.32
947.24	1348.50	503.46	1307.17	202.34	236.86	153.14
656.36	1118.44	501.89	725.61	108.19	199.19	89.53
948.56	1429.57	540.17	1060.88	191.04	259.52	130.66
1036.30	1745.57	924.13	1617.06	383.35	541.66	302.45
815.83	1361.29	731.79	1222.26	299.66	435.96	247.29
96.90	182.79	100.90	167.49	38.22	49.97	27.86
65.28	101.91	42.91	141.57	28.24	25.55	10.66
7.33	22.28	17.37	7.73	1.61	2.95	1.18
50.96	77.31	31.16	78.01	15.63	27.23	15.47
1078.93	1679.72	714.22	1312.13	278.59	408.64	191.89
688.68	1054.88	422.17	749.43	172.24	231.52	117.76
390.25	624.84	292.05	562.70	106.35	177.12	74.13
1433.84	2238.50	998.18	1468.10	286.32	451.08	228.78
883.72	1218.69	481.50	791.70	137.83	225.84	110.43
178.89	254.82	91.83	171.02	34.66	51.51	23.28
59.24	97.07	41.22	59.18	16.32	18.04	10.95
312.00	667.93	383.64	446.19	97.50	155.69	84.13
5254.77	8353.27	3478.00	7118.51	1471.37	1497.15	674.15
647.65	1286.08	694.98	730.90	161.36	136.48	50.96
263.27	340.31	106.66	327.69	72.97	50.21	18.24
384.38	945.77	588.33	403.21	88.39	86.26	32.72
424.31	670.48	273.21	551.32	130.53	125.64	53.50
311.95	507.15	210.57	409.68	95.79	87.11	36.58
112.36	163.33	62.64	141.63	34.74	38.52	16.92
838.13	1229.54	443.14	998.46	257.58	199.04	87.44
200.49	269.72	79.40	197.08	35.68	58.97	25.33
213.46	288.15	96.33	318.47	87.28	73.85	36.33
424.18	671.67	267.41	482.91	134.61	66.22	25.78
745.50	1248.58	560.95	1376.12	237.26	204.61	83.63
371.56	553.95	203.30	457.96	87.45	174.93	111.68
55.42	80.15	26.35	49.39	9.76	16.58	7.49
15.18	22.25	8.30	34.42	5.78	12.33	6.67
268.40	408.20	154.48	347.65	65.39	139.06	94.45
32.55	43.36	14.18	26.50	6.52	6.95	3.07
1007.92	1427.56	488.01	1017.69	176.77	260.90	102.51
195.94	253.73	70.29	173.88	40.30	40.58	13.92
312.27	427.27	133.71	352.61	52.71	88.21	25.08
499.70	746.57	284.02	491.20	83.76	132.11	63.50
1219.71	1937.07	814.40	1986.06	420.43	395.56	184.43
168.87	310.88	160.08	235.35	35.39	38.66	17.47
184.86	312.53	136.72	558.13	117.27	68.49	36.05
93.81	150.28	59.40	79.89	16.97	22.44	9.93
72.49	111.36	47.51	72.78	19.09	14.48	8.47

2-1 续表 2

行 业	企业单位数(个)	工业销售产值(当年价格)	出口交货值	资产总计
食品及饲料添加剂制造	918	2037.68	240.75	1601.87
其他未列明食品制造	371	903.62	89.39	438.40
酒、饮料和精制茶制造业	6664	17626.59	247.89	15599.80
酒的制造	2745	9390.75	82.24	9783.65
酒精制造	130	815.95	5.51	668.67
白酒制造	1592	5735.91	56.54	5863.05
啤酒制造	466	1879.54	13.61	2176.61
黄酒制造	109	177.35	2.23	249.84
葡萄酒制造	239	439.51	4.16	450.68
其他酒制造	209	342.49	0.19	374.80
饮料制造	2065	6227.91	92.61	4676.19
碳酸饮料制造	174	708.64	1.51	506.59
瓶(罐)装饮用水制造	671	1335.93	4.34	962.25
果菜汁及果菜汁饮料制造	556	1280.13	69.79	1114.58
含乳饮料和植物蛋白饮料制造	283	1108.40	2.82	755.44
固体饮料制造	115	551.50	10.24	332.51
茶饮料及其他饮料制造	266	1243.31	3.92	1004.81
精制茶加工	1854	2007.94	73.03	1139.97
烟草制品业	133	9620.49	43.08	9190.25
烟叶复烤	40	174.63		372.62
卷烟制造	55	9312.76	35.34	8634.58
其他烟草制品制造	38	133.10	7.74	183.05
纺织业	20545	39392.98	3684.31	24304.04
棉纺织及印染精加工	10668	25006.32	1490.20	14632.45
棉纺纱加工	5527	15323.64	415.25	8374.78
棉织造加工	3516	5987.27	515.02	3673.05
棉印染精加工	1625	3695.41	559.94	2584.62
毛纺织及染整精加工	1193	2619.53	322.93	1859.27
毛条和毛纱线加工	690	1243.56	103.74	1003.85
毛织造加工	355	1159.49	197.77	713.28
毛染整精加工	148	216.48	21.43	142.15
麻纺织及染整精加工	277	574.33	50.32	379.85
麻纤维纺前加工和纺纱	118	275.04	16.34	180.01
麻织造加工	154	291.21	32.82	191.97
麻染整精加工	5	8.08	1.17	7.88
丝绢纺织及印染精加工	839	1239.00	91.77	709.80
缫丝加工	424	756.07	38.53	354.92
绢纺和丝织加工	348	409.54	47.97	278.40
丝印染精加工	67	73.40	5.27	76.48
化纤织造及印染精加工	1325	1266.20	147.17	1110.68
化纤织造加工	1149	1039.08	128.64	893.22
化纤织物染整精加工	176	227.12	18.53	217.45
针织或钩针编织物及其制品制造	2384	3205.24	540.93	2322.04
针织或钩针编织物织造	1786	2360.06	443.56	1726.15
针织或钩针编织物印染精加工	159	318.63	12.16	236.81
针织或钩针编织品制造	439	526.56	85.21	359.08
家用纺织制成品制造	1888	2614.95	558.74	1475.45
床上用品制造	1006	1341.87	305.82	739.27
毛巾类制品制造	293	614.38	93.63	348.92

单位：亿元

固定资产合计			流动资产合计			
	固定资产原价	累计折旧		应收账款	存货	产成品
566.35	858.62	338.05	792.55	183.59	193.83	92.13
133.33	193.40	72.64	247.36	48.13	57.66	20.38
5166.47	7662.94	3076.09	8027.53	952.97	2446.64	839.57
2930.56	4372.14	1815.95	5375.24	409.52	1869.63	554.85
329.16	409.47	152.39	297.23	37.14	73.80	26.63
1407.77	2031.83	827.68	3669.68	237.62	1286.99	399.18
869.81	1499.07	671.97	818.73	82.45	271.02	42.37
59.10	94.63	42.24	136.89	12.29	84.61	40.81
175.79	228.20	85.93	214.48	28.29	105.67	30.34
88.94	108.94	35.74	238.22	11.72	47.54	15.53
1851.45	2806.91	1116.80	2080.51	409.85	371.42	167.26
220.85	398.85	195.74	218.96	46.66	44.76	25.92
433.11	640.99	254.70	355.89	80.80	45.93	18.05
470.23	685.34	252.75	484.05	80.89	126.30	80.56
262.82	393.21	142.62	384.26	63.80	54.76	11.57
69.47	123.40	58.63	178.46	37.36	41.68	10.97
394.96	565.13	212.37	458.90	100.35	58.00	20.19
384.46	483.89	143.34	571.78	133.60	205.59	117.46
1473.78	2651.26	1418.68	6740.87	701.74	4310.00	362.67
94.61	173.55	85.56	241.11	24.39	52.69	48.66
1326.68	2400.69	1307.03	6384.14	630.60	4228.40	299.58
52.50	77.02	26.08	115.61	46.74	28.91	14.43
8647.39	14804.69	6782.31	12394.68	2649.82	3523.78	1553.16
5521.51	9526.05	4394.29	7147.33	1336.03	2054.60	872.91
3449.11	5492.12	2304.97	3821.05	570.56	1228.95	476.22
1170.51	2211.32	1109.64	2001.59	433.86	533.81	277.38
901.89	1822.61	979.68	1324.69	331.61	291.84	119.31
495.61	866.92	424.26	1088.33	235.58	405.09	175.95
251.76	388.96	180.98	628.70	143.25	247.61	114.54
189.39	370.70	187.50	387.02	72.78	132.13	49.56
54.46	107.26	55.78	72.60	19.56	25.36	11.85
168.64	224.93	71.88	173.86	32.71	63.10	33.06
85.59	111.80	32.63	77.98	12.20	24.73	11.33
78.43	105.47	36.21	93.11	19.97	37.28	21.55
4.62	7.66	3.04	2.77	0.54	1.09	0.18
214.43	346.62	143.88	381.84	80.01	130.00	63.97
108.88	177.90	76.13	183.60	31.89	71.66	33.44
83.96	129.73	49.41	160.60	39.02	51.15	27.19
21.58	38.99	18.34	37.64	9.11	7.20	3.34
360.21	567.38	230.18	602.02	149.46	153.00	79.98
272.03	423.82	170.32	506.69	122.61	132.68	72.68
88.18	143.56	59.86	95.33	26.85	20.32	7.30
756.11	1358.63	636.88	1202.24	348.74	282.74	129.03
503.29	999.70	522.18	920.27	278.69	223.24	100.65
132.71	176.12	46.53	93.86	17.85	16.48	8.15
120.10	182.81	68.18	188.11	52.20	43.02	20.23
470.08	798.27	369.90	827.50	204.12	221.23	101.71
208.12	313.56	126.87	431.74	126.12	111.43	53.31
130.53	289.35	161.41	180.34	23.89	49.01	24.12

2-1 续表 3

行　业	企业单位数(个)	工业销售产值(当年价格)	出口交货值	资产总计
窗帘、布艺类产品制造	217	236.12	85.20	144.81
其他家用纺织制成品制造	372	422.59	74.09	242.44
非家用纺织制成品制造	1971	2867.40	482.25	1814.49
非织造布制造	902	1463.31	237.84	869.51
绳、索、缆制造	243	278.83	42.92	124.79
纺织带和帘子布制造	263	530.86	68.13	415.96
篷、帆布制造	209	238.81	79.21	148.95
其他非家用纺织制成品制造	354	355.60	54.14	255.28
纺织服装、服饰业	15943	22307.52	4819.93	13043.73
机织服装制造	11043	16883.01	3146.81	9705.28
针织或钩针编织服装制造	3519	4121.06	1358.91	2492.26
服饰制造	1381	1303.45	314.20	846.19
皮革、毛皮、羽毛及其制品和制鞋业	8862	14696.11	3441.51	7323.85
皮革鞣制加工	613	1848.77	114.36	921.58
皮革制品制造	2479	3362.15	876.56	1725.65
皮革服装制造	324	667.05	91.07	401.48
皮箱、包(袋)制造	1525	1679.75	586.66	773.75
皮手套及皮装饰制品制造	264	317.13	107.02	124.60
其他皮革制品制造	366	698.22	91.81	425.83
毛皮鞣制及制品加工	618	962.73	153.68	394.88
毛皮鞣制加工	135	314.87	20.62	125.30
毛皮服装加工	257	359.14	61.53	148.35
其他毛皮制品加工	226	288.73	71.53	121.23
羽毛(绒)加工及制品制造	527	983.08	141.54	479.73
羽毛(绒)加工	261	450.31	33.11	242.33
羽毛(绒)制品加工	266	532.77	108.43	237.40
制鞋业	4625	7539.36	2155.36	3802.02
纺织面料鞋制造	592	950.45	213.37	426.97
皮鞋制造	2626	4669.75	1424.71	2579.06
塑料鞋制造	607	802.93	231.29	239.36
橡胶鞋制造	561	773.13	185.82	423.13
其他制鞋业	239	343.11	100.17	133.50
木材加工和木、竹、藤、棕、草制品业	9252	14124.94	791.98	6416.39
木材加工	1624	1957.77	35.22	853.78
锯材加工	674	888.64	14.30	376.31
木片加工	477	590.58	7.78	225.12
单板加工	339	380.97	6.71	191.76
其他木材加工	134	97.59	6.43	60.59
人造板制造	4781	8366.94	266.33	3776.65
胶合板制造	3305	5292.37	207.14	1697.48
纤维板制造	546	1593.06	11.91	1217.06
刨花板制造	258	402.73	3.07	289.88
其他人造板制造	672	1078.79	44.21	572.23
木制品制造	2082	2938.54	325.40	1420.66
建筑用木料及木材组件加工	439	686.70	93.49	297.76
木门窗、楼梯制造	409	465.37	21.03	249.44
地板制造	448	818.36	99.50	483.07
木制容器制造	279	264.58	20.60	142.39
软木制品及其他木制品制造	507	703.53	90.78	248.01

单位：亿元

固定资产合 计			流动资产合 计			
	固定资产原 价	累计折旧		应收账款	存货	
						产成品
37.23	60.06	25.05	94.93	22.73	28.32	10.17
94.20	135.30	56.57	120.49	31.38	32.46	14.10
660.80	1115.89	511.04	971.57	263.17	214.02	96.55
339.94	640.33	316.15	436.31	134.81	91.22	40.25
59.48	82.98	25.42	57.38	15.50	15.13	6.87
142.98	204.05	91.34	238.07	47.78	50.70	22.41
36.76	55.18	21.66	95.78	21.81	26.12	11.59
81.64	133.36	56.47	144.03	43.26	30.84	15.43
3803.40	6427.93	2902.54	7417.16	1831.70	1980.54	1001.43
2838.76	4825.00	2204.10	5499.04	1284.43	1454.26	786.55
722.90	1204.05	532.35	1443.61	411.13	398.01	163.03
241.74	398.88	166.08	474.51	136.14	128.27	51.85
2002.75	3392.19	1498.30	4339.31	1223.12	1092.88	437.34
250.81	395.28	155.48	510.09	101.23	192.33	69.57
497.83	730.09	257.34	994.23	257.93	251.06	86.62
123.13	160.95	41.25	176.83	50.25	53.20	23.45
225.58	366.16	154.80	455.51	128.24	122.88	45.05
52.62	73.44	24.01	58.53	16.04	18.37	5.99
96.49	129.53	37.29	303.37	63.40	56.60	12.12
118.94	174.02	61.89	224.19	38.40	76.20	24.33
42.96	55.73	14.90	66.88	12.53	16.55	5.40
34.25	61.80	28.94	84.02	19.00	27.87	11.47
41.73	56.48	18.05	73.29	6.87	31.79	7.45
112.86	203.63	97.60	312.51	84.43	89.20	37.29
55.77	85.87	34.15	155.82	42.93	45.55	21.66
57.09	117.76	63.45	156.69	41.50	43.64	15.62
1022.31	1889.17	925.98	2298.29	741.13	484.09	219.54
184.99	285.02	110.00	200.74	54.22	49.75	20.78
589.04	1032.10	477.03	1640.22	548.59	322.34	149.78
70.68	283.31	215.68	146.21	50.98	34.41	11.96
142.59	240.09	106.33	223.39	58.12	54.32	27.04
35.01	48.65	16.95	87.73	29.21	23.27	9.97
2587.56	4412.05	2013.73	2901.67	602.29	844.05	412.73
342.56	532.89	230.08	400.92	80.83	107.57	52.59
149.81	229.89	103.11	187.75	37.11	45.14	22.58
108.48	156.69	59.89	84.59	17.63	25.48	13.00
63.03	121.66	61.20	101.19	18.99	26.99	12.45
21.24	24.66	5.87	27.39	7.11	9.97	4.57
1631.40	2824.05	1298.29	1605.19	287.38	456.76	233.71
770.13	1469.08	732.25	720.64	149.17	204.97	103.71
481.76	793.96	363.31	536.69	65.50	162.29	87.74
127.33	192.32	72.07	123.33	21.77	33.65	18.53
252.18	368.68	130.66	224.52	50.94	55.85	23.73
479.91	873.37	426.92	724.79	179.75	227.75	101.73
113.94	228.39	121.31	134.67	30.65	42.35	23.24
89.62	137.09	54.33	125.04	35.68	32.69	12.73
145.80	260.92	127.48	273.60	58.68	96.80	42.59
36.35	60.04	24.63	70.75	26.19	15.49	5.21
94.20	186.93	99.17	120.73	28.54	40.41	17.96

2-1 续表 4

行　业	企业单位数（个）	工业销售产值（当年价格）	出口交货值	资产总计
竹、藤、棕、草等制品制造	765	861.69	165.03	365.30
竹制品制造	618	709.07	135.81	280.99
藤制品制造	26	24.26	5.65	23.84
棕制品制造	17	11.00	0.23	7.75
草及其他制品制造	104	117.36	23.34	52.71
家具制造业	5546	7979.87	1618.26	5012.70
木质家具制造	3575	5086.13	769.37	3174.23
竹、藤家具制造	103	177.28	49.33	87.95
金属家具制造	965	1465.35	449.82	976.37
塑料家具制造	94	99.35	52.33	63.53
其他家具制造	809	1151.75	297.42	710.61
造纸和纸制品业	6798	14215.55	559.34	14024.04
纸浆制造	51	152.60	0.07	303.56
木竹浆制造	30	104.24		207.80
非木竹浆制造	21	48.36	0.07	95.76
造纸	2757	8220.20	299.66	9921.06
机制纸及纸板制造	2391	7732.65	288.58	9603.18
手工纸制造	80	115.97	1.49	66.88
加工纸制造	286	371.58	9.59	251.00
纸制品制造	3990	5842.76	259.61	3799.41
纸和纸板容器制造	2440	3462.87	114.15	2098.25
其他纸制品制造	1550	2379.89	145.46	1701.16
印刷和记录媒介复制业	5451	7497.48	450.38	5529.08
印刷	5267	7278.15	424.66	5361.41
书、报刊印刷	742	1028.22	72.15	939.41
本册印制	218	436.04	69.50	261.32
包装装潢及其他印刷	4307	5813.90	283.01	4160.68
装订及印刷相关服务	142	159.47	8.59	103.88
记录媒介复制	42	59.87	17.13	63.79
文教、工美、体育和娱乐用品制造业	9085	15836.08	4447.92	8361.22
文教办公用品制造	774	989.68	188.33	577.02
文具制造	358	493.42	108.04	313.41
笔的制造	257	300.60	70.34	156.96
教学用模型及教具制造	90	133.45	2.61	60.71
墨水、墨汁制造	11	17.54	0.48	8.57
其他文教办公用品制造	58	44.68	6.86	37.38
乐器制造	232	372.48	118.42	229.32
中乐器制造	33	40.59	13.17	16.84
西乐器制造	127	201.43	63.85	154.03
电子乐器制造	23	72.29	31.40	34.47
其他乐器及零件制造	49	58.17	10.01	23.97
工艺美术品制造	5245	10424.18	2502.18	5297.95
雕塑工艺品制造	910	1159.77	96.24	575.29
金属工艺品制造	475	587.56	118.05	348.40
漆器工艺品制造	106	164.01	30.64	93.32
花画工艺品制造	162	242.63	78.25	90.57
天然植物纤维编织工艺品制造	675	893.48	303.41	287.00
抽纱刺绣工艺品制造	655	1040.33	312.06	532.58
地毯、挂毯制造	360	680.67	150.05	400.86

单位：亿元

固定资产合计	固定资产原价	累计折旧	流动资产合计	应收账款	存货	产成品
133.70	181.75	58.44	170.78	54.33	51.97	24.70
102.70	140.53	45.40	131.27	38.40	42.79	20.35
10.68	11.14	2.23	6.18	0.78	1.18	0.50
2.41	2.78	0.58	3.42	0.40	1.19	0.76
17.91	27.30	10.22	29.91	14.75	6.81	3.08
1611.94	2532.08	1031.37	2727.13	663.64	728.10	303.18
1086.58	1660.42	658.13	1673.54	358.03	482.03	207.32
21.18	30.12	9.23	54.25	13.82	13.76	5.47
287.02	468.53	191.67	573.90	174.98	120.38	43.12
21.63	32.93	11.68	32.98	9.67	9.19	3.24
195.54	340.08	160.67	392.46	107.14	102.75	44.03
5458.16	8548.98	3505.84	6527.03	1507.65	1230.38	494.50
144.37	195.31	55.90	98.95	13.07	25.51	8.52
116.50	157.19	43.91	67.26	7.50	18.46	5.66
27.87	38.12	11.98	31.69	5.57	7.05	2.86
3978.85	6221.03	2554.34	4504.62	856.47	787.94	315.18
3863.14	6048.56	2489.53	4336.14	809.77	749.23	296.39
23.84	33.69	13.80	35.18	7.26	7.92	4.28
91.86	138.79	51.01	133.30	39.44	30.79	14.51
1334.95	2132.65	895.60	1923.46	638.11	416.93	170.80
705.29	1201.24	557.09	1079.76	362.12	222.52	85.55
629.66	931.40	338.51	843.70	276.00	194.41	85.25
1929.20	3391.56	1582.17	2803.74	838.98	559.12	227.41
1871.01	3271.87	1519.77	2712.81	814.89	542.80	220.44
360.95	689.93	352.03	445.99	119.69	93.75	34.27
91.22	161.75	76.38	127.59	41.36	22.46	9.21
1418.84	2420.20	1091.35	2139.24	653.84	426.59	176.95
35.12	65.40	31.25	57.52	14.11	9.77	3.65
23.06	54.28	31.16	33.41	9.98	6.55	3.32
2227.60	3631.27	1549.68	5086.58	1428.71	1628.96	809.11
178.46	281.58	115.12	321.75	90.39	80.46	43.26
81.11	129.49	55.57	184.79	52.25	44.62	25.74
58.20	90.63	34.94	83.40	21.62	24.85	13.27
20.71	31.90	12.32	28.97	8.79	5.43	2.25
2.98	9.62	6.68	5.24	1.14	0.90	0.42
15.45	19.93	5.59	19.36	6.59	4.66	1.58
72.52	130.08	59.12	120.23	22.57	44.55	14.72
7.50	13.57	6.21	8.32	1.64	3.67	1.51
40.70	72.41	32.65	81.02	13.44	30.84	9.49
15.36	24.09	8.87	17.93	4.08	6.23	2.05
8.95	20.00	11.40	12.97	3.40	3.81	1.66
1251.16	2081.43	922.07	3431.31	964.82	1147.81	618.90
157.95	257.08	110.15	299.51	57.03	101.21	47.02
106.29	159.23	64.70	201.19	50.92	62.92	27.35
40.05	61.08	23.73	46.95	9.18	19.94	7.50
41.30	84.79	46.23	40.68	9.53	7.92	3.26
124.80	254.05	135.27	128.97	36.29	36.16	18.52
192.69	322.15	141.58	278.42	66.47	64.11	30.33
128.22	253.64	134.47	229.45	51.67	70.29	35.56

2-1 续表 5

行　业	企业单位数(个)	工业销售产值(当年价格)	出口交货值	资产总计
珠宝首饰及有关物品制造	536	3622.89	784.74	2064.54
其他工艺美术品制造	1366	2032.84	628.75	905.40
体育用品制造	1037	1394.09	548.77	800.14
球类制造	141	174.76	66.58	79.28
体育器材及配件制造	294	400.77	150.03	269.55
训练健身器材制造	254	346.40	127.71	195.05
运动防护用具制造	130	151.21	62.35	66.30
其他体育用品制造	218	320.95	142.11	189.97
玩具制造	1526	2167.38	931.96	1110.55
游艺器材及娱乐用品制造	271	488.25	158.25	346.23
露天游乐场所游乐设备制造	96	121.38	23.02	102.63
游艺用品及室内游艺器材制造	91	208.24	95.84	137.17
其他娱乐用品制造	84	158.64	39.39	106.43
石油加工、炼焦和核燃料加工业	1990	34304.56	498.76	24795.95
精炼石油产品制造	1413	28946.66	477.52	16608.23
原油加工及石油制品制造	1318	28755.11	477.51	16130.66
人造原油制造	95	191.55	0.01	477.57
炼焦	573	5187.76	21.24	7948.17
化学原料和化学制品制造业	25262	83256.38	4185.78	72573.12
基础化学原料制造	5916	24111.66	904.05	21958.71
无机酸制造	433	1033.58	37.74	708.53
无机碱制造	228	1781.17	64.25	2565.43
无机盐制造	1102	2761.43	114.98	2753.40
有机化学原料制造	2835	15683.23	629.37	13095.24
其他基础化学原料制造	1318	2852.25	57.71	2836.11
肥料制造	2522	9174.67	173.14	11496.51
氮肥制造	291	2459.92	63.39	4989.38
磷肥制造	219	846.70	76.31	1260.10
钾肥制造	68	292.86	0.86	1232.39
复混肥料制造	1212	4596.41	26.24	3277.35
有机肥料及微生物肥料制造	642	830.83	2.13	555.16
其他肥料制造	90	147.96	4.23	182.14
农药制造	836	3133.58	324.45	2310.86
化学农药制造	694	2810.85	314.79	2095.42
生物化学农药及微生物农药制造	142	322.72	9.66	215.45
涂料、油墨、颜料及类似产品制造	3359	6616.01	285.11	4744.74
涂料制造	2078	4185.57	96.85	2676.86
油墨及类似产品制造	341	412.29	21.32	368.17
颜料制造	420	888.32	82.88	708.31
染料制造	316	871.41	76.27	797.65
密封用填料及类似品制造	204	258.42	7.79	193.75
合成材料制造	2858	13486.33	745.81	12894.47
初级形态塑料及合成树脂制造	1726	8402.74	462.28	8526.47
合成橡胶制造	385	1569.35	77.28	1061.75
合成纤维单(聚合)体制造	206	2459.64	148.27	2506.22
其他合成材料制造	541	1054.60	57.98	800.03
专用化学产品制造	6924	20102.19	1066.93	14451.36
化学试剂和助剂制造	2598	6059.18	220.78	4065.63
专项化学用品制造	2114	8113.06	306.83	4778.67

单位：亿元

固定资产合计	固定资产原价	累计折旧	流动资产合计	应收账款	存货	产成品
160.91	258.60	108.13	1704.51	555.09	631.05	397.50
298.94	430.80	157.80	501.62	128.65	154.19	51.87
294.83	456.39	175.02	426.67	130.13	124.55	47.95
26.91	43.55	17.76	41.31	10.45	15.89	5.82
114.89	159.55	48.56	132.52	43.47	39.96	17.22
63.91	90.85	29.19	113.17	32.32	24.16	9.33
19.91	38.59	20.12	38.02	10.96	13.57	4.03
69.20	123.86	59.39	101.65	32.92	30.97	11.54
333.16	547.65	237.57	617.17	184.92	179.83	64.31
97.47	134.13	40.78	169.46	35.89	51.76	19.98
32.74	43.45	11.60	57.72	11.09	19.64	6.59
28.27	40.74	14.25	55.32	13.30	16.51	6.24
36.46	49.94	14.94	56.43	11.50	15.61	7.15
10212.31	17790.95	8234.76	10064.08	1456.03	2828.32	968.65
7232.32	13470.61	6615.79	6365.62	698.47	2117.48	643.28
7143.65	13376.46	6606.34	6255.62	689.36	2105.51	637.98
88.68	94.15	9.44	110.00	9.12	11.97	5.30
2813.39	4113.41	1528.95	3630.57	740.67	695.94	320.60
30385.29	46977.46	19226.26	30555.62	6336.92	6302.24	2920.53
10116.45	16220.35	6626.55	8048.91	1357.34	1653.99	730.19
294.26	505.75	246.64	294.87	60.37	62.55	32.30
1196.79	1715.58	597.94	843.01	126.56	158.71	55.36
1158.03	1568.73	526.52	1060.50	191.01	224.57	103.70
6053.38	10154.82	4283.62	4764.19	742.03	1039.89	455.45
1413.99	2275.48	971.83	1086.34	237.37	168.27	83.38
5391.41	7233.74	2755.53	4415.88	552.49	981.57	468.72
2599.30	3540.53	1326.43	1624.86	133.43	271.93	114.63
542.20	715.00	231.69	556.30	73.48	144.80	107.17
814.75	595.18	147.68	349.36	24.01	73.24	27.64
1211.39	2019.93	893.92	1508.30	201.05	429.99	185.68
173.65	296.06	137.57	306.25	110.78	48.05	25.66
50.11	67.03	18.26	70.81	9.73	13.56	7.95
780.96	1432.57	706.91	1068.05	215.12	312.95	159.95
683.30	1299.66	656.89	988.77	201.99	289.17	145.65
97.66	132.90	50.01	79.28	13.13	23.78	14.31
1316.25	2340.33	1113.28	2711.33	874.42	538.01	255.52
703.99	1360.02	695.10	1595.63	553.44	270.97	116.99
87.53	142.51	61.49	216.83	87.63	37.95	16.35
271.78	437.09	190.05	306.54	77.89	88.39	48.91
190.83	306.68	129.71	489.62	119.29	119.94	64.59
62.12	94.02	36.93	102.71	36.18	20.77	8.68
5682.51	8578.65	3292.02	5133.29	1171.81	1049.02	440.20
3902.74	5641.60	1992.80	3246.01	709.31	652.35	272.33
418.09	1006.06	608.59	455.25	86.19	116.55	52.69
1085.72	1503.45	544.65	1049.11	255.09	194.08	74.00
275.95	427.54	145.98	382.91	121.22	86.03	41.18
5697.46	9006.80	3847.28	6599.61	1614.39	1325.86	640.35
1354.66	2288.25	1042.04	2044.44	527.42	390.32	212.76
1898.58	2895.00	1181.10	2219.01	503.22	509.98	235.34

2-1 续表 6

行　业	企业单位数（个）	工业销售产值（当年价格）	出口交货值	资产总计
林产化学产品制造	539	863.12	40.24	369.79
信息化学品制造	466	2639.97	382.04	3520.99
环境污染处理专用药剂材料制造	257	429.10	24.55	274.44
动物胶制造	67	127.60	0.69	66.95
其他专用化学产品制造	883	1870.15	91.80	1374.90
炸药、火工及焰火产品制造	1362	2064.05	367.68	1474.80
炸药及火工产品制造	254	505.16	12.79	950.45
焰火、鞭炮产品制造	1108	1558.89	354.89	524.36
日用化学产品制造	1485	4567.90	318.61	3241.67
肥皂及合成洗涤剂制造	377	1576.65	55.63	1011.92
化妆品制造	411	1559.29	141.57	1137.45
口腔清洁用品制造	48	190.61	18.67	201.47
香料、香精制造	344	629.07	82.71	524.64
其他日用化学产品制造	305	612.27	20.03	366.19
医药制造业	7392	25738.22	1341.97	25071.09
化学药品原料药制造	1294	4554.93	584.45	4616.69
化学药品制剂制造	1122	6619.31	150.71	7417.69
中药饮片加工	1092	1783.06	33.48	1226.22
中成药生产	1622	6345.11	57.78	6170.51
兽用药品制造	513	1234.09	50.99	729.29
生物药品制造	975	3256.53	273.51	3610.80
卫生材料及医药用品制造	774	1945.20	191.05	1299.90
化学纤维制造业	1924	7320.83	479.01	6695.12
纤维素纤维原料及纤维制造	342	1929.99	185.42	2062.98
化纤浆粕制造	69	224.21	8.03	242.28
人造纤维(纤维素纤维)制造	273	1705.78	177.39	1820.70
合成纤维制造	1582	5390.84	293.59	4632.14
锦纶纤维制造	191	802.89	31.83	653.81
涤纶纤维制造	779	3733.67	204.98	3142.13
腈纶纤维制造	15	88.93	11.92	107.46
维纶纤维制造	11	37.82	6.27	92.11
丙纶纤维制造	48	57.16	1.54	31.83
氨纶纤维制造	55	221.53	21.86	333.98
其他合成纤维制造	483	448.85	15.20	270.82
橡胶和塑料制品业	18457	31442.78	3647.12	21550.62
橡胶制品业	3209	9514.53	1494.85	7449.25
轮胎制造	533	5555.32	1046.74	4868.80
橡胶板、管、带制造	863	1394.90	91.94	989.72
橡胶零件制造	678	907.58	152.55	623.46
再生橡胶制造	190	294.56	2.91	140.85
日用及医用橡胶制品制造	253	446.86	92.87	211.93
其他橡胶制品制造	692	915.30	107.85	614.50
塑料制品业	15248	21928.25	2152.27	14101.37
塑料薄膜制造	1684	2776.50	255.23	2168.84
塑料板、管、型材制造	2931	5146.33	210.60	3614.99
塑料丝、绳及编织品制造	2002	2983.12	110.43	1335.22
泡沫塑料制造	808	940.89	35.67	505.87
塑料人造革、合成革制造	479	1233.24	59.78	717.02
塑料包装箱及容器制造	1566	1859.40	132.66	1203.80

单位：亿元

固定资产合计	固定资产原价	累计折旧	流动资产合计	应收账款	存货	产成品
136.37	204.23	81.79	177.41	42.84	52.10	31.69
1542.94	2411.64	1065.48	1433.31	346.34	234.26	95.56
75.00	106.84	36.87	161.09	46.63	24.66	9.81
28.02	48.66	22.20	29.71	5.22	9.96	4.68
661.90	1052.19	417.80	534.63	142.71	104.58	50.50
567.45	740.57	242.83	603.26	139.24	96.50	43.34
310.30	418.66	160.36	414.60	89.49	61.71	20.82
257.15	321.90	82.47	188.67	49.75	34.79	22.52
832.80	1424.46	641.85	1975.28	412.12	344.36	182.26
224.51	461.18	257.48	646.91	137.96	98.60	50.91
267.37	423.93	164.96	735.50	135.83	122.20	67.92
42.07	72.74	35.50	132.50	21.82	18.41	10.12
147.91	235.98	95.77	283.04	65.23	66.43	32.37
150.94	230.62	88.14	177.32	51.27	38.71	20.93
7203.50	11031.89	4554.69	13040.47	2950.60	2827.00	1313.32
1700.18	2633.98	1114.52	2034.57	431.40	496.92	237.51
1748.73	2627.76	1051.50	4290.02	1002.02	912.99	468.27
406.20	574.78	209.27	657.99	227.30	196.04	94.67
1503.54	2373.32	1039.62	3362.95	761.04	732.68	286.64
320.51	521.59	219.64	310.27	61.33	60.51	26.32
1029.92	1642.83	691.87	1736.44	301.08	305.33	123.46
494.42	657.62	228.26	648.23	166.43	122.53	76.45
2367.73	3935.58	1785.73	3184.02	475.41	786.87	398.37
860.38	1223.25	509.35	896.17	129.83	285.21	108.04
96.48	132.04	42.27	106.86	20.58	33.15	10.30
763.91	1091.21	467.08	789.31	109.26	252.06	97.74
1507.35	2712.33	1276.38	2287.85	345.58	501.66	290.33
245.71	393.88	165.59	355.23	60.17	77.94	51.81
951.28	1750.82	835.79	1529.56	199.85	340.17	188.49
39.57	87.59	48.33	50.61	5.99	9.41	5.24
45.67	77.54	32.56	18.85	3.86	5.74	2.86
6.33	11.25	5.08	21.75	4.73	3.75	1.56
135.81	262.65	135.65	156.13	30.93	33.37	22.76
82.98	128.60	53.38	155.72	40.05	31.29	17.62
7512.87	12619.11	5681.39	11092.55	3228.19	2459.16	1195.74
2963.94	4775.11	2081.29	3475.57	932.94	770.89	442.87
2115.01	3324.32	1418.08	2116.12	454.26	491.84	310.93
344.69	516.62	187.07	527.03	176.32	100.57	50.83
185.24	409.82	248.20	350.07	130.87	77.67	34.61
66.65	92.54	29.04	56.35	17.97	14.47	8.20
69.08	121.72	56.70	111.01	29.81	26.64	12.00
183.27	310.09	142.20	314.99	123.70	59.70	26.31
4548.93	7844.00	3600.09	7616.98	2295.25	1688.28	752.87
755.77	1250.34	557.96	1116.10	277.61	230.83	102.37
1145.31	1804.63	755.23	1923.47	533.75	445.31	224.25
495.89	814.25	347.95	656.98	166.07	140.94	70.73
169.71	270.10	112.71	280.24	102.31	48.63	25.80
216.17	376.89	175.15	400.79	92.17	98.01	34.09
442.81	807.63	387.11	589.56	202.21	116.41	50.30

2-1 续表 7

行　业	企业单位数(个)	工业销售产值(当年价格)	出口交货值	资产总计
日用塑料制品制造	1636	1809.70	437.63	1117.80
塑料零件制造	1377	1653.14	336.49	1224.88
其他塑料制品制造	2765	3525.95	573.79	2212.95
非金属矿物制品业	35122	59988.20	1821.54	49076.71
水泥、石灰和石膏制造	3995	9977.28	38.93	14085.08
水泥制造	3305	9138.72	37.47	13626.90
石灰和石膏制造	690	838.56	1.46	458.18
石膏、水泥制品及类似制品制造	9716	12366.03	43.16	9679.18
水泥制品制造	7655	9625.21	22.12	7630.21
砼结构构件制造	860	1113.56	3.49	833.32
石棉水泥制品制造	68	184.40	0.38	126.01
轻质建筑材料制造	712	1035.29	12.44	781.43
其他水泥类似制品制造	421	407.55	4.73	308.20
砖瓦、石材等建筑材料制造	9966	15292.38	302.85	8511.11
粘土砖瓦及建筑砌块制造	3499	3818.34	5.39	1878.26
建筑陶瓷制品制造	1438	4576.20	75.31	2554.50
建筑用石加工	2718	3777.38	147.57	1946.69
防水建筑材料制造	539	922.85	10.81	551.69
隔热和隔音材料制造	642	864.32	28.46	540.20
其他建筑材料制造	1130	1333.29	35.31	1039.76
玻璃制造	770	1453.75	124.03	2294.55
平板玻璃制造	217	592.79	28.55	1436.43
其他玻璃制造	553	860.96	95.48	858.12
玻璃制品制造	2144	4052.57	310.01	3295.54
技术玻璃制品制造	554	1275.72	89.47	1417.39
光学玻璃制造	254	486.63	104.32	422.89
玻璃仪器制造	69	142.65	5.97	91.42
日用玻璃制品制造	514	711.22	54.25	427.51
玻璃包装容器制造	342	844.76	19.62	475.85
玻璃保温容器制造	42	50.58	7.91	41.19
制镜及类似品加工	75	86.27	6.59	87.76
其他玻璃制品制造	294	454.74	21.87	331.52
玻璃纤维和玻璃纤维增强塑料制品制造	1206	2586.69	164.17	1927.10
玻璃纤维及制品制造	745	1652.80	135.02	1374.31
玻璃纤维增强塑料制品制造	461	933.89	29.15	552.79
陶瓷制品制造	2209	4082.72	533.86	2401.83
卫生陶瓷制品制造	340	664.04	112.98	518.30
特种陶瓷制品制造	637	1412.35	75.85	889.94
日用陶瓷制品制造	665	1084.58	181.03	594.08
园林、陈设艺术及其他陶瓷制品制造	567	921.75	164.01	399.51
耐火材料制品制造	2280	4653.01	151.18	2957.61
石棉制品制造	121	181.98	1.72	67.98
云母制品制造	50	62.75	8.51	22.43
耐火陶瓷制品及其他耐火材料制造	2109	4408.28	140.95	2867.20
石墨及其他非金属矿物制品制造	2836	5523.77	153.35	3924.71
石墨及碳素制品制造	971	2336.99	89.68	1880.01
其他非金属矿物制品制造	1865	3186.79	63.67	2044.70
黑色金属冶炼和压延加工业	9540	61257.31	2410.81	64748.32
炼铁	277	1569.68	10.69	1943.30

单位：亿元

固定资产合计	固定资产原价	累计折旧	流动资产合计	应收账款	存货	产成品
356.81	639.48	303.74	603.94	171.23	147.31	59.05
316.58	653.98	348.83	758.87	284.99	168.89	72.79
649.90	1226.70	611.40	1287.03	464.91	291.95	113.49
19795.86	29845.90	11569.26	22356.36	6698.60	4134.08	1961.79
6977.27	10238.48	3731.83	5071.11	859.52	823.03	261.70
6760.77	9837.34	3530.95	4882.11	789.28	795.16	249.31
216.50	401.14	200.88	189.00	70.24	27.88	12.39
2758.46	4521.10	1958.34	5774.73	2786.17	686.62	303.28
2012.76	3397.12	1531.61	4783.85	2445.73	525.47	221.60
249.65	425.91	193.97	473.92	195.04	80.86	42.39
54.47	84.75	30.94	56.59	4.61	3.75	1.85
321.31	441.27	141.81	319.43	75.78	54.98	28.22
120.26	172.05	60.00	140.95	65.00	21.57	9.22
3649.65	5570.92	2219.57	3576.83	903.14	917.51	531.27
890.76	1334.12	518.41	691.28	183.21	131.62	78.50
1200.11	1963.88	840.58	1038.52	199.78	372.54	245.50
822.69	1118.98	384.12	779.46	186.48	214.53	120.37
163.15	260.95	111.38	297.38	119.17	45.97	21.94
233.71	342.96	127.64	234.27	69.21	44.29	23.87
339.23	550.03	237.44	535.92	145.31	108.57	41.10
851.56	1284.23	471.66	1019.99	155.31	189.49	87.69
563.26	845.76	307.39	593.93	46.37	113.66	55.03
288.30	438.47	164.27	426.06	108.94	75.84	32.65
1197.71	1978.09	880.57	1574.12	467.19	364.66	170.34
468.15	725.51	293.82	676.24	220.80	137.86	47.35
160.83	287.41	134.79	228.32	62.72	51.09	19.72
43.59	72.67	30.57	30.76	10.46	7.17	4.35
156.94	240.15	92.31	197.65	51.32	58.58	34.84
207.48	426.96	245.11	206.65	51.74	64.39	41.72
12.51	13.24	4.62	22.74	5.85	7.20	3.11
25.48	28.55	10.55	53.88	16.56	9.82	5.21
122.72	183.61	68.80	157.89	47.75	28.56	14.03
820.95	1267.20	520.02	837.02	256.51	152.00	84.99
647.57	967.19	382.32	524.39	144.27	106.09	61.18
173.37	300.00	137.70	312.63	112.23	45.91	23.80
1000.06	1499.82	559.71	1045.83	255.19	280.85	155.43
180.41	278.42	106.39	277.55	54.66	75.69	36.32
401.85	618.20	229.45	350.74	104.99	79.97	43.06
246.10	349.29	125.97	247.67	55.21	76.75	44.73
171.70	253.92	97.90	169.86	40.33	48.43	31.32
1027.91	1371.71	488.60	1589.58	522.54	281.42	164.09
31.32	43.71	13.91	25.12	8.26	5.19	2.94
8.72	11.60	3.88	9.64	2.99	2.81	1.09
987.87	1316.40	470.81	1554.81	511.29	273.43	160.05
1512.30	2114.35	738.95	1867.16	493.03	438.49	203.01
758.08	1080.82	370.84	905.35	207.58	232.80	105.93
754.22	1033.53	368.11	961.82	285.44	205.69	97.08
26641.59	44069.21	19750.83	24672.85	3066.69	6689.21	2429.09
739.46	1206.11	526.04	702.97	108.59	189.21	67.22

2-1 续表 8

行　　业	企业单位数(个)	工业销售产值(当年价格)	出口交货值	资产总计
炼钢	191	6419.01	238.70	10096.17
黑色金属铸造	3458	6377.50	317.78	3614.96
钢压延加工	4345	43238.48	1808.63	46201.05
铁合金冶炼	1269	3652.64	35.01	2892.85
有色金属冶炼和压延加工业	7257	46480.99	1095.70	37996.29
常用有色金属冶炼	1336	14822.46	139.01	17516.36
铜冶炼	218	5086.98	47.09	4606.91
铅锌冶炼	365	2641.45	12.90	2234.05
镍钴冶炼	80	1305.11	46.74	2684.38
锡冶炼	54	285.92	6.83	445.22
锑冶炼	54	162.15	15.28	84.90
铝冶炼	280	4505.16	6.59	6465.90
镁冶炼	105	242.81	3.22	237.25
其他常用有色金属冶炼	180	592.87	0.37	757.74
贵金属冶炼	287	2814.20	16.57	2149.45
金冶炼	177	2171.44	1.76	1777.18
银冶炼	75	457.04	14.36	234.05
其他贵金属冶炼	35	185.72	0.44	138.23
稀有稀土金属冶炼	417	1853.34	96.36	1533.49
钨钼冶炼	144	791.59	48.09	678.54
稀土金属冶炼	170	789.18	32.89	610.08
其他稀有金属冶炼	103	272.56	15.38	244.87
有色金属合金制造	949	3772.58	192.82	2650.38
有色金属铸造	207	389.30	27.59	241.70
有色金属压延加工	4061	22829.12	623.36	13904.91
铜压延加工	1307	9718.10	165.93	3875.14
铝压延加工	1929	10365.95	345.33	8114.09
贵金属压延加工	88	513.64	7.52	384.60
稀有稀土金属压延加工	207	669.69	32.65	649.24
其他有色金属压延加工	530	1561.73	71.93	881.84
金属制品业	21137	37671.69	3691.84	25889.81
结构性金属制品制造	6901	12464.03	421.49	8396.04
金属结构制造	4890	9572.85	324.66	6360.37
金属门窗制造	2011	2891.18	96.83	2035.67
金属工具制造	1785	2433.75	537.13	1497.40
切削工具制造	550	740.33	86.88	638.60
手工具制造	395	475.95	113.71	237.82
农用及园林用金属工具制造	188	212.66	64.09	121.67
刀剪及类似日用金属工具制造	207	384.63	184.31	164.90
其他金属工具制造	445	620.17	88.14	334.41
集装箱及金属包装容器制造	1363	2940.57	547.62	2325.92
集装箱制造	86	652.22	459.19	389.05
金属压力容器制造	513	896.87	33.96	873.65
金属包装容器制造	764	1391.48	54.48	1063.22
金属丝绳及其制品制造	1470	3258.92	219.48	2400.61
建筑、安全用金属制品制造	2514	3851.28	607.96	2737.31
建筑、家具用金属配件制造	910	1261.74	249.79	674.16
建筑装饰及水暖管道零件制造	1081	1773.20	309.91	1533.53
安全、消防用金属制品制造	279	497.50	22.95	292.87
其他建筑、安全用金属制品制造	244	318.84	25.31	236.74

单位：亿元

固定资产合计	固定资产原价	累计折旧	流动资产合计	应收账款	存货	产成品
4568.66	7228.41	3305.83	3458.82	380.60	1096.79	514.31
1505.43	2466.91	1043.09	1563.09	452.50	361.26	187.50
18731.30	31604.57	14313.48	17607.35	1842.46	4680.04	1484.91
1096.73	1563.21	562.39	1340.61	282.54	361.91	175.15
13162.28	19070.77	7124.24	18418.82	2813.48	5312.71	1818.38
6485.96	9451.62	3385.20	8064.13	887.18	2657.36	773.81
1215.39	1945.99	819.81	2695.82	281.74	863.45	185.00
680.19	995.42	406.56	1076.05	83.85	480.76	136.05
777.96	1025.43	280.09	1430.48	131.13	540.61	262.87
164.98	221.84	58.70	176.98	13.32	56.42	29.54
29.15	85.70	59.00	41.08	8.30	16.00	6.80
3314.68	4821.50	1663.36	2286.82	306.58	539.32	117.75
107.32	138.52	42.28	102.94	24.00	25.50	16.68
196.29	217.24	55.40	253.96	38.27	135.30	19.12
531.68	716.56	243.29	1034.25	74.05	325.16	69.92
427.73	601.08	215.41	818.79	56.83	229.86	42.47
56.69	64.33	20.55	156.51	4.59	68.55	13.62
47.27	51.16	7.33	58.96	12.63	26.75	13.83
349.71	565.03	244.07	865.61	145.56	272.87	151.46
158.25	237.91	98.86	355.79	52.51	62.75	35.69
113.29	211.69	105.18	384.26	77.68	174.31	98.43
78.18	115.43	40.04	125.57	15.37	35.81	17.35
831.81	1221.94	430.92	1425.12	332.85	374.06	137.04
65.99	107.10	45.79	142.47	37.71	28.24	11.68
4897.13	7008.52	2774.96	6887.25	1336.12	1655.01	674.46
1064.29	1632.21	702.46	2317.89	482.81	455.24	177.98
3320.60	4609.09	1782.17	3488.47	640.50	801.85	271.85
37.93	52.69	17.13	308.33	26.03	182.55	139.34
168.01	285.81	133.47	299.09	62.13	72.59	29.78
306.30	428.73	139.74	473.47	124.63	142.78	55.51
8212.38	13128.48	5541.97	14249.09	4100.51	3362.19	1419.44
2428.21	3671.33	1497.03	4773.36	1422.00	1151.31	457.48
1861.42	2807.84	1140.50	3582.33	1106.98	872.55	365.70
566.79	863.49	356.52	1191.03	315.02	278.76	91.78
552.25	948.98	432.91	773.58	234.66	207.29	90.15
218.96	404.20	198.50	338.30	100.13	94.84	44.18
83.17	144.46	66.88	130.71	42.50	37.39	15.83
37.47	52.83	19.18	65.12	17.54	15.48	5.42
92.70	136.94	51.14	63.06	18.51	12.23	6.50
119.95	210.55	97.21	176.38	55.98	47.35	18.22
645.31	1031.26	418.74	1332.87	382.05	308.38	118.81
86.89	149.34	65.70	259.19	65.21	72.85	32.06
219.31	337.87	130.97	503.77	153.83	129.60	44.05
339.12	544.04	222.06	569.91	163.02	105.92	42.70
808.89	1305.52	585.82	1218.08	331.09	262.69	147.88
1170.92	1680.08	558.53	1298.55	371.35	304.78	127.55
230.95	357.31	145.60	361.10	118.89	95.73	35.99
742.82	987.98	265.04	685.82	175.27	152.15	63.24
107.74	133.80	33.64	139.22	41.76	29.29	15.15
89.41	200.99	114.25	112.41	35.44	27.61	13.17

2-1　续表 9

行　业	企业单位数(个)	工业销售产值(当年价格)	出口交货值	资产总计
金属表面处理及热处理加工	1420	2363.13	92.62	1627.25
搪瓷制品制造	160	260.53	45.14	158.56
生产专用搪瓷制品制造	35	65.11	6.56	49.89
建筑装饰搪瓷制品制造	9	14.89	3.12	24.24
搪瓷卫生洁具制造	51	75.16	14.06	48.15
搪瓷日用品及其他搪瓷制品制造	65	105.37	21.39	36.28
金属制日用品制造	1882	2647.06	605.85	1457.23
金属制厨房用器具制造	298	375.64	78.00	244.08
金属制餐具和器皿制造	736	1096.85	338.03	600.77
金属制卫生器具制造	115	130.17	33.89	120.15
其他金属制日用品制造	733	1044.40	155.93	492.22
其他金属制品制造	3642	7452.43	614.55	5289.50
锻件及粉末冶金制品制造	1757	3972.85	213.50	2392.00
交通及公共管理用金属标牌制造	99	121.74	3.17	81.94
通用设备制造业	24592	47172.70	4908.56	41842.85
锅炉及原动设备制造	1743	5513.96	304.52	6914.38
锅炉及辅助设备制造	834	2065.91	88.49	2069.17
内燃机及配件制造	640	2284.54	151.38	2968.24
汽轮机及辅机制造	104	507.66	19.24	1135.11
水轮机及辅机制造	48	96.45	3.06	99.14
风能原动设备制造	91	531.48	40.94	625.48
其他原动设备制造	26	27.92	1.41	17.23
金属加工机械制造	3524	5805.21	246.21	5236.94
金属切削机床制造	767	1709.25	78.16	2267.03
金属成形机床制造	575	889.90	44.75	731.64
铸造机械制造	653	1016.46	26.18	541.38
金属切割及焊接设备制造	398	468.79	50.36	435.67
机床附件制造	417	597.82	15.67	441.59
其他金属加工机械制造	714	1122.99	31.10	819.63
物料搬运设备制造	2278	6904.62	690.82	6898.31
轻小型起重设备制造	251	449.17	91.48	419.81
起重机制造	751	2579.14	277.46	3074.70
生产专用车辆制造	157	443.06	69.54	354.85
连续搬运设备制造	288	417.06	20.78	362.72
电梯、自动扶梯及升降机制造	682	2765.30	194.36	2432.91
其他物料搬运设备制造	149	250.89	37.21	253.32
泵、阀门、压缩机及类似机械制造	4926	8638.32	894.40	7036.49
泵及真空设备制造	1321	2210.47	258.46	1866.86
气体压缩机械制造	536	2014.26	201.90	1708.06
阀门和旋塞制造	1799	2505.17	333.48	1948.13
液压和气压动力机械及元件制造	1270	1908.43	100.56	1513.44
轴承、齿轮和传动部件制造	2892	4728.64	354.51	3826.44
轴承制造	1703	2507.76	192.69	2086.93
齿轮及齿轮减、变速箱制造	881	1730.42	102.26	1368.75
其他传动部件制造	308	490.46	59.56	370.76
烘炉、风机、衡器、包装等设备制造	3066	6429.55	920.75	5739.87
烘炉、熔炉及电炉制造	226	258.45	17.14	380.93
风机、风扇制造	475	940.38	58.62	1027.80

单位：亿元

固定资产合计	固定资产原价	累计折旧	流动资产合计	应收账款	存货	产成品
438.35	770.77	348.91	1008.88	274.31	189.27	92.40
50.28	105.09	56.34	89.35	31.73	19.92	8.35
14.39	22.91	8.71	30.74	13.56	6.06	1.93
4.73	8.58	4.23	11.89	5.73	1.95	0.95
15.98	28.33	12.68	27.49	8.03	7.06	3.01
15.17	45.26	30.72	19.24	4.41	4.85	2.46
412.00	809.29	437.57	844.79	223.25	213.12	88.41
54.98	162.82	109.95	162.98	42.82	38.84	16.78
181.46	338.52	179.24	342.22	80.17	82.82	31.88
25.16	38.61	17.20	61.75	13.61	24.92	12.18
150.41	269.34	131.17	277.83	86.64	66.55	27.56
1706.17	2806.16	1206.12	2909.63	830.06	705.44	288.41
798.51	1356.81	618.39	1272.72	374.26	307.28	140.76
22.83	59.11	37.68	45.47	10.47	9.01	2.72
10808.14	17639.91	7607.49	24922.92	7974.50	6246.78	2290.99
1449.45	2479.75	1129.10	4420.73	1273.01	1170.92	300.16
432.65	799.72	395.93	1434.60	436.84	393.78	70.57
745.47	1148.41	457.23	1592.43	335.34	323.37	142.47
137.79	268.15	139.66	880.60	263.70	323.70	28.89
25.53	58.95	35.55	65.00	17.32	16.17	3.60
102.76	199.20	99.04	438.56	215.44	112.45	54.05
5.26	5.31	1.69	9.55	4.38	1.45	0.60
1628.34	2546.72	1049.84	2908.52	749.41	942.09	337.80
591.48	941.07	416.75	1329.71	326.46	490.48	161.69
220.90	358.57	152.13	437.65	106.87	135.66	45.57
213.91	326.27	126.10	256.14	75.30	75.61	36.73
93.24	143.87	58.14	284.03	76.10	67.80	28.76
199.49	304.68	117.45	181.39	49.01	49.95	18.76
309.33	472.26	179.28	419.59	115.67	122.59	46.29
1401.34	2259.88	937.06	4393.76	1475.45	1037.19	342.23
130.05	174.71	51.73	251.50	73.83	63.73	23.68
715.94	1220.26	545.21	1744.84	677.71	500.16	124.53
83.09	144.78	68.55	218.94	60.01	59.74	22.89
91.26	128.76	42.18	219.30	88.07	51.28	16.67
319.22	498.67	194.58	1804.52	527.05	324.23	145.09
61.77	92.70	34.81	154.66	48.77	38.05	9.37
1916.09	3189.03	1436.68	4107.43	1404.51	987.14	407.76
523.09	785.71	311.53	1034.51	336.55	267.01	97.44
405.97	835.40	463.73	1019.23	363.50	228.45	108.18
512.91	833.96	367.14	1190.60	442.08	279.96	116.53
474.12	733.96	294.28	863.09	262.39	211.72	85.61
1359.96	2148.61	877.35	1959.55	670.46	496.80	238.07
735.31	1151.57	465.66	1053.01	351.09	269.71	142.38
491.19	780.77	321.15	714.46	255.74	179.56	75.30
133.46	216.27	90.54	192.08	63.63	47.52	20.39
1204.54	1919.07	805.31	3515.41	1168.50	761.98	292.96
58.57	87.81	31.40	239.96	58.15	55.13	10.43
187.73	298.63	120.74	663.37	252.16	127.58	42.42

2-1 续表 10

行　　业	企业单位数(个)	工业销售产值(当年价格)	出口交货值	资产总计
气体、液体分离及纯净设备制造	483	765.98	77.86	871.64
制冷、空调设备制造	970	2805.08	271.94	1987.09
风动和电动工具制造	373	988.44	406.25	917.40
喷枪及类似器具制造	96	109.85	23.53	84.82
衡器制造	146	208.79	32.96	135.91
包装专用设备制造	297	352.58	32.44	334.28
文化、办公用机械制造	472	1669.63	963.61	1220.67
电影机械制造	8	22.42	4.29	19.03
幻灯及投影设备制造	41	88.38	25.02	83.22
照相机及器材制造	127	364.55	258.80	311.66
复印和胶印设备制造	123	705.38	484.49	341.37
计算器及货币专用设备制造	120	415.56	163.76	392.81
其他文化、办公用机械制造	53	73.34	27.26	72.58
通用零部件制造	4731	6251.70	463.18	3928.55
金属密封件制造	381	703.99	80.55	451.05
紧固件制造	1170	1388.45	169.54	1015.80
弹簧制造	274	309.47	18.29	209.37
机械零部件加工	2076	2727.48	77.50	1544.19
其他通用零部件制造	830	1122.31	117.30	708.15
其他通用设备制造业	960	1231.07	70.56	1041.19
专用设备制造业	17800	36185.03	2930.95	35455.17
采矿、冶金、建筑专用设备制造	4935	14651.20	779.24	16779.65
矿山机械制造	1908	4116.44	97.83	3957.11
石油钻采专用设备制造	932	3098.01	255.87	3016.67
建筑工程用机械制造	894	4068.16	272.73	5269.88
海洋工程专用设备制造	64	824.01	75.04	1468.60
建筑材料生产专用机械制造	607	1294.65	22.86	1083.19
冶金专用设备制造	530	1249.92	54.91	1984.19
化工、木材、非金属加工专用设备制造	3417	4704.51	536.24	4341.50
炼油、化工生产专用设备制造	488	910.75	33.12	1033.53
橡胶加工专用设备制造	154	253.48	24.24	212.72
塑料加工专用设备制造	416	540.25	81.46	605.49
木材加工机械制造	150	191.78	17.89	116.81
模具制造	2099	2637.88	369.66	2276.40
其他非金属加工专用设备制造	110	170.38	9.88	96.54
食品、饮料、烟草及饲料生产专用设备制造	823	1238.09	71.59	760.59
食品、酒、饮料及茶生产专用设备制造	276	316.17	38.78	219.08
农副食品加工专用设备制造	417	711.45	29.46	364.47
烟草生产专用设备制造	67	111.59	0.95	139.06
饲料生产专用设备制造	63	98.89	2.39	37.98
印刷、制药、日化及日用品生产专用设备制造	920	1480.59	149.48	1261.92
制浆和造纸专用设备制造	205	371.73	18.76	278.69
印刷专用设备制造	309	446.51	46.23	363.64
日用化工专用设备制造	48	42.79	0.95	32.47
制药专用设备制造	136	171.82	15.70	209.42
照明器具生产专用设备制造	65	82.10	5.26	47.39
玻璃、陶瓷和搪瓷制品生产专用设备制造	113	253.07	22.80	260.24
其他日用品生产专用设备制造	44	112.56	39.79	70.08
纺织、服装和皮革加工专用设备制造	1001	1552.43	182.08	1324.68

单位：亿元

固定资产合计			流动资产合计			
	固定资产原价	累计折旧		应收账款	存货	产成品
228.66	324.74	127.21	496.88	186.39	100.85	40.85
446.19	769.02	345.83	1246.76	411.43	284.91	130.62
139.90	230.98	93.94	527.62	158.78	92.19	31.26
20.32	40.62	21.64	55.53	19.57	12.14	4.54
33.90	50.15	19.66	80.45	26.81	18.41	6.87
89.28	117.13	44.89	204.82	55.22	70.77	25.98
216.57	464.97	261.43	867.54	309.39	191.18	76.73
1.07	1.88	0.82	17.15	5.27	3.41	1.59
12.20	26.04	14.59	64.81	18.41	10.39	3.55
77.82	179.04	104.23	198.57	59.04	44.36	15.38
76.36	167.80	98.81	247.70	106.91	50.84	18.91
39.32	68.61	30.89	288.55	99.20	70.99	33.13
9.81	21.60	12.08	50.76	20.56	11.19	4.18
1347.39	2168.10	910.80	2129.98	716.14	491.09	234.07
171.88	244.27	94.39	221.58	78.49	49.05	25.23
307.49	535.92	244.50	585.20	210.49	149.67	78.88
65.06	103.89	40.47	119.42	42.91	27.62	16.47
587.70	928.79	377.51	800.11	255.70	179.25	74.50
215.26	355.24	153.93	403.68	128.56	85.51	39.00
284.46	463.77	199.94	620.01	207.63	168.39	61.19
9174.39	14439.97	5977.63	21308.37	7055.13	5216.84	1825.69
4248.86	6705.08	2815.99	10402.57	3738.72	2492.49	884.50
1137.23	1796.29	747.41	2291.29	815.49	632.80	209.19
919.74	1520.23	742.74	1817.96	605.44	440.65	189.06
996.69	1609.27	636.76	3435.53	1210.00	688.99	318.32
340.18	466.36	153.38	996.72	434.89	262.14	22.82
310.65	443.76	195.97	615.59	207.19	141.36	50.90
544.38	869.17	339.73	1245.48	465.72	326.55	94.21
1172.61	2002.85	890.75	2624.19	832.06	708.40	225.71
261.31	404.00	161.29	627.22	228.08	155.73	50.22
63.36	97.79	37.18	129.42	35.04	42.01	8.59
133.45	221.57	93.25	391.63	101.29	104.69	34.52
42.61	75.70	37.64	59.00	8.70	21.13	9.12
643.06	1155.27	540.61	1364.35	443.61	370.51	118.65
28.82	48.53	20.78	52.57	15.35	14.33	4.61
228.39	386.19	173.19	447.27	111.60	131.17	47.39
54.40	86.52	37.60	135.66	41.18	39.06	14.37
127.22	223.16	101.91	200.31	42.45	56.48	22.92
32.01	51.80	22.21	91.31	23.65	30.66	8.31
14.75	24.71	11.47	19.99	4.32	4.96	1.80
339.99	561.11	257.18	691.51	177.27	192.08	58.70
105.07	164.38	70.02	144.59	32.97	41.71	11.42
89.36	179.78	96.12	203.04	54.39	55.88	19.29
9.69	12.92	3.72	19.48	6.17	3.89	1.03
49.32	53.78	20.12	127.25	34.08	34.93	11.26
17.33	45.74	29.29	24.94	8.56	5.60	2.59
48.06	67.56	20.47	128.27	29.78	34.17	8.69
21.15	36.94	17.45	43.95	11.31	15.90	4.44
360.37	582.78	268.03	759.25	205.32	205.59	80.48

2-1 续表 11

行 业	企业单位数(个)	工业销售产值(当年价格)	出口交货值	资产总计
纺织专用设备制造	693	1158.73	71.21	984.03
皮革、毛皮及其制品加工专用设备制造	42	48.76	4.97	36.60
缝制机械制造	249	323.85	104.74	288.94
洗涤机械制造	17	21.08	1.16	15.11
电子和电工机械专用设备制造	955	1820.27	209.74	1571.94
电工机械专用设备制造	342	544.38	24.52	348.44
电子工业专用设备制造	613	1275.90	185.22	1223.49
农、林、牧、渔专用机械制造	1585	3002.90	190.14	2001.19
拖拉机制造	184	622.51	30.24	532.19
机械化农业及园艺机具制造	734	1344.41	137.52	969.38
营林及木竹采伐机械制造	8	17.47		13.43
畜牧机械制造	100	122.14	10.55	66.92
渔业机械制造	21	19.39	1.49	10.21
农林牧渔机械配件制造	373	681.86	9.24	289.31
棉花加工机械制造	13	11.81	0.54	18.70
其他农、林、牧、渔业机械制造	152	183.31	0.57	101.05
医疗仪器设备及器械制造	1310	2400.87	477.98	2259.68
医疗诊断、监护及治疗设备制造	324	747.84	180.05	885.89
口腔科用设备及器具制造	55	41.82	10.89	31.33
医疗实验室及医用消毒设备和器具制造	58	108.17	3.73	50.51
医疗、外科及兽医用器械制造	382	844.84	173.03	638.87
机械治疗及病房护理设备制造	135	179.21	29.28	133.70
假肢、人工器官及植(介)入器械制造	81	111.42	30.63	239.03
其他医疗设备及器械制造	275	367.57	50.37	280.35
环保、社会公共服务及其他专用设备制造	2854	5334.17	334.46	5154.03
环境保护专用设备制造	1455	2915.25	68.84	2637.79
地质勘查专用设备制造	28	42.66	7.68	83.60
邮政专用机械及器材制造	8	10.73		9.05
商业、饮食、服务专用设备制造	33	39.71	3.39	34.64
社会公共安全设备及器材制造	255	437.07	71.06	396.81
交通安全、管制及类似专用设备制造	73	154.13	0.44	122.81
水资源专用机械制造	150	218.49	4.92	182.64
其他专用设备制造	852	1516.14	178.14	1686.69
汽车制造业	14149	70225.35	2934.00	59940.81
汽车整车制造	406	33793.53	716.06	30142.81
改装汽车制造	555	2342.35	72.22	2088.37
低速载货汽车制造	21	217.71	0.77	93.25
电车制造	98	150.24	0.12	113.60
汽车车身、挂车制造	289	962.59	48.56	626.95
汽车零部件及配件制造	12780	32758.93	2096.27	26875.82
铁路、船舶、航空航天和其他运输设备制造业	5054	19935.91	3627.33	22416.91
铁路运输设备制造	840	4393.36	274.93	4974.56
铁路机车车辆及动车组制造	52	1896.53	210.06	2298.44
窄轨机车车辆制造	15	26.89	1.06	18.93
铁路机车车辆配件制造	376	1442.45	54.65	1425.36
铁路专用设备及器材、配件制造	350	845.02	6.96	992.60
其他铁路运输设备制造	47	182.47	2.20	239.23
城市轨道交通设备制造	54	161.09	2.24	222.38
船舶及相关装置制造	1315	6983.70	2261.28	8911.86

单位：亿元

固定资产合计	固定资产原价	累计折旧	流动资产合计	应收账款	存货	产成品
283.23	445.43	202.72	542.71	141.56	133.61	48.65
11.21	19.36	8.50	19.89	6.74	4.90	2.51
60.23	110.76	54.91	188.57	54.40	65.10	28.34
5.71	7.24	1.89	8.08	2.62	1.99	0.97
435.38	729.17	348.41	871.01	292.88	191.27	80.02
116.63	181.70	71.33	195.06	62.45	44.75	17.63
318.75	547.47	277.08	675.95	230.43	146.52	62.39
668.24	966.91	349.38	1029.90	272.37	279.90	140.43
164.70	238.51	92.76	291.46	80.36	69.17	30.27
284.25	415.21	150.32	517.83	129.79	147.38	78.85
3.89	4.76	1.40	4.48	0.60	0.78	0.59
20.74	28.67	11.78	38.15	11.59	12.69	4.46
4.05	7.16	3.16	4.27	1.33	1.49	0.71
141.54	199.49	63.15	120.74	31.93	30.05	16.02
7.03	9.23	2.21	9.36	4.75	2.50	1.05
42.05	63.90	24.61	43.61	12.02	15.86	8.47
536.92	816.30	315.24	1237.02	394.40	269.22	98.34
193.18	295.33	108.55	505.85	158.34	113.21	35.77
10.26	14.87	4.87	17.84	5.47	5.25	2.00
19.82	42.44	23.96	25.14	8.09	6.67	3.30
170.14	260.20	107.31	318.92	121.91	73.53	29.13
39.15	53.18	18.86	80.54	16.47	16.92	6.70
37.67	56.98	19.73	128.42	36.29	22.11	8.84
66.70	93.29	31.95	160.30	47.83	31.52	12.61
1183.63	1689.58	559.46	3245.65	1030.50	746.71	210.12
508.51	780.91	304.29	1683.52	546.08	371.77	103.52
20.51	26.60	7.51	56.62	24.89	9.61	4.28
1.65	2.91	1.26	6.16	1.96	2.30	1.97
8.33	16.32	8.23	24.27	7.45	7.07	1.38
93.99	129.28	38.01	250.08	68.13	51.34	16.66
16.24	31.19	15.98	85.92	23.83	17.08	5.26
48.29	72.03	28.04	105.96	30.81	26.44	5.93
486.11	630.35	156.14	1033.11	327.34	261.10	71.12
14976.46	23974.99	9947.30	33920.66	9451.92	5756.86	2545.99
6496.79	10650.25	4453.45	16720.90	3099.51	2349.57	962.58
547.06	853.91	362.82	1199.72	359.36	277.37	99.60
18.33	30.65	13.82	55.93	14.98	24.27	4.82
51.20	59.91	11.29	42.41	9.91	9.50	3.03
163.73	226.14	74.50	360.89	92.09	75.24	20.60
7699.34	12154.12	5031.43	15540.80	5876.07	3020.90	1455.36
5248.15	8029.99	3256.39	13695.20	3086.76	3842.32	613.42
943.34	1387.13	554.34	3415.56	1229.88	887.70	189.36
431.48	571.07	205.06	1585.45	537.95	451.71	29.59
3.42	4.56	1.51	12.76	5.47	4.22	1.50
276.61	478.70	210.39	1012.73	348.61	265.85	87.49
156.69	253.26	111.48	664.82	272.57	137.02	58.03
75.14	79.54	25.89	139.82	65.28	28.89	12.75
49.23	65.07	16.62	152.03	65.03	29.10	7.00
2230.54	3317.49	1244.45	5268.54	694.21	1638.73	160.18

2-1 续表 12

行 业	企业单位数（个）	工业销售产值（当年价格）	出口交货值	资产总计
金属船舶制造	611	5313.36	2131.45	7567.43
非金属船舶制造	49	87.52	10.03	120.74
娱乐船和运动船制造	59	55.49	8.90	53.08
船用配套设备制造	522	1167.02	94.51	936.69
船舶改装与拆除	69	357.74	16.37	232.09
航标器材及其他相关装置制造	5	2.58	0.01	1.82
航空、航天器及设备制造	334	3046.75	269.21	4691.34
飞机制造	149	2328.56	240.21	3550.25
航天器制造	30	213.89	1.68	427.67
航空、航天相关设备制造	125	416.94	23.43	549.89
其他航空航天器制造	30	87.36	3.89	163.53
摩托车制造	1346	3295.81	482.12	2431.99
摩托车整车制造	201	1513.80	370.31	1236.63
摩托车零部件及配件制造	1145	1782.01	111.81	1195.36
自行车制造	928	1582.15	255.18	950.32
脚踏自行车及残疾人座车制造	443	649.32	218.07	441.59
助动自行车制造	485	932.82	37.11	508.73
非公路休闲车及零配件制造	118	201.01	38.44	107.35
潜水救捞及其他未列明运输设备制造	119	272.03	43.93	127.11
潜水及水下救捞装备制造	12	19.51	12.26	14.89
其他未列明运输设备制造	107	252.53	31.67	112.22
电气机械和器材制造业	23674	69558.22	9915.79	57153.76
电机制造	2733	8348.98	1159.14	7707.63
发电机及发电机组制造	857	4054.80	331.92	4494.49
电动机制造	927	1878.49	244.26	1680.27
微电机及其他电机制造	949	2415.69	582.96	1532.87
输配电及控制设备制造	8143	20964.98	2388.07	19135.77
变压器、整流器和电感器制造	1899	4538.02	434.70	3904.35
电容器及其配套设备制造	259	427.53	44.98	331.80
配电开关控制设备制造	2945	6457.40	263.64	5564.40
电力电子元器件制造	1435	2224.15	455.85	1829.99
光伏设备及元器件制造	753	5321.44	1114.44	5579.63
其他输配电及控制设备制造	852	1996.44	74.45	1925.60
电线、电缆、光缆及电工器材制造	4811	15312.56	924.86	10093.96
电线、电缆制造	3836	12588.61	692.22	7698.36
光纤、光缆制造	271	1614.64	110.07	1576.17
绝缘制品制造	423	613.07	65.92	532.59
其他电工器材制造	281	496.24	56.65	286.84
电池制造	1301	4687.72	831.89	4339.75
锂离子电池制造	608	2125.51	473.45	2187.93
镍氢电池制造	110	424.76	114.02	269.52
其他电池制造	583	2137.45	244.42	1882.30
家用电力器具制造	2799	14096.93	3397.32	11316.82
家用制冷电器具制造	276	3231.80	545.31	3369.59
家用空气调节器制造	230	4821.21	1106.28	4142.53
家用通风电器具制造	223	448.85	152.15	333.25
家用厨房电器具制造	734	2145.44	665.80	1278.12
家用清洁卫生电器具制造	234	1512.94	392.52	1003.11
家用美容、保健电器具制造	193	338.29	184.49	253.13

单位：亿元

固定资产合计			流动资产合计			
	固定资产原价	累计折旧		应收账款	存货	
						产成品
1803.60	2683.13	999.98	4578.64	495.71	1441.93	110.98
47.90	71.04	29.56	50.16	7.99	14.48	4.38
13.39	17.91	5.33	24.65	4.51	9.32	2.90
293.48	442.46	169.13	516.88	163.86	145.64	29.87
71.03	101.62	40.14	97.56	21.90	27.20	12.02
1.13	1.34	0.30	0.65	0.23	0.16	0.03
964.99	1519.80	675.18	2811.85	540.98	922.34	105.14
696.62	1135.14	516.29	2126.92	360.45	718.37	83.40
91.49	121.71	55.01	263.93	63.97	109.85	2.27
129.75	205.35	84.66	338.91	87.97	76.02	14.87
47.11	57.60	19.23	82.08	28.59	18.09	4.61
661.07	1154.29	550.12	1438.40	391.90	217.32	94.21
321.43	517.78	223.62	763.06	197.88	91.94	35.34
339.65	636.51	326.49	675.34	194.02	125.38	58.86
317.29	445.53	150.58	490.04	131.55	115.68	48.26
115.78	202.46	93.14	259.46	85.93	63.11	24.20
201.51	243.07	57.44	230.58	45.62	52.57	24.06
42.26	75.66	34.65	54.47	15.50	12.56	4.59
39.44	65.02	30.46	64.30	17.72	18.90	4.68
3.85	5.81	2.21	9.14	1.78	2.58	0.58
35.59	59.21	28.26	55.16	15.94	16.32	4.10
12149.66	21054.64	9718.04	36400.52	12440.17	6476.82	2923.73
1433.77	2513.99	1175.97	5021.23	1844.85	1115.73	380.10
672.28	1089.61	473.64	3106.90	1192.10	706.59	206.93
392.37	675.68	309.32	1017.02	343.38	217.89	85.17
369.12	748.70	393.00	897.31	309.37	191.25	88.01
4206.94	7244.78	3371.93	11928.51	4866.42	1992.17	853.30
902.68	1558.45	748.25	2392.33	894.22	466.36	209.14
88.97	144.33	58.48	190.67	68.64	38.18	18.39
1014.61	1815.03	898.91	3650.25	1477.22	633.76	261.28
476.58	790.27	343.75	1119.70	470.65	228.53	80.96
1393.42	2368.64	1063.40	3281.76	1345.98	385.63	185.03
330.67	568.07	259.14	1293.80	609.71	239.71	98.51
2291.54	3838.36	1720.60	6445.33	2520.59	1124.96	564.86
1779.88	2972.88	1338.20	5013.32	1958.21	876.40	443.50
274.14	484.00	224.82	954.31	379.68	158.58	85.22
132.18	232.13	107.29	319.31	123.76	61.26	24.22
105.35	149.35	50.28	158.39	58.94	28.72	11.93
1020.22	1632.93	671.78	2674.36	831.67	499.96	196.08
517.60	783.87	299.84	1383.12	435.23	284.32	113.82
84.87	132.91	49.80	136.69	46.58	33.76	12.23
417.74	716.14	322.14	1154.54	349.85	181.87	70.03
1972.35	3886.45	1991.73	7800.18	1563.56	1184.60	697.46
560.51	972.64	419.88	2314.73	350.71	314.99	231.37
607.21	1464.60	868.12	3044.67	526.69	388.66	258.84
75.23	132.70	59.19	216.69	49.40	53.57	26.80
217.80	377.09	173.00	835.38	241.18	175.19	67.60
180.14	423.77	261.58	708.40	185.39	96.36	49.55
52.93	88.73	39.81	159.79	50.53	33.94	11.53

2-1 续表 13

行 业	企业单位数（个）	工业销售产值（当年价格）	出口交货值	资产总计
家用电力器具专用配件制造	458	923.30	80.16	532.62
其他家用电力器具制造	451	675.09	270.60	404.47
非电力家用器具制造	634	1142.84	121.64	1149.19
燃气、太阳能及类似能源家用器具制造	544	1041.97	88.74	948.76
其他非电力家用器具制造	90	100.88	32.90	200.44
照明器具制造	2762	4382.83	1023.29	2934.56
电光源制造	554	1193.86	346.59	776.91
照明灯具制造	1907	2853.70	553.00	1948.35
灯用电器附件及其他照明器具制造	301	335.26	123.71	209.30
其他电气机械及器材制造	491	621.38	69.58	476.07
电气信号设备装置制造	133	240.01	29.63	173.89
其他未列明电气机械及器材制造	358	381.37	39.95	302.18
计算机、通信和其他电子设备制造业	14594	91378.86	45899.68	67231.29
计算机制造	1452	17993.53	11346.56	9487.42
计算机整机制造	188	10967.07	7054.67	4621.97
计算机零部件制造	580	2696.61	1695.16	1763.90
计算机外围设备制造	471	2973.93	1990.02	1716.08
其他计算机制造	213	1355.91	606.72	1385.47
通信设备制造	1719	26783.59	13809.81	19807.49
通信系统设备制造	820	9735.17	3386.19	9980.43
通信终端设备制造	899	17048.41	10423.62	9827.06
广播电视设备制造	644	1729.13	553.67	1448.00
广播电视节目制作及发射设备制造	49	110.53	11.99	76.47
广播电视接收设备及器材制造	413	1104.74	401.59	940.93
应用电视设备及其他广播电视设备制造	182	513.86	140.10	430.61
雷达及配套设备制造	52	389.22	39.52	651.39
视听设备制造	1022	7634.19	3410.18	4928.58
电视机制造	191	4505.04	1391.03	2837.17
音响设备制造	547	1216.34	588.30	901.84
影视录放设备制造	284	1912.81	1430.85	1189.57
电子器件制造	2867	16327.76	9352.51	16656.43
电子真空器件制造	99	198.88	21.18	588.55
半导体分立器件制造	334	955.41	493.24	1080.22
集成电路制造	459	2960.28	1705.47	4082.37
光电子器件及其他电子器件制造	1975	12213.19	7132.62	10905.29
电子元件制造	5604	16039.55	6028.71	11276.25
电子元件及组件制造	4686	12281.01	4018.32	8171.34
印制电路板制造	918	3758.53	2010.39	3104.92
其他电子设备制造	1234	4481.89	1358.72	2975.72
仪器仪表制造业	4261	8749.31	1338.95	8024.43
通用仪器仪表制造	2444	5378.99	476.59	4976.60
工业自动控制系统装置制造	1168	3353.56	242.58	3059.30
电工仪器仪表制造	376	641.56	63.15	765.92
绘图、计算及测量仪器制造	176	293.20	31.82	174.35
实验分析仪器制造	220	260.73	40.48	216.33
试验机制造	102	146.97	16.74	138.51
供应用仪表及其他通用仪器制造	402	682.97	81.81	622.18
专用仪器仪表制造	838	1863.03	248.00	1646.73
环境监测专用仪器仪表制造	115	243.80	33.95	225.65

单位：亿元

固定资产合计	固定资产原价	累计折旧	流动资产合计	应收账款	存货	产成品
167.49	244.73	91.64	281.07	87.16	53.97	25.24
111.05	182.18	78.51	239.44	72.51	67.90	26.54
292.85	414.77	150.62	536.16	158.90	102.55	46.10
265.72	373.85	136.04	475.44	146.40	91.21	42.28
27.13	40.92	14.58	60.71	12.50	11.34	3.82
802.89	1324.33	554.48	1696.13	548.28	376.94	155.38
216.27	386.82	183.35	430.70	140.00	84.32	36.20
527.62	840.80	330.19	1142.82	365.02	257.60	108.77
59.00	96.71	40.94	122.61	43.26	35.02	10.41
129.10	199.05	80.93	298.61	105.90	79.92	30.45
39.61	78.68	41.26	113.38	38.38	27.69	10.46
89.49	120.37	39.66	185.23	67.51	52.23	19.99
14189.76	28207.64	14493.18	44587.93	17258.88	8530.18	3077.83
1557.61	3469.44	1985.55	7051.73	3400.53	1129.38	378.94
630.52	1588.32	1009.29	3690.37	1865.77	528.98	163.17
458.10	934.05	487.68	1104.94	504.67	204.02	58.32
273.67	577.26	310.72	1226.68	524.54	210.40	73.66
195.32	369.81	177.87	1029.73	505.55	185.98	83.79
1889.00	3638.10	1830.65	15520.86	6073.45	2952.76	1082.99
812.65	1482.14	695.93	7437.64	2729.42	1419.37	500.17
1076.35	2155.96	1134.71	8083.22	3344.03	1533.39	582.83
287.02	538.58	260.86	928.38	367.43	197.50	79.33
15.37	28.06	12.99	52.21	14.76	14.48	3.51
193.80	319.67	131.64	590.61	247.93	107.77	46.41
77.84	190.85	116.22	285.56	104.75	75.26	29.41
97.61	171.33	76.03	458.35	94.02	149.97	15.45
719.61	1321.30	629.02	3436.38	1072.03	821.87	306.14
344.00	620.47	295.99	2098.62	568.48	471.52	173.73
153.81	288.11	138.86	467.83	183.14	126.87	52.91
221.80	412.72	194.17	869.93	320.41	223.48	79.51
5675.57	10588.64	5025.50	8599.47	2776.18	1596.46	560.16
119.04	174.67	55.65	348.01	57.09	45.81	16.21
321.40	654.02	337.80	603.08	174.88	107.42	40.54
1717.29	3909.43	2243.24	1809.64	557.46	335.03	89.57
3517.85	5850.51	2388.81	5838.74	1986.75	1108.20	413.86
3373.23	7233.00	3974.88	6636.06	2734.24	1324.05	528.87
2377.91	5176.98	2893.23	4833.41	1913.84	1015.35	412.78
995.31	2056.03	1081.64	1802.65	820.40	308.70	116.09
590.11	1247.23	710.70	1956.71	740.99	358.19	125.95
1749.67	2914.23	1252.63	5129.00	1764.23	1097.56	387.42
958.32	1580.77	664.10	3246.66	1151.31	691.61	226.27
642.33	1053.20	434.12	2018.89	700.07	448.96	135.12
91.79	158.86	71.40	498.69	190.92	80.02	32.00
52.21	72.21	24.25	93.21	30.03	28.63	13.03
38.72	59.53	22.40	146.58	45.52	31.69	9.18
24.28	34.09	11.86	100.00	33.37	26.73	8.45
108.98	202.88	100.07	389.30	151.40	75.58	28.48
416.47	691.86	293.95	1020.57	344.85	196.12	78.76
38.93	66.95	29.42	144.51	49.52	27.05	7.55

2-1 续表 14

行　　业	企业单位数（个）	工业销售产值（当年价格）	出口交货值	资产总计
运输设备及生产用计数仪表制造	174	614.74	60.69	446.05
导航、气象及海洋专用仪器制造	71	166.22	49.62	170.65
农林牧渔专用仪器仪表制造	16	58.26	0.75	22.59
地质勘探和地震专用仪器制造	57	109.48	8.82	116.53
教学专用仪器制造	71	60.22	3.02	43.81
核子及核辐射测量仪器制造	12	22.18	0.12	78.76
电子测量仪器制造	166	308.69	44.88	254.79
其他专用仪器制造	156	279.45	46.14	287.89
钟表与计时仪器制造	255	385.95	215.63	254.63
光学仪器及眼镜制造	568	941.45	378.61	939.93
光学仪器制造	314	644.07	226.27	674.99
眼镜制造	254	297.37	152.34	264.94
其他仪器仪表制造业	156	179.89	20.11	206.55
其他制造业	1811	2796.90	524.94	2404.20
日用杂品制造	1112	1484.75	433.52	872.03
鬃毛加工、制刷及清扫工具制造	316	448.41	87.27	222.63
其他日用杂品制造	796	1036.34	346.25	649.40
煤制品制造	138	212.74	2.14	124.73
废弃资源综合利用业	1530	3908.24	54.76	1980.71
金属废料和碎屑加工处理	873	3176.25	49.85	1461.80
非金属废料和碎屑加工处理	657	731.98	4.91	518.91
金属制品、机械和设备修理业	397	985.59	244.71	1303.91
金属制品修理	47	72.01	3.50	34.73
通用设备修理	30	24.03		19.00
专用设备修理	36	56.39	8.86	57.25
铁路、船舶、航空航天等运输设备修理	204	742.75	230.88	1113.67
铁路运输设备修理	15	62.88		100.49
船舶修理	136	237.12	66.60	503.73
航空航天器修理	48	412.57	164.28	445.59
其他运输设备修理	5	30.18		63.86
电气设备修理	31	23.13	0.10	28.09
仪器仪表修理	5	1.73		1.98
其他机械和设备修理业	44	65.56	1.37	49.19
电力、热力、燃气及水生产和供应业	**10004**	**65165.97**	**100.48**	**143243.68**
电力、热力生产和供应业	6967	57451.07	42.23	124622.83
电力生产	4399	18522.11	33.43	67925.66
火力发电	1275	13254.91	20.62	30911.29
水力发电	1437	3037.51	0.77	20462.05
核力发电	12	588.75	6.99	4325.19
风力发电	914	985.44	0.35	8060.85
太阳能发电	425	293.55		2743.97
其他电力生产	336	361.94	4.69	1422.31
电力供应	1448	37284.34	7.20	51418.33
热力生产和供应	1120	1644.62	1.60	5278.83
燃气生产和供应业	1416	5876.47	21.51	7928.92
水的生产和供应业	1621	1838.43	36.74	10691.94
自来水生产和供应	1205	1331.43	2.48	8008.11
污水处理及其再生利用	392	437.61	0.40	2389.28
其他水的处理、利用与分配	24	69.38	33.87	294.55

单位：亿元

固定资产合计	固定资产原价	累计折旧	流动资产合计	应收账款	存货	产成品
136.19	272.19	144.01	263.52	101.81	46.87	22.55
27.00	49.78	24.76	116.61	42.78	33.64	14.64
10.07	15.77	5.78	10.91	2.18	2.36	1.01
27.48	43.73	17.38	73.17	32.43	15.36	4.89
9.25	12.26	3.60	28.60	8.66	5.75	1.93
47.29	58.51	11.24	20.42	4.99	2.58	0.84
68.93	101.01	35.05	165.55	48.83	30.60	10.81
51.33	71.67	22.71	197.28	53.64	31.92	14.55
64.17	102.92	46.72	166.64	44.74	68.14	27.90
261.87	472.30	224.67	565.57	187.42	121.37	46.95
180.86	328.31	159.33	406.34	125.07	77.05	26.90
81.01	143.99	65.34	159.23	62.35	44.31	20.05
48.84	66.38	23.19	129.57	35.91	20.32	7.53
713.60	1155.57	494.45	1374.20	310.83	420.76	118.05
258.80	451.57	208.73	494.68	135.39	126.80	50.94
79.98	135.20	56.94	120.92	33.03	26.94	11.62
178.82	316.37	151.79	373.76	102.36	99.86	39.32
48.45	83.82	27.40	54.65	11.16	12.18	5.03
603.11	1175.58	667.75	1067.66	228.29	246.38	129.89
411.96	885.82	549.75	828.62	172.33	197.09	103.48
191.14	289.77	118.00	239.04	55.95	49.29	26.40
376.53	570.69	218.57	755.26	245.90	158.32	24.61
17.27	31.95	14.77	13.22	3.41	3.25	1.42
2.78	4.90	2.36	13.72	6.43	1.97	0.70
10.20	20.80	10.71	43.68	15.25	14.47	6.92
323.23	472.56	172.51	634.37	200.84	131.75	12.46
13.92	26.16	12.53	60.68	40.81	10.67	0.79
174.46	227.57	65.51	224.69	29.50	24.13	5.08
122.27	197.96	85.94	300.72	125.41	84.70	6.47
12.58	20.87	8.53	48.29	5.12	12.25	0.13
6.27	13.46	7.21	19.37	8.01	1.60	0.28
0.30	0.61	0.31	1.42	0.56	0.19	0.16
16.48	26.40	10.69	29.48	11.39	5.09	2.67
86850.29	**134093.05**	**52229.74**	**23571.11**	**3926.52**	**1515.55**	**172.72**
78910.79	123092.42	48597.48	17636.88	3212.89	1210.17	118.62
47120.08	68288.86	22696.58	9894.28	2455.95	955.86	102.39
21148.60	35180.04	14842.80	5800.56	1557.77	543.33	61.04
15250.94	20273.45	5373.52	1629.37	270.89	39.11	5.26
2538.54	3471.69	933.15	540.47	67.71	314.30	23.66
5809.33	6763.43	1193.32	1034.85	271.50	17.70	6.11
1595.59	1669.73	150.73	562.08	206.08	10.73	1.53
777.08	930.53	203.06	326.94	82.01	30.70	4.78
29137.88	51135.82	24602.40	5786.08	530.27	128.78	6.19
2652.84	3667.75	1298.50	1956.52	226.67	125.53	10.05
3420.15	4342.45	1121.68	2600.46	394.23	210.59	42.84
4519.34	6658.18	2510.59	3333.77	319.40	94.79	11.25
3552.24	5363.04	2136.10	2493.37	195.24	78.86	7.54
930.09	1246.53	361.01	715.10	116.64	13.64	3.20
37.01	48.61	13.48	125.30	7.52	2.29	0.52

2-1 续表 15

行　业	负债合计	流动负债合　计	应付账款	所有者权益合计	实收资本
总　计	**579310.47**	**431884.87**	**116886.00**	**440932.66**	**213182.37**
采矿业	**59154.06**	**37764.78**	**7680.26**	**38315.82**	**18045.41**
煤炭开采和洗选业	36955.15	23178.99	4078.07	16771.88	7182.22
烟煤和无烟煤开采洗选	35002.57	21701.13	3925.01	15928.85	6866.19
褐煤开采洗选	1820.38	1427.92	146.44	823.33	299.88
其他煤炭采选	132.21	49.94	6.63	19.69	16.16
石油和天然气开采业	9639.93	4887.62	1660.52	10925.90	6110.79
石油开采	7901.24	3927.24	1377.19	9580.70	5246.93
天然气开采	1738.69	960.38	283.33	1345.20	863.86
黑色金属矿采选业	6126.44	4627.45	718.77	4400.47	1663.76
铁矿采选	5932.54	4464.40	692.03	4287.84	1622.83
锰矿、铬矿采选	85.74	64.16	18.38	94.94	26.96
其他黑色金属矿采选	108.16	98.89	8.35	17.68	13.97
有色金属矿采选业	3055.33	2278.65	313.27	2729.46	1028.03
常用有色金属矿采选	1628.68	1236.16	176.53	1295.10	552.92
铜矿采选	554.56	389.90	47.66	419.11	191.50
铅锌矿采选	565.48	419.19	64.54	572.80	214.02
镍钴矿采选	61.05	47.74	11.93	32.74	21.95
锡矿采选	138.72	125.89	14.48	63.53	38.97
锑矿采选	11.54	9.72	0.75	14.97	7.52
铝矿采选	175.52	145.38	20.53	117.90	45.93
镁矿采选	44.16	38.43	6.35	28.39	15.95
其他常用有色金属矿采选	77.64	59.90	10.30	45.66	17.08
贵金属矿采选	913.43	698.02	78.16	988.78	281.73
金矿采选	888.14	684.22	77.49	956.58	272.66
银矿采选	24.94	13.53	0.66	31.74	9.00
稀有稀土金属矿采选	513.23	344.47	58.58	445.58	193.39
钨钼矿采选	433.12	292.50	50.76	324.41	139.01
稀土金属矿采选	45.46	26.98	2.54	95.44	30.70
其他稀有金属矿采选	34.59	24.99	5.28	25.20	23.18
非金属矿采选业	1903.75	1410.39	296.74	2187.69	867.61
土砂石开采	856.62	652.62	178.85	1114.73	438.38
石灰石、石膏开采	219.17	172.06	38.27	254.74	111.28
建筑装饰用石开采	176.47	120.45	19.22	248.98	107.08
耐火土石开采	80.76	65.99	14.45	126.87	49.77
粘土及其他土砂石开采	380.22	294.13	106.91	484.14	170.24
化学矿开采	464.04	345.92	67.61	315.65	137.07
采盐	370.30	257.08	26.92	503.09	126.56
石棉及其他非金属矿采选	212.80	154.78	23.36	254.21	165.60
石棉、云母矿采选	9.48	6.34	0.52	10.49	6.81
石墨、滑石采选	87.74	60.45	6.90	103.11	70.97
宝石、玉石采选	15.17	13.93	0.74	34.01	8.50
其他未列明非金属矿采选	100.41	74.05	15.19	106.60	79.32
开采辅助活动	1468.38	1378.79	612.31	1291.66	1188.76
煤炭开采和洗选辅助活动	5.74	5.07	1.90	3.36	2.52
石油和天然气开采辅助活动	1461.90	1372.98	610.04	1287.60	1185.61
其他开采辅助活动	0.74	0.74	0.37	0.70	0.63
其他采矿业	5.07	2.88	0.58	8.77	4.25
制造业	**432015.01**	**353206.31**	**99516.40**	**347577.73**	**160903.53**
农副食品加工业	16637.94	13417.83	2276.93	16032.44	6729.09

单位：亿元

国家资本	集体资本	法人资本	个人资本	港澳台资本	外商资本	主营业务收入	主营业务成本
53076.32	**4101.08**	**73321.76**	**47459.19**	**13090.64**	**22234.05**	**1109852.97**	**944857.26**
9704.60	**270.09**	**5819.65**	**2167.09**	**86.50**	**136.96**	**52300.39**	**42690.30**
3510.16	130.42	2437.56	1024.97	18.88	59.21	23770.31	19766.74
3350.68	124.44	2309.07	1003.66	18.60	58.72	21830.78	18262.01
151.15	2.70	126.21	19.06	0.27	0.49	1872.00	1449.52
8.34	3.29	2.28	2.25			67.54	55.21
4204.43	0.97	1967.67	13.46	31.46	33.28	7908.52	5503.62
3448.13	0.53	1917.35	12.79		8.62	6202.19	4357.89
756.30	0.45	50.32	0.67	31.46	24.66	1706.33	1145.73
770.91	30.69	416.56	434.06	7.59	3.95	7207.49	6120.29
767.52	30.38	398.96	414.44	7.59	3.95	6824.76	5796.55
3.39	0.20	7.12	16.25	0.01		222.32	181.86
	0.12	10.48	3.37			160.41	141.88
240.11	80.06	385.34	296.63	12.08	13.80	6234.91	5277.44
119.64	26.89	243.27	142.28	8.99	11.85	2699.00	2218.15
65.77	14.61	70.56	26.38	5.14	9.05	657.21	551.48
26.39	8.94	112.54	62.45	1.27	2.43	1170.56	931.46
2.02	2.42	13.44	2.50	1.56	0.01	110.68	89.02
15.70	0.20	3.61	19.46			104.59	88.28
0.26	0.01	5.38	1.87			41.67	35.28
8.97	0.70	22.00	13.29	0.96		317.73	268.92
		5.64	9.90	0.04	0.36	149.31	126.49
0.54	0.02	10.09	6.41	0.01		147.27	127.24
63.38	49.66	73.93	90.03	3.05	1.67	2641.45	2249.82
62.87	47.22	70.12	87.75	3.05	1.65	2547.55	2170.42
0.51	2.44	3.77	2.26		0.01	90.78	76.59
57.09	3.51	68.14	64.32	0.05	0.29	894.46	809.46
38.06	2.80	39.72	58.36	0.04	0.03	770.08	702.61
17.83	0.05	9.29	3.51	0.01	0.01	82.27	72.41
1.20	0.66	19.12	1.96		0.24	41.86	34.21
127.27	23.94	316.94	372.70	4.24	22.53	5414.60	4397.04
18.14	9.80	183.96	215.04	2.14	9.30	3794.91	3132.50
6.42	3.17	44.61	54.53		2.55	1020.19	849.03
3.95	0.81	41.23	56.97	0.68	3.45	821.17	674.80
1.93	0.81	16.75	30.28			426.21	352.19
5.84	5.00	81.37	73.27	1.45	3.30	1527.34	1256.48
37.22	5.08	51.57	35.93	0.25	7.03	570.21	424.09
61.93	5.83	41.19	13.18	0.61	3.83	362.86	282.96
9.98	3.24	40.21	108.55	1.24	2.37	686.63	557.50
1.80	0.70	3.93	0.38			24.27	20.62
5.97	0.75	9.18	53.54	0.90	0.64	223.32	176.29
1.06		4.55	2.89			6.16	3.69
1.16	1.79	22.55	51.74	0.34	1.74	432.89	356.89
851.59	3.73	294.79	22.21	12.24	4.19	1739.96	1606.43
	0.01	0.83	0.14	1.54		8.47	7.31
851.59	3.73	293.44	21.96	10.70	4.19	1725.74	1594.61
		0.52	0.11			5.75	4.51
0.14	0.26	0.79	3.06			24.58	18.75
19977.03	**3527.96**	**59392.11**	**44508.72**	**12096.00**	**21364.35**	**992673.81**	**846178.78**
257.16	427.76	2572.70	2635.09	236.79	599.58	65378.24	58042.50

2-1 续表 16

行　　业	负债合计	流动负债合　　计	应付账款	所有者权益合计	实收资本
谷物磨制	2099.26	1635.72	221.72	2975.99	1231.82
饲料加工	2017.01	1601.74	355.46	2366.91	1197.56
植物油加工	3396.54	2906.62	512.07	2160.73	965.54
食用植物油加工	3350.48	2871.95	506.42	2108.05	940.33
非食用植物油加工	46.06	34.67	5.66	52.68	25.20
制糖业	1593.54	1362.64	147.02	359.94	219.18
屠宰及肉类加工	3136.54	2482.74	413.22	3481.37	1359.81
牲畜屠宰	1363.41	1068.04	145.32	1311.63	463.99
禽类屠宰	808.29	652.25	101.40	785.38	314.28
肉制品及副产品加工	964.83	762.45	166.50	1384.36	581.55
水产品加工	1469.72	1237.69	252.92	1490.26	569.11
水产品冷冻加工	1127.27	960.04	202.99	1113.66	403.63
鱼糜制品及水产品干腌制加工	146.34	111.73	23.41	162.24	65.12
水产饲料制造	123.72	107.61	15.67	125.97	61.24
鱼油提取及制品制造	7.28	5.91	1.32	8.33	3.91
其他水产品加工	65.11	52.40	9.52	80.06	35.20
蔬菜、水果和坚果加工	1155.70	907.91	167.79	1588.53	516.65
蔬菜加工	652.24	505.77	91.71	995.23	327.65
水果和坚果加工	503.46	402.14	76.08	593.30	189.00
其他农副食品加工	1769.63	1282.77	206.73	1608.71	669.41
淀粉及淀粉制品制造	1152.54	795.51	112.21	807.04	336.64
豆制品制造	167.50	137.58	28.10	230.11	83.15
蛋品加工	51.17	34.93	6.43	86.09	41.36
其他未列明农副食品加工	398.43	314.76	60.00	485.48	208.27
食品制造业	6570.94	5457.40	1217.27	8086.79	3321.26
焙烤食品制造	652.49	544.16	141.30	995.64	452.61
糕点、面包制造	310.47	262.85	65.95	416.63	211.13
饼干及其他焙烤食品制造	342.02	281.31	75.36	579.01	241.47
糖果、巧克力及蜜饯制造	456.96	404.40	122.02	708.38	293.93
糖果、巧克力制造	339.75	315.07	103.12	506.09	241.86
蜜饯制作	117.21	89.33	18.91	202.29	52.07
方便食品制造	892.58	746.01	158.94	1268.02	527.41
米、面制品制造	172.68	135.54	25.64	296.78	135.19
速冻食品制造	285.84	235.42	57.55	323.95	147.34
方便面及其他方便食品制造	434.06	375.04	75.76	647.28	244.88
乳制品制造	1331.54	1162.16	302.86	1301.82	572.18
罐头食品制造	474.13	403.32	87.31	463.95	213.85
肉、禽类罐头制造	52.95	45.64	7.68	78.08	41.72
水产品罐头制造	28.30	24.99	3.59	26.99	11.52
蔬菜、水果罐头制造	362.41	305.90	70.38	325.92	145.96
其他罐头食品制造	30.47	26.78	5.65	32.95	14.65
调味品、发酵制品制造	1083.20	815.36	151.83	1260.14	469.90
味精制造	219.97	153.52	26.87	220.68	75.87
酱油、食醋及类似制品制造	333.80	290.26	46.09	424.54	154.96
其他调味品、发酵制品制造	529.43	371.58	78.87	614.91	239.07
其他食品制造	1680.05	1381.99	253.00	2088.84	791.39
营养食品制造	163.00	138.16	21.14	300.91	117.45
保健食品制造	381.93	344.10	43.44	490.50	132.83
冷冻饮品及食用冰制造	107.55	93.40	21.48	95.89	84.79
盐加工	110.78	75.95	16.59	76.24	41.40

单位：亿元

国家资本	集体资本	法人资本	个人资本	港澳台资本	外商资本	主营业务收入	主营业务成本
48.48	15.70	415.45	688.32	28.94	34.94	13538.63	12091.36
12.90	318.41	406.73	341.51	38.80	79.21	11194.72	9978.13
96.46	9.94	356.53	295.71	31.17	175.73	10249.33	9302.61
93.95	9.81	348.85	284.03	31.17	172.52	10022.58	9101.30
2.51	0.13	7.68	11.68		3.21	226.75	201.31
28.26	3.49	125.98	43.11	1.79	16.53	1204.60	1016.32
26.52	38.65	614.42	501.36	64.52	114.34	13212.37	11718.87
16.30	6.52	224.52	178.03	11.55	27.07	5447.87	4820.60
5.24	8.32	136.37	125.21	10.60	28.54	3305.77	3010.20
4.99	23.82	253.53	198.11	42.37	58.73	4458.73	3888.07
5.30	10.27	256.78	232.76	25.02	38.99	5191.88	4602.92
4.50	7.84	188.74	158.28	15.26	29.01	3705.05	3307.56
0.21	1.41	23.94	29.57	4.12	5.86	710.68	615.73
	0.78	34.96	21.66	1.41	2.43	496.77	436.04
0.23		1.98	0.21	0.87	0.63	24.68	22.20
0.36	0.24	7.16	23.04	3.35	1.06	254.69	221.39
10.84	4.89	186.72	234.60	24.93	54.66	5350.52	4576.59
6.44	2.52	113.94	153.27	9.89	41.59	3524.29	3023.80
4.40	2.37	72.78	81.33	15.04	13.07	1826.23	1552.79
28.40	26.40	210.10	297.73	21.61	85.18	5436.21	4755.70
21.92	13.80	75.93	143.19	12.53	69.26	2852.10	2538.28
1.59	1.17	36.31	37.64	0.45	5.98	760.26	645.84
0.10	5.09	16.00	16.40	0.67	3.09	294.10	252.28
4.78	6.34	81.86	100.49	7.96	6.84	1529.74	1319.31
122.75	82.60	1299.87	986.17	287.91	542.06	21957.58	17453.11
5.96	1.32	121.37	153.33	84.33	86.30	2887.29	2319.40
3.21	0.82	61.06	91.02	31.46	23.57	1074.09	835.59
2.75	0.50	60.31	62.31	52.87	62.73	1813.20	1483.81
0.23	2.67	128.68	65.82	24.99	71.53	1859.28	1446.01
0.23	2.18	107.42	39.17	23.71	69.14	1280.51	957.75
	0.49	21.26	26.65	1.28	2.38	578.78	488.26
8.30	23.93	192.16	159.99	70.81	72.23	3600.16	2987.31
0.99	9.68	42.14	62.24	9.81	10.34	1012.24	870.41
1.16	13.52	54.35	46.08	12.03	20.20	845.57	716.98
6.15	0.73	95.67	51.66	48.98	41.68	1742.36	1399.92
40.52	12.20	248.91	145.51	40.09	84.95	3321.48	2606.87
11.69	3.85	94.84	71.23	15.92	16.33	1682.17	1448.94
3.32	0.11	22.52	8.58	7.17	0.02	263.69	230.29
0.16	0.14	4.78	2.51	0.93	3.00	105.96	86.12
8.20	3.53	62.58	52.47	5.95	13.23	1177.74	1022.21
0.01	0.06	4.96	7.67	1.87	0.07	134.79	110.32
24.98	2.99	198.80	144.96	17.56	80.70	2904.12	2327.52
15.30	0.88	11.53	29.63	3.03	15.50	461.22	364.73
3.28	1.37	76.70	47.25	6.24	20.22	1011.92	778.56
6.40	0.74	110.57	68.08	8.30	44.98	1430.98	1184.23
31.08	35.65	315.10	245.33	34.20	130.03	5703.07	4317.06
2.74	20.13	53.14	30.33	4.93	6.18	765.52	615.71
0.53	3.62	45.48	44.57	11.48	27.14	1617.66	987.75
1.73	0.21	32.49	22.26	3.71	24.38	412.42	321.84
13.08	0.31	20.44	7.53		0.04	120.23	94.20

2-1 续表 17

行业	负债合计	流动负债合计	应付账款	所有者权益合计	实收资本
食品及饲料添加剂制造	728.62	567.46	113.40	876.57	328.89
其他未列明食品制造	188.17	162.93	36.95	248.74	86.03
酒、饮料和精制茶制造业	7054.92	5853.96	1131.52	8494.62	3413.53
酒的制造	4324.53	3595.57	560.65	5434.77	1531.42
酒精制造	407.12	323.95	50.98	261.16	109.48
白酒制造	2396.66	2034.61	277.79	3455.12	629.42
啤酒制造	1036.45	910.25	169.78	1131.63	647.46
黄酒制造	98.59	77.88	18.04	150.28	30.09
葡萄酒制造	197.38	155.65	32.28	250.76	74.89
其他酒制造	188.33	93.24	11.78	185.83	40.07
饮料制造	2277.82	1924.69	492.11	2377.88	1650.62
碳酸饮料制造	282.34	261.46	76.67	223.03	132.55
瓶(罐)装饮用水制造	512.48	404.17	76.69	448.37	251.41
果菜汁及果菜汁饮料制造	481.94	386.23	83.25	624.44	754.56
含乳饮料和植物蛋白饮料制造	314.82	279.82	59.64	439.00	185.51
固体饮料制造	124.89	96.14	25.13	207.57	97.59
茶饮料及其他饮料制造	561.36	496.87	170.72	435.48	229.00
精制茶加工	452.57	333.70	78.76	681.97	231.50
烟草制品业	2341.17	2298.57	1105.67	6845.15	1169.90
烟叶复烤	41.78	38.68	13.97	327.43	222.24
卷烟制造	2229.99	2198.05	1067.98	6404.59	909.67
其他烟草制品制造	69.40	61.84	23.73	113.12	37.98
纺织业	12686.46	10272.16	1853.68	11419.87	4855.45
棉纺织及印染精加工	7604.05	6014.51	1030.15	6877.77	2855.07
棉纺纱加工	4203.57	3114.78	485.61	4071.95	1593.86
棉织造加工	1907.78	1604.59	258.51	1728.31	711.95
棉印染精加工	1492.69	1295.15	286.04	1077.52	549.26
毛纺织及染整精加工	992.73	818.36	148.23	859.95	330.26
毛条和毛纱线加工	566.38	478.38	82.58	433.70	184.12
毛织造加工	349.64	271.04	50.19	360.77	113.91
毛染整精加工	76.71	68.93	15.46	65.48	32.22
麻纺织及染整精加工	157.06	125.82	20.38	221.01	110.78
麻纤维纺前加工和纺纱	61.54	49.34	7.36	116.88	69.53
麻织造加工	91.60	72.72	12.01	100.16	39.13
麻染整精加工	3.92	3.76	1.01	3.96	2.12
丝绢纺织及印染精加工	374.07	317.37	47.47	332.34	108.18
缫丝加工	195.65	159.96	16.68	156.51	45.95
绢纺和丝织加工	135.79	120.50	23.86	142.17	49.54
丝印染精加工	42.64	36.92	6.93	33.66	12.69
化纤织造及印染精加工	673.64	608.06	85.67	434.72	239.78
化纤织造加工	527.34	470.74	62.08	363.15	194.49
化纤织物染整精加工	146.30	137.32	23.58	71.57	45.28
针织或钩针编织物及其制品制造	1251.32	1010.06	207.84	1061.12	460.58
针织或钩针编织物织造	965.99	775.28	144.69	756.68	360.67
针织或钩针编织物印染精加工	99.04	82.35	30.40	136.40	25.98
针织或钩针编织品制造	186.29	152.43	32.76	168.04	73.93
家用纺织制成品制造	751.05	651.01	146.59	710.66	329.60
床上用品制造	352.50	315.22	82.97	382.37	156.64
毛巾类制品制造	177.44	154.32	20.78	169.31	86.39

单位：亿元

国家资本	集体资本	法人资本	个人资本	港澳台资本	外商资本	主营业务收入	主营业务成本
12.25	8.51	128.34	112.02	7.75	60.03	2039.14	1713.42
0.74	2.87	35.22	28.62	6.32	12.26	748.11	584.14
253.85	67.71	1478.10	793.09	247.57	573.21	17373.35	13006.73
223.35	28.00	518.88	441.21	74.75	245.24	9242.83	6693.96
34.01	0.12	12.55	53.74	4.04	5.03	800.52	704.12
91.89	14.20	229.86	281.42	4.65	7.40	5595.93	3877.49
86.27	13.46	215.99	52.31	62.40	217.03	1860.91	1374.32
3.81	0.05	12.26	10.45	2.84	0.69	179.03	135.99
6.22	0.07	31.19	24.92	0.83	11.66	470.17	351.55
1.14	0.11	17.03	18.37		3.43	336.27	250.48
26.58	33.77	866.44	238.27	160.27	325.30	6167.29	4733.13
4.72	1.58	36.69	18.47	12.93	58.15	803.34	585.68
6.50	3.67	117.69	52.47	17.64	53.42	1274.87	942.78
10.15	6.16	525.75	87.91	55.00	69.60	1214.04	984.44
0.49	4.38	68.89	40.44	8.94	62.37	1141.54	897.11
2.93	1.71	58.47	8.40	1.12	24.97	543.78	434.52
1.79	16.27	58.95	30.58	64.64	56.78	1189.73	888.61
3.93	5.94	92.78	113.61	12.55	2.67	1963.23	1579.64
501.55	14.65	648.99	1.89	0.14	2.67	9340.79	2542.90
81.58	12.06	127.89	0.29		0.42	190.70	132.50
395.75	0.21	513.17	0.55			9015.70	2320.94
24.23	2.38	7.94	1.05	0.14	2.24	134.38	89.45
108.44	64.33	1584.05	2041.73	609.97	446.85	39986.96	35584.19
84.45	41.34	903.89	1240.32	361.93	223.15	25444.51	22830.98
66.66	32.80	520.43	784.68	115.16	74.14	15729.65	14162.50
10.55	5.12	244.03	300.59	93.57	58.10	6026.01	5404.59
7.25	3.42	139.43	155.05	153.20	90.91	3688.86	3263.89
6.71	6.37	102.36	169.05	28.87	16.90	2754.51	2473.92
3.35	2.74	55.00	104.96	11.47	6.61	1292.66	1155.71
3.36	3.50	38.68	54.21	7.71	6.46	1246.38	1126.91
	0.14	8.69	9.88	9.69	3.83	215.47	191.30
1.44	1.66	73.45	26.83	6.34	1.06	562.63	489.07
	1.51	57.42	9.45	0.35	0.80	265.68	227.03
1.44	0.06	15.49	16.93	4.96	0.26	288.79	254.75
	0.09	0.54	0.45	1.04		8.16	7.29
1.23	1.50	28.70	55.93	12.28	8.53	1229.84	1095.67
1.07	0.89	11.84	30.83	1.11	0.21	743.90	668.33
0.06	0.58	11.94	20.92	8.63	7.42	409.73	359.98
0.10	0.03	4.93	4.19	2.54	0.90	76.20	67.35
2.82	0.70	79.52	92.89	41.52	22.33	1251.94	1108.13
2.82	0.56	64.07	77.13	33.71	16.20	1032.05	919.53
	0.13	15.46	15.75	7.81	6.13	219.89	188.60
0.71	2.77	157.39	189.93	69.99	39.72	3198.54	2788.22
0.51	2.23	131.12	131.68	62.07	32.99	2360.74	2077.77
0.05	0.21	11.10	11.67	0.86	2.09	315.41	259.04
0.15	0.33	15.16	46.58	7.07	4.64	522.39	451.41
0.73	6.04	121.25	129.38	32.11	40.09	2620.69	2276.99
0.22	3.62	48.35	73.11	20.14	11.21	1336.72	1147.57
0.50	0.58	49.77	25.64	4.17	5.74	623.36	558.52

2-1 续表 18

行　　业	负债合计	流动负债合　　计	应付账款	所有者权益合计	实收资本
窗帘、布艺类产品制造	84.17	73.57	18.30	57.60	27.86
其他家用纺织制成品制造	136.94	107.91	24.54	101.38	58.70
非家用纺织制成品制造	882.53	726.96	167.34	922.30	421.21
非织造布制造	395.67	319.92	81.77	469.42	203.30
绳、索、缆制造	43.51	32.01	6.99	81.06	32.05
纺织带和帘子布制造	243.62	199.97	27.08	171.92	72.95
篷、帆布制造	84.82	78.45	20.72	63.04	32.43
其他非家用纺织制成品制造	114.92	96.61	30.79	136.87	80.48
纺织服装、服饰业	6137.11	5093.28	1458.71	6800.01	2667.70
机织服装制造	4391.32	3614.61	1041.07	5233.28	2018.10
针织或钩针编织服装制造	1317.91	1100.51	304.00	1156.34	465.32
服饰制造	427.88	378.16	113.64	410.39	184.28
皮革、毛皮、羽毛及其制品和制鞋业	3305.80	2827.35	720.34	3950.69	1422.93
皮革鞣制加工	400.53	363.62	64.26	504.27	142.94
皮革制品制造	776.78	677.13	191.53	930.04	285.25
皮革服装制造	171.70	157.62	14.52	222.93	52.12
皮箱、包(袋)制造	406.80	346.18	123.50	361.26	148.42
皮手套及皮装饰制品制造	48.81	40.36	13.11	74.57	26.63
其他皮革制品制造	149.46	132.97	40.40	271.29	58.08
毛皮鞣制及制品加工	163.45	132.35	27.18	229.58	85.40
毛皮鞣制加工	46.18	39.36	8.15	78.09	27.65
毛皮服装加工	60.19	43.11	9.00	87.90	24.64
其他毛皮制品加工	57.08	49.88	10.04	63.58	33.11
羽毛(绒)加工及制品制造	245.77	217.47	38.01	231.92	89.76
羽毛(绒)加工	115.62	98.22	13.63	125.64	44.73
羽毛(绒)制品加工	130.16	119.25	24.38	106.28	45.03
制鞋业	1719.26	1436.79	399.35	2054.87	819.57
纺织面料鞋制造	180.73	145.01	46.24	242.24	125.11
皮鞋制造	1148.62	963.85	256.06	1410.24	503.22
塑料鞋制造	128.21	111.21	26.30	109.82	54.24
橡胶鞋制造	192.18	163.30	49.03	228.69	98.63
其他制鞋业	69.53	53.41	21.72	63.88	38.36
木材加工和木、竹、藤、棕、草制品业	2701.13	2043.27	393.73	3644.73	1465.96
木材加工	333.47	253.18	48.66	507.55	213.17
锯材加工	150.33	117.03	22.67	221.51	85.74
木片加工	80.55	56.70	11.17	137.21	61.93
单板加工	77.98	60.56	9.99	113.00	49.08
其他木材加工	24.61	18.88	4.83	35.83	16.42
人造板制造	1582.83	1140.16	209.72	2148.22	850.03
胶合板制造	599.50	438.69	96.84	1068.66	331.89
纤维板制造	634.10	457.65	60.30	576.92	267.73
刨花板制造	151.67	98.26	18.16	136.48	57.42
其他人造板制造	197.57	145.56	34.41	366.16	192.99
木制品制造	635.71	535.30	111.28	774.52	317.19
建筑用木料及木材组件加工	129.56	108.83	19.15	162.88	70.36
木门窗、楼梯制造	112.88	99.71	21.22	135.71	58.72
地板制造	218.18	193.83	34.96	263.89	97.97
木制容器制造	70.41	53.73	15.08	71.00	27.14
软木制品及其他木制品制造	104.68	79.19	20.88	141.04	63.00

单位：亿元

国家资本	集体资本	法人资本	个人资本	港澳台资本	外商资本	主营业务收入	主营业务成本
0.01		7.45	9.48	3.48	7.44	238.66	210.35
	1.84	15.69	21.15	4.33	15.69	421.95	360.55
10.37	3.96	117.48	137.40	56.92	95.08	2924.30	2521.21
1.68	1.76	55.18	64.77	28.59	51.32	1461.06	1252.88
0.68	1.16	5.44	16.98	3.84	3.96	279.32	235.38
4.48	0.59	25.47	17.00	9.71	15.69	592.66	526.09
2.15		9.75	12.43	5.73	2.37	237.30	205.84
1.37	0.45	21.64	26.23	9.04	21.75	353.95	301.01
27.42	25.01	933.43	971.77	446.97	263.11	22232.83	19016.84
20.25	17.93	749.93	735.76	312.44	181.79	16823.78	14326.41
5.14	5.90	121.67	164.02	113.02	55.57	4104.50	3570.02
2.02	1.18	61.84	71.98	21.52	25.74	1304.55	1120.41
8.51	10.47	421.54	506.26	257.61	218.54	14659.82	12586.25
0.42	1.61	50.70	59.81	11.19	19.23	1788.46	1519.78
0.52	3.43	77.85	111.43	46.57	45.44	3464.25	2975.78
	0.11	9.00	35.98	4.65	2.39	785.50	651.23
0.40	2.31	44.55	43.44	31.91	25.81	1675.41	1459.87
	0.04	8.09	8.75	5.76	3.98	314.93	272.25
0.13	0.98	16.20	23.26	4.25	13.26	688.42	592.44
1.61	0.93	28.31	39.09	12.87	2.59	937.66	828.12
0.11		11.08	12.76	2.21	1.48	295.54	257.77
1.50	0.87	9.98	11.51	0.49	0.30	362.13	320.96
	0.06	7.25	14.81	10.18	0.81	279.98	249.39
0.20	0.19	29.19	44.81	8.34	7.03	971.44	867.84
0.17	0.12	14.82	27.13	2.11	0.38	450.72	403.16
0.03	0.07	14.37	17.67	6.23	6.65	520.72	464.68
5.76	4.30	235.49	251.13	178.65	144.24	7498.01	6394.72
	0.91	51.88	36.85	23.12	12.34	939.56	803.96
3.21	2.76	131.72	132.86	117.32	115.35	4640.33	3896.20
0.03	0.32	22.32	20.59	7.06	3.93	800.00	713.41
2.49	0.28	21.98	49.95	15.10	8.84	777.30	682.48
0.03	0.03	7.60	10.88	16.04	3.79	340.83	298.67
25.16	13.70	493.07	803.97	75.41	54.65	13907.42	12052.76
8.06	1.54	69.58	98.73	27.42	7.83	1913.77	1639.81
3.91	0.79	29.47	44.34	4.71	2.51	860.52	733.92
2.77	0.61	27.63	26.50	1.68	2.74	574.43	493.70
1.39	0.14	9.52	22.23	15.07	0.75	381.56	329.62
		2.96	5.67	5.96	1.83	97.27	82.57
11.06	7.52	285.95	495.64	32.51	17.34	8241.87	7184.09
1.41	3.29	87.93	224.58	8.75	5.93	5252.73	4602.18
8.90	2.17	131.06	109.74	12.66	3.20	1534.15	1324.00
0.40	1.08	24.05	27.78	2.32	1.79	396.39	341.96
0.35	0.98	42.91	133.54	8.78	6.42	1058.60	915.96
5.49	4.21	107.20	158.90	13.24	28.16	2891.98	2491.22
4.26	0.47	24.99	35.26	1.23	4.15	665.33	585.93
0.30	0.40	21.03	32.19	0.63	4.17	458.80	388.05
0.47	2.32	30.33	44.35	6.43	14.07	810.57	692.74
0.32	0.14	6.17	18.23	1.17	1.12	260.22	223.46
0.14	0.88	24.68	28.87	3.78	4.66	697.06	601.04

2-1 续表 19

行业	负债合计	流动负债合计	应付账款	所有者权益合计	实收资本
竹、藤、棕、草等制品制造	149.12	114.64	24.06	214.44	85.57
竹制品制造	118.17	93.79	19.09	161.77	64.83
藤制品制造	8.60	4.48	0.65	15.23	11.73
棕制品制造	3.75	1.33	0.67	3.62	1.70
草及其他制品制造	18.60	15.04	3.65	33.82	7.31
家具制造业	2489.64	2109.35	543.97	2475.41	1181.17
木质家具制造	1545.73	1278.56	270.40	1589.67	729.23
竹、藤家具制造	51.34	44.47	7.94	35.98	17.88
金属家具制造	503.54	452.33	159.18	468.99	267.67
塑料家具制造	30.07	25.23	7.47	31.72	18.67
其他家具制造	358.96	308.76	98.99	349.05	147.73
造纸和纸制品业	7962.71	6177.85	1222.12	6008.95	3416.88
纸浆制造	208.01	131.46	29.38	88.57	63.81
木竹浆制造	143.22	95.02	23.98	64.58	51.96
非木竹浆制造	64.79	36.44	5.40	23.99	11.85
造纸	5903.94	4490.27	758.27	3998.26	2420.58
机制纸及纸板制造	5755.46	4365.16	725.91	3829.51	2237.95
手工纸制造	32.70	28.57	3.99	34.16	119.18
加工纸制造	115.77	96.54	28.37	134.59	63.45
纸制品制造	1850.76	1556.12	434.47	1922.12	932.50
纸和纸板容器制造	1017.11	881.83	223.57	1064.11	502.05
其他纸制品制造	833.66	674.29	210.90	858.01	430.45
印刷和记录媒介复制业	2408.40	2051.51	562.16	3097.28	1427.34
印刷	2347.11	2002.09	548.51	2994.19	1373.06
书、报刊印刷	438.56	353.61	96.96	496.04	336.43
本册印制	123.22	105.79	25.99	138.05	51.01
包装装潢及其他印刷	1785.33	1542.69	425.56	2360.10	985.62
装订及印刷相关服务	39.37	31.55	8.94	63.31	27.44
记录媒介复制	21.92	17.87	4.70	39.78	26.84
文教、工美、体育和娱乐用品制造业	4294.83	3594.99	1126.69	4017.90	1692.40
文教办公用品制造	283.11	254.27	65.38	293.06	118.78
文具制造	167.21	149.96	37.94	145.81	65.50
笔的制造	79.77	75.80	17.45	77.08	27.96
教学用模型及教具制造	17.80	14.49	3.93	42.56	12.24
墨水、墨汁制造	2.35	2.26	1.08	6.21	1.24
其他文教办公用品制造	15.99	11.77	4.97	21.39	11.84
乐器制造	89.66	65.77	21.74	139.45	79.81
中乐器制造	5.69	5.42	1.42	11.15	3.34
西乐器制造	65.33	43.25	14.01	88.50	52.38
电子乐器制造	7.96	7.22	3.82	26.51	19.62
其他乐器及零件制造	10.68	9.88	2.49	13.29	4.46
工艺美术品制造	2870.59	2366.23	710.98	2386.40	917.71
雕塑工艺品制造	214.05	159.60	43.83	355.26	140.03
金属工艺品制造	177.55	154.39	45.59	164.91	73.60
漆器工艺品制造	34.73	29.87	5.07	58.29	13.42
花画工艺品制造	35.26	28.87	5.91	55.18	28.95
天然植物纤维编织工艺品制造	110.75	89.02	21.99	174.86	68.75
抽纱刺绣工艺品制造	272.96	241.95	33.73	257.68	89.21
地毯、挂毯制造	213.61	186.11	39.59	183.11	81.03

单位：亿元

国家资本	集体资本	法人资本	个人资本	港澳台资本	外商资本	主营业务收入	主营业务成本
0.55	0.43	30.34	50.69	2.24	1.31	859.79	737.63
0.37	0.40	26.58	34.60	1.91	0.97	709.24	606.49
0.17		0.63	10.73	0.21		23.93	20.28
		1.00	0.66	0.04		11.47	9.45
	0.03	2.13	4.71	0.09	0.35	115.15	101.41
9.76	9.95	353.45	533.36	126.58	148.07	7880.67	6647.03
5.20	7.98	246.21	325.71	69.72	74.40	5013.17	4241.05
	0.21	7.12	8.50	0.86	1.19	175.28	148.82
4.48	1.32	52.77	130.08	33.01	46.00	1456.04	1228.25
		2.83	8.80	4.66	2.38	99.58	85.95
0.08	0.43	44.52	60.26	18.33	24.10	1136.61	942.95
240.07	46.51	1154.83	747.50	408.10	819.87	13942.34	12036.71
1.64	0.05	55.10	4.32	1.70	1.00	142.38	116.55
1.64	0.05	46.32	1.24	1.70	1.00	96.97	74.71
		8.78	3.08			45.42	41.84
232.04	32.12	842.90	463.97	257.69	591.86	8050.39	7028.96
231.11	30.31	806.70	332.86	252.98	583.99	7561.89	6603.96
0.66	0.23	11.87	104.31	1.67	0.44	115.71	101.15
0.27	1.59	24.33	26.80	3.03	7.43	372.80	323.85
6.40	14.34	256.84	279.21	148.72	227.00	5749.57	4891.20
2.10	9.37	148.88	173.53	62.51	105.66	3398.65	2932.72
4.30	4.97	107.96	105.68	86.21	121.34	2350.92	1958.49
139.41	21.36	510.33	487.25	162.45	106.54	7401.81	6196.22
137.58	20.52	488.16	477.82	146.37	102.60	7186.84	6018.11
55.74	3.16	126.29	103.69	36.98	10.57	1006.82	858.66
0.29	0.38	12.05	29.58	5.27	3.45	425.67	356.57
81.56	16.98	349.82	344.55	104.12	88.58	5754.35	4802.87
1.08	0.69	12.07	5.96	4.04	3.61	155.05	130.59
0.75	0.15	10.11	3.47	12.04	0.33	59.92	47.52
36.72	18.79	530.56	608.79	274.81	222.73	15879.78	13883.81
2.63	0.45	37.05	37.03	21.35	20.27	981.62	830.75
0.16	0.01	17.93	18.04	15.04	14.33	482.34	410.57
1.12	0.16	8.97	9.24	4.35	4.11	303.65	260.50
		4.20	7.06	0.80	0.18	132.86	107.58
0.45		0.17	0.47	0.03	0.12	17.64	14.36
0.90	0.28	5.79	2.22	1.13	1.53	45.13	37.74
11.60	0.46	20.19	21.75	3.38	22.42	367.43	313.60
	0.08	0.45	2.20	0.01	0.61	41.19	34.88
11.60	0.38	9.74	10.92	2.26	17.48	199.36	171.67
		9.12	5.99	0.74	3.77	70.69	58.17
		0.88	2.64	0.38	0.56	56.20	48.89
20.60	15.19	326.03	390.77	94.88	70.24	10472.23	9244.17
6.94	2.40	46.30	76.72	5.30	2.37	1150.66	960.43
1.91	0.94	29.42	26.06	7.94	7.34	596.28	501.34
0.02	0.24	5.21	6.75	1.17	0.03	167.14	138.74
0.10	0.01	7.94	11.81	4.70	4.39	246.39	216.72
4.22	0.56	24.89	37.24	0.41	1.43	898.14	758.53
0.48	0.90	27.04	40.96	10.53	9.30	1027.03	901.07
1.32	1.66	25.82	25.97	8.52	17.75	671.00	583.27

2-1 续表 20

行　业	负债合计	流动负债合　计	应付账款	所有者权益合计	实收资本
珠宝首饰及有关物品制造	1402.91	1141.13	439.79	647.79	218.66
其他工艺美术品制造	408.77	335.28	75.48	489.31	204.06
体育用品制造	368.87	317.75	132.20	429.13	219.14
球类制造	34.54	30.34	9.67	44.19	24.49
体育器材及配件制造	117.11	96.79	49.78	152.07	73.97
训练健身器材制造	99.85	91.84	32.79	94.85	53.49
运动防护用具制造	29.62	26.49	11.44	36.45	21.76
其他体育用品制造	87.74	72.29	28.52	101.57	45.42
玩具制造	519.02	449.95	161.16	587.27	281.99
游艺器材及娱乐用品制造	163.57	141.02	35.24	182.59	74.98
露天游乐场所游乐设备制造	48.46	46.34	8.74	54.07	29.83
游艺用品及室内游艺器材制造	65.36	50.55	14.99	71.73	23.85
其他娱乐用品制造	49.75	44.13	11.50	56.80	21.30
石油加工、炼焦和核燃料加工业	16461.74	12603.17	2803.51	8310.72	5406.00
精炼石油产品制造	9976.64	7634.46	1616.80	6602.25	4112.72
原油加工及石油制品制造	9637.80	7454.26	1590.75	6464.25	4003.78
人造原油制造	338.83	180.20	26.05	138.00	108.94
炼焦	6324.38	4928.35	1168.89	1629.65	1240.79
化学原料和化学制品制造业	41378.31	30730.13	6723.99	30832.56	16667.15
基础化学原料制造	13214.60	9555.86	1996.68	8651.82	5399.39
无机酸制造	351.12	285.78	60.27	345.02	165.65
无机碱制造	1760.47	1252.86	236.67	808.00	479.65
无机盐制造	1666.64	1132.65	255.50	1070.77	404.51
有机化学原料制造	7915.87	5729.53	1226.99	5140.63	3180.75
其他基础化学原料制造	1520.50	1155.03	217.25	1287.41	1168.82
肥料制造	7561.10	5270.67	1032.95	3878.16	2147.46
氮肥制造	3546.99	2563.73	471.09	1437.68	902.28
磷肥制造	960.21	710.47	105.96	299.88	158.20
钾肥制造	798.82	380.47	90.00	433.57	78.66
复混肥料制造	1908.07	1410.21	321.50	1348.70	836.81
有机肥料及微生物肥料制造	229.50	133.73	26.04	293.73	126.17
其他肥料制造	117.52	72.07	18.35	64.61	45.34
农药制造	1163.36	968.25	203.89	1144.75	427.43
化学农药制造	1068.26	909.51	191.55	1024.55	365.61
生物化学农药及微生物农药制造	95.10	58.74	12.34	120.19	61.82
涂料、油墨、颜料及类似产品制造	2237.43	1917.19	571.27	2480.25	954.53
涂料制造	1235.04	1089.86	351.02	1430.08	525.38
油墨及类似产品制造	143.30	125.75	47.45	224.57	92.73
颜料制造	393.49	301.67	75.66	307.45	145.42
染料制造	372.77	317.24	72.95	417.34	139.65
密封用填料及类似品制造	92.83	82.66	24.20	100.81	51.35
合成材料制造	7977.33	5474.67	1199.31	4860.57	3026.73
初级形态塑料及合成树脂制造	5305.88	3484.14	835.32	3202.74	1921.43
合成橡胶制造	587.21	443.23	66.69	470.18	228.38
合成纤维单(聚合)体制造	1690.31	1244.50	201.51	782.97	636.13
其他合成材料制造	393.93	302.81	95.78	404.68	240.79
专用化学产品制造	7120.91	5757.02	1239.49	7234.27	3706.35
化学试剂和助剂制造	1871.12	1558.18	317.30	2174.70	1144.82
专项化学用品制造	2384.48	1896.02	406.84	2345.19	929.50

单位：亿元

国家资本	集体资本	法人资本	个人资本	港澳台资本	外商资本	主营业务收入	主营业务成本
5.51	6.69	95.44	52.36	43.10	15.56	3732.46	3458.63
0.11	1.79	63.97	112.91	13.21	12.07	1983.13	1725.43
0.55	0.88	52.43	63.67	54.69	46.92	1388.97	1194.70
0.37	0.52	6.70	4.15	4.65	8.09	179.00	155.63
0.09	0.30	24.76	16.72	17.57	14.52	392.92	338.02
0.08	0.01	9.82	16.38	17.68	9.52	345.10	297.39
		2.51	7.10	6.67	5.47	149.00	127.12
	0.05	8.64	19.31	8.11	9.31	322.95	276.55
0.11	1.60	70.59	64.23	93.78	51.69	2160.44	1872.45
1.22	0.21	24.27	31.34	6.74	11.19	509.08	428.14
1.20	0.19	15.03	12.04	1.16	0.20	121.88	101.73
0.01	0.02	4.80	12.61	4.70	1.72	225.32	188.41
0.02		4.44	6.69	0.88	9.27	161.88	138.00
2582.76	85.24	1791.64	638.35	147.04	156.99	34604.49	27668.51
2332.26	27.03	1199.45	329.51	76.68	143.83	29391.89	22887.07
2262.25	26.70	1174.92	315.45	76.67	143.83	29196.74	22722.34
70.01	0.33	24.53	14.06	0.01	0.01	195.15	164.73
198.02	58.21	592.19	308.84	70.36	13.16	5101.62	4689.85
2563.11	468.71	6446.59	3466.62	1243.32	2478.39	83564.54	71617.13
1115.18	122.41	2160.52	864.00	366.50	770.73	24130.65	21223.88
9.01	6.09	75.53	57.22	3.14	14.67	1039.72	904.47
126.64	5.70	219.12	49.80	74.31	4.08	1822.19	1567.46
51.32	8.73	194.84	123.83	10.31	15.47	2823.71	2467.10
470.64	53.43	1396.79	514.16	227.05	518.64	15551.70	13784.25
457.57	48.46	274.24	119.00	51.69	217.87	2893.33	2500.61
557.30	35.06	1088.48	414.53	23.46	28.63	9505.53	8288.57
332.81	19.30	416.07	109.35	14.95	9.80	2543.87	2279.30
73.71	1.59	61.80	20.46	0.06	0.57	1090.66	973.46
23.64	0.21	13.42	33.11	4.74	3.54	307.17	185.61
119.95	13.21	517.76	173.33	3.26	9.31	4605.92	4030.35
0.67	0.44	58.00	61.20	0.45	5.41	808.45	689.28
6.53	0.30	21.44	17.07			149.46	130.56
27.74	9.20	164.52	189.99	5.95	30.03	3136.00	2675.51
25.96	8.22	136.83	160.17	5.16	29.28	2812.28	2405.19
1.78	0.98	27.69	29.82	0.79	0.75	323.73	270.32
35.43	22.97	320.90	292.60	99.05	183.20	6533.97	5361.94
23.04	11.75	175.67	148.82	61.48	104.25	4137.90	3364.65
3.33	1.11	23.80	28.31	11.41	24.77	410.68	330.99
8.21	5.31	46.93	39.68	12.43	32.87	862.07	733.31
0.77	4.61	58.30	54.43	10.84	10.70	860.70	714.09
0.09	0.20	16.20	21.37	2.88	10.62	262.61	218.90
548.41	128.87	1072.12	443.82	266.94	566.57	13483.38	11956.66
467.20	54.68	625.40	292.60	148.12	333.43	8314.81	7328.52
4.22	3.80	101.01	53.98	19.88	45.50	1553.22	1376.74
66.09	61.95	271.41	42.10	93.87	100.71	2565.11	2355.74
10.89	8.43	74.31	55.14	5.08	86.94	1050.23	895.65
206.23	140.43	1356.80	969.70	382.05	651.14	20079.43	17337.68
40.47	23.33	628.04	279.36	40.03	133.59	6030.01	5185.14
35.63	28.69	259.38	269.98	109.97	225.85	8133.98	7092.15

2-1 续表 21

行 业	负债合计	流动负债合计	应付账款	所有者权益合计	实收资本
林产化学产品制造	155.33	115.75	25.80	211.86	87.52
信息化学品制造	1974.28	1564.21	325.57	1537.63	1024.77
环境污染处理专用药剂材料制造	109.66	94.43	30.79	164.05	49.82
动物胶制造	24.24	18.01	3.02	43.52	18.60
其他专用化学产品制造	601.80	510.43	130.17	757.33	451.33
炸药、火工及焰火产品制造	592.80	453.05	113.79	880.23	284.48
炸药及火工产品制造	441.97	351.74	78.96	508.21	157.05
焰火、鞭炮产品制造	150.83	101.31	34.83	372.02	127.44
日用化学产品制造	1510.78	1333.41	366.61	1702.52	720.78
肥皂及合成洗涤剂制造	527.95	474.24	129.06	480.24	203.59
化妆品制造	523.06	457.87	115.31	596.64	251.47
口腔清洁用品制造	73.34	61.67	22.35	128.10	39.44
香料、香精制造	203.26	174.53	59.53	315.43	125.99
其他日用化学产品制造	183.17	165.11	40.36	182.10	100.27
医药制造业	10399.81	8273.02	1748.26	14619.12	5865.54
化学药品原料药制造	2133.72	1638.01	377.49	2472.85	967.02
化学药品制剂制造	3242.93	2702.23	611.68	4172.75	2447.66
中药饮片加工	517.34	418.09	132.79	705.23	248.88
中成药生产	2483.99	1970.16	379.56	3676.01	1054.81
兽用药品制造	261.21	204.83	35.02	464.42	177.16
生物药品制造	1254.69	940.98	134.70	2345.45	717.10
卫生材料及医药用品制造	505.93	398.72	77.03	782.41	252.91
化学纤维制造业	4018.15	3387.57	520.06	2646.87	1347.32
纤维素纤维原料及纤维制造	1238.26	1030.66	185.97	806.56	346.44
化纤浆粕制造	176.89	141.43	36.02	61.11	46.38
人造纤维(纤维素纤维)制造	1061.37	889.23	149.95	745.45	300.06
合成纤维制造	2779.89	2356.91	334.09	1840.30	1000.89
锦纶纤维制造	406.11	298.98	31.03	246.19	124.84
涤纶纤维制造	1930.63	1668.29	251.92	1202.35	655.04
腈纶纤维制造	75.81	63.60	3.31	31.65	24.50
维纶纤维制造	52.35	42.48	3.06	39.76	24.43
丙纶纤维制造	19.10	16.88	2.67	12.60	5.95
氨纶纤维制造	137.47	124.48	23.03	195.69	99.28
其他合成纤维制造	158.42	142.20	19.06	112.07	66.85
橡胶和塑料制品业	10334.30	8423.45	2128.79	11022.43	5476.12
橡胶制品业	3589.02	2791.02	702.61	3756.06	1524.30
轮胎制造	2474.24	1890.29	431.79	2344.09	923.10
橡胶板、管、带制造	404.09	343.10	80.90	575.71	248.72
橡胶零件制造	270.41	195.68	72.06	351.63	120.31
再生橡胶制造	57.31	48.82	8.95	82.97	29.29
日用及医用橡胶制品制造	97.94	82.11	24.24	111.93	52.80
其他橡胶制品制造	285.03	231.03	84.66	289.73	150.08
塑料制品业	6745.29	5632.43	1426.17	7266.37	3951.82
塑料薄膜制造	1101.48	891.10	163.08	1057.97	538.24
塑料板、管、型材制造	1592.21	1290.35	272.89	1997.18	1435.54
塑料丝、绳及编织品制造	568.57	446.18	88.38	751.00	348.00
泡沫塑料制造	233.61	205.13	59.10	269.83	104.00
塑料人造革、合成革制造	404.41	344.44	64.74	306.55	155.41
塑料包装箱及容器制造	535.91	454.28	119.66	655.57	315.22

单位：亿元

国家资本	集体资本	法人资本	个人资本	港澳台资本	外商资本	主营业务收入	主营业务成本
1.47	0.97	40.56	38.83	1.76	3.92	865.99	747.77
77.02	78.66	307.14	127.36	218.72	215.86	2636.81	2270.17
0.93	0.33	19.32	18.94	1.33	8.97	418.52	336.58
0.49	0.05	5.53	6.61		5.92	124.50	103.11
50.21	8.40	96.82	228.63	10.24	57.02	1869.62	1602.77
56.10	4.84	104.32	115.79	0.27	3.16	2032.51	1568.83
54.00	4.32	58.52	37.20		3.01	510.24	357.27
2.10	0.52	45.80	78.59	0.27	0.15	1522.27	1211.56
16.72	4.93	178.92	176.19	99.09	244.92	4663.07	3204.07
6.65	0.34	54.82	34.96	59.59	47.24	1725.64	1266.86
1.18	0.10	45.34	62.98	20.86	121.02	1527.83	853.96
4.86	2.70	9.27	5.01	2.18	15.43	197.23	110.87
2.46	1.77	36.64	42.84	13.47	28.81	612.91	486.96
1.58	0.01	32.85	30.41	3.00	32.42	599.46	485.42
327.65	90.66	3156.86	1448.97	299.34	542.06	25729.53	18207.88
72.62	15.17	348.62	317.80	100.05	112.76	4652.17	3734.11
112.38	17.73	1731.77	273.83	63.36	248.58	6764.78	4069.81
9.12	9.33	106.32	112.77	7.20	4.15	1728.37	1419.22
65.26	34.76	532.29	351.42	37.60	33.48	6277.24	4147.92
4.56	4.48	63.26	90.45	7.96	6.45	1215.69	982.20
61.00	7.90	289.91	200.04	69.47	88.77	3160.88	2339.89
2.71	1.29	84.69	102.66	13.70	47.87	1930.40	1514.72
56.68	10.90	530.26	377.90	237.24	134.35	7206.21	6505.03
41.38	3.18	152.94	73.96	44.82	30.16	1932.16	1704.94
9.01	0.01	17.87	8.64	10.75	0.10	224.07	198.58
32.37	3.17	135.07	65.31	34.07	30.06	1708.09	1506.36
15.30	7.71	377.32	303.94	192.42	104.19	5274.04	4800.09
3.77	1.50	47.69	40.72	16.23	14.93	763.06	672.79
2.28	5.25	268.09	187.83	140.13	51.45	3652.28	3369.92
		11.58	2.74	10.16	0.02	84.59	74.23
3.68		1.95	18.25	0.49	0.07	48.38	40.84
		2.83	1.73	0.60	0.78	55.75	49.67
3.25	0.58	25.11	22.48	18.74	29.12	218.61	176.02
2.33	0.38	20.07	30.18	6.07	7.81	451.36	416.62
175.37	58.78	1591.23	2149.82	525.70	975.13	31015.89	26664.15
121.58	12.22	449.31	401.83	102.07	437.30	9330.48	7996.77
112.69	6.10	247.40	156.76	66.20	333.95	5459.09	4714.56
3.54	3.18	88.45	112.80	3.03	37.72	1360.45	1149.02
2.74	1.70	31.35	41.70	9.85	32.96	895.32	740.58
		10.41	17.90	0.37	0.62	285.07	250.41
0.58	0.16	19.31	18.77	7.22	6.76	418.27	359.22
2.03	1.07	52.38	53.90	15.40	25.29	912.28	782.99
53.79	46.57	1141.92	1747.99	423.63	537.83	21685.41	18667.38
16.71	6.56	174.56	155.53	79.70	105.18	2743.30	2398.18
15.99	20.15	378.49	920.90	40.24	59.77	5079.37	4329.98
3.41	3.79	170.78	149.89	9.36	10.76	2952.62	2563.37
0.21	1.01	23.62	49.73	12.40	17.03	935.73	808.43
0.25	3.53	27.39	85.07	26.52	12.65	1205.39	1059.85
2.12	2.06	100.64	103.79	44.73	61.90	1849.18	1575.36

2-1 续表 22

行 业	负债合计	流动负债合计	应付账款	所有者权益合计	实收资本
日用塑料制品制造	585.98	497.89	125.30	524.92	264.33
塑料零件制造	625.26	559.60	216.03	596.38	296.11
其他塑料制品制造	1097.87	943.46	317.01	1106.96	494.97
非金属矿物制品业	25725.10	20449.59	5096.75	23046.90	11516.97
水泥、石灰和石膏制造	8515.54	6320.28	1193.17	5520.40	2975.33
水泥制造	8296.70	6151.47	1141.33	5283.61	2853.94
石灰和石膏制造	218.84	168.81	51.84	236.79	121.39
石膏、水泥制品及类似制品制造	5520.24	4858.30	1712.24	4122.35	2185.26
水泥制品制造	4538.46	4024.71	1488.03	3063.56	1696.90
砼结构构件制造	463.63	401.48	125.45	368.68	194.10
石棉水泥制品制造	51.53	46.86	3.19	74.44	10.86
轻质建筑材料制造	316.21	261.27	55.75	458.25	198.86
其他水泥类似制品制造	150.41	123.98	39.81	157.43	84.55
砖瓦、石材等建筑材料制造	3531.66	2724.65	669.91	4904.01	2577.94
粘土砖瓦及建筑砌块制造	675.44	492.67	111.56	1184.87	699.25
建筑陶瓷制品制造	1211.38	962.58	237.54	1329.69	466.02
建筑用石加工	638.38	466.79	106.38	1293.07	845.40
防水建筑材料制造	262.97	216.92	68.65	287.08	137.64
隔热和隔音材料制造	207.06	170.97	35.96	327.93	201.85
其他建筑材料制造	536.42	414.71	109.82	481.36	227.78
玻璃制造	1328.70	1079.77	183.59	955.76	586.97
平板玻璃制造	869.62	695.94	115.72	559.22	367.36
其他玻璃制造	459.08	383.83	67.87	396.54	219.61
玻璃制品制造	1693.25	1343.97	357.20	1562.03	718.15
技术玻璃制品制造	761.38	586.64	158.69	650.00	307.10
光学玻璃制造	224.70	173.54	57.59	195.57	116.95
玻璃仪器制造	32.97	24.61	7.61	55.57	25.48
日用玻璃制品制造	209.42	175.53	42.44	211.03	83.14
玻璃包装容器制造	240.46	198.85	45.53	227.20	80.01
玻璃保温容器制造	22.75	15.86	3.97	18.27	6.08
制镜及类似品加工	47.69	41.49	8.78	39.71	17.78
其他玻璃制品制造	153.88	127.45	32.59	164.68	81.61
玻璃纤维和玻璃纤维增强塑料制品制造	943.40	720.77	161.05	951.94	453.70
玻璃纤维及制品制造	677.67	499.92	99.82	666.20	329.32
玻璃纤维增强塑料制品制造	265.73	220.85	61.22	285.73	124.37
陶瓷制品制造	997.29	791.62	182.46	1393.50	640.87
卫生陶瓷制品制造	269.85	233.51	47.77	247.21	120.01
特种陶瓷制品制造	306.36	229.36	62.39	579.90	266.93
日用陶瓷制品制造	247.96	191.45	45.86	345.16	166.31
园林、陈设艺术及其他陶瓷制品制造	173.11	137.30	26.43	221.22	87.62
耐火材料制品制造	1330.11	1101.74	298.01	1602.54	515.74
石棉制品制造	20.65	14.29	5.12	46.80	19.99
云母制品制造	10.94	8.75	2.21	11.15	5.00
耐火陶瓷制品及其他耐火材料制造	1298.51	1078.71	290.69	1544.60	490.76
石墨及其他非金属矿物制品制造	1864.93	1508.48	339.12	2034.38	863.00
石墨及碳素制品制造	972.03	803.10	154.20	895.60	410.16
其他非金属矿物制品制造	892.91	705.37	184.92	1138.77	452.84
黑色金属冶炼和压延加工业	43762.63	35060.66	7640.05	20854.83	11013.00
炼铁	1396.20	1186.05	284.47	543.10	328.64

单位：亿元

国家资本	集体资本	法人资本	个人资本	港澳台资本	外商资本	主营业务收入	主营业务成本
3.21	1.66	61.73	90.02	46.48	61.23	1794.49	1530.69
2.53	2.04	79.29	68.21	55.24	88.80	1639.06	1408.89
9.37	5.76	125.43	124.85	108.96	120.50	3486.27	2992.61
1046.33	251.84	4592.78	4297.12	599.20	729.57	58877.11	50230.86
660.13	128.00	1220.61	574.09	200.87	191.62	9524.68	8218.86
654.90	123.53	1178.18	513.02	199.89	184.41	8706.98	7520.10
5.22	4.48	42.43	61.08	0.97	7.21	817.71	698.77
105.35	46.12	851.11	1049.50	56.63	76.54	12150.98	10352.87
74.18	34.94	649.55	869.23	40.08	28.92	9412.71	8038.00
7.13	5.94	90.09	77.51	10.85	2.57	1111.23	953.52
0.16	0.11	3.21	7.36	0.01		197.14	159.58
21.60	4.70	64.87	66.53	4.70	36.45	1029.32	866.01
2.29	0.42	43.39	28.87	1.00	8.59	400.57	335.77
34.05	24.34	1005.64	1356.61	79.44	77.86	15121.85	12860.85
9.73	6.04	400.10	276.80	2.06	4.52	3766.49	3184.54
0.47	4.47	151.77	250.15	34.85	24.32	4506.20	3927.56
5.67	8.21	232.04	559.48	19.44	20.57	3737.38	3133.80
2.06	1.09	43.73	87.83	0.55	2.39	937.27	788.95
7.01	1.06	94.87	77.22	9.07	12.62	854.07	723.82
9.12	3.48	83.12	105.15	13.47	13.45	1320.44	1102.18
35.24	3.72	275.73	119.95	66.77	85.55	1440.55	1233.05
19.64	2.00	180.25	49.64	45.67	70.16	592.64	530.99
15.61	1.72	95.47	70.31	21.10	15.40	847.91	702.07
62.28	8.10	227.94	212.91	112.14	94.79	3981.74	3402.15
31.52	2.79	106.34	65.76	75.44	25.25	1217.92	1031.56
9.67	2.36	27.81	17.91	25.05	34.15	483.71	414.99
1.20	0.10	4.94	16.03		3.21	140.65	117.87
	0.67	21.04	40.62	6.78	14.03	697.24	592.69
5.97	0.77	28.21	34.43	1.42	9.20	824.04	708.79
0.05	0.11	2.24	2.96	0.52	0.19	47.62	39.39
		6.42	6.11	0.56	4.69	85.75	74.24
13.85	1.30	30.94	29.08	2.37	4.07	484.82	422.63
48.05	5.22	191.73	139.28	34.42	34.99	2600.85	2228.72
40.23	2.88	154.45	75.07	28.96	27.73	1657.90	1410.78
7.83	2.34	37.29	64.21	5.45	7.26	942.95	817.93
18.56	5.71	279.13	231.27	25.41	80.81	4026.67	3373.68
1.34	0.05	40.74	31.98	6.53	39.37	652.56	543.84
13.57	2.46	124.14	90.12	7.13	29.50	1400.35	1169.36
2.78	1.65	77.54	71.77	9.02	3.56	1060.09	895.63
0.87	1.55	36.70	37.40	2.73	8.37	913.68	764.85
19.53	11.96	149.07	292.16	7.10	35.79	4598.52	3883.33
	0.13	4.75	14.75	0.13	0.23	174.49	148.38
		1.09	2.98	0.11	0.82	59.64	49.36
19.53	11.83	143.23	274.43	6.86	34.74	4364.40	3685.60
63.14	18.67	391.82	321.34	16.42	51.61	5431.27	4677.36
35.76	12.39	212.14	118.19	4.94	26.75	2290.90	1968.74
27.38	6.28	179.69	203.15	11.48	24.87	3140.37	2708.62
2679.34	529.67	4658.36	2393.10	270.94	481.59	63001.33	58497.93
22.86	24.34	147.08	105.64	2.36	26.36	1554.25	1473.46

2-1 续表 23

行 业	负债合计	流动负债合计	应付账款	所有者权益合计	实收资本
炼钢	7401.93	6219.19	1328.78	2693.91	999.00
黑色金属铸造	1650.55	1337.91	287.29	1913.48	798.77
钢压延加工	31332.45	24799.11	5310.10	14810.12	8010.36
铁合金冶炼	1981.51	1518.41	429.41	894.22	876.23
有色金属冶炼和压延加工业	24594.53	19036.08	3324.11	13344.56	7152.34
常用有色金属冶炼	12824.15	9700.51	1865.38	4695.09	3372.77
铜冶炼	3068.91	2483.98	340.73	1537.97	472.84
铅锌冶炼	1597.99	1289.53	217.82	633.29	1345.25
镍钴冶炼	1916.96	1448.77	196.57	764.71	337.13
锡冶炼	387.43	285.46	26.47	57.79	33.03
锑冶炼	53.43	42.10	8.10	31.47	23.11
铝冶炼	5065.13	3554.52	821.62	1409.60	1014.17
镁冶炼	161.64	135.40	26.51	75.54	54.84
其他常用有色金属冶炼	572.67	460.74	227.55	184.72	92.39
贵金属冶炼	1329.39	978.75	136.37	819.35	279.54
金冶炼	1085.76	783.03	118.07	691.22	215.70
银冶炼	153.67	122.32	12.69	80.15	29.73
其他贵金属冶炼	89.96	73.40	5.61	47.99	34.11
稀有稀土金属冶炼	675.16	527.23	90.70	847.18	281.64
钨钼冶炼	321.09	226.51	27.12	353.85	110.41
稀土金属冶炼	258.99	222.63	50.34	347.80	119.86
其他稀有金属冶炼	95.09	78.09	13.24	145.53	51.37
有色金属合金制造	1648.98	1212.55	214.84	993.55	536.98
有色金属铸造	139.09	122.25	35.59	101.44	50.29
有色金属压延加工	7977.75	6494.78	981.23	5887.95	2631.13
铜压延加工	2342.82	2050.55	342.27	1519.85	727.66
铝压延加工	4499.61	3553.99	499.61	3593.93	1534.95
贵金属压延加工	293.39	277.97	18.22	89.24	37.10
稀有稀土金属压延加工	313.44	225.20	45.08	333.93	146.61
其他有色金属压延加工	528.50	387.09	76.04	351.01	184.80
金属制品业	13367.84	11240.27	2728.08	12369.79	6609.81
结构性金属制品制造	4484.35	3695.54	873.76	3867.39	2858.05
金属结构制造	3438.73	2815.67	673.69	2889.47	1422.30
金属门窗制造	1045.62	879.87	200.07	977.92	1435.75
金属工具制造	686.76	586.80	157.20	796.64	330.50
切削工具制造	292.92	250.30	59.90	342.83	147.74
手工具制造	120.04	103.96	28.45	116.69	54.71
农用及园林用金属工具制造	57.70	51.68	16.58	58.35	26.57
刀剪及类似日用金属工具制造	69.14	56.34	14.45	93.23	19.15
其他金属工具制造	146.97	124.52	37.82	185.54	82.33
集装箱及金属包装容器制造	1199.56	1020.68	235.88	1110.56	580.32
集装箱制造	213.42	202.07	49.30	175.52	101.93
金属压力容器制造	474.32	407.40	81.81	388.59	203.05
金属包装容器制造	511.83	411.21	104.77	546.45	275.34
金属丝绳及其制品制造	1320.67	1060.67	264.65	1071.57	478.88
建筑、安全用金属制品制造	1080.03	962.19	232.02	1646.78	608.96
建筑、家具用金属配件制造	329.59	297.30	89.03	342.19	153.51
建筑装饰及水暖管道零件制造	542.18	503.67	101.58	986.93	287.37
安全、消防用金属制品制造	99.44	81.79	23.16	190.57	105.90
其他建筑、安全用金属制品制造	108.82	79.43	18.25	127.09	62.19

单位：亿元

国家资本	集体资本	法人资本	个人资本	港澳台资本	外商资本	主营业务收入	主营业务成本
307.00	3.30	416.41	195.13	46.55	30.61	6647.73	6260.88
26.32	7.38	351.08	317.28	21.16	75.55	6245.11	5456.39
2257.45	462.98	3484.25	1331.84	196.18	277.65	45005.59	42063.15
65.71	31.66	259.54	443.21	4.69	71.42	3548.66	3244.05
1503.65	110.95	3502.54	1327.75	420.79	286.67	51367.23	47469.62
914.77	28.29	1997.90	326.95	63.05	41.82	19921.94	18778.19
259.40	4.26	131.52	64.08	4.12	9.46	8269.22	7862.85
71.50	10.53	1152.07	107.21	0.81	3.13	2786.06	2533.00
235.73	0.49	71.20	19.36	5.99	4.37	2942.99	2862.56
18.19	1.32	8.13	4.58	0.14	0.67	297.95	280.54
9.54	0.10	3.21	10.17		0.08	164.38	150.27
313.03	10.36	542.64	82.37	42.69	23.08	4654.31	4392.89
2.60	1.02	29.78	18.39	2.52	0.54	244.68	224.78
4.79	0.21	59.35	20.79	6.77	0.48	562.35	471.31
40.76	12.41	98.04	108.41	10.00	9.92	2792.64	2537.19
35.82	12.25	82.50	66.15	9.30	9.66	2156.25	2003.43
3.50		3.74	22.27		0.22	453.94	365.34
1.44	0.16	11.80	19.98	0.70	0.04	182.45	168.42
54.28	7.62	110.88	81.77	16.53	10.56	1835.99	1608.29
24.48	0.48	50.74	21.60	9.68	3.43	780.30	685.96
24.30	2.67	27.80	53.33	6.55	5.22	789.13	685.32
5.50	4.47	32.33	6.84	0.31	1.91	266.56	237.01
158.01	4.61	141.42	139.34	22.55	71.06	3783.90	3418.59
2.03	1.29	16.70	19.05	7.38	3.84	384.43	336.29
333.81	56.73	1137.61	652.24	301.28	149.47	22648.32	20791.07
89.50	8.49	325.96	233.59	31.80	38.32	9925.18	9243.18
200.52	33.14	639.44	337.18	255.88	68.80	10082.69	9128.73
1.04		22.66	10.54	0.08	2.79	463.96	441.46
17.69	13.79	83.51	22.65	1.30	7.66	663.71	603.59
25.06	1.31	66.04	48.28	12.23	31.88	1512.77	1374.12
427.57	102.98	1821.18	3075.16	525.23	657.14	37257.26	32283.47
93.81	35.54	726.99	1808.67	94.02	98.88	12311.32	10608.62
88.35	30.66	547.96	613.66	64.40	77.14	9421.78	8156.10
5.46	4.88	179.03	1195.01	29.62	21.74	2889.53	2452.52
19.93	5.57	97.36	100.23	37.12	70.29	2413.79	2022.30
18.11	4.40	35.15	42.77	13.71	33.60	723.95	596.07
0.04	0.10	21.51	18.81	5.11	9.13	473.12	402.53
0.09	0.09	8.45	10.81	5.93	1.21	212.59	181.32
0.25	0.01	4.70	5.38	1.43	7.38	396.76	324.30
1.45	0.97	27.56	22.47	10.93	18.97	607.38	518.09
28.27	12.63	195.34	159.36	90.94	93.74	2871.81	2499.04
2.82	4.34	43.14	14.12	15.57	21.94	647.07	590.86
14.37	2.26	79.70	85.97	2.14	18.61	842.86	728.22
11.07	6.03	72.50	59.27	73.23	53.18	1381.89	1179.96
31.05	23.03	119.68	191.78	56.75	56.59	3261.14	2893.15
10.56	7.46	226.68	238.40	48.59	76.92	3764.84	3252.86
0.26	2.28	41.42	53.24	25.15	30.81	1235.32	1078.17
9.51	3.69	131.39	90.56	16.99	35.22	1723.61	1495.95
0.08	0.32	32.62	65.57	1.90	5.41	495.61	409.19
0.71	1.18	21.24	29.04	4.54	5.47	310.30	269.55

2-1 续表 24

行　业	负债合计	流动负债合计	应付账款	所有者权益合计	实收资本
金属表面处理及热处理加工	1025.35	935.57	182.96	598.20	301.47
搪瓷制品制造	88.89	78.82	24.48	68.59	37.79
生产专用搪瓷制品制造	29.16	27.55	11.68	20.67	13.11
建筑装饰搪瓷制品制造	10.81	10.51	2.42	13.42	6.19
搪瓷卫生洁具制造	31.71	25.32	7.08	15.46	10.16
搪瓷日用品及其他搪瓷制品制造	17.21	15.44	3.30	19.03	8.32
金属制日用品制造	752.34	659.29	157.35	697.00	317.64
金属制厨房用器具制造	141.16	135.04	32.78	102.18	57.34
金属制餐具和器皿制造	298.11	257.13	54.41	298.94	125.48
金属制卫生器具制造	74.18	66.70	11.69	45.72	20.01
其他金属制日用品制造	238.89	200.42	58.47	250.17	114.80
其他金属制品制造	2729.88	2240.72	599.79	2513.05	1096.19
锻件及粉末冶金制品制造	1206.84	991.10	225.03	1151.15	478.85
交通及公共管理用金属标牌制造	36.40	33.69	7.45	45.54	15.84
通用设备制造业	21855.18	18549.23	5507.51	19840.23	8139.94
锅炉及原动设备制造	4051.00	3514.60	996.58	2840.07	1045.00
锅炉及辅助设备制造	1312.38	1182.36	319.34	750.25	298.98
内燃机及配件制造	1399.01	1087.23	344.23	1558.13	495.34
汽轮机及辅机制造	867.56	819.94	183.83	266.28	118.46
水轮机及辅机制造	51.94	46.78	10.38	47.03	21.65
风能原动设备制造	411.54	371.24	134.31	209.70	104.15
其他原动设备制造	8.56	7.06	4.49	8.67	6.43
金属加工机械制造	2792.83	2178.30	546.66	2423.35	966.69
金属切削机床制造	1398.69	1058.01	265.21	864.60	358.29
金属成形机床制造	391.33	340.42	74.69	335.53	128.91
铸造机械制造	275.55	217.82	51.67	264.98	108.05
金属切割及焊接设备制造	195.58	157.15	45.91	239.75	95.57
机床附件制造	167.25	135.65	34.88	267.87	103.55
其他金属加工机械制造	364.43	269.25	74.31	450.61	172.32
物料搬运设备制造	3907.41	3433.93	994.44	2961.67	1212.90
轻小型起重设备制造	217.98	180.87	73.41	201.09	75.57
起重机制造	1797.91	1506.84	372.74	1255.51	450.87
生产专用车辆制造	166.86	151.92	56.15	187.38	83.06
连续搬运设备制造	182.12	159.55	40.41	178.99	95.84
电梯、自动扶梯及升降机制造	1431.34	1337.50	420.83	996.58	443.55
其他物料搬运设备制造	111.20	97.25	30.91	142.12	64.01
泵、阀门、压缩机及类似机械制造	3300.94	2839.79	921.07	3708.80	1580.69
泵及真空设备制造	849.82	735.44	243.70	1011.47	402.88
气体压缩机械制造	886.03	794.44	282.61	809.42	327.98
阀门和旋塞制造	873.97	748.85	234.43	1072.06	468.10
液压和气压动力机械及元件制造	691.11	561.05	160.33	815.85	381.73
轴承、齿轮和传动部件制造	1854.02	1522.14	420.02	1960.55	919.07
轴承制造	1028.27	824.48	227.57	1048.51	528.62
齿轮及齿轮减、变速箱制造	658.99	562.52	154.05	708.60	285.49
其他传动部件制造	166.76	135.13	38.40	203.45	104.96
烘炉、风机、衡器、包装等设备制造	2928.19	2468.47	800.30	2795.79	1062.99
烘炉、熔炉及电炉制造	174.24	147.19	36.64	206.50	70.76
风机、风扇制造	543.54	462.82	189.44	483.26	150.63

单位：亿元

国家资本	集体资本	法人资本	个人资本	港澳台资本	外商资本	主营业务收入	主营业务成本
10.45	8.05	78.21	118.53	29.46	56.76	2362.86	2082.99
0.64	0.33	18.12	14.24	0.74	3.73	257.61	217.73
0.04	0.15	8.36	4.55		0.01	62.13	50.54
0.60		0.27	5.00	0.33		15.19	12.18
	0.03	5.73	2.03	0.32	2.05	75.02	63.02
	0.15	3.75	2.66	0.09	1.66	105.26	92.00
0.86	1.58	84.89	103.72	62.82	63.77	2613.23	2255.80
0.02	0.06	16.38	15.88	7.97	17.04	368.68	320.26
0.34	0.91	35.72	45.93	23.67	18.91	1081.98	926.21
0.15	0.13	7.33	4.31	3.51	4.58	132.49	116.51
0.35	0.48	25.46	37.60	27.68	23.24	1030.09	892.82
232.00	8.79	273.91	340.22	104.80	136.47	7400.66	6450.98
47.20	4.55	150.47	205.55	19.68	51.40	3928.01	3440.18
0.14	0.25	5.23	9.09	0.91	0.23	119.64	102.87
692.35	116.35	2702.60	2757.27	438.70	1431.00	47039.64	39563.09
187.70	18.40	381.44	311.09	18.23	124.91	5530.61	4660.18
28.72	6.30	93.62	137.01	5.01	25.07	2056.04	1735.65
119.52	11.33	173.73	116.75	5.97	68.04	2296.55	1928.76
26.95	0.66	66.43	9.34	2.30	12.77	536.45	450.33
1.63	0.08	11.02	4.88	0.80	3.24	94.71	79.35
10.88	0.04	34.86	41.65	1.36	15.36	518.80	441.62
		1.78	1.45	2.78	0.42	28.06	24.47
108.57	16.17	351.73	329.42	52.39	108.22	5833.61	4954.89
73.99	4.02	142.52	76.93	21.50	39.12	1680.39	1430.37
4.94	2.59	36.74	54.29	8.61	21.73	876.59	735.79
3.10	2.55	38.48	48.82	3.96	11.14	1037.45	888.42
1.02	0.39	37.13	34.56	9.34	13.12	469.58	380.93
6.77	0.52	37.66	37.55	5.33	15.72	597.40	509.72
18.74	6.09	59.19	77.26	3.65	7.39	1172.19	1009.65
70.41	18.53	409.30	455.11	61.18	198.36	6917.13	5636.44
7.58	1.89	19.89	29.50	6.47	10.24	457.40	379.90
52.30	12.30	139.42	182.70	6.88	57.28	2572.02	2179.34
3.92	0.12	24.08	26.17	2.50	26.26	457.29	379.26
1.53	1.42	31.35	49.32	3.17	9.04	420.76	350.80
2.39	2.58	170.10	150.74	28.26	89.48	2765.73	2146.05
2.68	0.22	24.47	16.68	13.90	6.06	243.92	201.09
113.43	14.19	492.96	587.17	79.50	292.95	8571.51	7174.12
27.19	6.53	115.13	184.34	13.64	55.56	2177.71	1772.41
52.91	1.99	121.52	44.15	21.74	85.67	1955.35	1682.52
4.30	2.98	147.32	236.13	23.22	54.15	2525.03	2100.66
29.04	2.69	108.98	122.55	20.90	97.57	1913.42	1618.53
48.73	19.69	304.70	284.67	35.40	228.13	4712.52	4021.68
37.38	3.47	149.40	171.85	22.51	143.99	2513.89	2164.42
6.20	4.13	118.54	90.85	7.38	60.65	1724.31	1447.75
5.15	12.08	36.76	21.97	5.51	23.49	474.31	409.50
48.07	14.17	368.51	362.75	63.72	205.77	6369.23	5299.69
0.48	0.53	24.93	34.34	3.12	7.37	252.17	207.59
25.54	6.89	40.66	59.85	3.57	14.12	893.93	740.53

2-1 续表 25

行业	负债合计	流动负债合计	应付账款	所有者权益合计	实收资本
气体、液体分离及纯净设备制造	441.26	386.23	123.49	422.21	161.40
制冷、空调设备制造	958.06	836.12	304.82	1025.32	476.62
风动和电动工具制造	538.85	390.38	72.37	377.90	91.86
喷枪及类似器具制造	49.94	48.06	14.61	34.86	16.04
衡器制造	49.23	43.61	13.66	84.59	28.51
包装专用设备制造	173.09	154.05	45.27	161.13	67.17
文化、办公用机械制造	563.28	522.45	236.20	654.16	283.87
电影机械制造	9.25	9.25	2.55	9.78	2.71
幻灯及投影设备制造	51.76	45.76	15.15	31.46	14.88
照相机及器材制造	133.64	121.34	46.52	177.84	97.84
复印和胶印设备制造	136.66	129.52	70.18	204.39	73.77
计算器及货币专用设备制造	188.58	179.22	84.10	202.31	77.60
其他文化、办公用机械制造	43.38	37.36	17.70	28.38	17.07
通用零部件制造	1911.39	1592.74	456.70	2000.89	853.20
金属密封件制造	174.48	139.81	41.84	275.54	89.68
紧固件制造	510.43	428.89	120.63	498.41	226.55
弹簧制造	107.45	90.58	26.87	101.67	42.87
机械零部件加工	760.86	621.75	179.50	776.60	356.44
其他通用零部件制造	358.17	311.72	87.86	348.66	137.66
其他通用设备制造业	546.12	476.82	135.54	494.94	215.52
专用设备制造业	18817.64	15217.88	4358.67	16535.83	6958.04
采矿、冶金、建筑专用设备制造	9728.76	7505.72	2092.25	7013.54	3004.30
矿山机械制造	2212.68	1798.23	572.68	1735.08	788.79
石油钻采专用设备制造	1461.32	1255.83	428.74	1551.93	683.99
建筑工程用机械制造	3016.51	2109.45	415.23	2235.19	690.72
海洋工程专用设备制造	1151.78	803.82	213.53	316.82	280.74
建筑材料生产专用机械制造	565.81	467.31	123.86	515.24	254.78
冶金专用设备制造	1320.65	1071.09	338.20	659.28	305.28
化工、木材、非金属加工专用设备制造	2237.42	1956.93	577.35	2089.79	951.29
炼油、化工生产专用设备制造	585.29	503.45	105.15	443.11	192.78
橡胶加工专用设备制造	121.70	101.53	32.78	90.72	43.40
塑料加工专用设备制造	276.57	252.26	82.76	328.15	115.36
木材加工机械制造	56.39	45.60	9.59	59.51	26.12
模具制造	1146.21	1012.36	334.63	1123.01	551.58
其他非金属加工专用设备制造	51.26	41.74	12.43	45.29	22.04
食品、饮料、烟草及饲料生产专用设备制造	322.67	263.24	80.33	435.92	168.67
食品、酒、饮料及茶生产专用设备制造	100.87	89.32	28.68	116.93	47.72
农副食品加工专用设备制造	153.75	114.37	27.21	210.21	76.91
烟草生产专用设备制造	49.43	44.20	19.46	89.50	34.56
饲料生产专用设备制造	18.62	15.35	4.98	19.28	9.47
印刷、制药、日化及日用品生产专用设备制造	611.52	520.77	139.97	641.57	285.38
制浆和造纸专用设备制造	170.15	140.39	27.88	106.40	43.28
印刷专用设备制造	159.59	141.46	39.35	201.97	91.77
日用化工专用设备制造	16.85	14.76	2.29	14.71	9.63
制药专用设备制造	89.80	79.07	18.09	118.35	38.62
照明器具生产专用设备制造	19.99	16.52	6.13	25.48	16.80
玻璃、陶瓷和搪瓷制品生产专用设备制造	130.00	105.99	37.43	129.74	60.35
其他日用品生产专用设备制造	25.14	22.57	8.80	44.92	24.93
纺织、服装和皮革加工专用设备制造	693.60	590.82	176.56	628.02	248.21

单位：亿元

国家资本	集体资本	法人资本	个人资本	港澳台资本	外商资本	主营业务收入	主营业务成本
3.86	0.79	57.77	61.02	10.12	27.84	774.51	633.01
11.34	4.29	202.12	118.19	29.12	111.56	2838.79	2372.54
0.87	0.75	16.61	34.66	11.52	27.44	939.74	804.24
1.90	0.21	4.23	6.44	0.21	3.05	109.43	87.55
0.89	0.06	7.97	11.83	1.73	6.04	209.05	169.10
3.19	0.66	14.23	36.43	4.33	8.34	351.62	285.13
13.73	4.95	62.28	38.66	50.41	113.85	1675.09	1452.28
0.03		0.35	0.23	2.10		26.68	22.64
0.32		6.73	2.71	3.12	2.01	87.02	75.38
5.60	0.08	14.93	8.74	17.60	50.88	365.14	325.44
	0.01	13.89	6.62	13.83	39.44	705.16	622.05
5.32	4.66	23.30	17.60	9.48	17.24	416.97	344.32
2.46	0.20	3.08	2.77	4.29	4.27	74.13	62.45
77.21	9.05	264.43	308.36	65.31	128.86	6216.38	5344.19
1.32	1.13	29.97	35.61	10.97	10.68	696.74	578.79
8.58	0.52	65.16	64.64	27.80	59.86	1397.45	1199.39
0.56	0.69	9.29	13.46	9.02	9.85	312.06	259.40
63.10	5.19	127.22	131.55	9.97	19.42	2703.28	2346.87
3.66	1.52	32.79	63.10	7.55	29.04	1106.84	959.74
24.51	1.21	67.25	80.04	12.58	29.94	1213.56	1019.63
1039.56	99.28	2225.41	2250.67	373.00	970.04	35873.75	30181.76
855.22	40.86	856.46	863.93	44.43	343.40	14367.00	12371.64
215.45	13.20	271.35	220.78	3.82	64.19	4142.38	3512.23
285.17	7.03	114.63	185.21	17.02	74.94	3031.25	2610.52
86.67	18.93	230.14	210.31	16.19	128.48	3991.55	3454.74
163.18		28.40	37.40		51.77	730.25	651.88
18.88	0.58	67.60	154.24	6.53	6.95	1271.91	1080.59
85.87	1.12	144.35	56.00	0.87	17.07	1199.67	1061.68
37.90	12.66	292.07	258.49	157.27	192.92	4685.37	3932.13
19.82	2.69	77.03	68.16	7.61	17.47	911.39	777.02
8.44		13.02	14.56	2.23	5.15	245.35	210.38
0.06	0.62	26.08	29.48	38.87	20.26	538.53	425.77
1.34	0.74	8.88	10.17	1.71	3.28	187.07	155.35
8.05	8.25	157.80	126.97	106.08	144.43	2641.33	2220.72
0.19	0.36	9.26	9.15	0.77	2.32	161.69	142.89
5.87	0.42	71.19	74.33	2.48	14.37	1226.73	1018.65
3.05	0.33	16.02	20.26	0.68	7.38	315.38	260.20
0.48	0.03	24.72	43.78	0.91	6.99	705.55	591.50
2.22	0.04	26.09	5.32	0.89		107.18	80.08
0.12	0.02	4.35	4.96		0.01	98.63	86.88
11.63	6.15	83.69	114.97	26.08	42.86	1471.27	1215.88
1.32	2.67	14.54	9.72	0.48	14.56	371.50	319.87
9.39	1.10	30.26	24.46	7.36	19.19	451.73	376.47
	0.55	5.62	3.08	0.22	0.16	48.59	40.40
0.42	0.29	12.03	21.31	0.13	4.44	173.73	131.79
	0.53	4.58	11.07	0.61	0.01	79.40	66.43
	0.42	14.66	40.71	1.66	2.90	238.39	189.71
0.50	0.59	1.99	4.62	15.63	1.61	107.92	91.21
16.35	1.43	66.00	85.51	30.20	48.71	1563.33	1321.41

2-1 续表 26

行　　业	负债合计	流动负债合计	应付账款	所有者权益合计	实收资本
纺织专用设备制造	536.72	456.73	126.34	446.36	169.98
皮革、毛皮及其制品加工专用设备制造	15.52	8.30	2.46	20.40	5.40
缝制机械制造	134.84	119.74	46.41	152.67	67.08
洗涤机械制造	6.52	6.05	1.34	8.59	5.76
电子和电工机械专用设备制造	727.60	541.95	166.78	838.42	384.15
电工机械专用设备制造	169.76	124.74	41.33	178.05	81.88
电子工业专用设备制造	557.84	417.22	125.45	660.37	302.26
农、林、牧、渔专用机械制造	1017.67	832.53	243.95	963.49	458.22
拖拉机制造	321.18	257.85	75.23	211.51	116.58
机械化农业及园艺机具制造	480.38	403.43	117.62	473.06	204.72
营林及木竹采伐机械制造	6.25	2.31	0.65	7.18	2.36
畜牧机械制造	32.24	25.37	9.32	34.44	14.08
渔业机械制造	4.76	3.22	1.09	5.45	2.80
农林牧渔机械配件制造	119.41	96.34	27.04	167.64	46.78
棉花加工机械制造	9.09	7.41	2.27	9.61	2.60
其他农、林、牧、渔业机械制造	44.35	36.60	10.72	54.62	68.31
医疗仪器设备及器械制造	857.03	725.68	211.67	1399.05	501.45
医疗诊断、监护及治疗设备制造	359.76	307.17	102.31	525.63	187.18
口腔科用设备及器具制造	13.85	12.47	2.95	17.44	8.64
医疗实验室及医用消毒设备和器具制造	19.77	15.24	3.90	28.95	10.87
医疗、外科及兽医用器械制造	242.99	204.77	51.70	395.41	132.96
机械治疗及病房护理设备制造	60.21	49.89	14.42	73.49	36.25
假肢、人工器官及植(介)入器械制造	65.95	53.71	14.01	173.07	54.30
其他医疗设备及器械制造	94.49	82.43	22.39	185.06	71.23
环保、社会公共服务及其他专用设备制造	2621.38	2280.24	669.81	2526.04	956.38
环境保护专用设备制造	1372.19	1214.83	341.19	1261.12	476.81
地质勘查专用设备制造	36.45	22.99	11.94	47.15	12.10
邮政专用机械及器材制造	5.00	4.89	1.29	4.05	2.78
商业、饮食、服务专用设备制造	19.02	17.33	5.62	15.62	6.46
社会公共安全设备及器材制造	187.02	173.95	52.29	208.28	52.51
交通安全、管制及类似专用设备制造	62.67	57.45	17.45	59.30	20.91
水资源专用机械制造	95.35	76.28	15.31	87.29	43.97
其他专用设备制造	843.67	712.52	224.72	843.23	340.84
汽车制造业	34595.23	29401.19	12326.59	25242.32	9220.51
汽车整车制造	18050.01	15634.64	6777.50	12083.21	3765.79
改装汽车制造	1263.87	1100.40	320.16	819.14	398.55
低速载货汽车制造	46.09	41.66	8.15	46.82	23.96
电车制造	44.61	37.58	10.96	66.99	31.48
汽车车身、挂车制造	343.73	277.93	59.36	280.82	100.81
汽车零部件及配件制造	14846.92	12308.98	5150.45	11945.33	4899.91
铁路、船舶、航空航天和其他运输设备制造业	14259.20	11813.97	3595.84	8118.60	3821.89
铁路运输设备制造	3008.34	2647.54	1293.65	1962.15	923.42
铁路机车车辆及动车组制造	1557.52	1404.37	736.64	739.06	429.40
窄轨机车车辆制造	9.62	7.86	2.61	9.31	5.66
铁路机车车辆配件制造	775.35	663.00	274.74	649.41	229.74
铁路专用设备及器材、配件制造	486.91	440.84	216.86	503.83	216.15
其他铁路运输设备制造	178.94	131.47	62.79	60.54	42.47
城市轨道交通设备制造	130.82	114.70	54.33	91.57	59.82
船舶及相关装置制造	6350.39	4966.23	1162.07	2557.48	1403.64

单位：亿元

						主营业务收　　入	主营业务成　　本
国家资本	集体资本	法人资本	个人资本	港澳台资本	外商资本		
13.74	0.61	47.63	63.79	26.03	18.19	1167.65	989.13
	0.02	1.31	3.06	0.26	0.74	47.31	39.18
2.61	0.80	14.89	17.92	3.77	27.08	326.70	274.43
		2.17	0.75	0.14	2.70	21.68	18.67
18.79	4.55	143.83	93.22	27.77	96.00	1747.23	1459.51
4.53	3.41	34.21	28.90	2.76	8.07	537.26	439.80
14.25	1.13	109.62	64.33	25.00	87.93	1209.97	1019.71
26.36	6.31	168.67	210.87	7.54	38.48	3025.88	2592.71
11.90	2.05	59.03	28.45	0.55	14.60	653.02	565.50
9.32	2.42	84.94	83.96	4.63	19.45	1347.64	1144.08
			2.30		0.06	10.81	9.03
0.62	0.08	3.79	5.50	2.34	1.76	118.75	98.88
0.03		1.01	1.76			20.11	16.61
1.51	0.07	16.49	26.17	0.03	2.51	684.53	600.11
0.18	1.08	0.41	0.85		0.09	12.56	10.24
2.81	0.61	3.01	61.89			178.46	148.25
11.02	12.45	155.03	161.59	41.54	119.81	2431.26	1832.62
9.53	7.62	60.19	55.92	6.84	47.08	799.55	568.74
		0.36	2.24	1.83	4.21	42.74	33.76
	0.49	4.39	5.37	0.36	0.27	82.36	67.41
0.98	2.12	39.29	49.45	12.91	28.20	843.68	677.45
0.36	0.39	7.56	16.14	5.89	5.92	181.15	142.17
	0.60	15.19	10.10	8.66	19.76	117.78	64.28
0.16	1.23	28.05	22.37	5.05	14.37	364.00	278.81
56.43	14.46	388.49	387.75	35.68	73.49	5355.67	4437.20
27.41	8.96	170.76	228.19	15.88	25.59	2904.92	2436.28
4.93	0.31	3.83	2.68	0.34		40.95	31.66
1.91		0.09	0.35		0.43	11.14	9.42
		2.03	2.35	1.52	0.55	38.99	30.75
1.19	1.07	16.88	23.33	3.35	6.60	434.90	348.79
1.13	0.59	6.58	12.41	0.13	0.07	159.93	135.05
2.17	0.46	15.13	22.42	0.99	2.80	209.23	171.65
17.68	3.06	173.17	96.02	13.46	37.45	1555.61	1273.60
1318.01	168.35	3606.22	1321.12	411.53	2397.11	71069.40	59073.16
928.34	70.97	1587.59	155.48	128.18	895.23	34481.90	28106.48
52.73	6.16	236.80	91.86	3.96	7.04	2248.31	1935.86
9.35		3.58	2.44		8.60	218.49	201.21
	0.43	19.77	11.07		0.22	150.63	128.51
9.60	2.99	26.51	49.75	7.83	4.13	927.96	807.62
317.99	87.81	1731.97	1010.52	271.56	1481.89	33042.10	27893.49
1633.96	36.88	1101.29	654.87	82.31	310.08	19087.69	16468.48
476.59	20.29	272.87	121.91	11.37	20.39	4359.87	3479.62
313.97	12.56	86.26	11.56	0.33	4.71	1897.58	1530.17
1.31	0.19	1.74	1.82		0.60	26.12	18.28
85.91	2.02	67.86	55.34	9.57	9.03	1403.04	1103.66
48.07	5.06	106.72	50.18	0.36	5.78	859.72	675.55
27.32	0.48	10.29	3.01	1.11	0.27	173.41	151.95
17.33	0.21	34.96	2.93		4.40	159.95	137.94
536.78	5.31	455.20	238.74	12.85	153.42	6290.07	5704.79

2-1 续表 27

行 业	负债合计	流动负债合计	应付账款	所有者权益合计	实收资本
金属船舶制造	5602.94	4392.50	1000.25	1965.19	1051.66
非金属船舶制造	58.74	46.37	8.11	61.96	35.21
娱乐船和运动船制造	24.26	22.06	4.77	28.48	12.84
船用配套设备制造	497.51	407.47	127.58	435.64	267.08
船舶改装与拆除	166.08	97.11	21.19	65.26	36.47
航标器材及其他相关装置制造	0.86	0.72	0.15	0.96	0.39
航空、航天器及设备制造	2911.81	2425.61	641.82	1765.42	793.55
飞机制造	2299.98	1942.63	521.45	1245.62	594.73
航天器制造	266.69	215.08	45.16	159.97	31.82
航空、航天相关设备制造	277.59	221.52	63.86	263.84	133.93
其他航空航天器制造	67.55	46.38	11.34	95.98	33.07
摩托车制造	1250.42	1126.76	297.38	1171.85	341.97
摩托车整车制造	647.15	588.69	155.58	583.66	143.79
摩托车零部件及配件制造	603.27	538.06	141.80	588.18	198.18
自行车制造	487.51	432.35	119.02	457.01	241.82
脚踏自行车及残疾人座车制造	229.96	208.08	68.74	206.88	114.02
助动自行车制造	257.55	224.27	50.28	250.12	127.80
非公路休闲车及零配件制造	53.62	51.52	14.77	53.53	27.89
潜水救捞及其他未列明运输设备制造	66.29	49.26	12.81	59.59	29.78
潜水及水下救捞装备制造	7.04	4.92	1.05	7.85	4.41
其他未列明运输设备制造	59.25	44.34	11.77	51.74	25.36
电气机械和器材制造业	32322.06	28237.49	9191.66	24641.50	12241.59
电机制造	4503.95	3961.88	1403.18	3189.89	1735.67
发电机及发电机组制造	2938.71	2583.70	926.33	1550.76	726.95
电动机制造	817.36	697.00	241.72	854.30	698.16
微电机及其他电机制造	747.88	681.19	235.12	784.83	310.56
输配电及控制设备制造	10478.26	9066.11	3022.53	8630.98	4277.33
变压器、整流器和电感器制造	1997.64	1747.59	523.53	1903.37	866.72
电容器及其配套设备制造	138.56	118.37	44.51	192.48	81.48
配电开关控制设备制造	2692.34	2387.88	780.94	2858.84	1196.35
电力电子元器件制造	864.38	770.24	307.46	963.66	420.03
光伏设备及元器件制造	3700.22	3072.37	917.29	1874.99	1343.15
其他输配电及控制设备制造	1085.11	969.66	448.80	837.64	369.61
电线、电缆、光缆及电工器材制造	5234.49	4535.56	1043.80	4791.91	2396.20
电线、电缆制造	4053.85	3589.51	806.40	3586.31	1871.37
光纤、光缆制造	845.12	673.67	145.40	725.09	318.10
绝缘制品制造	229.38	191.66	63.06	302.98	124.61
其他电工器材制造	106.13	80.72	28.95	177.53	82.12
电池制造	2557.36	2033.45	671.79	1759.61	1541.97
锂离子电池制造	1334.16	1117.27	377.12	833.15	1108.91
镍氢电池制造	143.34	126.08	49.76	125.68	63.41
其他电池制造	1079.86	790.10	244.92	800.78	369.65
家用电力器具制造	7380.10	6783.37	2414.50	3919.77	1187.44
家用制冷电器具制造	2346.78	2033.04	559.41	1016.73	283.07
家用空气调节器制造	2861.42	2785.18	1097.67	1279.89	255.35
家用通风电器具制造	194.31	178.99	58.64	137.76	52.51
家用厨房电器具制造	767.20	714.90	287.66	508.46	210.43
家用清洁卫生电器具制造	564.43	493.17	204.13	436.93	134.43
家用美容、保健电器具制造	129.26	123.58	57.07	122.41	48.31

单位：亿元

						主营业务收　入	主营业务成　本
国家资本	集体资本	法人资本	个人资本	港澳台资本	外商资本		
423.60	3.19	358.33	140.66	7.12	118.74	4722.29	4321.96
0.19	0.86	5.77	26.03	0.12	2.24	87.52	72.40
0.07	0.02	7.06	2.56	0.54	2.58	54.55	45.56
111.98	1.15	60.54	60.83	5.06	26.19	1126.51	1000.05
0.94	0.10	23.50	8.26		3.67	296.64	262.62
			0.39			2.57	2.20
568.45	1.05	140.13	32.12	5.39	45.26	3009.42	2590.76
449.47	0.60	90.50	8.34	4.64	41.19	2283.51	1958.05
14.91	0.13	14.93	1.86			211.46	200.27
90.49	0.30	29.43	11.09	0.04	1.41	424.24	365.15
13.58	0.03	5.27	10.83	0.71	2.65	90.22	67.29
21.48	8.05	129.24	127.50	17.50	38.21	3244.34	2783.84
16.41	0.59	63.56	39.46	5.43	18.34	1490.70	1274.57
5.07	7.45	65.68	88.04	12.07	19.86	1753.64	1509.26
5.69	1.64	53.99	113.38	31.37	35.75	1559.56	1372.14
5.69	0.05	29.47	21.22	26.14	31.45	639.38	561.93
	1.59	24.53	92.16	5.23	4.30	920.18	810.22
0.05	0.15	7.58	9.20	2.19	8.72	202.81	167.74
7.60	0.18	7.32	9.10	1.65	3.93	261.66	231.65
1.60		0.40	0.38	0.85	1.19	19.33	15.83
6.00	0.18	6.93	8.72	0.80	2.74	242.33	215.82
678.47	216.89	4411.48	4767.42	786.37	1380.83	69183.18	58624.13
187.05	9.29	507.34	772.87	71.75	187.27	8401.23	7157.47
173.36	3.40	332.29	144.83	16.79	56.27	4168.59	3562.85
11.52	5.14	95.07	521.65	12.01	52.77	1853.99	1588.58
2.17	0.76	79.97	106.39	42.95	78.23	2378.65	2006.03
310.35	105.81	1671.29	1521.42	209.22	459.23	20861.96	17645.68
55.74	23.24	387.32	275.66	47.69	77.06	4523.06	3803.93
1.57	2.68	21.36	39.33	3.98	12.56	419.11	350.77
74.01	51.36	385.28	584.84	26.96	73.90	6330.24	5187.29
24.54	5.37	122.15	126.84	48.76	92.37	2180.70	1851.53
80.45	6.42	655.64	335.33	75.00	190.31	5374.93	4744.94
74.05	16.73	99.55	159.42	6.84	13.03	2033.92	1707.22
69.78	41.76	808.21	1135.55	144.05	196.85	15202.80	13282.97
53.43	34.16	586.42	945.27	104.61	147.47	12458.61	10934.71
8.93	5.02	155.61	102.65	20.42	25.46	1645.08	1417.83
7.14	0.87	44.57	46.75	9.60	15.67	605.58	511.52
0.28	1.71	21.60	40.88	9.41	8.24	493.54	418.92
39.63	15.85	573.18	668.92	130.09	114.30	4629.30	3981.73
21.48	10.64	371.67	581.03	62.66	61.43	2134.13	1817.02
0.63	1.08	23.52	16.70	8.62	12.86	412.21	356.13
17.51	4.13	177.99	71.19	58.81	40.02	2082.96	1808.58
41.21	25.42	462.37	243.03	130.79	284.63	13985.98	11471.13
10.05	3.92	123.24	55.90	2.39	87.57	3321.36	2658.10
14.62	12.17	101.55	48.50	8.18	70.33	4676.13	3768.81
	0.07	17.63	11.55	19.87	3.40	451.11	364.28
10.21	6.05	87.32	37.55	45.62	23.68	2101.37	1786.85
3.61	1.02	45.62	11.91	12.32	59.96	1499.85	1213.23
0.20		16.15	16.58	6.65	8.74	339.24	290.44

2-1 续表 28

行 业	负债合计	流动负债合计	应付账款	所有者权益合计	实收资本
家用电力器具专用配件制造	283.14	248.06	69.24	250.14	111.68
其他家用电力器具制造	233.56	206.45	80.68	167.46	91.66
非电力家用器具制造	525.62	416.07	97.06	619.68	279.21
燃气、太阳能及类似能源家用器具制造	429.55	364.85	84.40	515.79	193.93
其他非电力家用器具制造	96.06	51.22	12.66	103.88	85.28
照明器具制造	1404.94	1229.49	456.30	1493.45	700.04
电光源制造	350.39	300.94	128.37	406.44	191.57
照明灯具制造	945.06	831.23	292.47	987.74	461.57
灯用电器附件及其他照明器具制造	109.49	97.32	35.46	99.27	46.90
其他电气机械及器材制造	237.35	211.56	82.49	236.19	123.72
电气信号设备装置制造	86.23	79.94	33.14	87.16	33.46
其他未列明电气机械及器材制造	151.12	131.62	49.35	149.03	90.26
计算机、通信和其他电子设备制造业	38631.60	33737.73	16363.81	28499.65	13990.30
计算机制造	6219.52	5701.37	3485.21	3256.86	1570.99
计算机整机制造	3668.76	3305.58	2163.62	951.16	321.50
计算机零部件制造	983.69	926.40	453.92	774.83	426.58
计算机外围设备制造	866.02	811.52	465.29	847.70	364.56
其他计算机制造	701.04	657.87	402.37	683.17	458.36
通信设备制造	13229.12	12200.36	6040.89	6504.50	2184.85
通信系统设备制造	5962.75	5235.39	2101.99	4007.82	1246.67
通信终端设备制造	7266.37	6964.98	3938.90	2496.68	938.17
广播电视设备制造	700.61	606.09	254.15	743.77	290.75
广播电视节目制作及发射设备制造	35.55	34.32	8.62	40.92	20.77
广播电视接收设备及器材制造	454.04	379.51	168.27	485.06	179.70
应用电视设备及其他广播电视设备制造	211.02	192.27	77.26	217.80	90.29
雷达及配套设备制造	409.77	324.40	105.82	241.69	58.94
视听设备制造	3212.58	2776.16	1248.26	1704.08	654.60
电视机制造	1915.03	1747.80	662.38	912.25	301.88
音响设备制造	579.86	353.90	185.72	321.85	153.54
影视录放设备制造	717.70	674.46	400.16	469.99	199.18
电子器件制造	8084.82	6104.21	2483.58	8566.01	5624.35
电子真空器件制造	376.89	272.31	43.77	211.63	112.24
半导体分立器件制造	461.42	354.90	129.02	617.77	390.98
集成电路制造	1656.20	1275.50	374.44	2440.49	1714.05
光电子器件及其他电子器件制造	5590.31	4201.50	1936.35	5296.11	3407.07
电子元件制造	5271.19	4704.25	2128.39	6020.45	3068.52
电子元件及组件制造	3743.58	3325.73	1518.54	4444.74	2153.02
印制电路板制造	1527.61	1378.52	609.85	1575.71	915.51
其他电子设备制造	1503.98	1320.88	617.52	1462.29	537.29
仪器仪表制造业	3609.18	3218.41	1126.78	4400.34	1525.43
通用仪器仪表制造	2284.65	2060.52	713.87	2685.45	894.04
工业自动控制系统装置制造	1465.27	1312.27	451.84	1590.54	515.31
电工仪器仪表制造	358.92	331.25	116.86	405.45	152.39
绘图、计算及测量仪器制造	68.75	60.07	20.24	105.40	32.27
实验分析仪器制造	78.40	72.94	23.95	137.67	49.16
试验机制造	66.84	62.50	22.29	71.52	19.79
供应用仪表及其他通用仪器制造	246.47	221.49	78.69	374.86	125.12
专用仪器仪表制造	710.05	616.22	203.93	929.36	296.97
环境监测专用仪器仪表制造	80.15	69.80	15.47	142.74	38.30

单位：亿元

国家资本	集体资本	法人资本	个人资本	港澳台资本	外商资本	主营业务收入	主营业务成本
0.28	1.57	56.04	29.68	9.58	14.53	927.30	815.66
2.24	0.62	14.82	31.38	26.18	16.41	669.62	573.76
5.43	2.47	166.05	73.55	15.29	16.39	1133.70	940.28
5.43	2.27	89.88	68.83	13.39	14.09	1033.81	857.81
	0.20	76.17	4.72	1.89	2.29	99.89	82.47
20.92	15.42	183.96	309.08	80.46	90.20	4355.90	3646.65
4.17	1.33	45.96	90.67	26.26	23.18	1184.48	998.39
9.30	13.36	123.97	207.86	48.95	58.13	2842.26	2365.89
7.45	0.73	14.03	10.55	5.24	8.90	329.17	282.37
4.10	0.86	39.08	43.00	4.73	31.95	612.30	498.22
2.07	0.36	9.09	11.35	2.54	8.05	239.55	196.10
2.03	0.50	29.99	31.65	2.18	23.90	372.75	302.13
1116.31	327.40	4455.27	1605.20	2357.18	4085.65	91606.58	80532.58
53.30	228.29	333.95	151.42	342.82	418.38	18285.82	16904.29
8.79	1.34	103.70	16.85	87.55	99.14	11257.92	10619.67
0.49	1.64	88.39	28.27	111.36	196.44	2716.14	2448.74
7.66	3.89	73.85	52.72	102.65	85.07	2902.17	2611.18
36.35	221.43	68.01	53.58	41.26	37.73	1409.59	1224.70
172.83	15.03	924.03	337.91	332.07	402.50	27108.36	23053.74
137.47	10.97	706.01	187.83	92.06	111.86	9747.53	7028.73
35.36	4.06	218.02	150.08	240.01	290.64	17360.83	16025.01
16.98	1.97	78.22	114.17	31.03	48.38	1718.70	1421.51
1.73	0.24	3.67	9.15	1.71	4.27	111.67	87.82
10.39	0.74	40.84	84.96	17.05	25.72	1096.35	907.17
4.86	1.00	33.71	20.06	12.27	18.39	510.68	426.52
37.53		13.49	6.33	0.72	0.88	443.59	372.07
50.12	8.17	175.04	84.65	127.22	209.40	7739.53	6965.04
33.26	6.87	112.14	44.67	29.77	75.17	4580.29	4123.73
0.97	0.67	37.87	25.40	33.16	55.47	1223.39	1078.07
15.88	0.64	25.03	14.58	64.30	78.76	1935.85	1763.24
692.01	31.71	2026.28	355.79	663.80	1854.61	15808.89	13976.86
4.61	0.30	71.60	17.86	1.58	16.29	208.48	170.80
17.57	1.79	134.48	40.49	69.79	126.85	967.30	834.29
77.63	10.68	346.33	46.43	260.52	972.32	2701.16	2262.56
592.20	18.93	1473.87	251.01	331.90	739.15	11931.95	10709.21
82.46	36.92	760.13	419.52	785.43	984.22	16012.24	13936.46
70.76	32.72	586.09	341.92	473.22	648.45	12265.84	10582.82
11.70	4.20	174.04	77.59	312.21	335.76	3746.40	3353.64
11.07	5.31	144.12	135.41	74.09	167.29	4489.46	3902.61
129.00	20.12	463.16	554.72	142.50	228.77	8741.75	6962.59
69.31	13.51	280.65	356.83	60.03	113.71	5363.91	4289.09
56.94	2.70	147.69	199.14	30.61	78.22	3360.56	2709.59
6.46	5.30	63.65	62.84	10.11	4.04	637.96	501.96
0.52	2.30	9.55	11.33	3.33	5.24	297.56	249.13
2.31	0.34	10.68	24.24	3.84	7.75	262.94	198.49
0.88	0.35	6.29	7.16	0.55	4.56	147.33	105.80
2.20	2.52	42.79	52.12	11.59	13.89	657.56	524.11
24.53	1.87	93.29	139.76	7.73	31.17	1860.39	1477.76
1.61	0.48	10.81	21.53	1.29	2.59	239.63	191.45

2-1 续表 29

行　　业	负债合计	流动负债合　计	应付账款	所有者权益合计	实收资本
运输设备及生产用计数仪表制造	210.62	186.01	64.58	233.11	70.79
导航、气象及海洋专用仪器制造	93.48	84.57	34.68	77.16	39.81
农林牧渔专用仪器仪表制造	6.87	4.83	2.05	15.73	8.57
地质勘探和地震专用仪器制造	47.05	41.17	14.78	69.49	27.22
教学专用仪器制造	17.83	17.22	4.25	26.03	13.53
核子及核辐射测量仪器制造	42.91	36.59	9.74	35.84	9.52
电子测量仪器制造	102.29	83.89	30.05	152.49	36.89
其他专用仪器制造	108.86	92.13	28.34	176.78	52.33
钟表与计时仪器制造	117.54	107.56	43.54	137.26	70.90
光学仪器及眼镜制造	404.07	359.51	134.12	535.58	224.67
光学仪器制造	281.64	245.41	100.14	393.15	149.01
眼镜制造	122.42	114.10	33.99	142.42	75.66
其他仪器仪表制造业	92.87	74.61	31.32	112.70	38.86
其他制造业	1336.67	1030.27	310.33	1062.10	453.10
日用杂品制造	402.79	360.40	82.69	465.88	214.49
鬃毛加工、制刷及清扫工具制造	104.12	93.87	20.51	116.27	51.14
其他日用杂品制造	298.66	266.52	62.18	349.60	163.35
煤制品制造	81.29	55.54	14.34	42.99	32.42
废弃资源综合利用业	1202.04	980.28	223.65	766.81	398.58
金属废料和碎屑加工处理	925.35	761.49	172.06	530.53	266.02
非金属废料和碎屑加工处理	276.69	218.78	51.58	236.29	132.56
金属制品、机械和设备修理业	752.74	618.39	185.18	548.73	336.31
金属制品修理	14.06	10.52	3.81	19.52	7.06
通用设备修理	10.13	8.55	3.84	9.02	5.89
专用设备修理	30.08	26.85	10.54	27.17	9.79
铁路、船舶、航空航天等运输设备修理	659.86	536.43	152.96	452.29	290.36
铁路运输设备修理	70.46	51.63	31.39	30.02	24.79
船舶修理	323.33	253.54	46.22	179.85	135.15
航空航天器修理	251.33	216.52	69.77	193.30	124.70
其他运输设备修理	14.74	14.74	5.59	49.12	5.73
电气设备修理	19.59	19.24	6.57	8.58	10.73
仪器仪表修理	0.61	0.53	0.33	1.37	0.79
其他机械和设备修理业	18.41	16.25	7.13	30.77	11.70
电力、热力、燃气及水生产和供应业	**88141.39**	**40913.78**	**9689.35**	**55039.10**	**34233.42**
电力、热力生产和供应业	77834.19	35250.32	8811.46	46739.71	29580.45
电力生产	45919.66	17690.30	3381.07	21986.85	15925.18
火力发电	20469.21	10065.94	2086.85	10439.08	7747.78
水力发电	13892.58	3811.83	398.96	6558.18	3472.44
核力发电	3348.61	660.92	192.71	976.58	802.56
风力发电	5358.39	1836.41	433.05	2697.82	2950.30
太阳能发电	1942.15	902.77	184.22	801.82	573.83
其他电力生产	908.72	412.43	85.28	513.38	378.26
电力供应	28094.56	15162.47	4943.45	23298.95	12777.91
热力生产和供应	3819.97	2397.55	486.93	1453.92	877.36
燃气生产和供应业	4293.84	2841.69	558.89	3628.93	2060.91
水的生产和供应业	6013.36	2821.78	318.99	4670.46	2592.06
自来水生产和供应	4498.63	2271.88	239.54	3501.20	1887.21
污水处理及其再生利用	1341.03	516.74	75.00	1048.41	632.52
其他水的处理、利用与分配	173.70	33.15	4.45	120.85	72.33

单位：亿元

国家资本	集体资本	法人资本	个人资本	港澳台资本	外商资本	主营业务收入	主营业务成本
3.27	0.14	20.70	28.12	3.52	15.05	616.13	503.23
4.35	0.28	20.68	9.90	0.14	4.46	167.42	142.06
		2.51	6.06			58.25	50.02
3.04		4.75	16.42		3.00	108.05	84.45
0.11	0.11	4.24	9.09			62.22	49.07
1.45		1.91	6.15		0.01	22.25	19.21
3.49	0.82	13.60	12.56	1.96	4.46	302.30	216.00
7.22	0.05	14.10	29.94	0.82	1.60	284.15	222.25
0.54	0.34	13.46	9.32	34.01	13.23	390.58	319.57
32.46	2.23	63.41	34.22	37.40	66.42	943.24	725.65
31.52	2.21	52.26	21.46	18.10	34.92	632.65	474.11
0.94	0.02	11.15	12.75	19.30	31.50	310.58	251.54
2.16	2.17	12.36	14.59	3.33	4.25	183.64	150.53
84.18	5.51	135.49	114.41	51.03	63.26	2771.98	2365.73
1.37	3.59	66.79	59.11	38.68	44.96	1484.48	1276.04
1.20	0.05	13.89	20.92	4.12	10.96	448.30	389.11
0.17	3.54	52.90	38.19	34.55	34.01	1036.18	886.92
2.21	0.73	14.49	12.89	2.09		211.58	188.03
19.57	15.43	142.15	163.99	32.32	25.10	3770.88	3398.06
12.06	9.13	89.47	118.54	21.64	15.17	3047.37	2771.51
7.51	6.30	52.68	45.45	10.68	9.94	723.51	626.55
172.34	9.19	76.66	27.39	17.96	32.76	963.78	815.55
0.28	0.03	3.37	2.79	0.13	0.47	72.45	61.34
0.46	0.48	2.11	1.93		0.91	24.86	21.24
1.50	0.18	2.72	2.37	1.67	1.34	55.19	43.00
165.35	5.66	58.13	16.41	15.81	28.99	721.32	613.91
20.85	0.05	3.10	0.27		0.52	67.99	60.28
82.55	0.17	20.62	14.66	4.68	12.46	225.07	190.34
56.43	5.25	34.40	1.47	11.13	16.01	403.15	344.63
5.52	0.19	0.01	0.01			25.11	18.66
3.68	1.84	4.52	0.69			22.67	19.93
0.15		0.05	0.15	0.28	0.16	1.83	1.27
0.92	1.00	5.77	3.05	0.05	0.90	65.47	54.84
23394.69	**303.04**	**8110.00**	**783.38**	**908.15**	**732.74**	**64878.78**	**55988.17**
21259.49	236.88	6433.36	625.03	615.38	408.87	56625.81	49063.35
8861.70	199.89	5367.93	496.18	606.07	393.41	18391.23	12924.35
4059.57	78.43	2797.24	136.94	470.91	204.70	13216.71	10034.36
2214.94	88.57	908.07	186.99	33.79	40.07	3012.45	1612.59
374.25		419.98			8.32	587.57	321.20
1939.00	20.17	727.71	86.17	57.85	119.41	935.81	532.87
167.10	7.00	339.90	47.00	10.70	2.13	285.59	152.55
106.83	5.71	175.03	39.09	32.82	18.78	353.10	270.77
12064.12	13.47	680.26	16.74	0.35	2.97	36539.91	34586.59
333.67	23.53	385.16	112.10	8.97	12.50	1694.67	1552.42
801.38	37.52	777.68	83.63	193.18	167.52	6343.74	5493.62
1333.82	28.64	898.96	74.72	99.59	156.34	1909.23	1431.20
1024.69	19.80	668.48	52.33	53.58	68.34	1387.46	1062.33
307.96	8.71	224.04	19.03	38.29	34.49	450.62	330.03
1.16	0.13	6.44	3.36	7.72	53.51	71.16	38.84

2-1　续表 30

行　业	销售费用	管理费用	财务费用	利息收入
总　计	**29150.24**	**43125.30**	**13494.24**	**1619.20**
采矿业	**1166.94**	**3248.28**	**1311.57**	**144.77**
煤炭开采和洗选业	708.95	1667.45	847.09	73.28
烟煤和无烟煤开采洗选	681.94	1558.97	810.13	69.93
褐煤开采洗选	25.62	104.66	33.66	3.21
其他煤炭采选	1.39	3.82	3.29	0.14
石油和天然气开采业	46.14	692.98	180.96	51.58
石油开采	39.83	597.06	145.08	43.28
天然气开采	6.32	95.91	35.88	8.30
黑色金属矿采选业	117.74	279.49	131.46	7.50
铁矿采选	111.03	266.15	127.32	7.44
锰矿、铬矿采选	5.93	11.54	2.48	0.05
其他黑色金属矿采选	0.78	1.80	1.66	0.01
有色金属矿采选业	83.27	280.51	79.68	4.03
常用有色金属矿采选	50.30	140.27	39.64	1.63
铜矿采选	10.76	38.69	12.26	0.51
铅锌矿采选	20.85	68.63	17.13	0.69
镍钴矿采选	3.96	5.39	1.48	0.06
锡矿采选	1.23	6.60	2.69	0.08
锑矿采选	0.61	2.93	0.42	0.01
铝矿采选	5.48	7.65	2.66	0.24
镁矿采选	3.83	4.50	1.26	0.03
其他常用有色金属矿采选	3.58	5.89	1.74	0.01
贵金属矿采选	25.83	108.18	27.25	0.69
金矿采选	24.42	104.30	26.72	0.68
银矿采选	1.37	3.85	0.52	0.01
稀有稀土金属矿采选	7.15	32.06	12.79	1.71
钨钼矿采选	5.22	27.01	11.30	1.74
稀土金属矿采选	0.64	2.50	0.15	0.01
其他稀有金属矿采选	1.27	2.55	1.34	-0.04
非金属矿采选业	204.11	245.62	59.21	3.19
土砂石开采	131.12	145.20	31.17	0.84
石灰石、石膏开采	37.81	38.55	9.20	0.42
建筑装饰用石开采	26.04	33.42	7.91	0.18
耐火土石开采	14.42	13.41	2.93	0.06
粘土及其他土砂石开采	52.85	59.82	11.13	0.18
化学矿开采	22.49	43.53	14.28	0.51
采盐	22.56	29.29	7.74	1.77
石棉及其他非金属矿采选	27.94	27.60	6.02	0.08
石棉、云母矿采选	0.60	0.92	0.19	
石墨、滑石采选	9.42	7.93	1.54	0.05
宝石、玉石采选	0.20	0.81	0.27	-0.01
其他未列明非金属矿采选	17.72	17.94	4.02	0.04
开采辅助活动	5.15	80.52	12.70	5.18
煤炭开采和洗选辅助活动	0.25	0.48	0.05	
石油和天然气开采辅助活动	4.68	79.88	12.63	5.18
其他开采辅助活动	0.22	0.17	0.02	
其他采矿业	1.58	1.71	0.47	0.01
制造业	**27589.02**	**38466.51**	**9668.48**	**1363.81**
农副食品加工业	1375.55	1513.49	554.71	41.50

单位：亿元

利息支出	投资收益（损失以“-”号记）	营业利润	利润总额	亏损企业亏损额	平均用工人数（万人）
13029.77	**3027.94**	**63925.89**	**66187.07**	**9366.84**	**9775.02**
1359.01	**148.70**	**2410.93**	**2541.21**	**1840.74**	**710.93**
893.42	138.33	327.03	405.07	989.37	443.21
861.41	138.55	117.49	214.92	929.59	427.55
28.45	-0.22	206.07	187.35	57.25	14.61
3.56		3.47	2.80	2.53	1.05
208.22	-68.61	656.59	692.37	592.03	73.52
169.17	-70.43	297.22	302.85	588.43	70.16
39.05	1.82	359.38	389.52	3.60	3.36
119.36	61.49	522.31	519.26	145.73	57.80
116.60	61.56	492.75	489.93	140.25	54.35
1.50	-0.07	16.70	16.42	3.10	2.67
1.26		12.86	12.91	2.38	0.78
72.57	12.14	460.74	450.82	62.88	49.90
35.24	6.50	216.16	208.58	32.46	26.89
11.57	-1.79	38.04	36.73	13.54	7.98
15.50	6.47	117.25	113.07	10.74	12.09
1.10	-0.08	6.07	3.03	1.42	0.58
2.37	1.82	4.62	4.85	4.07	1.68
0.32		1.91	1.92	0.10	0.66
2.29	0.02	28.37	28.78	0.77	1.69
0.77	0.03	12.07	12.13	0.54	0.87
1.33	0.03	7.84	8.07	1.29	1.34
25.87	5.32	223.72	225.23	7.16	15.26
25.47	5.33	215.83	217.27	7.00	14.62
0.40	-0.01	7.74	7.81	0.16	0.62
11.45	0.33	20.87	17.02	23.26	7.74
10.03	0.51	13.53	9.26	22.30	6.65
0.15	-0.19	5.33	5.71	0.19	0.49
1.26		2.00	2.05	0.77	0.54
46.92	3.18	429.04	422.24	17.88	57.06
22.30	-1.91	300.57	294.28	7.22	37.99
6.27	-0.92	72.88	72.38	1.87	9.89
5.70		67.84	67.05	1.10	6.75
2.06	-0.15	34.13	32.93	0.59	8.19
8.28	-0.84	125.72	121.92	3.66	13.17
12.49	3.45	54.21	55.21	4.30	6.40
8.09	1.40	15.52	20.77	2.45	6.57
4.04	0.24	58.74	51.98	3.91	6.10
0.16		1.78	2.01	0.25	0.46
0.94	0.08	24.24	19.41	0.82	1.76
0.29		0.81	0.72	0.51	0.13
2.65	0.16	31.90	29.84	2.32	3.76
18.32	2.14	13.45	49.99	32.85	29.18
0.04		0.34	0.34		0.21
18.27	2.14	12.34	48.88	32.85	28.91
0.01		0.77	0.77		0.06
0.20	0.02	1.76	1.45	0.01	0.26
9262.11	**2115.39**	**56396.91**	**57974.69**	**6926.53**	**8710.93**
468.86	-103.01	3469.13	3423.92	185.53	424.75

2-1 续表 31

行 业	销售费用	管理费用	财务费用	利息收入
谷物磨制	263.32	278.55	99.57	2.07
饲料加工	265.99	268.19	61.57	8.80
植物油加工	170.90	186.77	97.59	14.72
食用植物油加工	166.13	180.65	95.54	14.70
非食用植物油加工	4.77	6.12	2.05	0.02
制糖业	19.47	48.28	32.38	5.34
屠宰及肉类加工	277.28	291.50	102.43	5.63
牲畜屠宰	102.16	115.64	41.58	2.24
禽类屠宰	52.66	60.79	32.34	0.13
肉制品及副产品加工	122.46	115.07	28.51	3.26
水产品加工	92.31	121.30	49.73	1.49
水产品冷冻加工	56.77	82.92	37.69	1.07
鱼糜制品及水产品干腌制加工	19.66	18.77	5.83	0.24
水产饲料制造	9.99	12.38	3.86	0.09
鱼油提取及制品制造	0.45	0.47	0.20	
其他水产品加工	5.44	6.77	2.15	0.09
蔬菜、水果和坚果加工	147.13	158.10	46.63	1.49
蔬菜加工	95.26	102.54	29.22	0.92
水果和坚果加工	51.87	55.56	17.41	0.57
其他农副食品加工	139.15	160.78	64.81	1.97
淀粉及淀粉制品制造	56.76	76.24	37.17	1.07
豆制品制造	28.49	28.38	6.37	0.34
蛋品加工	9.34	8.09	2.80	0.02
其他未列明农副食品加工	44.56	48.07	18.47	0.54
食品制造业	1575.42	819.41	152.89	16.20
焙烤食品制造	194.87	107.97	17.08	1.41
糕点、面包制造	78.49	46.11	7.78	0.61
饼干及其他焙烤食品制造	116.38	61.85	9.30	0.80
糖果、巧克力及蜜饯制造	139.50	77.34	11.64	1.06
糖果、巧克力制造	119.91	60.38	7.74	0.79
蜜饯制作	19.59	16.96	3.90	0.26
方便食品制造	226.28	113.87	17.95	2.69
米、面制品制造	31.94	30.99	7.11	0.54
速冻食品制造	37.66	28.09	6.65	0.49
方便面及其他方便食品制造	156.68	54.80	4.19	1.66
乳制品制造	366.89	112.63	13.11	2.47
罐头食品制造	56.14	50.89	15.54	0.84
肉、禽类罐头制造	6.19	6.72	1.99	0.04
水产品罐头制造	5.65	6.04	1.28	0.19
蔬菜、水果罐头制造	38.83	32.20	11.10	0.61
其他罐头食品制造	5.48	5.94	1.18	0.01
调味品、发酵制品制造	133.65	128.01	33.73	2.36
味精制造	21.02	19.96	8.18	0.15
酱油、食醋及类似制品制造	54.32	47.43	6.73	0.93
其他调味品、发酵制品制造	58.32	60.63	18.83	1.28
其他食品制造	458.08	228.70	43.84	5.37
营养食品制造	41.14	20.73	6.22	0.12
保健食品制造	250.92	62.46	4.73	1.93
冷冻饮品及食用冰制造	38.55	19.43	2.88	0.07
盐加工	8.85	7.98	2.53	0.31

单位：亿元

利息支出	投资收益（损失以“-”号记）	营业利润	利润总额	亏损企业亏损额	平均用工人数（万人）
77.69	-11.67	722.25	713.55	16.09	67.06
54.12	-4.94	570.00	573.48	19.37	59.25
79.19	-55.73	380.37	387.05	45.53	32.77
77.71	-55.81	369.29	376.48	45.02	31.54
1.48	0.08	11.07	10.56	0.50	1.23
32.68	-10.10	87.40	92.10	22.25	13.54
86.95	-5.17	749.02	690.86	39.47	106.85
36.10	-8.02	332.17	276.73	12.57	31.66
28.02	-1.23	133.60	135.37	16.78	34.57
22.83	4.08	283.25	278.76	10.12	40.61
46.14	-2.55	299.39	300.45	9.12	50.74
37.16	-0.88	202.50	201.99	7.43	38.58
4.41	-0.07	44.11	44.17	0.88	7.06
2.76	-1.34	33.44	34.45	0.57	2.41
0.17		1.23	1.28	0.05	0.16
1.65	-0.27	18.10	18.56	0.18	2.54
37.03	-1.68	394.27	391.42	7.91	50.52
22.54	-2.34	256.61	254.11	5.75	34.14
14.49	0.66	137.67	137.31	2.16	16.38
55.06	-11.15	266.43	275.02	25.80	44.02
33.76	-9.98	118.07	126.48	14.58	18.29
5.11	-0.94	44.52	45.06	1.43	9.97
2.18	-0.13	19.30	19.21	0.07	2.80
14.01	-0.11	84.54	84.27	9.72	12.95
149.36	25.50	1843.67	1876.57	75.99	212.05
15.67	1.28	232.21	235.93	10.07	39.25
6.78	0.44	100.42	101.46	6.83	18.08
8.89	0.83	131.78	134.47	3.24	21.17
10.22		153.60	154.17	4.48	20.37
6.76	1.57	107.64	109.09	4.18	13.68
3.47	-1.58	45.96	45.08	0.30	6.69
18.69	-1.21	230.71	234.73	5.79	39.26
5.60	1.01	64.59	64.76	1.21	9.77
5.29	1.09	51.97	53.42	1.52	11.30
7.81	-3.30	114.15	116.55	3.06	18.19
18.26	19.18	239.36	248.43	20.56	26.09
13.87	1.29	101.33	103.56	4.31	21.31
1.70	-0.47	14.99	15.06	0.21	2.24
1.36	-0.01	5.24	5.17	0.42	1.09
9.93	0.08	68.52	70.46	3.24	16.81
0.89	1.69	12.58	12.87	0.44	1.16
31.00	-6.87	272.67	277.93	6.34	25.38
7.51	-13.12	31.87	33.83	1.32	4.15
5.82	3.44	121.10	122.36	0.96	8.49
17.67	2.82	119.71	121.74	4.06	12.74
41.65	11.82	613.78	621.80	24.44	40.41
5.72	-0.35	79.77	80.73	3.03	5.70
4.79	14.36	289.80	292.43	3.08	6.05
2.47	-2.76	24.32	24.97	1.94	3.93
2.58	0.12	6.62	7.98	1.95	2.08

2-1 续表 32

行 业	销售费用	管理费用	财务费用	利息收入
食品及饲料添加剂制造	63.84	82.26	22.83	1.52
其他未列明食品制造	54.77	35.84	4.65	1.41
酒、饮料和精制茶制造业	1292.13	765.92	140.12	28.81
酒的制造	577.21	455.60	75.43	21.98
酒精制造	13.57	23.86	13.75	1.47
白酒制造	370.05	286.18	37.14	15.02
啤酒制造	135.90	105.06	14.38	4.81
黄酒制造	10.20	10.01	2.71	0.09
葡萄酒制造	30.56	15.51	4.62	0.20
其他酒制造	16.93	14.98	2.83	0.39
饮料制造	627.21	218.10	45.48	6.34
碳酸饮料制造	139.75	31.16	2.96	0.81
瓶(罐)装饮用水制造	135.65	50.32	9.47	-0.49
果菜汁及果菜汁饮料制造	61.93	40.62	13.11	0.93
含乳饮料和植物蛋白饮料制造	64.96	37.22	2.58	2.11
固体饮料制造	38.85	18.55	7.86	0.39
茶饮料及其他饮料制造	186.07	40.23	9.50	2.59
精制茶加工	87.71	92.22	19.22	0.49
烟草制品业	149.15	497.80	-16.78	29.81
烟叶复烤	7.32	15.97	-4.36	3.33
卷烟制造	138.55	468.78	-13.39	26.41
其他烟草制品制造	3.28	13.04	0.97	0.07
纺织业	573.18	1026.58	473.98	44.18
棉纺织及印染精加工	315.06	591.68	311.31	33.06
棉纺纱加工	186.92	306.55	209.30	21.56
棉织造加工	80.66	151.28	61.65	6.95
棉印染精加工	47.48	133.86	40.36	4.55
毛纺织及染整精加工	29.90	59.12	35.98	2.44
毛条和毛纱线加工	14.40	26.19	19.28	1.25
毛织造加工	12.61	26.72	14.62	1.08
毛染整精加工	2.89	6.21	2.08	0.11
麻纺织及染整精加工	11.04	14.92	6.73	0.18
麻纤维纺前加工和纺纱	5.86	7.17	3.84	0.09
麻织造加工	5.12	7.38	2.60	0.07
麻染整精加工	0.06	0.36	0.29	0.01
丝绢纺织及印染精加工	14.14	32.47	13.10	1.11
缫丝加工	7.69	16.92	7.18	0.42
绢纺和丝织加工	5.43	11.72	4.90	0.51
丝印染精加工	1.01	3.82	1.03	0.18
化纤织造及印染精加工	14.25	36.52	19.19	1.10
化纤织造加工	11.32	26.42	14.63	0.83
化纤织物染整精加工	2.93	10.11	4.56	0.26
针织或钩针编织物及其制品制造	57.37	102.75	42.86	2.22
针织或钩针编织物织造	40.88	74.35	34.32	1.87
针织或钩针编织物印染精加工	7.48	10.26	2.00	0.10
针织或钩针编织品制造	9.00	18.14	6.54	0.24
家用纺织制成品制造	63.75	79.25	18.18	1.90
床上用品制造	38.45	43.48	7.88	1.47
毛巾类制品制造	9.90	13.27	5.67	0.32

单位：亿元

利息支出	投资收益（损失以“-”号记）	营业利润	利润总额	亏损企业亏损额	平均用工人数（万人）
20.95	0.41	152.60	151.54	13.10	14.53
5.12	0.03	60.66	64.16	1.33	8.11
141.96	64.69	1782.00	1799.65	95.44	166.82
84.60	46.87	1054.92	1061.90	55.40	89.57
13.30	-1.62	34.36	35.25	12.54	4.23
46.64	24.98	770.97	762.84	16.89	54.38
15.89	15.80	130.48	143.72	23.07	21.88
2.50	1.51	18.02	18.79	0.13	2.23
3.62	2.56	52.75	54.38	2.33	3.34
2.64	3.64	48.35	46.93	0.44	3.51
41.30	17.92	557.82	567.91	37.88	53.83
3.04	6.71	49.86	49.59	4.38	8.98
8.51	1.70	128.16	128.96	4.99	11.24
10.21	-0.78	105.06	107.79	5.52	9.68
4.30	10.39	148.11	150.90	1.86	9.06
7.72	0.74	38.31	38.23	0.79	5.12
7.51	-0.84	88.32	92.44	20.34	9.76
16.06	-0.10	169.26	169.83	2.16	23.41
14.91	88.48	1212.74	1199.60	1.18	20.89
-0.34	0.26	36.43	36.82	0.31	3.33
13.82	87.67	1148.64	1133.45	0.61	16.36
1.43	0.55	27.66	29.33	0.27	1.20
445.46	18.57	2194.04	2224.26	89.55	464.45
293.38	12.77	1331.43	1363.54	59.09	274.85
192.84	7.32	815.17	838.74	37.09	160.42
59.66	4.39	326.88	332.76	11.38	63.25
40.88	1.06	189.38	192.04	10.62	51.17
31.38	1.51	147.39	147.58	8.43	28.28
17.39	1.48	72.73	71.86	3.90	11.68
12.15	0.39	63.01	64.00	3.90	13.35
1.84	-0.36	11.65	11.72	0.63	3.25
5.88	1.04	37.18	36.97	0.89	10.81
3.45	0.98	20.06	19.65	0.24	4.95
2.12	0.06	16.99	17.16	0.50	5.73
0.31		0.14	0.16	0.16	0.13
11.96	0.33	69.91	69.71	3.38	16.67
6.35	-0.90	40.25	40.19	2.25	10.37
4.52	0.69	26.27	25.95	0.76	4.95
1.08	0.54	3.39	3.57	0.37	1.35
17.37	0.99	69.22	67.09	4.45	23.19
13.19	0.68	55.86	54.98	3.76	18.03
4.18	0.31	13.36	12.11	0.68	5.17
40.99	4.49	198.40	197.21	3.90	41.64
32.74	4.20	126.79	125.30	3.23	31.10
1.83	0.17	37.40	37.58	0.44	3.78
6.42	0.11	34.22	34.34	0.23	6.76
19.12	-4.35	162.11	161.16	4.47	35.92
8.85	-0.87	86.40	85.61	1.75	18.14
4.94	0.48	36.37	36.67	0.54	9.12

2-1 续表 33

行 业	销售费用	管理费用	财务费用	利息收入
窗帘、布艺类产品制造	3.71	8.11	1.66	0.23
其他家用纺织制成品制造	11.68	14.39	2.97	-0.11
非家用纺织制成品制造	67.68	109.88	26.62	2.17
非织造布制造	37.40	57.22	12.99	0.60
绳、索、缆制造	6.67	8.61	2.21	0.03
纺织带和帘子布制造	8.35	16.91	6.43	1.03
篷、帆布制造	5.14	10.58	1.57	0.21
其他非家用纺织制成品制造	10.12	16.56	3.42	0.31
纺织服装、服饰业	743.12	910.48	148.82	16.75
机织服装制造	605.47	680.39	111.26	12.92
针织或钩针编织服装制造	94.94	179.85	28.76	2.63
服饰制造	42.71	50.24	8.79	1.20
皮革、毛皮、羽毛及其制品和制鞋业	342.04	524.51	100.20	5.01
皮革鞣制加工	23.79	41.46	18.33	1.23
皮革制品制造	78.52	128.95	31.83	0.03
皮革服装制造	18.75	24.18	17.70	0.10
皮箱、包(袋)制造	40.22	72.26	9.87	0.71
皮手套及皮装饰制品制造	5.17	9.19	1.97	0.11
其他皮革制品制造	14.39	23.32	2.30	-0.88
毛皮鞣制及制品加工	10.66	14.66	5.45	0.25
毛皮鞣制加工	3.58	4.11	2.16	0.08
毛皮服装加工	4.44	6.17	1.50	0.16
其他毛皮制品加工	2.64	4.38	1.79	0.01
羽毛(绒)加工及制品制造	16.72	25.30	6.94	0.81
羽毛(绒)加工	6.46	12.40	3.49	0.52
羽毛(绒)制品加工	10.25	12.90	3.45	0.28
制鞋业	212.36	314.13	37.65	2.69
纺织面料鞋制造	20.51	40.74	5.97	0.09
皮鞋制造	153.69	206.56	19.64	2.08
塑料鞋制造	16.26	23.12	4.67	0.15
橡胶鞋制造	15.51	28.35	5.66	0.31
其他制鞋业	6.40	15.35	1.72	0.06
木材加工和木、竹、藤、棕、草制品业	322.20	408.92	121.95	3.40
木材加工	44.17	59.30	14.83	0.42
锯材加工	17.80	23.20	5.48	0.10
木片加工	12.26	18.06	5.41	0.07
单板加工	11.32	14.48	2.88	0.14
其他木材加工	2.79	3.58	1.07	0.11
人造板制造	176.94	215.03	75.30	2.08
胶合板制造	98.13	119.99	32.51	0.66
纤维板制造	39.94	52.84	27.83	1.16
刨花板制造	10.85	11.68	5.95	0.12
其他人造板制造	28.02	30.51	9.01	0.14
木制品制造	79.06	103.78	23.63	0.69
建筑用木料及木材组件加工	12.41	18.67	4.19	0.08
木门窗、楼梯制造	14.55	16.97	4.20	0.08
地板制造	24.24	33.01	7.64	0.30
木制容器制造	8.05	9.57	1.57	0.02
软木制品及其他木制品制造	19.81	25.56	6.02	0.22

单位：亿元

利息支出	投资收益（损失以"-"号记）	营业利润	利润总额	亏损企业亏损额	平均用工人数（万人）
2.27	0.05	12.85	12.86	0.98	2.95
3.07	-4.01	26.49	26.03	1.20	5.71
25.39	1.79	178.39	180.99	4.93	33.09
12.01	0.09	91.29	93.02	2.05	15.10
1.68	-0.08	18.30	17.97	0.51	3.21
6.40	2.33	35.22	35.97	0.53	5.53
1.97	-0.71	12.62	12.64	0.67	4.23
3.33	0.15	20.96	21.38	1.18	5.02
136.24	53.85	1345.67	1363.03	46.37	449.49
100.75	50.00	1058.72	1071.09	33.09	329.38
26.40	2.86	212.16	214.94	9.73	92.92
9.09	0.99	74.79	77.01	3.54	27.20
95.44	-14.65	1008.08	980.80	26.25	293.94
16.46	-1.60	180.34	139.50	3.52	16.92
31.00	-0.11	228.92	230.92	6.56	65.28
17.34	0.68	66.60	66.33	0.84	10.84
9.51	-0.86	82.02	82.96	3.46	39.98
1.57	0.07	24.97	25.00	0.36	6.25
2.58	-0.01	55.32	56.63	1.91	8.21
3.92	0.07	74.08	85.10	0.79	9.02
1.54	0.01	26.12	26.17	0.56	2.71
1.38	0.04	27.86	38.78	0.10	2.68
1.00	0.03	20.10	20.16	0.12	3.63
7.80	-2.48	47.22	47.15	1.84	8.60
3.83	-2.59	20.31	20.22	1.27	2.89
3.97	0.11	26.90	26.93	0.57	5.71
36.25	-10.53	477.52	478.13	13.53	194.11
4.44	-0.10	61.34	61.44	0.76	24.34
22.80	-2.54	327.95	329.33	9.09	125.78
2.81	-3.46	32.63	31.26	0.33	14.34
4.71	-2.74	39.54	39.77	1.91	17.98
1.49	-1.70	16.06	16.32	1.44	11.66
90.25	-23.01	869.28	874.09	26.64	140.78
10.16	-7.56	133.98	133.47	2.37	19.80
3.62	-4.35	69.55	69.36	1.22	8.78
3.57	-3.11	37.66	37.01	0.34	5.72
2.16	0.05	20.24	20.21	0.45	4.06
0.81	-0.15	6.54	6.88	0.36	1.24
55.31	-11.16	514.44	520.19	21.11	78.04
22.83	-7.23	347.06	343.41	2.46	51.07
20.70	-4.44	73.64	81.62	15.57	13.28
4.92	0.38	24.38	26.01	2.19	3.71
6.87	0.14	69.36	69.15	0.89	9.98
18.36	-4.21	168.30	169.10	2.86	30.70
3.50	-0.73	38.35	38.28	0.29	6.11
3.35	0.19	31.13	31.14	0.68	5.88
6.76	-0.82	46.04	46.36	1.21	6.78
1.05	0.06	16.04	16.49	0.23	2.97
3.70	-2.91	36.75	36.83	0.45	8.96

2-1 续表 34

行业	销售费用	管理费用	财务费用	利息收入
竹、藤、棕、草等制品制造	22.03	30.81	8.19	0.21
竹制品制造	19.28	26.57	7.04	0.20
藤制品制造	0.33	0.41	0.17	0.01
棕制品制造	0.41	0.47	0.21	
草及其他制品制造	2.01	3.37	0.78	0.01
家具制造业	291.39	349.87	57.87	4.99
木质家具制造	179.49	211.92	41.36	2.81
竹、藤家具制造	4.92	7.63	2.81	0.07
金属家具制造	52.15	70.15	7.98	1.63
塑料家具制造	3.23	4.55	0.55	0.09
其他家具制造	51.59	55.62	5.17	0.39
造纸和纸制品业	378.56	495.64	257.71	26.67
纸浆制造	3.99	14.19	8.22	0.28
木竹浆制造	3.16	10.18	6.17	0.37
非木竹浆制造	0.83	4.01	2.05	-0.09
造纸	187.89	267.06	202.11	24.08
机制纸及纸板制造	176.34	249.86	198.18	23.60
手工纸制造	2.45	4.02	1.42	0.20
加工纸制造	9.10	13.18	2.52	0.28
纸制品制造	186.67	214.38	47.38	2.31
纸和纸板容器制造	86.74	117.17	28.32	1.74
其他纸制品制造	99.93	97.22	19.06	0.57
印刷和记录媒介复制业	192.16	374.43	59.70	5.85
印刷	184.56	361.41	58.25	5.74
书、报刊印刷	22.66	59.30	8.83	0.92
本册印制	10.48	18.46	2.95	0.39
包装装潢及其他印刷	151.42	283.65	46.47	4.43
装订及印刷相关服务	4.83	9.34	1.01	0.01
记录媒介复制	2.77	3.68	0.44	0.09
文教、工美、体育和娱乐用品制造业	359.87	551.36	106.39	12.25
文教办公用品制造	35.12	49.88	7.28	1.89
文具制造	17.36	23.62	3.26	1.61
笔的制造	9.54	13.19	2.14	0.24
教学用模型及教具制造	5.89	9.18	1.47	0.02
墨水、墨汁制造	0.44	1.44	0.13	0.01
其他文教办公用品制造	1.88	2.46	0.30	0.02
乐器制造	7.94	16.83	1.58	0.16
中乐器制造	1.39	1.70	0.24	0.01
西乐器制造	4.66	9.84	1.07	0.12
电子乐器制造	1.11	3.42	-0.07	0.02
其他乐器及零件制造	0.78	1.87	0.33	0.01
工艺美术品制造	219.95	286.81	81.48	7.67
雕塑工艺品制造	29.84	36.23	8.23	0.36
金属工艺品制造	17.15	23.81	5.24	0.61
漆器工艺品制造	3.87	5.03	1.90	0.01
花画工艺品制造	4.47	7.29	0.59	0.06
天然植物纤维编织工艺品制造	39.02	32.79	7.49	0.29
抽纱刺绣工艺品制造	15.40	31.78	8.66	0.51
地毯、挂毯制造	19.79	24.98	6.09	0.47

单位：亿元

利息支出	投资收益（损失以“-”号记）	营业利润	利润总额	亏损企业亏损额	平均用工人数（万人）
6.42	-0.08	52.57	51.33	0.30	12.23
5.74	-0.08	42.75	41.47	0.27	9.71
0.07		1.98	1.94	0.01	0.42
0.19		0.78	0.83	0.01	0.16
0.43		7.06	7.09	0.01	1.94
56.81	15.19	510.47	512.64	20.26	120.08
36.17	-3.99	308.55	309.29	15.17	76.64
2.47	-0.43	9.50	9.20	0.26	2.08
11.05	11.77	105.45	106.75	2.69	21.17
0.55	0.06	4.90	5.07	0.17	1.77
6.57	7.78	82.07	82.33	1.97	18.43
233.92	22.99	752.25	792.82	80.96	134.95
8.29	0.13	1.45	2.18	7.62	1.45
6.41	0.04	4.98	5.50	2.96	0.94
1.87	0.09	-3.52	-3.31	4.66	0.51
185.15	33.79	379.58	412.82	55.22	68.73
181.59	34.03	351.39	384.46	54.58	64.02
1.36	-0.46	5.62	5.38	0.08	1.20
2.21	0.22	22.56	22.98	0.56	3.50
40.48	-10.93	371.22	377.82	18.13	64.78
22.93	-7.53	207.31	209.16	9.97	39.82
17.55	-3.40	163.91	168.66	8.16	24.96
54.67	23.47	564.95	577.97	22.89	98.07
53.21	23.32	548.55	561.37	22.23	94.73
8.40	-0.59	53.94	59.69	5.55	16.90
2.59	-0.57	34.04	33.94	1.27	4.83
42.22	24.48	460.58	467.74	15.41	73.00
1.01	0.06	11.44	11.36	0.20	2.63
0.45	0.08	4.96	5.24	0.45	0.71
101.69	12.51	932.84	927.82	25.27	234.49
8.35	2.99	57.36	58.56	1.51	15.57
4.40	2.18	27.41	28.06	0.71	8.69
2.39	1.27	18.18	18.60	0.42	4.99
1.21	-0.46	8.00	7.96	0.18	1.07
0.14		1.18	1.20		0.10
0.20		2.59	2.74	0.19	0.72
1.55	0.01	26.29	26.27	1.47	6.27
0.17	0.05	2.78	2.81		0.71
0.95	0.14	12.45	12.58	1.37	3.81
0.14	-0.19	7.25	7.10	0.09	1.04
0.29	0.01	3.81	3.78	0.01	0.72
72.56	5.30	618.19	610.69	13.53	113.97
6.05	-1.60	105.76	106.27	0.49	15.21
4.11	0.52	43.20	43.07	0.92	9.03
5.44	0.04	15.96	10.77	0.28	2.09
0.36		15.61	15.55	0.45	3.60
3.14	0.48	53.00	52.73	0.11	13.33
7.81	0.38	77.52	77.69	1.27	13.46
5.69	1.13	35.91	36.42	1.98	8.29

2-1 续表 35

行　业	销售费用	管理费用	财务费用	利息收入
珠宝首饰及有关物品制造	47.35	65.50	26.77	4.64
其他工艺美术品制造	43.06	59.40	16.50	0.72
体育用品制造	33.13	64.16	5.07	0.78
球类制造	3.92	5.89	0.72	0.08
体育器材及配件制造	10.92	17.85	0.67	0.19
训练健身器材制造	7.81	16.87	1.20	0.40
运动防护用具制造	4.02	8.14	0.43	0.05
其他体育用品制造	6.47	15.39	2.05	0.06
玩具制造	49.07	112.53	8.10	1.03
游艺器材及娱乐用品制造	14.66	21.15	2.88	0.72
露天游乐场所游乐设备制造	3.39	6.60	0.99	0.10
游艺用品及室内游艺器材制造	5.82	8.40	1.28	0.46
其他娱乐用品制造	5.44	6.15	0.61	0.16
石油加工、炼焦和核燃料加工业	357.81	852.56	416.86	37.25
精炼石油产品制造	207.63	705.67	263.61	24.47
原油加工及石油制品制造	204.48	699.94	257.76	24.36
人造原油制造	3.15	5.73	5.85	0.12
炼焦	150.14	141.57	150.22	12.32
化学原料和化学制品制造业	2506.92	3067.57	1266.03	107.37
基础化学原料制造	469.52	798.25	414.71	34.14
无机酸制造	24.10	34.75	10.13	0.15
无机碱制造	38.41	86.21	59.27	1.61
无机盐制造	81.63	89.58	51.46	1.93
有机化学原料制造	255.50	476.20	246.26	27.65
其他基础化学原料制造	69.88	111.51	47.59	2.80
肥料制造	293.77	344.17	224.07	19.63
氮肥制造	67.01	136.22	114.57	10.53
磷肥制造	27.70	33.54	29.56	4.86
钾肥制造	35.64	16.01	16.39	0.33
复混肥料制造	134.79	123.30	53.62	3.48
有机肥料及微生物肥料制造	24.73	29.95	6.96	0.40
其他肥料制造	3.90	5.15	2.97	0.03
农药制造	74.19	116.41	28.12	2.92
化学农药制造	64.79	103.17	25.03	2.76
生物化学农药及微生物农药制造	9.40	13.24	3.09	0.16
涂料、油墨、颜料及类似产品制造	269.46	339.59	53.81	5.29
涂料制造	201.43	217.30	30.83	3.25
油墨及类似产品制造	16.04	26.21	2.60	0.52
颜料制造	22.89	40.04	8.88	0.45
染料制造	18.86	41.37	9.04	1.03
密封用填料及类似品制造	10.24	14.68	2.46	0.03
合成材料制造	246.94	418.97	279.80	20.07
初级形态塑料及合成树脂制造	161.71	270.58	175.90	14.88
合成橡胶制造	21.57	48.77	23.25	1.20
合成纤维单(聚合)体制造	33.33	54.49	68.79	3.53
其他合成材料制造	30.31	45.12	11.87	0.46
专用化学产品制造	419.88	652.73	223.47	16.70
化学试剂和助剂制造	144.36	213.66	57.75	4.09
专项化学用品制造	159.60	211.39	90.68	6.69

单位：亿元

利息支出	投资收益（损失以“－”号记）	营业利润	利润总额	亏损企业亏损额	平均用工人数（万人）
27.21	4.67	142.45	138.27	5.87	19.27
12.74	-0.32	128.77	129.92	2.17	29.70
6.90	0.86	81.72	82.08	1.95	26.97
0.74	0.51	12.23	12.29	0.14	3.48
1.52	0.02	23.16	23.23	0.75	7.86
1.83	0.08	19.99	20.21	0.43	4.81
0.74	0.03	7.90	7.17	0.37	4.49
2.07	0.22	18.45	19.18	0.26	6.34
9.20	1.98	109.35	109.75	6.29	65.19
3.14	1.38	39.93	40.46	0.53	6.52
0.96	0.09	8.30	8.59	0.08	1.89
1.44	0.58	20.55	20.47	0.36	2.34
0.74	0.72	11.08	11.40	0.08	2.30
390.98	63.24	753.02	732.49	498.74	93.29
248.54	62.96	773.46	783.13	269.05	53.64
243.44	63.74	760.76	771.62	264.17	52.48
5.10	-0.78	12.70	11.51	4.88	1.16
123.41	-0.65	-31.46	-62.87	229.70	38.80
1126.07	138.85	4529.21	4669.98	908.78	492.03
373.84	41.65	950.31	1013.88	379.23	123.45
8.66	1.16	61.58	62.03	6.03	6.96
53.41	8.17	79.81	82.69	33.30	14.11
46.39	5.25	118.38	124.81	28.90	21.65
226.81	25.16	535.94	585.37	268.36	62.55
38.55	1.91	154.61	158.97	42.64	18.19
222.73	6.08	305.50	347.96	143.10	70.71
113.08	14.10	-44.90	-30.01	115.94	25.69
36.52	-0.68	16.14	26.77	6.44	6.73
15.80	0.51	25.69	38.56	2.48	3.42
49.07	-6.31	247.77	251.94	13.34	27.28
5.41	0.15	53.46	52.64	2.21	6.23
2.84	-1.69	7.34	8.06	2.70	1.37
29.80	4.61	233.21	235.70	8.67	20.08
27.23	2.27	206.82	208.99	8.47	17.38
2.57	2.34	26.39	26.71	0.20	2.70
51.78	16.42	496.23	505.98	23.05	47.04
29.69	10.42	313.63	317.37	12.16	27.51
2.72	0.48	33.18	33.69	0.30	3.86
7.90	1.91	51.31	53.62	7.99	7.51
9.44	3.51	82.80	85.32	1.24	5.69
2.03	0.09	15.32	15.97	1.36	2.47
214.16	14.68	523.17	533.85	208.05	55.99
146.66	8.57	369.00	377.30	116.51	35.06
12.92	3.23	77.56	77.52	26.08	7.23
46.25	2.44	13.82	17.43	56.95	6.75
8.33	0.43	62.78	61.60	8.50	6.95
193.47	5.63	1332.63	1337.16	123.43	100.04
47.40	6.46	404.58	403.35	32.19	32.12
82.49	-5.32	538.29	543.33	37.91	31.76

2-1 续表 36

行　业	销售费用	管理费用	财务费用	利息收入
林产化学产品制造	18.65	27.86	6.44	0.13
信息化学品制造	32.76	105.89	46.61	4.52
环境污染处理专用药剂材料制造	14.45	21.42	1.92	-0.17
动物胶制造	3.56	4.73	1.32	0.03
其他专用化学产品制造	46.50	67.79	18.75	1.42
炸药、火工及焰火产品制造	84.08	119.59	22.31	2.32
炸药及火工产品制造	31.79	69.40	8.65	2.17
焰火、鞭炮产品制造	52.30	50.20	13.66	0.15
日用化学产品制造	649.07	277.85	19.73	6.31
肥皂及合成洗涤剂制造	227.19	81.34	9.50	0.78
化妆品制造	324.37	124.42	3.48	2.95
口腔清洁用品制造	42.91	11.28	-0.04	0.91
香料、香精制造	21.06	34.22	2.94	1.66
其他日用化学产品制造	33.55	26.58	3.83	0.02
医药制造业	2959.88	1594.53	244.47	39.85
化学药品原料药制造	235.13	272.88	52.83	8.47
化学药品制剂制造	1288.03	530.13	64.80	15.04
中药饮片加工	77.14	65.77	15.96	0.66
中成药生产	974.36	396.98	59.92	6.67
兽用药品制造	51.85	53.94	8.78	0.67
生物药品制造	218.45	189.33	24.47	7.69
卫生材料及医药用品制造	114.92	85.50	17.71	0.65
化学纤维制造业	82.08	207.28	132.71	15.93
纤维素纤维原料及纤维制造	32.03	61.34	43.51	3.47
化纤浆粕制造	3.62	7.70	6.34	0.11
人造纤维(纤维素纤维)制造	28.42	53.64	37.17	3.36
合成纤维制造	50.05	145.93	89.21	12.46
锦纶纤维制造	7.56	24.37	14.81	0.98
涤纶纤维制造	28.64	91.97	58.71	10.23
腈纶纤维制造	1.92	3.16	3.35	0.22
维纶纤维制造	1.58	4.35	1.51	0.02
丙纶纤维制造	1.67	1.67	0.66	0.01
氨纶纤维制造	5.01	10.96	5.98	0.79
其他合成纤维制造	3.67	9.45	4.17	0.22
橡胶和塑料制品业	761.75	1201.77	296.01	22.80
橡胶制品业	251.87	353.66	112.93	6.89
轮胎制造	153.95	173.56	81.53	5.40
橡胶板、管、带制造	33.89	55.69	13.37	0.48
橡胶零件制造	26.77	55.80	5.32	0.55
再生橡胶制造	5.95	8.22	2.99	0.05
日用及医用橡胶制品制造	9.84	16.95	3.61	0.08
其他橡胶制品制造	21.47	43.43	6.11	0.32
塑料制品业	509.88	848.11	183.08	15.91
塑料薄膜制造	56.23	94.29	32.40	3.87
塑料板、管、型材制造	131.76	184.37	46.94	4.45
塑料丝、绳及编织品制造	58.94	81.68	25.16	0.88
泡沫塑料制造	22.67	32.63	6.67	0.41
塑料人造革、合成革制造	16.84	38.35	9.09	1.29
塑料包装箱及容器制造	44.05	74.12	17.33	1.06

单位：亿元

利息支出	投资收益（损失以“-”号记）	营业利润	利润总额	亏损企业亏损额	平均用工人数（万人）
5.66	-2.57	56.31	55.95	2.07	5.68
39.13	6.37	160.81	163.11	36.05	17.24
1.89	0.19	40.24	40.65	0.37	2.51
1.38		10.48	10.50	1.45	0.84
15.51	0.50	121.91	120.27	13.39	9.91
19.02	9.58	177.60	180.35	8.11	39.99
9.52	10.42	47.56	52.58	7.36	10.99
9.50	-0.84	130.05	127.76	0.76	29.00
21.27	40.22	510.56	515.10	15.14	34.73
7.57	4.04	139.61	135.01	3.61	11.02
5.99	25.31	220.75	227.18	4.93	12.19
0.80	0.20	31.46	33.87	2.81	1.90
3.65	11.35	75.79	76.76	1.57	4.10
3.26	-0.68	42.95	42.29	2.23	5.52
235.76	88.52	2653.09	2717.35	90.13	230.48
54.36	15.37	340.64	357.75	25.83	42.71
61.29	40.60	814.46	839.58	28.99	55.32
12.13	-4.39	133.51	136.53	1.58	13.30
55.26	36.25	691.95	696.95	12.13	65.11
8.03	-3.07	113.36	113.34	2.24	9.94
29.82	5.01	378.08	390.38	16.97	24.52
14.87	-1.24	181.10	182.81	2.37	19.59
120.99	12.05	287.82	306.79	46.77	46.65
36.79	8.07	98.56	103.79	9.28	14.92
4.27	0.02	6.65	7.59	3.08	2.00
32.52	8.05	91.91	96.21	6.20	12.92
84.20	3.98	189.25	203.00	37.49	31.73
13.82	0.21	41.94	42.50	6.01	3.61
55.85	1.30	103.51	114.28	26.55	21.21
3.52	-0.72	2.10	3.11	0.31	0.98
1.64	0.34	-0.05	0.31	1.59	0.70
0.53		2.56	2.56	0.18	0.55
5.00	2.79	23.04	23.87	1.09	1.63
3.84	0.06	16.16	16.37	1.75	3.06
268.52	-0.58	1938.87	1962.38	123.92	339.68
104.82	4.76	578.03	593.56	50.11	86.34
78.15	4.35	311.25	321.58	33.29	38.46
10.41	-0.49	102.39	98.48	5.57	14.74
5.02	0.90	65.25	66.68	4.20	13.11
2.36	0.01	19.17	19.22	0.42	2.44
2.93	-0.23	26.22	26.96	0.70	5.58
5.94	0.22	53.74	60.63	5.93	12.00
163.70	-5.34	1360.85	1368.82	73.81	253.34
29.76	-0.64	151.67	159.31	16.03	21.74
42.18	-0.94	351.76	352.22	12.87	42.50
19.23	-7.19	196.03	191.48	2.03	34.46
5.33	2.22	61.94	62.06	1.62	9.93
9.03	0.30	82.05	82.60	2.89	12.05
14.22	-1.63	129.41	129.29	4.71	22.48

2-1 续表 37

行　业	销售费用	管理费用	财务费用	利息收入
日用塑料制品制造	56.71	83.16	14.35	0.63
塑料零件制造	37.13	96.43	8.59	2.32
其他塑料制品制造	85.56	163.09	22.56	1.01
非金属矿物制品业	1637.60	2124.96	741.67	44.70
水泥、石灰和石膏制造	271.78	430.93	251.40	13.52
水泥制造	246.14	408.77	243.70	13.42
石灰和石膏制造	25.64	22.16	7.70	0.11
石膏、水泥制品及类似制品制造	368.90	434.96	133.70	8.16
水泥制品制造	288.94	336.87	106.96	5.32
砼结构构件制造	29.56	39.52	12.44	1.34
石棉水泥制品制造	6.00	7.06	1.03	0.03
轻质建筑材料制造	31.87	35.53	9.02	1.33
其他水泥类似制品制造	12.53	15.98	4.25	0.13
砖瓦、石材等建筑材料制造	378.20	488.48	133.21	5.81
粘土砖瓦及建筑砌块制造	104.86	123.00	33.08	0.73
建筑陶瓷制品制造	89.59	120.66	34.18	1.81
建筑用石加工	90.32	124.76	33.66	1.05
防水建筑材料制造	29.10	32.89	9.19	0.45
隔热和隔音材料制造	23.96	30.71	8.05	0.24
其他建筑材料制造	40.37	56.46	15.04	1.52
玻璃制造	43.14	78.09	24.74	2.31
平板玻璃制造	16.12	36.66	15.77	1.90
其他玻璃制造	27.02	41.43	8.97	0.41
玻璃制品制造	107.17	162.50	42.31	3.74
技术玻璃制品制造	35.05	56.75	19.90	2.33
光学玻璃制造	9.31	25.20	4.40	0.58
玻璃仪器制造	4.19	7.12	0.56	0.15
日用玻璃制品制造	20.20	24.72	6.45	0.23
玻璃包装容器制造	24.73	25.74	6.65	0.46
玻璃保温容器制造	1.84	2.67	0.68	
制镜及类似品加工	1.58	4.43	0.61	-0.05
其他玻璃制品制造	10.29	15.86	3.06	0.04
玻璃纤维和玻璃纤维增强塑料制品制造	59.03	87.44	36.19	2.29
玻璃纤维及制品制造	39.23	57.72	30.00	1.73
玻璃纤维增强塑料制品制造	19.80	29.72	6.20	0.57
陶瓷制品制造	121.42	147.27	31.34	2.32
卫生陶瓷制品制造	25.86	25.61	3.95	1.09
特种陶瓷制品制造	34.65	45.23	9.97	0.83
日用陶瓷制品制造	34.02	36.56	9.92	0.29
园林、陈设艺术及其他陶瓷制品制造	26.89	39.86	7.49	0.11
耐火材料制品制造	155.87	137.39	34.67	1.81
石棉制品制造	3.76	5.84	1.28	0.03
云母制品制造	1.54	2.45	0.41	0.01
耐火陶瓷制品及其他耐火材料制造	150.58	129.10	32.98	1.77
石墨及其他非金属矿物制品制造	132.08	157.90	54.12	4.74
石墨及碳素制品制造	57.36	71.04	28.20	3.52
其他非金属矿物制品制造	74.72	86.86	25.92	1.23
黑色金属冶炼和压延加工业	796.38	1663.40	1142.59	140.79
炼铁	16.80	39.09	48.96	1.48

单位：亿元

利息支出	投资收益（损失以"–"号记）	营业利润	利润总额	亏损企业亏损额	平均用工人数（万人）
13.21	0.79	100.51	102.20	5.93	28.94
10.88	1.93	82.89	84.12	15.50	31.49
19.86	-0.18	204.58	205.54	12.22	49.75
646.36	63.60	3682.09	3789.36	434.71	589.86
235.49	14.86	308.22	398.27	210.73	87.97
229.56	17.22	257.86	349.23	208.23	80.77
5.93	-2.36	50.36	49.04	2.50	7.20
106.41	21.60	757.54	761.37	51.33	104.71
85.35	4.95	554.59	555.75	40.53	79.47
9.62	-0.39	63.11	66.46	3.95	9.55
0.81	0.08	22.00	21.84	0.16	2.09
7.77	16.74	92.21	91.77	5.10	9.80
2.86	0.22	25.64	25.55	1.59	3.80
103.98	-2.44	1122.97	1116.79	26.31	151.59
24.15	-0.14	273.15	274.16	8.39	40.50
31.10	0.54	309.98	304.67	6.24	53.29
22.36	-2.04	314.24	312.84	1.79	32.36
7.34	-0.62	70.01	70.51	1.50	5.76
6.21	-0.75	59.92	61.48	2.28	8.56
12.82	0.56	95.67	93.13	6.10	11.13
26.84	25.50	76.06	84.20	40.51	18.53
18.92	21.58	9.73	15.39	35.46	8.71
7.93	3.91	66.34	68.81	5.05	9.82
38.51	2.77	221.50	225.88	46.59	55.20
17.89	3.57	60.74	65.13	20.26	12.07
4.31	-0.51	14.64	14.00	18.17	9.92
0.62	-0.66	9.52	9.43	1.44	1.27
5.64	-0.39	47.13	47.25	1.38	12.17
5.78	1.08	53.49	53.33	2.60	10.84
0.73	0.07	2.96	3.04	0.04	1.46
0.76	-0.03	4.79	5.00	0.37	1.04
2.77	-0.38	28.24	28.68	2.32	6.43
31.54	0.81	176.61	180.82	8.60	21.97
26.40	0.30	109.77	113.14	5.65	14.91
5.14	0.51	66.84	67.68	2.95	7.06
26.31	2.43	316.15	318.57	10.99	72.43
4.19	-0.01	48.37	49.01	3.13	13.49
8.98	2.59	133.48	135.43	3.27	16.21
7.51	-0.22	68.59	68.96	2.50	26.37
5.63	0.07	65.71	65.18	2.10	16.36
27.44	-0.26	350.97	348.72	10.52	35.83
0.98	0.08	14.21	14.14	0.10	1.43
0.36		5.42	5.43	0.11	0.57
26.09	-0.34	331.34	329.14	10.31	33.83
49.84	-1.66	352.06	354.74	29.12	41.64
26.90	-0.27	138.34	136.07	15.02	16.87
22.95	-1.39	213.71	218.67	14.10	24.77
1029.14	-132.55	588.56	589.94	1409.59	364.90
47.81	11.05	-21.85	-19.82	57.39	13.43

2-1 续表 38

行　业	销售费用	管理费用	财务费用	利息收入
炼钢	89.17	235.97	174.40	13.47
黑色金属铸造	117.55	183.17	53.94	1.72
钢压延加工	504.68	1103.28	814.58	116.30
铁合金冶炼	68.19	101.88	50.71	7.82
有色金属冶炼和压延加工业	425.97	912.06	742.75	72.59
常用有色金属冶炼	165.84	330.33	420.89	27.25
铜冶炼	27.63	80.16	96.82	8.25
铅锌冶炼	24.95	82.04	54.60	1.18
镍钴冶炼	15.72	36.59	68.99	6.94
锡冶炼	3.49	19.98	17.45	0.33
锑冶炼	1.59	5.21	1.74	0.05
铝冶炼	81.42	87.26	167.31	9.39
镁冶炼	5.02	6.39	4.42	0.02
其他常用有色金属冶炼	6.02	12.69	9.56	1.09
贵金属冶炼	8.51	69.61	26.53	12.42
金冶炼	5.56	61.15	19.52	12.17
银冶炼	0.80	5.16	5.19	0.24
其他贵金属冶炼	2.14	3.30	1.83	0.01
稀有稀土金属冶炼	17.50	46.58	15.52	6.33
钨钼冶炼	5.73	15.71	6.42	5.47
稀土金属冶炼	6.77	22.77	6.31	0.62
其他稀有金属冶炼	5.00	8.10	2.79	0.23
有色金属合金制造	46.70	109.68	51.16	4.47
有色金属铸造	6.40	14.19	2.73	0.40
有色金属压延加工	181.01	341.67	225.91	21.72
铜压延加工	43.56	82.46	69.34	12.55
铝压延加工	108.43	190.14	130.39	7.75
贵金属压延加工	3.44	7.44	3.85	-0.61
稀有稀土金属压延加工	7.87	20.61	7.45	1.04
其他有色金属压延加工	17.71	41.01	14.89	0.98
金属制品业	775.02	1417.26	322.97	30.11
结构性金属制品制造	255.19	438.85	116.06	7.52
金属结构制造	180.49	318.34	88.64	6.06
金属门窗制造	74.71	120.51	27.42	1.46
金属工具制造	64.31	111.84	17.12	0.95
切削工具制造	23.00	41.58	7.62	0.56
手工具制造	10.83	19.39	3.06	0.08
农用及园林用金属工具制造	5.63	8.90	1.54	0.17
刀剪及类似日用金属工具制造	10.58	16.36	1.25	-0.03
其他金属工具制造	14.26	25.61	3.65	0.17
集装箱及金属包装容器制造	70.57	112.21	25.31	2.64
集装箱制造	16.63	18.62	-2.99	1.26
金属压力容器制造	19.77	44.18	10.84	0.48
金属包装容器制造	34.17	49.40	17.46	0.90
金属丝绳及其制品制造	56.82	97.54	40.27	5.84
建筑、安全用金属制品制造	90.55	143.49	23.82	2.27
建筑、家具用金属配件制造	25.93	47.60	6.92	0.41
建筑装饰及水暖管道零件制造	39.09	66.13	10.16	1.64
安全、消防用金属制品制造	18.62	19.47	4.13	0.07
其他建筑、安全用金属制品制造	6.90	10.29	2.61	0.15

单位：亿元

利息支出	投资收益（损失以"–"号记）	营业利润	利润总额	亏损企业亏损额	平均用工人数（万人）
151.37	1.68	-114.44	-111.63	219.60	44.07
45.32	-0.43	387.68	388.66	13.84	53.74
738.45	-143.87	272.60	271.14	1039.28	226.45
46.20	-0.98	64.58	61.59	79.48	27.21
678.05	59.19	1576.68	1459.53	508.11	202.42
378.20	32.39	142.33	95.45	349.38	76.21
79.55	17.73	194.75	96.98	37.30	16.20
48.90	6.38	71.78	74.32	26.95	16.33
55.75	4.15	-53.85	-71.92	93.00	7.21
15.52	2.92	-27.35	-25.59	29.23	4.42
1.59		2.24	-0.96	3.49	1.55
163.79	1.04	-67.75	0.16	148.69	22.98
3.83	-0.45	2.07	1.93	5.22	3.43
9.27	0.60	20.44	20.52	5.49	4.08
34.27	13.96	94.45	96.89	10.01	9.47
28.16	14.02	72.82	76.30	8.31	7.50
4.37	0.01	15.60	12.83	1.57	1.25
1.74	-0.07	6.04	7.76	0.14	0.72
18.70	2.32	124.24	114.94	11.97	9.96
9.89	1.21	56.58	50.18	4.14	3.92
6.38	0.96	54.88	51.37	5.04	4.11
2.42	0.15	12.77	13.39	2.79	1.93
46.12	-9.07	132.60	134.74	38.12	18.95
2.67	-1.15	21.19	18.36	3.28	3.01
198.10	20.75	1061.85	999.15	95.35	84.83
62.47	6.09	452.63	377.30	30.10	19.95
110.11	8.40	515.96	526.20	40.30	51.58
3.45	0.07	6.83	8.06	3.97	1.18
7.78	3.67	20.30	21.32	14.67	3.85
14.28	2.52	66.14	66.26	6.30	8.28
301.60	-63.55	2213.14	2239.34	155.52	380.82
94.83	-52.55	739.26	735.86	43.58	109.65
72.83	-51.49	550.85	543.66	38.29	78.10
22.00	-1.07	188.41	192.20	5.28	31.55
16.11	-1.69	181.24	182.63	5.84	32.85
6.76	-1.74	50.00	51.31	2.80	10.21
2.78	0.12	33.48	33.55	1.35	6.43
1.83	-0.27	13.43	14.52	0.17	2.90
1.25	0.09	42.53	43.25	0.09	5.77
3.48	0.11	41.79	40.01	1.43	7.54
27.73	1.04	157.57	161.78	22.02	27.20
2.95	1.25	25.46	25.13	1.61	5.69
9.50	-0.08	34.84	37.31	12.45	9.30
15.28	-0.13	97.27	99.34	7.96	12.21
43.68	-12.41	165.27	163.57	18.05	22.36
24.65	-2.58	241.24	240.20	10.97	44.80
6.50	0.05	77.50	76.49	3.28	17.96
12.66	-0.45	104.42	104.10	6.04	18.69
3.38	-2.28	40.82	40.95	0.54	4.85
2.12	0.10	18.50	18.66	1.12	3.29

2-1 续表 39

行　业	销售费用	管理费用	财务费用	利息收入
金属表面处理及热处理加工	32.41	84.25	21.87	2.08
搪瓷制品制造	6.44	11.86	1.52	0.30
生产专用搪瓷制品制造	1.42	4.00	0.25	0.27
建筑装饰搪瓷制品制造	0.45	1.10	0.23	-0.01
搪瓷卫生洁具制造	2.58	3.26	0.19	0.02
搪瓷日用品及其他搪瓷制品制造	2.00	3.49	0.85	0.01
金属制日用品制造	74.90	99.35	17.55	1.35
金属制厨房用器具制造	15.60	12.77	2.85	0.37
金属制餐具和器皿制造	30.27	41.36	7.90	0.46
金属制卫生器具制造	3.00	5.56	1.26	0.03
其他金属制日用品制造	26.03	39.66	5.53	0.50
其他金属制品制造	123.83	317.87	59.45	7.16
锻件及粉末冶金制品制造	61.58	132.97	34.85	2.44
交通及公共管理用金属标牌制造	2.79	5.18	0.57	0.12
通用设备制造业	1350.04	2434.38	407.54	52.91
锅炉及原动设备制造	151.85	325.50	38.04	6.23
锅炉及辅助设备制造	52.04	109.27	17.44	3.49
内燃机及配件制造	73.16	140.70	12.71	0.74
汽轮机及辅机制造	11.41	50.27	2.87	1.43
水轮机及辅机制造	2.60	5.76	1.04	0.21
风能原动设备制造	12.15	18.40	3.69	0.31
其他原动设备制造	0.50	1.09	0.29	0.05
金属加工机械制造	165.07	289.94	80.88	5.53
金属切削机床制造	54.83	102.78	41.93	1.32
金属成形机床制造	23.60	47.42	9.33	1.80
铸造机械制造	27.42	36.47	10.08	0.40
金属切割及焊接设备制造	17.93	31.62	3.25	0.67
机床附件制造	13.97	26.88	5.89	0.33
其他金属加工机械制造	27.32	44.76	10.41	1.01
物料搬运设备制造	236.04	392.20	69.30	17.21
轻小型起重设备制造	15.33	28.57	4.98	0.26
起重机制造	61.14	115.31	57.79	5.76
生产专用车辆制造	16.00	21.27	1.33	0.92
连续搬运设备制造	15.60	22.30	4.50	0.24
电梯、自动扶梯及升降机制造	117.88	189.37	-1.26	9.85
其他物料搬运设备制造	10.09	15.37	1.96	0.18
泵、阀门、压缩机及类似机械制造	280.92	471.67	62.92	7.89
泵及真空设备制造	86.58	134.55	16.26	2.06
气体压缩机械制造	53.82	110.55	8.79	2.04
阀门和旋塞制造	83.21	125.38	22.94	1.56
液压和气压动力机械及元件制造	57.30	101.19	14.93	2.24
轴承、齿轮和传动部件制造	98.97	209.35	51.60	2.99
轴承制造	47.97	106.00	30.15	1.65
齿轮及齿轮减、变速箱制造	40.95	81.73	17.66	1.12
其他传动部件制造	10.04	21.62	3.78	0.22
烘炉、风机、衡器、包装等设备制造	210.83	343.21	41.53	7.38
烘炉、熔炉及电炉制造	7.81	17.61	3.03	0.73
风机、风扇制造	30.75	59.94	6.64	1.52

单位：亿元

利息支出	投资收益（损失以"-"号记）	营业利润	利润总额	亏损企业亏损额	平均用工人数（万人）
18.68	-6.96	122.35	125.30	18.11	25.14
1.70	-1.44	16.74	16.85	2.27	3.62
0.52		5.36	5.41	0.22	1.08
0.16		1.10	1.22	0.09	0.15
0.40	-1.44	4.16	4.16	1.85	0.98
0.63	0.01	6.12	6.06	0.10	1.41
16.48	1.23	153.91	155.62	6.30	39.36
3.07	0.07	15.95	16.30	1.15	4.88
7.33	1.79	71.95	73.25	1.33	17.51
1.46	0.04	5.72	6.05	0.73	2.05
4.62	-0.67	60.29	60.02	3.08	14.92
57.73	11.81	435.56	457.54	28.39	75.84
30.77	-0.14	235.70	236.58	14.82	29.01
0.54	0.73	9.01	8.90	0.58	1.12
399.05	96.24	3076.53	3142.93	249.31	471.28
43.58	33.55	338.73	349.47	31.21	48.16
16.38	2.65	118.38	119.90	7.61	16.41
17.71	27.26	164.64	173.23	15.13	23.87
5.12	3.41	13.26	14.55	6.47	4.47
0.84	0.02	3.85	4.21	0.92	0.93
3.44	0.22	37.22	36.26	0.60	2.21
0.10		1.38	1.32	0.48	0.27
71.25	-2.83	316.54	334.68	47.91	60.07
40.21	1.40	61.96	72.83	27.73	19.24
8.29	0.61	57.27	59.32	4.13	9.16
7.14	0.69	64.21	64.64	3.08	9.58
4.23	0.89	33.45	33.18	2.23	5.39
3.69	-0.03	37.25	38.57	3.49	5.98
7.68	-6.39	62.41	66.13	7.25	10.71
74.43	20.63	534.51	555.77	19.67	56.44
4.00	0.59	27.27	27.85	1.42	5.43
53.62	12.92	146.05	148.74	8.81	20.70
1.88	1.49	26.12	27.40	3.70	3.30
4.19	-0.25	24.98	25.79	1.73	4.24
8.61	6.34	296.45	311.87	3.01	19.91
2.14	-0.45	13.65	14.13	1.00	2.85
63.71	4.60	567.68	574.34	41.12	90.65
17.16	0.11	155.05	157.68	10.47	24.71
10.78	3.00	114.06	119.65	5.16	17.45
22.36	-0.10	177.82	178.05	6.23	28.55
13.41	1.59	120.74	118.96	19.26	19.93
43.27	1.42	298.59	303.87	35.95	53.04
23.71	2.28	139.85	144.45	21.32	31.31
15.67	-1.45	131.31	131.52	10.07	16.47
3.88	0.59	27.43	27.89	4.56	5.27
45.69	41.09	465.13	481.39	25.36	61.82
3.45	19.06	32.90	33.40	2.73	2.99
7.56	10.72	54.31	56.11	5.47	9.44

2-1 续表 40

行 业	销售费用	管理费用	财务费用	利息收入
气体、液体分离及纯净设备制造	30.31	49.68	7.05	0.42
制冷、空调设备制造	92.87	137.24	15.55	2.70
风动和电动工具制造	18.12	33.59	4.53	1.45
喷枪及类似器具制造	5.50	7.86	0.77	0.16
衡器制造	8.47	11.79	1.17	0.02
包装专用设备制造	17.00	25.51	2.77	0.38
文化、办公用机械制造	42.47	82.67	2.19	0.84
电影机械制造	0.66	0.75	-0.09	0.12
幻灯及投影设备制造	2.21	4.55	0.54	0.09
照相机及器材制造	3.67	23.21	0.69	0.01
复印和胶印设备制造	12.51	22.25	-0.32	0.53
计算器及货币专用设备制造	21.02	26.63	1.01	-0.01
其他文化、办公用机械制造	2.39	5.28	0.37	0.11
通用零部件制造	127.81	255.67	47.31	2.33
金属密封件制造	17.73	30.57	5.08	0.17
紧固件制造	32.66	59.27	11.58	0.66
弹簧制造	8.99	17.65	2.79	0.18
机械零部件加工	47.15	101.77	19.17	0.85
其他通用零部件制造	21.28	46.41	8.70	0.48
其他通用设备制造业	36.09	64.18	13.78	2.50
专用设备制造业	1073.80	1930.17	351.79	48.54
采矿、冶金、建筑专用设备制造	374.15	669.39	183.95	32.74
矿山机械制造	108.23	188.48	52.08	4.82
石油钻采专用设备制造	60.45	125.36	3.91	4.06
建筑工程用机械制造	136.47	185.35	75.80	15.88
海洋工程专用设备制造	8.51	39.61	13.37	3.83
建筑材料生产专用机械制造	34.60	50.63	9.84	1.09
冶金专用设备制造	25.88	79.96	28.95	3.06
化工、木材、非金属加工专用设备制造	121.81	285.18	45.93	3.74
炼油、化工生产专用设备制造	21.56	51.06	15.13	0.94
橡胶加工专用设备制造	5.75	14.47	2.34	0.30
塑料加工专用设备制造	27.06	38.61	4.16	0.60
木材加工机械制造	5.45	9.78	2.23	0.10
模具制造	58.02	165.11	20.86	1.77
其他非金属加工专用设备制造	3.96	6.16	1.21	0.04
食品、饮料、烟草及饲料生产专用设备制造	39.29	62.53	8.19	1.03
食品、酒、饮料及茶生产专用设备制造	9.65	18.57	1.72	0.52
农副食品加工专用设备制造	23.18	29.18	5.46	0.23
烟草生产专用设备制造	4.58	12.16	0.43	0.27
饲料生产专用设备制造	1.89	2.63	0.57	0.01
印刷、制药、日化及日用品生产专用设备制造	50.68	85.26	8.22	0.39
制浆和造纸专用设备制造	9.93	15.54	3.35	0.02
印刷专用设备制造	17.05	25.51	2.12	0.08
日用化工专用设备制造	1.32	2.45	0.47	-0.02
制药专用设备制造	8.94	15.20	0.70	0.14
照明器具生产专用设备制造	2.57	3.89	0.31	0.03
玻璃、陶瓷和搪瓷制品生产专用设备制造	7.51	16.13	1.25	0.19
其他日用品生产专用设备制造	3.36	6.53	0.01	-0.05
纺织、服装和皮革加工专用设备制造	43.33	87.90	14.36	2.16

单位：亿元

利息支出	投资收益（损失以"-"号记）	营业利润	利润总额	亏损企业亏损额	平均用工人数（万人）
6.82	4.29	56.03	58.24	3.93	8.03
16.38	3.76	201.64	211.52	9.12	23.46
6.91	0.95	74.61	75.80	0.92	9.32
0.88	0.09	7.02	7.21	0.57	1.52
1.26	0.80	18.85	18.20	1.34	2.31
2.44	1.42	19.76	20.90	1.29	4.76
4.63	-2.33	86.60	91.42	13.30	21.31
0.02	0.20	2.87	2.89		0.11
0.48	-0.03	3.76	4.20	0.52	1.14
1.16	1.11	12.90	13.45	4.34	7.51
1.13	2.45	44.67	45.82	1.11	6.83
1.22	-6.34	18.96	21.74	7.08	4.47
0.61	0.29	3.44	3.32	0.24	1.25
42.27	1.10	402.69	385.78	19.67	66.80
4.34	1.13	58.33	59.16	1.47	6.41
12.14	-1.20	88.31	89.55	4.65	15.70
2.43	-0.03	20.62	20.89	0.71	3.99
15.35	0.73	168.42	147.78	10.50	28.11
8.02	0.47	67.01	68.40	2.34	12.60
10.21	-0.99	66.06	66.21	15.12	12.99
376.56	70.04	2061.32	2186.65	354.26	354.12
211.05	29.05	578.45	642.34	233.14	118.26
50.98	2.56	203.55	205.08	38.25	40.19
27.60	2.38	224.14	227.61	11.74	21.67
75.89	27.05	108.15	126.83	77.40	26.47
16.00	1.71	-18.99	-16.52	55.26	5.02
10.49	-0.66	86.34	89.41	9.72	10.58
30.08	-4.01	-24.73	9.93	40.78	14.34
43.61	7.97	289.47	296.45	33.02	65.15
13.69	2.02	44.05	44.71	10.06	8.75
2.77	0.60	10.64	10.64	4.01	2.34
4.99	3.89	46.01	48.78	3.14	6.15
1.32	-0.29	12.59	12.55	1.04	2.08
19.97	1.60	169.26	172.61	14.15	44.41
0.87	0.15	6.91	7.16	0.61	1.42
6.65	0.66	91.04	89.48	2.31	12.47
1.44	0.15	23.29	22.93	0.53	3.48
4.34	0.16	52.62	51.98	1.10	6.79
0.46	0.34	9.56	8.95	0.60	1.42
0.41	0.01	5.57	5.63	0.09	0.78
8.96	4.40	104.77	112.69	5.45	15.71
2.85	0.16	21.26	21.71	1.33	3.22
2.22	1.48	27.67	33.12	2.11	4.77
0.40	0.02	2.61	2.72	0.19	0.54
1.36	0.61	17.06	18.28	0.49	2.18
0.31	0.01	5.70	5.85	0.10	1.00
1.45	2.12	23.85	24.26	1.18	2.12
0.37		6.61	6.75	0.06	1.89
15.19	7.71	93.37	97.60	11.49	17.91

2-1 续表 41

行　　业	销售费用	管理费用	财务费用	利息收入
纺织专用设备制造	31.63	63.08	12.13	1.75
皮革、毛皮及其制品加工专用设备制造	1.41	2.59	0.40	0.01
缝制机械制造	9.73	21.23	1.75	0.39
洗涤机械制造	0.56	0.99	0.08	0.01
电子和电工机械专用设备制造	47.85	107.23	13.55	1.14
电工机械专用设备制造	19.21	37.24	3.25	0.58
电子工业专用设备制造	28.64	70.00	10.30	0.56
农、林、牧、渔专用机械制造	86.78	131.85	24.43	0.97
拖拉机制造	14.42	38.92	8.30	0.49
机械化农业及园艺机具制造	47.32	59.18	9.39	0.26
营林及木竹采伐机械制造	0.34	0.62	0.04	
畜牧机械制造	5.01	5.33	0.67	0.02
渔业机械制造	0.40	0.71	0.12	0.02
农林牧渔机械配件制造	13.57	17.02	4.38	0.09
棉花加工机械制造	0.58	1.40	0.21	
其他农、林、牧、渔业机械制造	5.15	8.68	1.32	0.08
医疗仪器设备及器械制造	147.87	208.35	12.29	2.51
医疗诊断、监护及治疗设备制造	70.34	93.53	2.24	1.12
口腔科用设备及器具制造	2.32	3.51	0.25	0.06
医疗实验室及医用消毒设备和器具制造	3.39	4.18	0.53	0.02
医疗、外科及兽医用器械制造	27.93	46.69	6.34	0.61
机械治疗及病房护理设备制造	8.62	14.10	1.46	0.18
假肢、人工器官及植(介)入器械制造	13.43	17.90	0.13	0.07
其他医疗设备及器械制造	21.84	28.45	1.34	0.45
环保、社会公共服务及其他专用设备制造	162.04	292.48	40.89	3.85
环境保护专用设备制造	71.30	137.47	27.76	2.23
地质勘查专用设备制造	1.05	4.66	0.05	-0.07
邮政专用机械及器材制造	0.48	0.72	0.11	0.01
商业、饮食、服务专用设备制造	2.17	2.97	0.21	0.02
社会公共安全设备及器材制造	18.21	28.19	1.72	0.45
交通安全、管制及类似专用设备制造	4.08	6.54	1.51	0.32
水资源专用机械制造	7.29	11.81	1.57	0.04
其他专用设备制造	57.47	100.12	7.95	0.86
汽车制造业	2015.42	3396.48	367.51	144.65
汽车整车制造	1252.66	1537.63	80.79	106.73
改装汽车制造	49.08	90.59	20.26	3.13
低速载货汽车制造	2.47	5.60	0.85	0.44
电车制造	4.66	4.69	1.31	0.01
汽车车身、挂车制造	20.36	27.40	6.77	0.09
汽车零部件及配件制造	686.20	1730.56	257.53	34.25
铁路、船舶、航空航天和其他运输设备制造业	324.10	1022.95	139.96	67.69
铁路运输设备制造	122.73	330.42	17.18	12.13
铁路机车车辆及动车组制造	53.69	150.29	1.88	9.12
窄轨机车车辆制造	0.50	0.88	0.15	0.01
铁路机车车辆配件制造	39.57	100.44	8.71	1.73
铁路专用设备及器材、配件制造	25.40	59.06	5.14	1.18
其他铁路运输设备制造	3.58	19.76	1.29	0.09
城市轨道交通设备制造	3.45	10.44	0.70	0.48
船舶及相关装置制造	52.76	254.89	60.79	40.67

单位：亿元

利息支出	投资收益（损失以"–"号记）	营业利润	利润总额	亏损企业亏损额	平均用工人数（万人）
11.66	6.88	70.74	72.76	8.67	12.01
0.37		3.18	3.20	0.36	0.55
3.08	0.83	17.86	20.04	2.35	5.13
0.09		1.59	1.60	0.11	0.21
10.98	3.28	107.64	118.09	15.12	18.54
2.37	0.64	32.60	38.63	1.65	4.84
8.61	2.64	75.03	79.45	13.48	13.70
24.54	-1.08	173.40	176.99	19.09	28.02
6.67	-1.17	28.82	29.69	10.35	6.23
12.38	0.11	76.19	79.54	6.36	13.05
0.02		0.66	0.69		0.13
0.52	0.07	8.23	8.33	1.00	1.15
0.07		2.13	2.12	0.02	0.20
3.76	-0.13	43.65	43.79	0.84	5.17
0.21	-0.01	0.06	0.32	0.34	0.23
0.90	0.06	13.65	12.50	0.17	1.86
16.82	14.65	233.98	246.09	15.01	31.79
5.30	15.96	81.80	88.48	7.76	8.50
0.26	-0.07	2.49	2.54	0.54	0.93
0.45	0.03	5.85	6.04	0.37	0.89
6.77	1.04	79.93	82.93	2.55	11.69
1.35	-0.66	12.86	13.21	1.59	2.35
0.74	-1.91	19.15	19.86	0.88	2.40
1.95	0.26	31.90	33.02	1.32	5.03
38.75	3.41	389.21	406.94	19.63	46.26
24.94	1.24	207.37	211.60	5.87	22.70
0.23	0.20	4.18	5.12	0.21	0.74
0.06		0.36	0.38	0.21	0.14
0.12	0.07	2.52	2.67	0.22	0.46
2.41	-0.75	34.80	37.64	1.35	4.58
1.28	1.27	11.96	12.69	0.04	1.01
1.33	0.10	15.50	16.31	0.74	2.15
8.37	1.28	112.52	120.54	10.99	14.48
411.86	906.97	5810.26	6243.25	345.33	472.17
148.92	756.84	3138.49	3471.90	182.02	124.93
21.51	1.62	85.05	110.22	23.28	18.95
1.21	0.05	8.43	8.86	0.51	1.91
0.82		10.19	10.19	0.29	1.69
7.06	0.50	62.41	60.21	5.32	7.59
232.33	147.96	2505.69	2581.88	133.91	317.10
189.68	58.95	1048.84	1106.68	201.97	190.37
26.31	16.65	358.04	375.57	33.20	36.64
10.72	5.82	114.54	121.70	15.98	13.76
0.07	0.03	0.61	0.66	0.23	0.24
8.83	5.23	147.99	153.74	10.98	11.98
4.98	4.07	92.20	95.45	1.31	7.58
1.71	1.51	2.70	4.02	4.70	3.08
0.90	-0.26	6.30	6.90	1.64	1.16
90.60	49.42	190.65	207.60	142.16	56.02

2-1 续表 42

行　业	销售费用	管理费用	财务费用	利息收入
金属船舶制造	28.44	192.76	49.37	40.09
非金属船舶制造	2.19	4.39	0.80	0.01
娱乐船和运动船制造	2.10	3.66	0.56	0.01
船用配套设备制造	18.39	48.27	7.79	0.38
船舶改装与拆除	1.58	5.71	2.25	0.18
航标器材及其他相关装置制造	0.06	0.10	0.02	
航空、航天器及设备制造	28.76	199.55	31.34	7.91
飞机制造	20.25	142.63	25.99	5.59
航天器制造	1.33	18.68	1.47	0.92
航空、航天相关设备制造	5.84	30.25	2.27	1.27
其他航空航天器制造	1.35	7.99	1.61	0.13
摩托车制造	69.67	161.67	20.88	5.05
摩托车整车制造	32.98	88.36	6.85	2.20
摩托车零部件及配件制造	36.69	73.31	14.02	2.84
自行车制造	38.54	53.32	6.75	1.30
脚踏自行车及残疾人座车制造	15.48	26.76	1.91	0.75
助动自行车制造	23.06	26.56	4.85	0.55
非公路休闲车及零配件制造	4.65	6.41	0.78	0.10
潜水救捞及其他未列明运输设备制造	3.53	6.25	1.54	0.04
潜水及水下救捞装备制造	0.42	1.12	0.18	
其他未列明运输设备制造	3.11	5.13	1.36	0.04
电气机械和器材制造业	2378.88	3076.89	501.50	112.93
电机制造	234.21	394.84	63.49	12.06
发电机及发电机组制造	135.08	181.73	32.61	8.95
电动机制造	47.48	95.18	17.11	1.34
微电机及其他电机制造	51.64	117.93	13.76	1.77
输配电及控制设备制造	576.84	998.61	202.50	25.21
变压器、整流器和电感器制造	156.88	216.97	37.84	9.39
电容器及其配套设备制造	9.17	19.16	2.23	0.20
配电开关控制设备制造	224.07	347.35	54.60	6.13
电力电子元器件制造	50.73	125.67	11.88	1.44
光伏设备及元器件制造	72.06	188.03	77.79	6.02
其他输配电及控制设备制造	63.92	101.43	18.16	2.03
电线、电缆、光缆及电工器材制造	330.93	475.90	155.96	13.43
电线、电缆制造	271.98	364.35	126.42	8.50
光纤、光缆制造	32.70	59.29	22.67	4.55
绝缘制品制造	16.29	32.71	3.84	0.32
其他电工器材制造	9.96	19.56	3.03	0.06
电池制造	102.09	214.93	45.93	2.29
锂离子电池制造	38.42	110.40	17.06	1.43
镍氢电池制造	8.16	15.14	2.59	0.34
其他电池制造	55.51	89.39	26.28	0.52
家用电力器具制造	932.52	648.47	-2.33	54.21
家用制冷电器具制造	268.78	173.84	13.27	10.34
家用空气调节器制造	391.88	191.45	-30.87	35.13
家用通风电器具制造	28.48	27.83	2.11	0.13
家用厨房电器具制造	94.10	92.87	4.79	2.97
家用清洁卫生电器具制造	104.81	67.40	-3.78	3.01
家用美容、保健电器具制造	8.60	19.94	-0.23	0.42

单位：亿元

利息支出	投资收益（损失以“-”号记）	营业利润	利润总额	亏损企业亏损额	平均用工人数（万人）
77.77	48.03	123.33	138.71	119.26	42.00
0.41	0.01	7.10	7.26	0.12	0.94
0.47	0.02	1.96	2.16	0.85	0.75
8.34	1.27	44.25	46.39	13.83	10.24
3.59	0.10	13.83	12.89	8.09	2.05
0.01		0.17	0.18		0.04
36.25	-19.88	162.80	177.35	9.52	34.04
28.93	-22.82	118.56	124.60	8.11	25.67
2.20	1.40	15.35	16.70		2.84
3.38	1.46	19.91	25.27	1.41	4.53
1.75	0.08	8.98	10.79		1.01
24.73	11.54	209.17	214.96	7.75	37.01
10.32	9.06	92.26	95.75	4.10	11.51
14.42	2.48	116.91	119.21	3.66	25.50
8.27	1.47	86.91	88.83	6.78	20.95
4.15	0.67	31.77	32.81	2.97	11.64
4.13	0.80	55.14	56.02	3.81	9.31
1.02	-0.01	22.36	22.63	0.65	2.39
1.59		12.62	12.84	0.26	2.16
0.16		1.61	1.73		0.43
1.43		11.00	11.10	0.26	1.73
584.45	192.04	4433.36	4524.31	327.44	629.87
72.71	11.95	506.81	508.18	84.62	78.81
40.93	5.65	215.46	208.46	66.75	23.44
17.09	4.19	103.22	107.54	14.68	21.66
14.70	2.11	188.14	192.18	3.18	33.71
207.65	61.33	1371.91	1426.09	121.92	181.56
46.97	15.27	291.61	299.67	14.07	43.36
2.80	0.40	36.21	37.54	0.52	4.33
53.07	27.35	517.59	535.35	13.07	55.28
13.12	2.29	132.48	142.22	7.71	34.17
74.07	6.14	261.19	269.73	78.05	28.32
17.61	9.87	132.83	141.59	8.48	16.11
145.83	5.29	894.08	870.55	30.34	95.84
114.56	-11.70	700.55	676.22	22.16	75.35
24.73	17.10	118.28	119.11	4.37	8.15
4.14	0.32	38.14	38.81	3.01	7.86
2.39	-0.44	37.11	36.41	0.80	4.49
48.31	20.48	277.03	280.79	27.44	54.66
19.00	-0.70	134.27	141.11	15.70	29.01
2.66	-0.33	22.96	15.53	1.26	4.87
26.65	21.51	119.80	124.14	10.49	20.78
70.80	87.85	976.28	1023.83	32.99	134.41
21.94	-1.77	196.00	212.56	9.74	23.53
19.93	84.91	438.68	457.64	8.70	29.78
3.45	0.34	25.61	25.47	1.52	8.22
7.71	6.11	120.63	125.78	4.54	30.11
4.35	0.17	103.86	106.80	2.97	11.32
1.11	0.66	18.69	20.04	1.15	7.61

2-1 续表 43

行 业	销售费用	管理费用	财务费用	利息收入
家用电力器具专用配件制造	16.90	39.00	8.58	1.43
其他家用电力器具制造	18.98	36.15	3.80	0.79
非电力家用器具制造	51.43	55.48	8.89	1.59
燃气、太阳能及类似能源家用器具制造	48.65	48.51	8.21	1.34
其他非电力家用器具制造	2.78	6.97	0.68	0.25
照明器具制造	130.94	236.76	23.71	3.98
电光源制造	30.16	58.81	4.43	0.51
照明灯具制造	93.27	158.05	17.77	2.77
灯用电器附件及其他照明器具制造	7.52	19.90	1.50	0.70
其他电气机械及器材制造	19.92	51.89	3.35	0.15
电气信号设备装置制造	8.84	16.60	1.12	0.14
其他未列明电气机械及器材制造	11.08	35.29	2.22	0.01
计算机、通信和其他电子设备制造业	2075.40	4423.17	328.69	170.56
计算机制造	290.25	519.26	26.36	22.25
计算机整机制造	181.24	234.50	29.01	16.01
计算机零部件制造	28.85	94.73	2.67	3.72
计算机外围设备制造	41.82	88.39	-4.14	-1.12
其他计算机制造	38.35	101.65	-1.19	3.64
通信设备制造	892.95	1743.92	106.43	89.18
通信系统设备制造	655.24	1275.66	68.93	46.27
通信终端设备制造	237.71	468.26	37.50	42.92
广播电视设备制造	51.39	104.03	11.40	0.41
广播电视节目制作及发射设备制造	5.54	7.41	2.05	0.10
广播电视接收设备及器材制造	31.70	64.68	6.93	0.75
应用电视设备及其他广播电视设备制造	14.16	31.94	2.42	-0.45
雷达及配套设备制造	6.84	33.03	2.87	1.41
视听设备制造	257.76	280.21	32.92	16.18
电视机制造	207.13	138.81	26.10	11.91
音响设备制造	22.19	65.87	2.80	0.54
影视录放设备制造	28.43	75.53	4.02	3.72
电子器件制造	228.81	787.61	103.79	29.77
电子真空器件制造	5.41	15.95	4.46	0.15
半导体分立器件制造	15.86	61.47	5.86	4.05
集成电路制造	36.48	224.87	18.38	5.64
光电子器件及其他电子器件制造	171.05	485.33	75.10	19.93
电子元件制造	264.32	748.74	36.65	6.53
电子元件及组件制造	216.08	582.88	37.64	6.78
印制电路板制造	48.24	165.87	-0.98	-0.25
其他电子设备制造	83.09	206.37	8.26	4.83
仪器仪表制造业	351.30	608.87	52.52	10.59
通用仪器仪表制造	229.20	368.97	36.35	5.43
工业自动控制系统装置制造	139.90	220.47	24.20	3.48
电工仪器仪表制造	31.42	50.90	5.80	1.09
绘图、计算及测量仪器制造	7.70	14.76	1.57	0.08
实验分析仪器制造	14.97	24.64	0.79	0.27
试验机制造	7.55	14.51	0.36	-0.01
供应用仪表及其他通用仪器制造	27.65	43.69	3.63	0.53
专用仪器仪表制造	76.72	134.95	11.79	2.81
环境监测专用仪器仪表制造	10.29	14.45	1.33	0.53

单位：亿元

利息支出	投资收益（损失以“-”号记）	营业利润	利润总额	亏损企业亏损额	平均用工人数（万人）
7.72	-2.49	40.18	41.62	1.96	10.01
4.59	-0.09	32.63	33.92	2.41	13.84
9.58	1.46	71.45	75.11	5.05	11.58
8.69	1.34	65.18	68.04	3.73	9.89
0.89	0.12	6.27	7.07	1.32	1.69
26.57	4.73	300.08	303.76	19.34	65.15
5.70	-0.71	87.18	86.27	5.22	18.11
19.04	4.60	196.21	200.41	12.27	40.06
1.82	0.84	16.69	17.08	1.85	6.99
3.00	-1.05	35.71	36.01	5.74	7.85
1.27	0.23	16.53	15.67	3.54	3.21
1.73	-1.28	19.19	20.34	2.20	4.64
402.79	354.05	4143.94	4563.74	500.61	909.26
48.11	3.98	507.99	554.51	110.36	134.70
29.16	4.81	177.66	186.02	71.29	49.81
9.00	-3.65	141.73	142.14	15.82	40.15
6.14	1.63	143.33	160.35	9.25	29.98
3.82	1.19	45.27	66.01	14.00	14.76
93.62	262.52	1371.67	1572.67	78.00	201.40
47.30	283.95	898.05	1068.86	11.41	68.46
46.32	-21.44	473.61	503.81	66.59	132.93
14.54	3.22	122.10	126.85	6.25	23.59
2.10	0.04	7.94	8.73	0.68	0.98
8.64	3.05	78.38	80.58	3.50	17.64
3.79	0.13	35.79	37.54	2.07	4.96
4.04	2.69	27.36	30.54	1.05	4.39
35.32	14.14	191.94	217.30	39.83	68.71
26.15	9.71	73.83	93.07	29.51	23.84
3.53	2.82	55.31	56.35	3.32	22.83
5.65	1.61	62.80	67.88	7.00	22.04
108.14	21.65	656.31	770.64	173.08	169.54
4.53	5.35	16.08	20.01	9.71	3.00
9.89	4.13	40.12	44.52	15.96	13.62
17.26	4.57	157.72	189.36	47.37	28.32
76.46	7.59	442.39	516.75	100.05	124.60
83.72	38.85	991.89	999.26	76.26	257.10
59.91	35.03	807.51	812.94	49.13	194.49
23.81	3.81	184.38	186.32	27.13	62.60
15.30	7.01	274.69	291.98	15.78	49.85
59.74	21.65	704.76	743.75	36.88	105.23
38.36	20.87	441.82	474.10	20.21	51.14
25.11	10.88	265.24	284.85	13.94	27.25
6.25	6.69	54.01	57.99	2.83	7.72
1.51	0.10	23.21	24.03	1.34	3.72
0.97	0.47	24.20	26.40	0.79	3.41
0.48	0.22	18.12	19.43	0.26	1.65
4.04	2.51	57.04	61.40	1.05	7.41
13.29	3.48	159.91	166.52	4.83	18.21
1.79	0.44	20.92	21.18	0.14	2.31

2-1 续表 44

行　业	销售费用	管理费用	财务费用	利息收入
运输设备及生产用计数仪表制造	16.51	40.93	4.54	0.62
导航、气象及海洋专用仪器制造	3.56	13.86	1.02	0.16
农林牧渔专用仪器仪表制造	0.59	2.20	0.24	0.02
地质勘探和地震专用仪器制造	3.40	7.30	1.05	0.12
教学专用仪器制造	2.91	3.81	0.42	0.04
核子及核辐射测量仪器制造	0.49	2.01	-0.03	0.12
电子测量仪器制造	26.43	30.09	1.42	0.52
其他专用仪器制造	12.53	20.31	1.81	0.68
钟表与计时仪器制造	15.79	23.64	0.78	0.42
光学仪器及眼镜制造	23.42	69.94	2.47	1.77
光学仪器制造	12.46	49.51	0.56	1.45
眼镜制造	10.97	20.43	1.91	0.32
其他仪器仪表制造业	6.18	11.37	1.13	0.16
其他制造业	69.59	137.93	16.79	4.34
日用杂品制造	39.22	61.57	9.95	0.81
鬃毛加工、制刷及清扫工具制造	10.50	14.80	2.76	0.06
其他日用杂品制造	28.72	46.77	7.19	0.74
煤制品制造	5.68	6.62	2.03	0.18
废弃资源综合利用业	39.11	79.21	27.53	2.06
金属废料和碎屑加工处理	22.92	54.39	20.37	1.27
非金属废料和碎屑加工处理	16.19	24.82	7.16	0.79
金属制品、机械和设备修理业	13.19	76.68	11.02	2.73
金属制品修理	1.64	3.10	0.63	0.04
通用设备修理	0.51	2.24	0.14	0.01
专用设备修理	2.59	4.38	0.55	0.02
铁路、船舶、航空航天等运输设备修理	6.56	60.95	9.12	2.53
铁路运输设备修理	1.11	5.35	0.75	0.10
船舶修理	3.39	15.65	5.64	0.72
航空航天器修理	1.96	35.55	3.80	0.56
其他运输设备修理	0.10	4.40	-1.06	1.14
电气设备修理	0.20	1.84	0.10	0.02
仪器仪表修理	0.11	0.38	0.01	
其他机械和设备修理业	1.59	3.77	0.47	0.10
电力、热力、燃气及水生产和供应业	**394.28**	**1410.51**	**2514.20**	**110.61**
电力、热力生产和供应业	117.63	982.60	2326.81	84.30
电力生产	40.45	521.18	1777.87	57.36
火力发电	19.25	344.05	790.66	37.58
水力发电	11.15	104.17	591.44	5.94
核力发电	0.76	17.33	96.29	-0.51
风力发电	4.83	23.99	207.28	11.22
太阳能发电	1.47	11.07	61.18	1.37
其他电力生产	2.98	20.59	31.01	1.75
电力供应	58.41	338.42	487.74	21.98
热力生产和供应	18.77	123.00	61.21	4.96
燃气生产和供应业	166.22	218.88	80.14	11.80
水的生产和供应业	110.43	209.03	107.24	14.51
自来水生产和供应	104.60	175.39	66.80	7.04
污水处理及其再生利用	4.85	30.45	26.41	4.73
其他水的处理、利用与分配	0.98	3.19	14.03	2.73

单位：亿元

利息支出	投资收益（损失以“–”号记）	营业利润	利润总额	亏损企业亏损额	平均用工人数（万人）
4.53		50.89	51.39	2.11	5.59
1.08	0.41	8.30	9.53	0.40	1.86
0.23		4.92	4.95	0.01	0.30
1.33	0.55	11.28	11.73	0.80	1.04
0.39	0.09	5.69	5.51	0.08	0.84
0.13	0.61	1.11	1.39	0.04	0.25
1.88	0.46	29.77	30.95	0.51	3.31
1.94	0.92	27.03	29.88	0.74	2.73
1.52	-3.86	25.77	26.14	1.49	11.40
5.40	1.50	63.23	61.61	8.95	21.20
3.31	1.38	38.84	36.74	8.15	11.74
2.10	0.12	24.39	24.87	0.80	9.46
1.17	-0.34	14.03	15.38	1.40	3.27
19.64	8.36	172.88	183.95	7.02	42.75
9.72	2.80	89.52	89.84	1.83	27.41
2.54	-0.22	26.70	26.57	0.27	6.75
7.18	3.03	62.82	63.27	1.56	20.66
1.97	-0.03	8.06	8.18	1.74	1.45
20.34	-7.71	194.16	210.86	25.92	18.31
14.13	-3.78	156.33	168.31	21.56	12.24
6.21	-3.93	37.84	42.54	4.35	6.07
10.97	1.46	43.24	48.24	5.21	16.69
0.57	0.05	5.17	4.37	0.25	0.85
0.08	0.02	0.49	0.58	0.54	0.99
0.47	0.22	4.45	5.22		0.89
9.34	1.04	28.37	33.15	3.82	12.25
0.72	0.03	0.65	1.70	0.12	1.33
5.99	0.14	8.65	9.41	2.14	5.80
2.53	0.67	15.88	18.71	1.55	4.85
0.09	0.20	3.19	3.33	0.01	0.27
0.10	-0.02	0.37	0.44	0.33	0.80
		0.03	0.05	0.06	0.05
0.40	0.15	4.35	4.43	0.21	0.86
2408.65	**763.85**	**5118.05**	**5671.18**	**599.57**	**353.15**
2225.79	683.00	4534.93	4976.28	480.39	280.15
1724.69	242.93	3233.65	3516.22	340.62	102.04
776.98	182.29	2174.76	2281.74	222.04	70.70
579.20	36.45	642.87	744.68	74.79	21.92
92.03	1.43	145.72	182.50		0.97
196.23	18.36	171.49	189.40	28.77	3.49
52.50	1.52	70.63	74.25	4.68	1.11
27.75	2.89	28.19	43.66	10.34	3.85
443.69	433.99	1340.75	1395.84	88.42	152.87
57.40	6.07	-39.48	64.22	51.35	25.24
70.19	53.63	471.61	507.21	63.32	27.17
112.67	27.21	111.51	187.69	55.86	45.82
73.02	25.07	40.49	96.86	46.25	37.78
29.08	2.20	57.60	77.25	8.65	7.69
10.58	-0.06	13.42	13.58	0.96	0.36

2-2 国有控股工业企业主要

行业	企业单位数（个）	工业销售产值（当年价格）	出口交货值	资产总计
总计	**19273**	**228359.19**	**8516.83**	**397403.65**
采矿业	**1676**	**22390.69**	**127.03**	**70448.71**
煤炭开采和洗选业	937	10788.72	11.26	39799.95
烟煤和无烟煤开采洗选	887	10355.42	11.26	38356.65
褐煤开采洗选	47	424.50		1369.26
其他煤炭采选	3	8.81		74.03
石油和天然气开采业	83	6756.65	0.46	19431.46
石油开采	51	5796.08	0.46	16849.01
天然气开采	32	960.57		2582.45
黑色金属矿采选业	152	952.78		4933.64
铁矿采选	138	917.88		4884.22
锰矿、铬矿采选	10	11.63		34.61
其他黑色金属矿采选	4	23.27		14.80
有色金属矿采选业	263	2100.56	4.15	2715.16
常用有色金属矿采选	121	674.01	0.42	1177.98
贵金属矿采选	81	1018.44		1025.66
稀有稀土金属矿采选	61	408.10	3.74	511.53
非金属矿采选业	201	553.69	8.70	1226.90
土砂石开采	99	222.82		166.46
化学矿开采	33	92.79		274.40
采盐	49	181.73	1.04	674.04
石棉及其他非金属矿采选	20	56.35	7.66	111.99
开采辅助活动	39	1237.24	102.45	2339.26
石油和天然气开采辅助活动	39	1237.24	102.45	2339.26
制造业	**11838**	**148494.46**	**8356.56**	**202943.16**
农副食品加工业	690	3291.54	47.14	2448.24
谷物磨制	246	678.91	0.65	461.68
饲料加工	72	164.11		114.87
植物油加工	93	1255.86	0.09	942.60
制糖业	49	200.35		291.36
屠宰及肉类加工	135	598.69	10.28	357.96
水产品加工	21	78.16	30.87	61.34
蔬菜、水果和坚果加工	32	98.48	1.25	76.94
其他农副食品加工	42	216.99	4.01	141.48
食品制造业	310	1063.59	49.11	1110.78
焙烤食品制造	32	34.83	0.34	25.13
方便食品制造	35	61.98	2.54	37.48
乳制品制造	76	480.99		458.99
罐头食品制造	33	61.34	18.09	81.54
调味品、发酵制品制造	35	135.74	12.35	200.52
其他食品制造	97	282.48	15.60	293.77
酒、饮料和精制茶制造业	285	2416.75	57.72	3984.42
酒的制造	190	2185.08	50.67	3808.24
饮料制造	54	195.61	6.89	150.30
精制茶加工	41	36.06	0.16	25.89
烟草制品业	106	9557.75	42.39	9082.76

经济指标(大、中类行业)

单位：亿元

固定资产合计	固定资产原价	累计折旧	流动资产合计	应收账款	存货	产成品
174671.96	**272563.10**	**114090.80**	**138438.19**	**26553.48**	**31760.17**	**9128.14**
34215.75	**51730.82**	**23875.33**	**20109.43**	**3407.67**	**2471.43**	**969.64**
15837.06	20271.39	8600.04	13484.09	2150.01	1625.97	679.79
15293.72	19435.57	8251.20	13098.58	2052.32	1582.61	658.02
510.95	795.72	340.91	362.09	96.64	43.01	21.55
32.39	40.11	7.94	23.43	1.04	0.35	0.21
14832.73	26311.11	13197.20	2504.28	240.17	223.11	95.95
13091.90	23565.56	12077.24	2171.32	180.99	189.02	88.08
1740.83	2745.55	1119.96	332.96	59.18	34.09	7.87
1263.40	1726.23	605.90	1599.89	301.33	126.69	51.38
1253.14	1713.33	601.06	1587.75	299.25	123.28	48.82
5.15	9.19	4.24	7.33	1.12	1.66	0.95
5.12	3.71	0.60	4.81	0.97	1.75	1.62
1085.73	1381.90	469.12	828.85	93.07	236.28	93.21
454.76	605.22	216.66	354.55	50.08	88.01	35.98
379.49	487.71	165.82	298.45	21.20	102.79	32.69
251.49	288.96	86.64	175.84	21.79	45.48	24.54
326.94	448.84	180.58	494.72	52.09	73.58	39.56
54.80	79.53	26.80	61.26	12.77	9.26	7.42
71.51	90.28	30.10	113.88	16.88	29.15	9.63
183.29	250.00	110.34	293.09	20.56	29.13	18.79
17.34	29.04	13.33	26.50	1.88	6.05	3.72
868.27	1589.98	822.26	1197.07	570.98	185.37	9.68
868.27	1589.98	822.26	1197.07	570.98	185.37	9.68
63319.75	**100292.15**	**42329.48**	**100465.79**	**20190.15**	**28090.05**	**8033.73**
651.67	1041.94	455.80	1490.31	164.33	479.98	228.79
159.79	202.69	58.82	257.01	36.48	98.34	41.24
38.60	48.23	15.40	50.03	9.35	13.16	3.91
196.26	276.15	107.47	646.20	51.64	226.43	91.67
83.30	164.68	82.90	162.16	21.68	45.36	32.82
75.42	107.28	37.12	220.23	22.81	42.63	29.69
19.40	34.97	19.29	37.83	6.09	16.12	9.78
36.05	53.43	20.88	34.13	4.63	10.03	3.77
42.86	154.52	113.92	82.72	11.67	27.91	15.89
338.53	668.17	347.27	533.63	122.16	117.08	61.91
9.10	13.60	4.64	12.33	3.35	1.93	0.71
10.98	18.23	7.62	18.97	4.03	4.90	2.33
124.30	244.16	125.31	243.42	64.75	38.86	17.03
29.01	51.99	23.23	46.75	7.29	23.95	17.59
57.27	92.54	37.93	76.85	14.77	18.75	9.45
107.62	247.20	148.24	127.42	23.01	28.22	14.56
915.12	1266.10	487.15	2450.59	119.87	710.50	173.36
879.35	1212.37	465.28	2336.87	110.45	682.74	156.20
27.78	41.28	16.25	99.41	7.59	23.04	15.61
7.99	12.45	5.62	14.31	1.82	4.72	1.55
1446.76	2612.10	1405.18	6671.11	668.39	4296.20	358.45

2-2 续表 1

行　　业	企业单位数（个）	工业销售产值（当年价格）	出口交货值	资产总计
烟叶复烤	37	169.46		367.44
卷烟制造	51	9305.58	35.34	8626.56
其他烟草制品制造	18	82.72	7.05	88.75
纺织业	200	677.34	86.04	1115.33
棉纺织及印染精加工	107	430.48	55.87	806.50
毛纺织及染整精加工	25	82.30	4.26	62.85
麻纺织及染整精加工	9	6.10	0.81	11.96
丝绢纺织及印染精加工	9	43.82	1.02	53.65
化纤织造及印染精加工	5	8.61	2.47	11.21
针织或钩针编织物及其制品制造	15	50.29	17.63	50.13
家用纺织制成品制造	10	4.54	0.98	5.01
非家用纺织制成品制造	20	51.20	2.99	114.01
纺织服装、服饰业	168	180.00	19.45	268.66
机织服装制造	137	149.79	18.11	214.81
针织或钩针编织服装制造	17	21.80	0.91	35.99
服饰制造	14	8.41	0.43	17.85
皮革、毛皮、羽毛及其制品和制鞋业	35	85.59	2.33	74.83
毛皮鞣制及制品加工	3	6.51	0.52	17.78
制鞋业	26	73.24	1.58	55.61
木材加工和木、竹、藤、棕、草制品业	101	214.28	20.66	291.65
木材加工	32	52.39	1.89	53.69
人造板制造	50	125.51	0.11	206.00
木制品制造	17	34.39	17.88	30.86
家具制造业	17	97.14	14.71	118.23
木质家具制造	10	9.76	1.88	8.49
金属家具制造	3	81.78	12.83	100.98
其他家具制造	3	4.23		7.84
造纸和纸制品业	109	712.65	35.60	1963.10
纸浆制造	6	39.16		108.21
造纸	62	623.16	26.71	1811.12
纸制品制造	41	50.33	8.89	43.76
印刷和记录媒介复制业	304	503.28	11.84	754.96
印刷	290	492.25	10.42	736.28
装订及印刷相关服务	5	4.15		5.30
记录媒介复制	9	6.87	1.42	13.38
文教、工美、体育和娱乐用品制造业	83	443.19	12.79	262.90
文教办公用品制造	12	9.84	2.00	12.16
乐器制造	8	25.90	2.14	42.57
工艺美术品制造	49	394.39	7.71	198.18
体育用品制造	8	7.78	0.72	5.03
玩具制造	3	2.58	0.23	1.36
游艺器材及娱乐用品制造	3	2.70		3.60
石油加工、炼焦和核燃料加工业	221	20268.36	353.50	12705.92
精炼石油产品制造	151	19294.09	340.55	10737.02
炼焦	66	804.14	12.96	1729.34
化学原料和化学制品制造业	1171	11609.58	528.75	20178.42

单位：亿元

固定资产合计	固定资产原价	累计折旧	流动资产合计	应收账款	存货	
						产成品
93.19	170.67	84.10	237.45	23.68	52.56	48.66
1325.47	2397.55	1305.05	6377.85	629.00	4226.15	298.59
28.10	43.88	16.03	55.81	15.72	17.49	11.20
372.07	571.54	245.62	536.39	80.94	169.29	92.79
268.86	423.40	175.07	382.66	51.65	128.94	71.02
18.06	34.08	16.37	27.54	6.08	12.20	7.41
3.64	5.31	2.77	6.81	0.51	3.25	1.79
7.44	11.39	4.46	29.21	2.29	4.71	2.13
4.61	7.92	3.36	5.86	1.78	2.43	1.35
15.76	26.24	10.92	28.46	7.72	6.85	3.16
0.44	0.92	0.48	2.59	0.28	0.81	0.29
53.27	62.28	32.19	53.25	10.61	10.09	5.64
64.05	108.68	52.04	181.42	17.99	36.54	16.79
52.67	88.29	41.91	143.31	13.71	31.10	14.41
8.25	13.45	6.34	26.22	3.56	5.10	2.27
3.14	6.95	3.79	11.88	0.71	0.34	0.12
8.67	21.80	14.69	43.42	3.60	16.62	11.33
0.49	0.54	0.29	5.35	1.61	1.70	0.81
7.72	20.43	13.96	37.23	1.94	14.33	10.13
96.54	167.56	77.07	132.73	24.59	39.99	22.02
19.94	32.43	14.51	28.19	4.35	7.85	5.27
69.87	112.10	44.66	84.35	15.86	24.38	13.94
6.14	22.11	17.58	19.69	4.19	7.64	2.79
14.29	22.14	8.44	75.09	39.28	9.61	4.58
1.29	2.49	1.23	6.32	0.78	3.32	1.87
9.39	15.07	5.92	66.65	38.03	4.91	1.54
2.80	3.12	0.64	2.03	0.47	1.38	1.17
617.41	996.79	412.44	1045.70	112.68	178.77	52.51
52.82	72.23	19.42	35.25	1.23	10.64	2.60
548.67	898.57	381.85	985.43	105.24	160.87	46.18
15.92	25.98	11.18	25.03	6.21	7.26	3.73
252.85	582.07	336.83	406.79	85.81	75.73	28.03
247.83	564.90	324.96	394.08	82.03	73.73	27.29
0.89	4.29	3.42	4.34	0.49	0.37	0.18
4.13	12.88	8.46	8.37	3.29	1.63	0.56
36.48	57.13	25.31	189.96	22.50	91.97	49.66
2.02	2.85	0.98	8.55	1.87	2.65	1.33
9.18	15.84	6.66	21.59	3.69	10.12	3.65
22.81	33.71	15.41	152.95	14.71	77.01	44.00
1.78	3.03	1.25	3.15	0.71	1.23	0.64
0.45	0.71	0.26	0.74	0.18	0.13	0.01
0.24	0.99	0.74	2.98	1.34	0.83	0.03
6191.38	11370.34	5497.43	3952.85	426.25	1518.17	392.68
5290.17	10131.77	5083.30	3289.48	309.68	1343.54	305.92
734.63	1031.65	324.10	595.47	99.68	159.72	81.99
10649.78	14882.61	5311.83	6051.62	881.24	1419.70	589.76

2-2 续表 2

行　业	企业单位数(个)	工业销售产值(当年价格)	出口交货值	资产总计
基础化学原料制造	348	4749.86	172.65	7083.06
肥料制造	207	2621.81	114.18	6021.64
农药制造	41	449.28	89.08	499.84
涂料、油墨、颜料及类似产品制造	73	173.82	9.55	261.27
合成材料制造	138	1640.79	52.52	3911.11
专用化学产品制造	224	1575.99	73.13	1657.27
炸药、火工及焰火产品制造	103	267.82	8.61	556.52
日用化学产品制造	37	130.19	9.02	187.71
医药制造业	422	2057.52	146.13	3888.91
化学药品原料药制造	74	452.06	98.40	968.68
化学药品制剂制造	107	546.68	22.21	1110.81
中药饮片加工	39	84.20	0.66	109.32
中成药生产	134	630.79	5.49	1136.90
兽用药品制造	12	19.71	0.03	32.89
生物药品制造	47	240.83	10.40	481.02
卫生材料及医药用品制造	9	83.25	8.94	49.29
化学纤维制造业	42	581.18	44.17	716.74
纤维素纤维原料及纤维制造	25	342.44	32.40	437.90
合成纤维制造	17	238.75	11.77	278.84
橡胶和塑料制品业	270	898.53	155.96	1522.21
橡胶制品业	76	484.23	136.10	982.44
塑料制品业	194	414.31	19.86	539.77
非金属矿物制品业	1533	4601.48	97.14	8745.18
水泥、石灰和石膏制造	652	2776.95	13.58	5492.10
石膏、水泥制品及类似制品制造	506	872.09	0.87	1308.84
砖瓦、石材等建筑材料制造	116	156.31	1.95	213.85
玻璃制造	22	59.15	2.88	214.17
玻璃制品制造	41	100.88	7.46	216.97
玻璃纤维和玻璃纤维增强塑料制品制造	32	246.71	48.51	568.68
陶瓷制品制造	37	55.18	6.23	131.26
耐火材料制品制造	44	64.31	5.37	197.63
石墨及其他非金属矿物制品制造	83	269.90	10.28	401.67
黑色金属冶炼和压延加工业	389	15944.28	1200.99	34431.57
炼铁	19	383.50	1.61	753.75
炼钢	15	2548.80	180.00	6231.66
黑色金属铸造	60	153.51	3.66	327.31
钢压延加工	250	12649.32	1011.56	26805.59
铁合金冶炼	45	209.14	4.16	313.26
有色金属冶炼和压延加工业	503	11474.71	201.58	14428.25
常用有色金属冶炼	149	6385.55	88.98	9626.99
贵金属冶炼	85	1499.90	0.02	1314.20
稀有稀土金属冶炼	54	483.73	32.66	670.40
有色金属合金制造	54	565.97	33.27	711.98
有色金属铸造	8	36.05	2.59	39.20
有色金属压延加工	153	2503.52	44.06	2065.48

单位：亿元

固定资产合计	固定资产原价	累计折旧	流动资产合计	应收账款	存货	产成品
3923.95	6242.88	2476.43	1834.50	254.69	464.90	160.85
3265.16	4066.15	1421.09	1931.56	179.63	423.15	209.61
153.59	260.50	117.37	238.60	37.03	74.87	29.39
105.65	151.49	63.09	100.88	23.74	23.50	11.05
2252.34	2842.63	771.67	944.86	185.77	175.98	69.81
706.74	977.81	321.66	648.47	132.19	204.85	86.07
208.74	274.43	104.92	230.79	47.76	34.77	13.78
33.61	66.71	35.60	121.96	20.42	17.67	9.19
965.88	1440.61	546.87	1976.69	355.35	435.79	170.83
290.49	440.18	163.23	394.22	59.24	88.65	40.55
267.34	412.35	172.76	575.41	119.45	99.68	41.68
25.34	36.54	11.55	66.56	28.41	21.13	8.04
211.65	314.69	128.72	679.40	85.88	163.02	56.45
12.24	17.46	5.58	14.37	2.43	4.33	1.70
141.28	191.79	54.97	218.50	50.42	51.19	15.56
17.54	27.60	10.05	28.24	9.54	7.78	6.85
311.78	613.23	330.44	296.80	22.91	99.20	36.54
183.63	268.19	128.31	205.17	14.18	73.85	22.82
128.15	345.03	202.13	91.63	8.73	25.35	13.72
451.10	700.11	320.01	695.03	161.22	173.25	104.06
304.95	440.37	191.47	392.12	84.91	95.18	63.79
146.15	259.74	128.54	302.91	76.31	78.07	40.27
3882.34	5438.69	1859.45	3557.00	966.18	594.07	227.59
2900.53	4121.35	1355.09	1819.20	291.09	328.25	88.96
243.69	380.24	147.65	884.67	458.56	72.51	34.41
62.39	92.13	34.21	115.67	32.25	15.48	6.97
60.20	94.27	35.64	90.23	13.39	23.56	12.43
107.43	127.65	39.75	72.58	18.64	21.00	12.89
236.66	315.21	130.19	230.38	59.00	34.91	22.26
29.23	47.07	18.82	61.28	12.73	17.09	9.51
85.60	45.97	19.94	85.75	24.67	19.68	11.99
156.62	214.79	78.17	197.24	55.85	61.58	28.17
13829.65	22843.20	10362.03	11198.65	1124.53	3480.76	1076.54
258.29	388.22	147.57	184.71	24.07	65.19	7.31
2759.78	4175.43	1927.89	2077.56	178.75	811.01	377.91
70.63	109.47	47.78	138.57	41.55	40.59	13.71
10608.84	17962.52	8156.80	8686.35	850.65	2525.44	661.73
132.11	207.56	81.98	111.46	29.51	38.53	15.88
5118.98	7723.57	2865.03	6413.89	724.70	2253.16	739.86
3686.54	5663.82	2163.35	4248.83	389.45	1634.16	513.64
290.31	382.77	122.70	587.93	48.18	151.23	28.80
119.63	197.16	86.63	383.27	59.15	117.57	66.71
321.58	462.00	145.52	283.56	70.36	93.81	31.99
14.07	21.80	9.28	18.11	6.89	5.46	2.04
686.84	996.02	337.55	892.19	150.67	250.94	96.68

2-2 续表 3

行 业	企业单位数（个）	工业销售产值（当年价格）	出口交货值	资产总计
金属制品业	479	2115.66	149.75	3238.36
结构性金属制品制造	188	598.20	32.61	925.37
金属工具制造	27	66.31	11.84	105.78
集装箱及金属包装容器制造	69	331.36	57.36	334.58
金属丝绳及其制品制造	25	109.71	4.63	297.73
建筑、安全用金属制品制造	15	49.53	0.24	86.15
金属表面处理及热处理加工	20	55.92	1.50	84.16
金属制日用品制造	6	41.46	4.07	5.08
其他金属制品制造	129	863.17	37.50	1399.50
通用设备制造业	749	4473.14	302.39	9040.01
锅炉及原动设备制造	126	1410.42	79.49	3260.54
金属加工机械制造	119	523.81	13.98	1122.45
物料搬运设备制造	84	889.37	53.00	1679.95
泵、阀门、压缩机及类似机械制造	124	570.37	76.83	964.59
轴承、齿轮和传动部件制造	64	246.64	17.77	440.12
烘炉、风机、衡器、包装等设备制造	86	485.76	42.95	858.31
文化、办公用机械制造	15	54.58	7.78	127.17
通用零部件制造	90	174.71	7.31	330.58
其他通用设备制造业	41	117.48	3.27	256.29
专用设备制造业	727	4369.80	281.46	9539.36
采矿、冶金、建筑专用设备制造	343	3145.74	229.38	7457.28
化工、木材、非金属加工专用设备制造	68	194.78	14.53	500.63
食品、饮料、烟草及饲料生产专用设备制造	21	74.08	0.30	105.97
印刷、制药、日化及日用品生产专用设备制造	25	42.55	2.71	103.28
纺织、服装和皮革加工专用设备制造	31	65.98	11.13	182.59
电子和电工机械专用设备制造	36	206.34	2.88	163.67
农、林、牧、渔专用机械制造	52	209.41	9.80	303.12
医疗仪器设备及器械制造	21	43.82	2.40	136.62
环保、社会公共服务及其他专用设备制造	130	387.11	8.35	586.19
汽车制造业	741	27930.83	528.77	27382.72
汽车整车制造	154	23697.69	412.90	22506.74
改装汽车制造	100	453.14	36.46	517.36
低速载货汽车制造	3	9.69		17.13
汽车车身、挂车制造	16	70.86	0.21	102.59
汽车零部件及配件制造	468	3699.46	79.20	4238.90
铁路、船舶、航空航天和其他运输设备制造业	519	7870.64	1441.92	12685.72
铁路运输设备制造	155	2872.57	242.85	3607.89
城市轨道交通设备制造	17	93.85		138.42
船舶及相关装置制造	139	2412.01	999.09	4508.25
航空、航天器及设备制造	163	2230.16	148.78	4155.01
摩托车制造	31	233.22	48.91	222.79
自行车制造	5	8.58	1.88	21.12
潜水救捞及其他未列明运输设备制造	7	19.83	0.41	31.71
电气机械和器材制造业	595	5147.92	385.83	7894.38
电机制造	115	1091.93	29.25	2072.72

单位：亿元

固定资产合计	固定资产原价	累计折旧	流动资产合计	应收账款	存货	
						产成品
813.74	1240.10	499.82	1933.49	520.19	510.18	196.33
194.99	261.71	89.58	570.26	202.35	164.17	65.13
34.20	71.13	38.45	60.91	17.64	23.17	12.05
79.97	135.01	55.76	210.04	65.32	39.50	10.89
85.08	75.61	20.30	188.90	27.04	54.57	45.32
14.40	27.69	13.67	65.97	17.20	14.68	5.77
19.20	46.89	28.43	40.65	7.16	7.11	2.58
1.15	2.35	1.21	3.63	0.73	1.07	0.11
384.75	619.70	252.41	793.13	182.76	205.91	54.48
1616.77	2491.52	1079.55	5976.10	1976.83	1583.41	502.57
459.01	765.55	342.89	2249.88	616.73	612.14	94.91
254.02	355.03	163.67	739.57	202.27	246.03	75.55
275.77	411.57	164.59	1099.56	489.52	250.52	135.88
213.65	337.28	154.76	633.92	245.39	149.34	59.31
141.27	215.57	89.19	222.27	81.88	70.20	32.44
122.00	173.14	69.62	567.29	205.48	116.47	41.08
12.61	19.07	6.48	97.09	22.75	27.81	20.92
88.01	146.16	64.72	203.80	50.07	63.28	25.84
50.43	68.15	23.63	162.72	62.74	47.61	16.64
1979.36	2783.46	1081.18	6432.16	2407.95	1724.58	538.46
1581.21	2182.14	844.98	5076.44	1979.33	1341.73	421.84
122.46	180.76	66.75	304.60	111.71	86.93	21.17
20.92	36.14	16.32	73.95	17.39	27.05	6.70
28.03	44.82	18.35	44.73	9.79	13.66	3.03
33.20	51.73	23.65	119.21	21.36	31.81	10.57
34.81	49.82	16.99	107.21	34.60	28.50	12.63
73.03	111.47	45.84	180.70	44.63	41.65	18.65
19.96	28.36	8.60	79.56	23.45	27.89	9.14
65.73	98.23	39.70	445.76	165.69	125.35	34.72
5644.25	9657.89	4245.24	15216.21	3014.64	2361.66	1024.22
4508.53	7822.64	3475.01	12361.96	2043.60	1785.38	729.61
127.01	188.11	73.87	302.50	77.81	87.23	25.64
5.19	8.73	3.81	10.45	2.89	4.69	3.43
33.98	48.43	17.89	64.37	14.21	9.84	2.68
969.54	1589.99	674.66	2476.93	876.13	474.52	262.86
2518.79	3671.75	1429.89	8255.13	1797.32	2540.86	277.62
681.91	937.21	351.02	2505.34	877.95	682.00	116.64
36.22	46.02	10.37	87.80	43.23	12.07	1.35
975.81	1394.65	495.73	2943.00	360.30	958.23	63.27
766.29	1182.35	517.57	2574.64	468.17	863.63	85.28
49.19	99.95	52.94	122.61	41.09	21.21	9.59
1.12	1.82	0.70	4.15	1.61	1.02	0.48
8.25	9.74	1.54	17.07	4.69	2.50	1.01
1155.70	1958.39	912.10	5596.36	1893.63	1081.25	467.20
283.13	427.02	177.42	1512.38	587.55	422.07	108.47

2-2 续表 4

行业	企业单位数（个）	工业销售产值（当年价格）	出口交货值	资产总计
输配电及控制设备制造	252	1594.03	75.76	2575.39
电线、电缆、光缆及电工器材制造	85	694.56	21.68	570.52
电池制造	47	246.76	27.26	298.66
家用电力器具制造	31	1291.82	209.78	1908.34
非电力家用器具制造	16	71.69	4.99	277.94
照明器具制造	31	130.27	17.06	162.56
其他电气机械及器材制造	18	26.87	0.04	28.25
计算机、通信和其他电子设备制造业	613	7957.72	2045.50	11770.26
计算机制造	50	933.91	196.64	1071.11
通信设备制造	127	2400.55	654.23	2901.02
广播电视设备制造	25	66.36	6.93	120.22
雷达及配套设备制造	25	318.41	29.17	574.24
视听设备制造	30	1737.26	333.82	1652.85
电子器件制造	184	2000.43	696.68	4666.28
电子元件制造	137	420.87	125.47	600.73
其他电子设备制造	35	79.93	2.58	183.82
仪器仪表制造业	245	839.07	12.53	1349.58
通用仪器仪表制造	139	545.41	7.89	810.53
专用仪器仪表制造	68	128.94	1.44	252.78
钟表与计时仪器制造	4	10.53	0.08	11.57
光学仪器及眼镜制造	29	137.48	3.09	232.83
其他仪器仪表制造业	5	16.72	0.04	41.88
其他制造业	70	462.58	17.14	967.05
日用杂品制造	5	1.35		2.37
煤制品制造	7	25.52		35.12
废弃资源综合利用业	52	236.40	0.83	148.28
金属废料和碎屑加工处理	32	217.45	0.21	113.76
非金属废料和碎屑加工处理	20	18.95	0.62	34.51
金属制品、机械和设备修理业	89	411.93	62.45	834.41
金属制品修理	6	3.14		5.83
通用设备修理	9	7.83		4.44
专用设备修理	9	10.29		16.33
铁路、船舶、航空航天等运输设备修理	50	371.40	62.45	781.98
电气设备修理	10	10.28		13.48
其他机械和设备修理业	4	8.36		12.18
电力、热力、燃气及水生产和供应业	**5759**	**57474.04**	**33.24**	**124011.78**
电力、热力生产和供应业	4397	53385.20	22.21	111412.74
电力生产	2590	15378.10	14.96	56734.94
电力供应	1374	37128.17	7.20	51277.78
热力生产和供应	433	878.94	0.06	3400.02
燃气生产和供应业	398	2844.87	8.56	3829.01
水的生产和供应业	964	1243.96	2.47	8770.03
自来水生产和供应	839	1055.02	2.47	7090.62
污水处理及其再生利用	121	185.61		1657.27
其他水的处理、利用与分配	4	3.34		22.15

单位：亿元

固定资产合计	固定资产原价	累计折旧	流动资产合计	应收账款	存货	产成品
464.96	738.73	324.69	1759.75	858.44	308.86	127.67
112.30	237.86	129.64	390.42	159.67	90.48	54.20
91.10	137.40	50.46	166.24	58.27	46.34	24.72
126.72	313.40	186.43	1565.87	169.28	168.19	130.31
49.64	50.66	17.07	95.30	17.32	16.89	8.06
25.49	50.05	25.27	81.98	30.85	21.24	13.16
2.36	3.28	1.12	24.41	12.24	7.18	0.61
2601.04	4198.48	1660.07	7080.96	1859.64	1557.16	483.81
128.89	203.17	79.48	700.22	151.19	121.07	58.58
268.85	463.10	215.94	2134.37	724.36	505.57	144.30
16.70	30.36	14.18	89.30	32.18	30.14	8.34
89.59	158.80	70.95	402.51	80.52	138.99	12.30
218.13	382.04	169.41	1180.23	234.65	326.06	111.29
1692.23	2680.35	990.35	2097.89	480.53	326.55	108.95
140.30	240.95	105.34	372.28	120.36	81.58	32.37
46.36	39.70	14.42	104.16	35.83	27.19	7.70
226.14	350.33	141.87	917.95	333.90	191.18	51.62
75.46	125.69	57.09	605.53	250.22	123.85	27.90
72.89	105.40	35.22	146.22	41.91	38.01	14.88
0.45	0.96	0.76	10.75	2.25	5.30	2.59
71.54	108.78	45.13	135.35	35.97	22.20	6.17
5.82	9.49	3.68	20.10	3.54	1.81	0.08
279.95	438.16	185.75	564.27	75.16	223.34	39.22
0.91	1.28	0.37	1.40	0.28	0.11	0.03
15.21	39.09	14.62	10.23	1.47	2.95	0.92
55.82	58.09	15.72	74.38	33.62	7.45	3.62
33.17	27.39	7.52	66.10	31.29	6.43	3.35
22.65	30.70	8.20	8.29	2.32	1.02	0.27
212.84	315.61	117.37	519.10	152.77	112.60	10.99
1.07	2.78	1.75	2.36	0.59	0.77	0.42
0.55	0.94	0.39	3.47	2.00	0.52	0.09
3.06	6.52	3.51	12.07	3.60	2.68	0.20
202.34	293.69	105.85	483.35	138.89	106.12	9.74
3.38	7.24	3.86	8.87	4.78	0.90	0.05
2.41	4.35	1.93	8.84	2.79	1.61	0.49
77136.46	**120540.12**	**47885.98**	**17862.98**	**2955.66**	**1198.70**	**124.77**
71543.24	112641.48	45156.40	14035.86	2596.20	1035.51	99.59
40699.49	59219.55	19771.23	7110.65	1941.41	828.33	89.03
29069.69	51014.14	24544.56	5737.30	520.17	128.08	6.13
1774.06	2407.79	840.61	1187.91	134.62	79.10	4.43
1758.92	2243.62	583.88	1148.89	127.78	93.41	18.92
3834.30	5655.02	2145.71	2678.22	231.68	69.78	6.26
3096.59	4696.56	1889.93	2198.18	154.61	67.07	5.77
725.15	941.95	250.52	472.29	73.69	2.71	0.49
12.56	16.51	5.26	7.75	3.39		

2-2 续表 5

行　业	负债合计	流动负债合计	应付账款	所有者权益合计	实收资本
总　计	**246147.12**	**161083.94**	**42173.03**	**151107.60**	**79070.03**
采矿业	**43132.51**	**26039.17**	**5684.14**	**27304.31**	**13869.47**
煤炭开采和洗选业	28023.90	17020.87	3072.92	11769.94	5242.31
烟煤和无烟煤开采洗选	27026.67	16325.04	2975.55	11323.87	4999.50
褐煤开采洗选	924.79	650.38	92.48	444.47	233.96
其他煤炭采选	72.44	45.44	4.89	1.60	8.85
石油和天然气开采业	8782.71	4259.04	1557.59	10644.12	6017.50
石油开采	7443.08	3576.34	1314.64	9405.92	5203.65
天然气开采	1339.63	682.70	242.95	1238.19	813.85
黑色金属矿采选业	2902.29	2010.08	306.81	2031.35	851.97
铁矿采选	2880.47	1996.21	305.06	2003.75	842.00
锰矿、铬矿采选	9.46	5.90	1.15	25.14	7.52
其他黑色金属矿采选	12.35	7.98	0.60	2.45	2.45
有色金属矿采选业	1596.90	1168.16	153.12	1118.06	410.52
常用有色金属矿采选	688.94	520.24	67.78	489.04	228.24
贵金属矿采选	618.12	473.43	55.52	407.35	92.05
稀有稀土金属矿采选	289.84	174.49	29.83	221.67	90.23
非金属矿采选业	559.80	384.68	53.41	666.45	219.59
土砂石开采	85.28	71.49	9.41	80.54	30.01
化学矿开采	173.06	125.22	25.23	101.34	54.36
采盐	259.57	172.51	17.16	414.47	92.49
石棉及其他非金属矿采选	41.89	15.47	1.61	70.11	42.74
开采辅助活动	1265.68	1195.10	540.05	1073.28	1127.48
石油和天然气开采辅助活动	1265.68	1195.10	540.05	1073.28	1127.48
制造业	**126598.74**	**100406.95**	**27889.35**	**76252.93**	**36340.54**
农副食品加工业	1679.54	1477.49	184.64	767.92	384.88
谷物磨制	314.81	267.31	32.26	145.86	83.70
饲料加工	52.55	38.18	7.30	61.86	25.32
植物油加工	717.93	671.36	91.78	225.62	130.89
制糖业	201.28	180.37	22.52	90.10	40.03
屠宰及肉类加工	211.79	162.38	14.48	146.17	41.32
水产品加工	35.98	33.81	4.56	25.36	11.85
蔬菜、水果和坚果加工	43.78	32.25	6.01	33.16	17.31
其他农副食品加工	101.42	91.83	5.73	39.78	34.47
食品制造业	589.57	463.35	134.76	524.14	267.30
焙烤食品制造	11.65	11.18	3.06	13.48	8.29
方便食品制造	26.73	23.52	3.67	10.38	12.62
乳制品制造	210.53	190.76	74.65	247.25	112.09
罐头食品制造	62.04	58.89	9.39	19.50	23.22
调味品、发酵制品制造	102.62	66.67	16.69	97.90	29.90
其他食品制造	174.63	110.98	26.51	123.66	73.00
酒、饮料和精制茶制造业	1368.41	1190.91	188.83	2615.93	418.53
酒的制造	1254.86	1093.65	171.20	2553.30	384.60
饮料制造	99.66	89.01	16.49	50.64	30.01
精制茶加工	13.89	8.26	1.14	12.00	3.92
烟草制品业	2293.88	2258.34	1089.15	6785.47	1155.46

单位：亿元

国家资本	集体资本	法人资本	个人资本	港澳台资本	外商资本	主营业务收入	主营业务成本
49737.34	**894.86**	**24207.09**	**1967.39**	**506.86**	**1867.68**	**241668.91**	**199927.31**
9572.19	**82.84**	**4044.52**	**257.08**	**4.61**	**48.71**	**25665.48**	**20817.17**
3431.71	63.72	1532.74	187.45	3.00	23.69	13886.40	11771.51
3273.33	63.31	1455.26	181.40	3.00	23.20	13470.60	11452.39
150.05	0.41	77.48	5.53		0.49	407.34	310.67
8.34			0.51			8.46	8.45
4200.92	0.28	1940.27	0.30		16.22	6619.31	4504.92
3444.63	0.04	1899.42	0.06			5730.38	4023.20
756.30	0.25	40.85	0.24		16.22	888.93	481.71
766.66	4.89	68.08	11.46		0.88	1075.23	950.47
763.27	4.89	65.57	7.39		0.88	1038.70	923.18
3.39		0.06	4.07			13.26	10.96
		2.45				23.27	16.33
214.53	8.65	167.14	12.24	1.56	6.39	2082.27	1800.41
97.94	4.89	112.46	5.40	1.56	5.99	693.42	561.71
62.63	2.11	25.59	1.57		0.16	987.95	867.27
53.96	1.66	29.09	5.28		0.24	400.89	371.43
107.19	5.28	61.08	44.65	0.05	1.34	559.42	418.39
12.64	0.23	14.43	2.70			218.63	172.99
29.52	0.24	23.24	0.81	0.05	0.50	96.29	63.61
60.81	4.50	22.07	4.34		0.77	187.99	142.32
4.21	0.31	1.35	36.80		0.07	56.51	39.47
851.08	0.01	275.21	0.98		0.20	1441.94	1370.98
851.08	0.01	275.21	0.98		0.20	1441.94	1370.98
18181.32	**646.89**	**14335.72**	**1432.29**	**287.96**	**1428.48**	**159159.53**	**129375.93**
193.97	7.09	134.10	37.10	4.55	8.07	3471.41	3164.67
33.90	1.55	32.14	13.82	0.21	2.07	747.27	679.61
9.22	0.38	7.93	7.63	0.16		165.43	142.74
85.60	2.28	35.06	3.62	0.22	4.10	1402.21	1334.04
22.44	1.57	14.00	2.02			212.02	183.93
13.33	0.12	23.34	4.09		0.44	602.92	528.59
3.77	0.76	5.10	1.38		0.82	79.29	72.24
8.75	0.10	6.30	2.16			96.16	81.44
16.95	0.33	10.23	2.37	3.95	0.64	166.11	142.08
91.85	10.95	126.49	16.49	2.79	18.73	1144.53	898.23
3.97	0.09	2.71	0.54	0.73	0.25	34.17	25.78
7.48	0.02	3.35	0.12	0.22	1.43	63.97	50.52
34.60	8.47	54.08	8.56		6.38	551.68	421.89
9.67	0.21	12.98	0.15	0.12	0.08	69.74	59.97
11.95	0.52	6.00	2.13		9.30	130.97	111.10
24.08	1.63	39.28	4.99	1.73	1.29	287.76	224.58
211.17	1.77	155.07	38.43	2.66	9.44	2515.34	1573.71
193.97	1.05	142.63	35.64	2.65	8.65	2308.56	1424.32
14.86	0.41	11.62	2.34	0.01	0.78	169.35	118.69
2.34	0.31	0.82	0.45			37.43	30.70
497.51	12.29	645.16	0.08		0.42	9275.65	2502.18

2-2 续表 6

行业	负债合计	流动负债合计	应付账款	所有者权益合计	实收资本
烟叶复烤	40.55	37.49	13.95	323.49	220.40
卷烟制造	2226.34	2194.59	1066.55	6400.22	908.99
其他烟草制品制造	27.00	26.27	8.64	61.76	26.07
纺织业	659.32	520.33	62.80	455.11	201.57
棉纺织及印染精加工	485.93	379.85	48.41	320.24	151.43
毛纺织及染整精加工	36.89	30.05	5.73	25.96	15.19
麻纺织及染整精加工	4.25	2.23	0.57	7.71	6.95
丝绢纺织及印染精加工	27.14	20.78	0.70	26.50	1.88
化纤织造及印染精加工	3.97	3.97	0.83	7.24	1.61
针织或钩针编织物及其制品制造	27.98	20.35	2.12	22.14	5.60
家用纺织制成品制造	3.42	2.76	0.66	1.04	0.72
非家用纺织制成品制造	69.75	60.35	3.78	44.27	18.19
纺织服装、服饰业	124.24	97.45	21.81	150.67	51.57
机织服装制造	101.67	81.73	18.15	112.80	41.68
针织或钩针编织服装制造	12.60	6.88	3.29	23.39	8.42
服饰制造	9.97	8.84	0.37	14.48	1.47
皮革、毛皮、羽毛及其制品和制鞋业	30.65	24.31	7.12	44.18	13.29
毛皮鞣制及制品加工	4.12	3.16	0.86	13.66	1.71
制鞋业	25.95	20.76	6.23	29.67	11.10
木材加工和木、竹、藤、棕、草制品业	188.43	135.70	22.90	103.06	54.56
木材加工	33.97	28.75	3.85	19.72	12.02
人造板制造	134.00	91.39	15.39	71.85	34.85
木制品制造	20.16	15.26	3.53	10.70	7.20
家具制造业	78.16	75.10	41.67	40.07	15.43
木质家具制造	4.34	4.34	0.70	4.15	2.80
金属家具制造	70.06	68.02	40.31	30.92	9.49
其他家具制造	3.19	2.17	0.66	4.66	3.07
造纸和纸制品业	1392.72	1029.14	117.88	559.12	352.95
纸浆制造	82.39	36.39	5.31	18.85	22.27
造纸	1284.53	970.86	105.77	522.92	319.94
纸制品制造	25.80	21.89	6.79	17.35	10.74
印刷和记录媒介复制业	253.38	216.44	64.28	501.65	257.22
印刷	246.98	210.56	62.55	489.38	249.99
装订及印刷相关服务	1.40	1.39	0.44	3.89	0.76
记录媒介复制	5.00	4.48	1.28	8.38	6.47
文教、工美、体育和娱乐用品制造业	145.08	130.78	47.37	117.87	62.20
文教办公用品制造	5.98	5.95	0.94	6.18	3.65
乐器制造	15.29	9.76	4.25	27.28	18.77
工艺美术品制造	119.73	111.03	40.66	78.51	36.15
体育用品制造	1.78	1.75	0.47	3.25	2.03
玩具制造	0.29	0.29	0.01	1.06	0.31
游艺器材及娱乐用品制造	2.01	1.99	1.05	1.59	1.29
石油加工、炼焦和核燃料加工业	7852.26	5946.86	1433.54	4867.67	3565.60
精炼石油产品制造	6165.25	4784.84	1183.44	4562.17	3174.44
炼焦	1526.28	1121.66	232.27	226.67	338.67
化学原料和化学制品制造业	13765.32	9215.50	1808.05	6379.87	4559.83

单位：亿元

国家资本	集体资本	法人资本	个人资本	港澳台资本	外商资本	主营业务收入	主营业务成本
79.98	12.06	127.89	0.05		0.42	185.67	128.70
395.75	0.18	513.07				9007.66	2315.23
21.78	0.05	4.21	0.03			82.33	58.25
90.77	2.85	77.08	26.83	1.27	2.77	890.39	822.53
70.96	1.25	53.49	22.21	0.86	2.65	574.78	538.01
6.07	0.36	5.95	2.73	0.02	0.06	83.29	74.52
1.44	0.04	4.33	1.14			7.08	6.18
0.75	0.16	0.85	0.12			46.83	42.37
0.53	0.12	0.88	0.03	0.06		8.89	7.85
0.65	0.80	3.46	0.36	0.33		57.78	50.76
0.59	0.02	0.10		0.01		5.36	4.67
9.79	0.10	8.00	0.23		0.06	106.38	98.16
17.41	0.65	31.49	0.95	0.95	0.12	188.21	144.23
13.32	0.25	26.25	0.83	0.95	0.07	155.67	119.24
3.20	0.37	4.79	0.02		0.04	25.14	20.65
0.89	0.03	0.45	0.09			7.41	4.34
5.77	0.10	7.29	0.11	0.01		107.99	96.09
1.61			0.10			7.74	7.09
4.08	0.10	6.89	0.01	0.01		94.18	83.61
21.55	0.05	26.50	6.37	0.10		215.09	186.49
7.80	0.01	2.70	1.51			52.42	44.26
8.73	0.04	22.04	4.05			127.47	109.83
4.84		1.45	0.82	0.10		33.24	30.82
3.71		7.44	0.24	2.20	1.84	97.64	77.93
1.44		1.01			0.34	10.02	8.49
2.20		3.55	0.04	2.20	1.50	81.96	65.58
0.07		2.88	0.13			4.29	2.73
217.76	1.25	88.91	25.82	0.52	18.68	722.06	626.36
1.64		20.63				35.74	24.63
211.26	1.02	63.48	25.68		18.49	634.59	557.39
4.87	0.23	4.79	0.14	0.52	0.19	51.73	44.34
130.59	1.49	108.64	9.53	2.52	4.45	520.60	406.66
129.18	1.43	103.29	9.51	2.11	4.45	509.49	398.77
0.70		0.01		0.05		4.14	3.22
0.71	0.06	5.34	0.02	0.35		6.97	4.67
29.48	1.61	28.64	1.73	0.19	0.56	555.11	503.94
2.11		1.30	0.02	0.09	0.13	10.68	8.71
11.60		5.71	1.43		0.03	24.43	19.93
14.48	1.13	19.84	0.24	0.10	0.36	499.52	457.47
0.09	0.38	1.50	0.05		0.01	15.10	13.61
		0.28			0.03	2.60	2.05
1.20	0.10					2.77	2.19
2553.58	19.99	880.05	41.43	44.80	21.79	20570.45	15070.45
2327.83	2.90	741.90	32.05	44.80	20.99	19668.92	14222.43
173.26	17.09	138.14	9.38		0.80	790.55	756.43
1965.52	75.24	2184.02	144.27	12.91	177.82	12491.89	10818.17

2-2 续表 7

行 业	负债合计	流动负债合计	应付账款	所有者权益合计	实收资本
基础化学原料制造	4504.18	2958.14	597.60	2561.80	1709.95
肥料制造	4487.47	3090.46	514.44	1532.86	985.14
农药制造	294.72	252.49	56.50	205.11	71.41
涂料、油墨、颜料及类似产品制造	150.19	106.12	22.66	111.08	59.42
合成材料制造	2860.08	1589.24	379.06	1048.02	920.19
专用化学产品制造	1113.03	935.19	162.88	532.57	676.73
炸药、火工及焰火产品制造	257.27	194.08	51.46	299.04	95.33
日用化学产品制造	98.39	89.80	23.44	89.39	41.68
医药制造业	1691.71	1305.74	294.10	2195.96	706.08
化学药品原料药制造	477.57	306.44	56.92	491.97	143.16
化学药品制剂制造	489.76	424.13	105.87	621.05	248.99
中药饮片加工	43.28	33.62	15.89	66.03	17.21
中成药生产	450.80	370.67	86.87	684.40	174.29
兽用药品制造	14.41	12.12	1.32	18.48	8.45
生物药品制造	201.85	144.84	16.28	278.76	108.97
卫生材料及医药用品制造	14.03	13.91	10.95	35.26	5.02
化学纤维制造业	387.21	313.31	47.23	316.59	170.01
纤维素纤维原料及纤维制造	253.89	198.06	31.33	171.07	87.09
合成纤维制造	133.32	115.24	15.91	145.52	82.92
橡胶和塑料制品业	820.53	620.84	143.80	703.73	334.30
橡胶制品业	528.18	392.09	94.74	457.98	214.65
塑料制品业	292.35	228.75	49.06	245.75	119.65
非金属矿物制品业	5495.17	4238.23	894.34	3213.31	1942.63
水泥、石灰和石膏制造	3455.51	2531.27	421.54	2002.18	1229.95
石膏、水泥制品及类似制品制造	874.30	804.36	279.99	431.72	207.87
砖瓦、石材等建筑材料制造	124.59	110.07	24.64	89.26	52.97
玻璃制造	147.12	120.77	27.27	66.46	50.70
玻璃制品制造	136.07	87.58	16.01	82.12	68.75
玻璃纤维和玻璃纤维增强塑料制品制造	349.32	252.29	47.91	219.35	148.46
陶瓷制品制造	88.05	56.65	9.95	43.22	29.23
耐火材料制品制造	105.54	98.92	26.41	92.10	32.27
石墨及其他非金属矿物制品制造	214.67	176.32	40.61	186.90	122.44
黑色金属冶炼和压延加工业	24773.74	19855.19	4019.43	9647.03	5970.68
炼铁	634.20	587.98	104.45	119.54	118.61
炼钢	4598.68	4072.58	644.94	1630.00	549.52
黑色金属铸造	218.95	174.47	55.38	108.36	102.13
钢压延加工	19106.28	14856.13	3178.51	7691.49	5096.60
铁合金冶炼	215.63	164.04	36.15	97.64	103.83
有色金属冶炼和压延加工业	10236.05	7560.06	1183.22	4192.18	2298.62
常用有色金属冶炼	7241.85	5383.27	845.65	2385.14	1331.39
贵金属冶炼	834.77	567.80	82.51	479.43	125.03
稀有稀土金属冶炼	264.75	201.70	25.44	405.65	118.45
有色金属合金制造	471.91	331.08	85.79	240.07	188.63
有色金属铸造	27.83	21.76	10.04	11.37	6.96
有色金属压延加工	1394.94	1054.45	133.78	670.52	528.17

单位：亿元

国家资本	集体资本	法人资本	个人资本	港澳台资本	外商资本	主营业务收入	主营业务成本
635.66	48.50	875.93	21.13	9.68	119.00	5122.53	4449.40
507.82	6.60	413.35	48.66	1.53	7.18	2984.82	2604.05
26.00	0.09	20.94	20.74	1.34	2.30	467.91	401.82
29.53	0.20	25.41	3.94		0.35	174.27	148.95
515.68	6.33	360.05	23.54	0.24	14.36	1756.01	1539.71
182.81	7.77	436.46	16.94	0.09	32.65	1592.77	1397.41
53.99	3.08	31.75	5.07		1.43	266.79	195.13
14.04	2.67	20.13	4.25	0.04	0.55	126.79	81.69
284.13	7.03	269.94	93.48	16.54	34.97	2339.40	1563.35
62.51	0.22	46.63	30.01	0.25	3.55	479.01	370.75
96.56	2.54	100.80	16.95	4.56	27.58	702.21	474.79
4.51	0.08	8.57	1.59	2.41	0.05	80.73	57.88
56.67	3.50	71.73	30.72	9.33	2.34	739.11	459.12
2.78		3.77	0.79		1.11	17.74	8.80
59.38	0.69	38.12	10.46		0.32	237.27	131.24
1.73		0.32	2.97			83.33	60.78
54.22	3.00	79.81	17.12	9.08	6.78	608.86	516.56
41.38	2.53	26.36	2.15	9.08	5.60	362.39	293.81
12.84	0.47	53.45	14.98		1.18	246.47	222.75
157.07	5.50	132.63	19.23	4.26	15.60	931.76	802.56
115.70	3.69	72.16	11.57	0.90	10.63	510.14	443.23
41.37	1.81	60.48	7.66	3.36	4.97	421.63	359.33
887.25	39.97	886.69	95.63	5.53	27.56	4514.82	3780.43
580.25	26.85	534.56	63.07	2.20	23.02	2657.09	2219.12
91.02	3.56	105.33	7.05	0.43	0.47	855.23	718.65
24.11	1.02	23.30	3.27	0.24	1.04	164.25	136.48
23.60		19.82	6.12	1.15		56.63	52.19
45.22	0.12	19.90	2.72	0.11	0.68	107.88	97.69
30.98	0.24	114.87	1.78	0.20	0.38	271.17	214.11
17.77		3.99	6.13	0.29	1.04	50.98	39.94
17.73	0.52	10.55	2.53	0.06	0.88	77.97	67.13
56.56	7.65	54.36	2.97	0.84	0.05	273.63	235.12
2639.03	261.02	2836.26	146.38	20.48	67.51	17768.19	17092.48
21.17	0.70	95.13	0.60		1.01	399.42	391.75
303.00	0.63	245.88	0.01			2895.66	2743.67
21.00	0.11	77.38	2.71	0.05	0.88	165.33	148.83
2231.77	258.98	2400.91	136.60	20.43	47.90	14102.44	13612.59
62.08	0.60	16.96	6.46		17.72	205.34	195.63
1450.35	46.59	652.56	101.00	17.87	30.25	16646.42	15951.17
898.02	14.93	351.53	43.27	2.09	21.55	11600.57	11249.27
37.94	4.52	62.30	10.52	6.33	3.41	1480.61	1402.41
42.66	2.52	31.47	31.11	7.67	3.01	488.74	417.87
155.36	0.15	30.49	1.61		1.01	602.62	544.52
2.01	0.51	3.30	0.35		0.80	39.18	33.03
314.34	23.96	173.47	14.14	1.78	0.48	2434.71	2304.06

2-2 续表 8

行 业	负债合计	流动负债合 计	应付账款	所有者权益合计	实收资本
金属制品业	2080.12	1719.82	525.94	1154.35	687.18
结构性金属制品制造	635.42	518.47	159.87	289.89	190.11
金属工具制造	46.31	40.78	10.38	59.47	30.80
集装箱及金属包装容器制造	205.64	192.44	42.44	128.84	79.65
金属丝绳及其制品制造	238.84	224.40	94.42	58.89	61.40
建筑、安全用金属制品制造	45.69	44.31	9.67	40.45	26.18
金属表面处理及热处理加工	51.02	49.28	13.21	33.14	21.92
金属制日用品制造	1.92	1.86	0.54	3.09	1.31
其他金属制品制造	855.28	648.27	195.41	540.57	275.81
通用设备制造业	5711.50	4749.45	1500.13	3326.11	1234.62
锅炉及原动设备制造	2049.25	1775.93	504.32	1208.66	373.71
金属加工机械制造	756.01	545.69	174.17	366.09	157.97
物料搬运设备制造	1116.33	936.71	268.17	563.41	140.30
泵、阀门、压缩机及类似机械制造	539.02	458.72	166.91	425.63	178.77
轴承、齿轮和传动部件制造	252.83	190.13	66.87	187.26	98.55
烘炉、风机、衡器、包装等设备制造	544.53	460.33	198.20	313.78	116.48
文化、办公用机械制造	65.05	59.75	20.23	62.12	23.81
通用零部件制造	193.69	154.58	56.02	136.53	110.36
其他通用设备制造业	194.79	167.61	45.24	62.64	34.67
专用设备制造业	6201.25	4819.18	1537.49	3332.38	1690.62
采矿、冶金、建筑专用设备制造	4979.43	3768.90	1196.04	2476.75	1280.72
化工、木材、非金属加工专用设备制造	310.37	276.68	67.12	187.41	96.86
食品、饮料、烟草及饲料生产专用设备制造	35.27	31.72	15.89	70.70	29.49
印刷、制药、日化及日用品生产专用设备制造	52.46	44.71	10.93	50.83	32.36
纺织、服装和皮革加工专用设备制造	114.87	91.34	35.77	67.03	35.03
电子和电工机械专用设备制造	99.96	65.64	22.06	63.71	39.07
农、林、牧、渔专用机械制造	186.05	155.12	49.86	117.07	57.39
医疗仪器设备及器械制造	70.79	62.44	16.74	65.83	21.89
环保、社会公共服务及其他专用设备制造	352.05	322.64	123.08	233.06	97.82
汽车制造业	15896.14	13586.05	5971.37	11465.25	3423.85
汽车整车制造	12733.64	10938.92	4836.99	9767.69	2665.68
改装汽车制造	390.46	320.26	96.61	126.90	95.78
低速载货汽车制造	14.03	10.29	3.42	3.10	17.51
汽车车身、挂车制造	67.88	52.32	17.13	34.71	15.07
汽车零部件及配件制造	2690.13	2264.26	1017.21	1532.84	629.81
铁路、船舶、航空航天和其他运输设备制造业	8697.82	7301.25	2445.99	3983.11	2199.51
铁路运输设备制造	2275.61	2034.65	1031.99	1332.46	711.73
城市轨道交通设备制造	88.56	76.64	41.16	49.86	47.30
船舶及相关装置制造	3461.09	2778.24	722.14	1049.07	714.84
航空、航天器及设备制造	2715.84	2273.39	599.85	1433.12	670.12
摩托车制造	128.25	117.55	45.11	93.72	41.06
自行车制造	5.58	5.06	1.75	15.51	6.15
潜水救捞及其他未列明运输设备制造	22.08	14.93	3.46	9.62	8.22
电气机械和器材制造业	5495.19	4930.41	1861.82	2397.73	1135.41
电机制造	1552.31	1358.44	533.57	520.05	316.80

单位：亿元

国家资本	集体资本	法人资本	个人资本	港澳台资本	外商资本	主营业务收入	主营业务成本
407.15	7.55	218.49	32.58	4.48	16.94	2223.35	1954.09
87.35	1.31	83.48	15.05	0.96	1.96	608.03	528.20
19.66	2.93	7.41	0.50		0.30	60.55	46.85
26.45	0.34	40.52	3.56	0.44	8.33	317.66	287.32
29.92		27.71	2.28	1.18	0.30	197.52	186.41
9.75	1.45	11.23	0.64		3.12	46.68	41.69
9.25	0.04	10.39	0.38	0.17	1.69	69.97	62.38
0.35	0.03	0.71	0.09		0.14	41.68	39.53
224.41	1.46	37.03	10.08	1.73	1.10	881.25	761.70
609.42	11.64	459.71	82.75	13.94	59.42	4623.79	3864.79
167.15	0.21	130.79	38.61	0.30	36.64	1429.80	1196.54
101.27	1.29	49.92	3.09	0.41	1.99	557.77	484.32
55.09	3.05	61.63	7.08	5.05	8.40	908.32	742.06
88.97	0.15	67.68	11.72	5.26	5.00	621.63	522.93
46.45	0.73	45.46	5.81	0.16	2.19	267.46	235.68
44.17	1.27	53.68	10.73	1.99	4.65	457.40	368.57
13.27	4.39	2.74	3.41			60.39	40.81
73.80	0.24	34.44	1.23	0.50	0.15	207.48	180.57
19.25	0.31	13.35	1.07	0.28	0.40	113.55	93.31
977.90	12.67	527.79	111.18	2.52	58.57	4422.84	3852.67
820.01	1.45	324.40	84.25	1.12	49.50	3127.49	2774.69
36.14	1.37	45.51	9.49	1.11	3.23	221.81	187.28
5.70		23.68	0.11			72.50	53.15
11.50		19.05	1.26		0.54	44.81	36.37
15.91	0.15	11.40	4.29	0.24	3.05	64.96	56.96
17.71		19.41	1.95			183.85	154.25
15.89	1.25	39.06	1.19			228.38	201.81
4.04	5.24	6.82	5.47		0.32	90.42	68.76
51.01	3.19	38.46	3.18	0.05	1.93	388.61	319.40
1194.46	60.51	1302.34	120.55	83.05	664.74	29342.05	23819.13
879.41	53.99	951.08	96.99	80.53	603.69	24796.25	19911.02
47.77	1.59	41.66	3.16		1.61	418.75	375.27
8.81		0.10			8.60	10.08	8.50
8.80	0.07	4.07	1.14	0.24	0.75	70.94	63.89
249.68	4.86	305.42	19.27	2.27	50.09	4046.03	3460.44
1557.61	15.99	554.52	30.10	6.44	32.35	7628.47	6603.28
463.75	13.33	207.98	16.45	5.52	4.70	2862.74	2281.97
17.23		27.34			2.74	95.14	86.70
484.07	1.97	210.00	2.99	0.92	13.57	2228.46	2093.86
563.75	0.09	95.79	4.69		4.63	2193.21	1927.47
15.93	0.60	12.16	5.90		6.47	223.67	191.77
5.24		0.63	0.03		0.26	9.85	8.86
7.60		0.59	0.03			14.97	12.25
578.06	20.66	415.67	88.54	1.39	31.09	5459.91	4557.28
172.61	1.74	131.04	9.57		1.85	1189.73	1038.54

2-2 续表 9

行业	负债合计	流动负债合计	应付账款	所有者权益合计	实收资本
输配电及控制设备制造	1675.69	1471.79	595.04	899.61	411.30
电线、电缆、光缆及电工器材制造	360.17	323.89	74.14	210.32	98.81
电池制造	171.48	138.20	41.47	127.15	77.47
家用电力器具制造	1497.70	1471.57	546.50	410.64	85.46
非电力家用器具制造	144.26	82.34	23.39	133.68	99.58
照明器具制造	74.66	65.98	37.93	86.93	39.60
其他电气机械及器材制造	18.92	18.19	9.77	9.33	6.39
计算机、通信和其他电子设备制造业	6676.80	5006.22	1659.31	5132.47	2609.86
计算机制造	583.86	508.80	150.59	487.24	147.55
通信设备制造	1892.29	1610.88	591.52	1006.32	259.07
广播电视设备制造	69.73	66.16	24.52	50.49	25.58
雷达及配套设备制造	370.36	287.59	94.74	203.95	44.44
视听设备制造	1060.55	932.23	277.37	592.30	156.19
电子器件制造	2237.62	1255.22	420.06	2424.62	1831.25
电子元件制造	354.02	283.54	81.78	292.11	124.41
其他电子设备制造	108.38	61.80	18.73	75.44	21.39
仪器仪表制造业	741.58	626.65	270.37	606.29	213.87
通用仪器仪表制造	461.14	398.44	194.15	347.69	122.09
专用仪器仪表制造	135.15	116.97	39.89	117.63	49.40
钟表与计时仪器制造	4.94	4.94	1.19	6.63	0.64
光学仪器及眼镜制造	115.28	92.52	31.77	117.55	39.69
其他仪器仪表制造业	25.08	13.78	3.37	16.80	2.06
其他制造业	667.81	477.77	165.81	299.20	113.39
日用杂品制造	1.06	1.06	0.25	1.30	0.36
煤制品制造	32.23	20.51	5.97	2.89	5.75
废弃资源综合利用业	100.80	88.54	21.70	45.45	28.92
金属废料和碎屑加工处理	81.42	76.62	18.93	31.94	20.62
非金属废料和碎屑加工处理	19.38	11.92	2.77	13.51	8.30
金属制品、机械和设备修理业	504.35	426.55	122.51	329.07	220.55
金属制品修理	2.50	2.30	1.08	3.32	0.98
通用设备修理	2.78	1.71	1.28	2.18	1.07
专用设备修理	8.68	7.57	3.84	7.65	1.93
铁路、船舶、航空航天等运输设备修理	475.71	401.25	110.90	304.77	209.27
电气设备修理	10.04	9.95	2.90	3.44	6.24
其他机械和设备修理业	4.48	3.62	2.37	7.70	0.91
电力、热力、燃气及水生产和供应业	**76415.86**	**34637.82**	**8599.54**	**47550.37**	**28860.03**
电力、热力生产和供应业	69464.34	31092.56	8047.36	41906.62	25540.69
电力生产	39000.53	14487.16	2810.26	17720.66	12221.21
电力供应	28010.56	15113.31	4933.85	23242.38	12751.66
热力生产和供应	2453.25	1492.09	303.25	943.58	567.82
燃气生产和供应业	2069.29	1337.29	310.62	1761.77	1163.95
水的生产和供应业	4882.23	2207.96	241.55	3881.98	2155.39
自来水生产和供应	3947.15	1951.22	199.08	3139.64	1680.38
污水处理及其再生利用	919.96	250.25	41.50	735.32	469.69
其他水的处理、利用与分配	15.12	6.49	0.98	7.02	5.32

单位：亿元

国家资本	集体资本	法人资本	个人资本	港澳台资本	外商资本	主营业务收入	主营业务成本
272.05	11.25	85.58	33.66	0.73	8.02	1563.51	1276.87
56.83	2.21	31.26	3.33	0.52	4.67	677.58	593.53
34.79	1.67	37.52	2.37		1.13	255.65	221.32
20.38	0.78	29.12	24.71		10.46	1534.74	1224.28
4.60	0.01	92.72	2.16		0.10	80.39	70.00
13.59	3.01	5.52	12.57	0.14	4.77	131.05	109.00
3.21		2.91	0.16		0.11	27.26	23.74
969.38	13.38	1366.07	103.51	21.90	96.59	8045.66	6643.11
22.81	2.88	56.60	24.51	0.45	1.58	979.55	812.47
115.05	1.38	121.35	16.54	0.59	3.70	2273.76	1753.73
16.24	0.16	7.73	0.82	0.12	0.50	68.41	52.96
37.48		5.93	1.02			373.24	313.84
48.22	4.82	59.06	17.34	0.74	26.01	1844.62	1580.31
649.96	1.48	1073.68	33.52	17.27	55.35	1993.37	1706.54
72.36	0.49	32.57	8.39	2.64	8.10	426.99	358.72
7.26	2.18	9.15	1.36	0.09	1.35	85.72	64.55
116.61	2.12	70.74	33.38	0.67	3.20	827.82	616.79
63.92	1.78	27.72	25.03	0.56	3.08	543.69	444.66
21.61	0.31	21.29	7.53		0.06	122.80	95.16
0.12		0.45	0.05		0.01	10.38	6.89
29.92	0.03	20.27	0.77	0.11	0.05	134.20	55.76
1.04		1.02				16.75	14.32
82.43	0.36	25.22	6.14	0.01	0.01	430.74	364.45
0.07		0.28	0.01			1.34	1.03
2.17		3.58				24.38	22.57
15.45	3.57	6.65	1.29	0.95	1.01	168.53	154.80
10.10	3.57	4.50	1.17	0.95	0.33	148.37	137.25
5.35		2.16	0.12		0.68	20.16	17.56
170.16		29.76	0.04	3.37	17.21	410.57	347.34
0.28		0.66			0.05	3.14	2.25
0.46		0.53	0.03		0.05	7.65	6.74
1.45		0.48	0.01			10.53	8.64
163.64		25.14	0.01	3.37	17.11	369.75	313.05
3.33		2.92				10.73	9.38
0.87		0.04				8.13	6.76
21983.83	**165.13**	**5826.85**	**278.03**	**214.28**	**390.49**	**56843.90**	**49734.21**
19945.70	147.15	4805.77	242.57	133.84	264.24	52617.73	46105.38
7564.53	131.00	3917.61	214.71	132.37	260.99	15308.08	10755.43
12058.45	10.89	666.46	12.90		2.97	36387.85	34469.95
322.72	5.26	221.71	14.97	1.47	0.28	921.80	880.00
751.59	7.95	255.60	8.07	54.88	85.86	2919.00	2628.53
1286.54	10.03	765.48	27.39	25.56	40.40	1307.16	1000.29
987.87	7.67	600.07	24.27	23.35	37.14	1102.11	853.75
297.50	2.35	161.25	3.11	2.21	3.26	201.06	143.90
1.16		4.16				4.00	2.64

2-2 续表 10

行 业	销售费用	管理费用	财务费用	利息收入
总 计	**5245.53**	**11191.53**	**5420.69**	**756.65**
采矿业	**549.61**	**2175.96**	**927.43**	**127.02**
煤炭开采和洗选业	434.86	1175.53	648.85	63.67
烟煤和无烟煤开采洗选	425.42	1128.51	627.62	61.28
褐煤开采洗选	9.37	45.54	19.79	2.39
其他煤炭采选	0.08	1.48	1.44	
石油和天然气开采业	40.23	675.61	166.92	50.29
石油开采	35.36	585.09	136.46	42.09
天然气开采	4.87	90.52	30.45	8.21
黑色金属矿采选业	28.65	93.69	53.73	3.95
铁矿采选	28.47	91.14	53.21	3.90
锰矿、铬矿采选	0.16	2.00	0.18	0.05
其他黑色金属矿采选	0.03	0.55	0.34	
有色金属矿采选业	14.63	127.25	37.44	2.34
常用有色金属矿采选	8.57	48.97	15.79	0.65
贵金属矿采选	4.19	60.21	14.52	0.35
稀有稀土金属矿采选	1.87	18.08	7.12	1.34
非金属矿采选业	29.68	48.78	11.45	1.74
土砂石开采	7.77	13.43	1.56	0.12
化学矿开采	3.61	9.53	4.91	0.45
采盐	14.61	22.38	4.56	1.12
石棉及其他非金属矿采选	3.68	3.45	0.41	0.04
开采辅助活动	1.54	54.98	9.00	5.04
石油和天然气开采辅助活动	1.54	54.98	9.00	5.04
制造业	**4435.11**	**7969.03**	**2333.09**	**544.66**
农副食品加工业	79.48	83.62	38.55	7.76
谷物磨制	16.70	18.71	8.74	1.05
饲料加工	7.56	6.50	0.77	0.42
植物油加工	16.68	19.12	15.78	4.49
制糖业	5.51	12.35	6.19	0.62
屠宰及肉类加工	21.95	16.29	3.51	0.54
水产品加工	1.29	2.82	0.48	0.09
蔬菜、水果和坚果加工	4.87	2.81	0.85	0.33
其他农副食品加工	4.91	5.03	2.23	0.21
食品制造业	116.51	58.00	10.86	2.02
焙烤食品制造	3.22	2.58	0.06	0.02
方便食品制造	5.11	4.43	0.22	
乳制品制造	75.97	19.29	1.30	0.74
罐头食品制造	4.53	2.63	0.88	0.06
调味品、发酵制品制造	11.13	12.66	4.57	0.77
其他食品制造	16.30	16.17	3.80	0.42
酒、饮料和精制茶制造业	250.35	159.33	5.88	17.21
酒的制造	186.66	149.71	3.98	16.30
饮料制造	62.24	7.19	1.51	0.89
精制茶加工	1.45	2.44	0.39	0.02
烟草制品业	147.08	490.84	-17.65	29.72

单位：亿元

利息支出	投资收益（损失以“–”号记）	营业利润	利润总额	亏损企业亏损额	平均用工人数（万人）
5688.21	**2521.76**	**9785.32**	**11416.72**	**5134.39**	**1777.83**
1043.87	**150.26**	**168.07**	**362.30**	**1512.86**	**461.42**
724.76	145.44	-383.08	-278.62	795.40	321.03
704.71	142.81	-379.41	-265.42	745.48	309.94
18.34	2.63	-1.23	-10.75	47.47	10.59
1.71		-2.44	-2.45	2.45	0.50
202.46	-68.73	445.41	475.69	582.97	71.61
165.94	-70.51	211.41	215.55	580.19	68.71
36.52	1.78	234.01	260.14	2.78	2.90
53.86	59.41	-14.84	-3.05	65.39	16.34
53.52	59.52	-20.66	-8.80	64.93	16.00
0.19	-0.10	0.04	-0.02	0.46	0.24
0.14		5.77	5.77		0.11
36.56	9.38	90.46	94.33	35.29	18.38
15.67	4.83	55.06	56.53	16.15	7.90
14.22	3.99	42.36	43.75	4.34	6.62
6.67	0.56	-6.96	-5.95	14.79	3.86
11.34	4.57	42.69	49.65	4.69	8.29
1.68	-0.93	17.94	18.47	0.67	1.75
5.05	3.32	14.91	15.80	1.32	1.40
4.19	2.17	2.21	7.30	1.80	4.42
0.43	0.01	7.62	8.08	0.90	0.72
14.85	0.20	-12.80	24.07	29.12	25.76
14.85	0.20	-12.80	24.07	29.12	25.76
2558.68	**1662.59**	**5471.63**	**6450.64**	**3124.38**	**1020.77**
34.03	-17.88	78.79	91.31	27.05	18.83
8.14	-0.94	22.71	27.81	5.44	3.23
1.08	-0.10	7.76	7.71	0.42	1.43
10.31	-5.43	13.02	16.80	8.26	2.53
6.72	-0.45	2.97	5.68	4.94	3.07
4.09	1.28	22.91	22.01	0.72	5.15
0.67	0.41	2.56	3.11	0.20	1.19
0.81	-0.23	8.20	8.79	0.57	1.06
2.21	-12.42	-1.34	-0.60	6.50	1.16
12.97	10.66	79.89	85.88	8.91	13.51
0.04	0.04	2.39	2.51	0.21	0.80
0.30		3.58	3.38	1.20	1.18
2.06	3.56	31.14	33.91	2.48	5.87
1.17	-0.01	1.11	2.33	1.59	1.10
5.33	6.79	14.09	14.93	0.65	1.51
4.07	0.28	26.28	27.54	2.77	2.93
21.69	19.17	432.26	441.32	25.31	26.59
19.56	19.09	422.69	430.19	22.05	23.81
1.74	0.04	7.43	8.96	3.08	2.15
0.39	0.04	2.14	2.16	0.18	0.63
13.76	87.92	1197.65	1183.31	1.14	20.09

2-2 续表 11

行　　业	销售费用	管理费用	财务费用	利息收入
烟叶复烤	7.11	15.62	-4.35	3.31
卷烟制造	138.13	467.46	-13.46	26.41
其他烟草制品制造	1.85	7.76	0.16	
纺织业	12.83	39.25	13.39	1.85
棉纺织及印染精加工	8.24	25.56	9.80	0.76
毛纺织及染整精加工	1.13	3.26	0.72	0.06
麻纺织及染整精加工	0.34	0.62	0.01	0.02
丝绢纺织及印染精加工	0.41	1.46	0.30	0.19
化纤织造及印染精加工	0.19	0.61	0.07	
针织或钩针编织物及其制品制造	0.72	2.86	0.85	0.12
家用纺织制成品制造	0.10	0.54	0.05	0.04
非家用纺织制成品制造	1.70	4.34	1.59	0.66
纺织服装、服饰业	6.16	31.44	-0.38	1.48
机织服装制造	5.52	26.40	-0.13	1.13
针织或钩针编织服装制造	0.54	2.04	-0.11	0.20
服饰制造	0.10	3.00	-0.14	0.14
皮革、毛皮、羽毛及其制品和制鞋业	1.74	5.09	0.46	0.04
毛皮鞣制及制品加工	0.08	0.41	0.07	
制鞋业	1.58	4.51	0.34	0.04
木材加工和木、竹、藤、棕、草制品业	6.95	11.06	11.76	0.14
木材加工	1.17	2.62	1.01	0.03
人造板制造	5.25	7.27	10.62	0.06
木制品制造	0.47	1.11	0.10	0.04
家具制造业	3.48	12.83	-0.24	0.13
木质家具制造	0.31	0.43	0.02	
金属家具制造	2.51	11.92	-0.29	0.12
其他家具制造	0.58	0.44	0.02	
造纸和纸制品业	24.66	53.09	40.56	10.91
纸浆制造	1.90	8.51	3.79	0.25
造纸	21.55	41.13	36.32	10.63
纸制品制造	1.21	3.45	0.45	0.03
印刷和记录媒介复制业	10.61	60.52	-0.10	1.48
印刷	10.06	59.14	-0.13	1.51
装订及印刷相关服务	0.05	0.44	-0.03	-0.03
记录媒介复制	0.50	0.94	0.06	
文教、工美、体育和娱乐用品制造业	9.55	11.59	2.96	0.50
文教办公用品制造	0.43	1.35	-0.04	0.02
乐器制造	1.22	2.29	0.13	0.03
工艺美术品制造	7.27	6.81	2.83	0.43
体育用品制造	0.44	0.55	0.04	0.01
玩具制造	0.12	0.26	0.01	
游艺器材及娱乐用品制造	0.07	0.34		
石油加工、炼焦和核燃料加工业	135.65	602.60	192.25	15.09
精炼石油产品制造	109.08	551.56	142.33	11.75
炼焦	26.53	45.73	46.90	2.90
化学原料和化学制品制造业	317.93	632.50	410.92	31.07

单位：亿元

利息支出	投资收益（损失以“-”号记）	营业利润	利润总额	亏损企业亏损额	平均用工人数（万人）
-0.35	0.26	35.73	36.12	0.31	3.21
13.75	87.66	1148.21	1133.01	0.61	16.24
0.36		13.70	14.18	0.22	0.64
14.88	5.40	4.63	15.70	10.32	16.06
10.68	3.46	-3.88	6.51	7.01	10.78
0.62	0.07	2.36	2.80	2.88	1.36
0.02		-0.09	0.07	0.02	0.46
0.49	0.79	2.36	1.68		0.56
0.08	0.01	0.16	0.17	0.13	0.33
0.93	0.18	2.63	2.71	0.01	1.46
0.05		0.09	0.12	0.16	0.14
2.00	0.89	1.00	1.63	0.10	0.98
1.19	0.23	7.79	12.12	2.39	9.24
1.05	0.20	6.03	8.18	2.15	8.00
0.09	0.03	1.81	3.36	0.16	0.76
0.04		-0.05	0.59	0.08	0.48
0.34	0.02	6.04	17.04	0.16	2.16
0.03		0.05	10.87		0.11
0.26	0.02	5.65	5.83	0.16	1.97
6.05	1.60	-1.31	1.24	10.79	3.86
0.86	-0.02	3.58	4.03	0.06	1.38
4.97	1.60	-5.57	-3.42	10.54	1.92
0.20	0.02	0.46	0.46	0.19	0.51
0.23	10.81	18.47	18.85	0.01	0.75
0.04		0.71	0.80	0.01	0.20
0.18	10.81	17.18	17.46		0.43
0.01		0.47	0.48		0.07
47.49	10.62	-13.61	7.66	25.50	8.26
4.02	-0.01	-0.62	-0.39	3.06	0.38
42.94	10.50	-15.42	5.42	21.84	6.46
0.52	0.13	2.43	2.64	0.61	1.42
2.00	7.04	50.47	57.17	5.55	9.36
1.92	6.99	49.68	56.17	5.23	9.14
		0.43	0.43	0.01	0.06
0.08	0.05	0.36	0.56	0.30	0.16
3.30	6.67	32.53	33.42	1.36	2.06
0.02	1.32	1.64	1.80	0.08	0.23
0.17	0.13	1.14	1.34	0.36	0.53
3.07	5.21	29.09	29.54	0.91	1.08
0.03		0.42	0.48		0.10
0.02		0.15	0.15	0.01	0.05
		0.10	0.11		0.06
196.91	66.18	291.96	290.51	331.91	45.24
138.83	62.78	373.62	374.39	230.84	34.45
39.05	2.47	-92.68	-96.11	101.07	9.93
404.09	63.28	144.10	213.60	394.60	87.29

2-2 续表 12

行 业	销售费用	管理费用	财务费用	利息收入
基础化学原料制造	97.59	255.56	142.57	7.16
肥料制造	110.81	147.54	136.89	14.33
农药制造	8.20	18.50	6.81	0.89
涂料、油墨、颜料及类似产品制造	6.74	14.48	2.38	0.23
合成材料制造	37.39	87.11	84.62	4.38
专用化学产品制造	23.77	60.97	32.20	2.08
炸药、火工及焰火产品制造	13.67	40.03	4.46	1.40
日用化学产品制造	19.75	8.31	0.98	0.61
医药制造业	296.51	214.06	26.14	9.77
化学药品原料药制造	39.05	48.52	10.04	2.29
化学药品制剂制造	90.74	67.55	5.70	3.82
中药饮片加工	8.78	5.73	1.03	0.07
中成药生产	120.36	56.85	3.91	2.11
兽用药品制造	3.13	4.46	0.39	0.05
生物药品制造	28.73	28.65	3.39	1.07
卫生材料及医药用品制造	5.72	2.31	1.68	0.37
化学纤维制造业	10.97	34.61	12.68	2.08
纤维素纤维原料及纤维制造	5.34	16.46	8.23	1.66
合成纤维制造	5.63	18.15	4.45	0.42
橡胶和塑料制品业	39.12	59.86	14.11	1.62
橡胶制品业	24.49	33.56	9.58	0.72
塑料制品业	14.64	26.30	4.54	0.90
非金属矿物制品业	181.86	288.18	155.57	9.39
水泥、石灰和石膏制造	111.71	178.34	109.03	3.48
石膏、水泥制品及类似制品制造	34.01	44.75	16.27	2.79
砖瓦、石材等建筑材料制造	5.68	9.12	2.14	0.22
玻璃制造	2.80	5.69	2.01	0.08
玻璃制品制造	5.07	7.75	3.71	0.37
玻璃纤维和玻璃纤维增强塑料制品制造	9.04	17.33	12.98	1.36
陶瓷制品制造	3.05	6.74	1.89	0.13
耐火材料制品制造	3.48	6.32	1.92	0.21
石墨及其他非金属矿物制品制造	7.03	12.14	5.63	0.75
黑色金属冶炼和压延加工业	286.29	748.38	656.79	85.70
炼铁	3.76	14.08	23.62	0.99
炼钢	35.06	147.19	131.20	5.97
黑色金属铸造	2.81	8.56	1.76	0.06
钢压延加工	240.20	566.29	492.62	78.29
铁合金冶炼	4.47	12.26	7.59	0.39
有色金属冶炼和压延加工业	101.22	299.83	334.28	37.96
常用有色金属冶炼	63.10	168.35	264.03	17.07
贵金属冶炼	2.54	37.82	11.98	10.52
稀有稀土金属冶炼	3.43	17.54	3.90	5.69
有色金属合金制造	13.89	23.22	16.34	0.23
有色金属铸造	0.81	3.39	0.36	0.02
有色金属压延加工	17.46	49.50	37.66	4.44

单位：亿元

利息支出	投资收益（损失以“-”号记）	营业利润	利润总额	亏损企业亏损额	平均用工人数（万人）
134.83	29.40	27.34	45.12	159.23	29.15
147.07	9.23	-32.78	0.60	101.06	24.44
7.89		30.31	31.20	2.69	3.08
2.83	3.16	3.02	5.98	6.52	2.11
71.37	13.24	23.74	29.97	84.34	11.43
33.37	1.63	59.67	62.11	31.33	8.38
5.06	6.16	17.01	21.79	6.22	6.97
1.67	0.46	15.80	16.83	3.21	1.73
35.07	36.71	253.91	269.42	18.22	30.56
13.04	8.03	15.02	18.90	9.76	7.37
9.01	9.65	65.83	69.31	3.17	9.81
0.94	0.82	7.50	9.08	0.12	0.74
6.66	12.20	105.25	108.71	2.63	8.94
0.42	0.05	0.95	0.86	0.64	0.37
4.33	5.95	47.73	50.86	1.90	2.57
0.67		11.63	11.69		0.75
13.07	3.25	37.36	39.94	11.31	6.34
8.15	2.00	40.88	42.09	1.82	3.96
4.92	1.25	-3.52	-2.15	9.49	2.38
16.93	7.21	19.53	25.19	15.39	14.55
11.14	4.69	1.28	3.41	12.45	8.58
5.79	2.52	18.25	21.77	2.94	5.97
160.71	53.08	128.52	196.63	130.74	51.62
113.61	29.19	47.75	100.53	91.24	26.52
16.36	19.33	55.72	59.84	10.96	9.09
2.04	-0.01	10.34	12.10	2.84	2.35
2.09	1.01	-5.57	-2.66	5.42	1.57
3.69	0.31	-9.51	-7.75	11.63	2.15
13.29	0.10	17.13	19.34	1.54	3.43
1.83	1.91	1.03	1.75	1.59	2.02
2.02	0.51	-1.11	-0.47	2.62	1.60
5.78	0.73	12.74	13.94	2.90	2.90
592.37	121.89	-967.37	-868.49	1016.49	123.01
25.11	4.06	-30.24	-28.54	29.97	3.16
108.72	13.34	-151.76	-144.27	157.99	20.46
1.80		1.95	2.53	2.32	2.48
450.87	104.50	-770.90	-682.24	806.42	94.79
5.87	-0.02	-16.42	-15.96	19.79	2.10
315.38	69.52	-58.28	-74.23	346.99	57.79
229.12	43.78	-138.71	-168.80	260.19	37.92
21.21	13.81	32.55	36.32	6.21	4.49
8.56	2.09	34.21	31.79	3.54	2.94
16.28	-1.90	-10.52	-8.40	24.83	3.86
0.40	-0.01	1.46	1.62	0.72	0.35
39.81	11.75	22.72	33.24	51.51	8.23

2-2 续表 13

行 业	销售费用	管理费用	财务费用	利息收入
金属制品业	41.34	146.78	27.43	10.70
结构性金属制品制造	11.83	35.19	9.30	1.89
金属工具制造	2.87	8.19	0.98	0.07
集装箱及金属包装容器制造	7.49	12.52	1.77	0.48
金属丝绳及其制品制造	3.68	6.23	1.83	4.41
建筑、安全用金属制品制造	1.11	3.22	1.01	0.23
金属表面处理及热处理加工	0.70	2.74	1.15	0.34
金属制日用品制造	0.31	0.59	-0.03	
其他金属制品制造	13.35	78.11	11.43	3.27
通用设备制造业	148.27	400.06	62.01	16.65
锅炉及原动设备制造	37.50	129.84	1.05	4.38
金属加工机械制造	19.57	49.50	17.56	1.87
物料搬运设备制造	31.50	63.23	23.41	4.41
泵、阀门、压缩机及类似机械制造	15.74	53.55	2.71	1.49
轴承、齿轮和传动部件制造	8.81	22.88	5.08	0.38
烘炉、风机、衡器、包装等设备制造	18.56	45.58	4.68	1.60
文化、办公用机械制造	7.95	6.83	0.05	0.04
通用零部件制造	4.49	17.96	2.29	0.24
其他通用设备制造业	4.14	10.68	5.18	2.23
专用设备制造业	140.45	347.97	83.69	25.66
采矿、冶金、建筑专用设备制造	97.30	230.21	66.66	23.14
化工、木材、非金属加工专用设备制造	5.16	21.72	5.88	0.44
食品、饮料、烟草及饲料生产专用设备制造	3.50	9.73	-0.06	0.23
印刷、制药、日化及日用品生产专用设备制造	2.21	5.25	0.91	0.06
纺织、服装和皮革加工专用设备制造	3.24	11.51	0.70	0.48
电子和电工机械专用设备制造	2.81	13.50	1.99	0.12
农、林、牧、渔专用机械制造	7.99	18.48	2.64	0.18
医疗仪器设备及器械制造	7.42	7.88	1.45	0.47
环保、社会公共服务及其他专用设备制造	10.81	29.69	3.51	0.54
汽车制造业	1157.55	1481.11	64.34	104.17
汽车整车制造	1049.60	1172.27	36.98	95.25
改装汽车制造	9.40	25.65	3.78	0.99
低速载货汽车制造	0.28	1.21	0.39	-0.01
汽车车身、挂车制造	3.21	3.92	0.37	0.11
汽车零部件及配件制造	95.06	278.06	22.81	7.84
铁路、船舶、航空航天和其他运输设备制造业	121.18	558.43	47.32	50.87
铁路运输设备制造	78.25	244.66	6.23	11.21
城市轨道交通设备制造	1.51	6.01	0.23	0.33
船舶及相关装置制造	11.43	115.27	15.23	31.72
航空、航天器及设备制造	21.57	170.27	24.69	7.37
摩托车制造	7.38	19.92	0.21	0.22
自行车制造	0.56	0.81	-0.02	0.04
潜水救捞及其他未列明运输设备制造	0.44	1.46	0.73	-0.02
电气机械和器材制造业	338.28	299.80	26.18	35.26
电机制造	41.57	76.68	17.67	3.41

单位：亿元

利息支出	投资收益（损失以“-”号记）	营业利润	利润总额	亏损企业亏损额	平均用工人数（万人）
37.61	6.82	45.96	79.03	30.34	27.82
9.51	0.75	16.50	25.42	8.91	6.73
1.04	0.03	1.10	2.21	0.97	1.67
2.89	0.40	6.81	8.20	5.21	2.57
7.19	0.58	0.50	1.49	0.91	1.61
1.14	0.02	-0.79	-0.65	2.38	0.49
1.32	-0.57	0.11	0.54	1.09	0.76
	0.07	1.42	1.49		0.15
14.53	5.54	20.30	40.33	10.87	13.86
82.88	49.64	137.81	197.79	80.65	56.85
11.76	23.47	63.06	72.18	15.57	12.92
19.36	1.14	-13.58	-2.35	19.36	10.44
28.17	1.04	38.42	58.43	3.89	7.98
6.40	2.64	27.42	34.86	7.40	8.16
5.13	1.16	-4.35	-2.12	12.22	5.34
6.15	17.00	25.65	29.06	6.77	5.00
0.50	1.66	5.92	8.84	0.14	1.01
2.18	1.10	1.55	4.05	4.85	4.49
3.24	0.42	-6.28	-5.15	10.45	1.51
121.41	15.55	-74.44	5.29	164.75	53.85
102.51	6.52	-112.60	-53.04	138.57	37.36
6.59	1.47	0.54	1.64	11.33	3.36
0.15	0.30	6.09	6.32	0.18	0.86
0.99	-0.04	-1.66	2.82	1.48	0.89
1.10	1.97	-4.93	-2.48	5.65	1.79
1.50	1.62	9.27	16.57	0.20	1.53
2.96	1.40	0.97	3.16	3.17	3.56
1.87	0.58	5.14	5.58	0.78	0.98
3.73	1.73	22.74	24.71	3.39	3.51
137.86	849.11	2834.64	3072.82	154.55	124.94
104.77	734.01	2534.61	2740.00	117.31	83.24
4.83	-0.04	-0.50	5.28	13.58	4.81
0.40	-0.05	-0.24	-0.17	0.37	0.12
0.42	0.14	-0.69	-0.31	3.81	0.77
27.44	115.06	301.45	328.03	19.48	36.00
92.02	22.58	249.64	305.08	126.49	74.02
16.54	13.55	211.38	224.16	29.74	22.37
0.44	0.01	0.30	0.56	0.81	0.55
43.27	13.14	-44.28	-22.45	84.67	17.83
30.10	-4.85	76.99	96.02	8.02	30.19
0.89	0.70	5.41	6.71	3.04	2.81
0.04	0.04	-0.10	0.04	0.02	0.10
0.73		0.03	0.12	0.10	0.15
70.19	86.27	292.09	314.43	65.14	39.84
20.41	1.08	5.92	10.52	29.60	8.69

2-2 续表 14

行　业	销售费用	管理费用	财务费用	利息收入
输配电及控制设备制造	63.47	112.33	27.02	2.81
电线、电缆、光缆及电工器材制造	15.51	27.71	10.73	0.20
电池制造	7.73	14.29	4.05	0.06
家用电力器具制造	201.44	49.18	-35.00	28.08
非电力家用器具制造	2.10	6.58	1.02	0.56
照明器具制造	5.85	11.11	0.48	0.13
其他电气机械及器材制造	0.60	1.93	0.21	0.01
计算机、通信和其他电子设备制造业	410.42	668.43	99.63	29.67
计算机制造	51.45	76.04	8.31	-1.37
通信设备制造	157.80	252.63	24.31	6.27
广播电视设备制造	2.64	10.25	1.49	0.16
雷达及配套设备制造	5.11	28.14	2.41	1.09
视听设备制造	130.57	77.33	16.03	8.11
电子器件制造	47.20	170.65	43.26	12.54
电子元件制造	10.42	39.22	3.11	2.70
其他电子设备制造	5.24	14.17	0.70	0.17
仪器仪表制造业	30.15	78.83	5.54	0.78
通用仪器仪表制造	23.17	43.13	4.71	0.38
专用仪器仪表制造	4.28	18.50	0.47	-0.02
钟表与计时仪器制造	0.58	0.83	0.11	
光学仪器及眼镜制造	1.97	15.07	0.30	0.33
其他仪器仪表制造业	0.14	1.30	-0.05	0.09
其他制造业	4.85	41.70	1.25	2.86
日用杂品制造	0.03	0.41	-0.01	0.02
煤制品制造	0.78	1.28	0.24	0.01
废弃资源综合利用业	1.21	4.14	2.57	
金属废料和碎屑加工处理	0.53	2.75	2.09	-0.01
非金属废料和碎屑加工处理	0.68	1.39	0.48	0.01
金属制品、机械和设备修理业	2.49	45.09	4.35	2.13
金属制品修理	0.17	0.29	-0.03	0.05
通用设备修理	0.02	0.78		
专用设备修理	0.20	0.72	-0.01	0.02
铁路、船舶、航空航天等运输设备修理	2.02	41.30	4.45	1.97
电气设备修理	0.09	0.86	0.04	0.01
其他机械和设备修理业		1.06	-0.10	0.09
电力、热力、燃气及水生产和供应业	**260.80**	**1046.54**	**2160.17**	**84.97**
电力、热力生产和供应业	90.64	799.40	2057.12	66.98
电力生产	27.89	391.02	1535.36	41.76
电力供应	56.52	333.91	486.38	21.73
热力生产和供应	6.23	74.48	35.38	3.49
燃气生产和供应业	75.73	84.17	28.77	6.40
水的生产和供应业	94.44	162.97	74.29	11.59
自来水生产和供应	93.36	150.27	55.40	6.71
污水处理及其再生利用	1.04	12.32	18.18	4.88
其他水的处理、利用与分配	0.04	0.38	0.71	

单位：亿元

利息支出	投资收益（损失以"–"号记）	营业利润	利润总额	亏损企业亏损额	平均用工人数（万人）
28.16	14.05	85.61	100.22	22.90	13.65
8.97	-1.48	23.43	19.68	2.90	3.81
4.04	0.57	6.43	6.69	3.80	3.55
6.33	71.14	163.64	169.90	1.67	7.36
1.44	-0.11	-0.26	0.94	2.35	0.87
0.70	1.03	6.52	5.49	1.82	1.66
0.13		0.81	1.00	0.08	0.24
105.24	58.94	164.98	316.69	106.77	70.29
11.35	15.10	41.11	48.32	1.10	7.16
17.82	24.33	56.93	103.88	5.41	19.35
1.52	1.75	1.70	2.30	1.68	0.95
3.21	2.86	22.98	25.93	0.66	3.63
18.63	2.42	22.55	39.32	22.93	11.85
45.27	5.80	-1.75	63.88	69.53	18.21
6.67	5.77	20.37	26.94	5.10	7.64
0.77	0.91	1.09	6.13	0.36	1.50
6.95	6.07	43.24	52.19	7.27	9.97
5.13	5.00	29.53	37.45	5.01	5.34
1.11	0.72	5.63	6.82	1.74	2.07
0.09		1.90	1.92	0.04	0.11
0.55	0.32	5.15	4.57	0.49	2.18
0.06	0.03	1.03	1.43		0.26
4.56	3.77	21.33	32.74	1.61	7.07
		-0.11	0.13	0.01	0.04
0.25	-0.03	-0.17	-0.21	1.23	0.39
1.95	0.04	3.22	4.23	1.20	0.83
1.47	0.02	3.16	3.89	0.33	0.62
0.48	0.02	0.06	0.35	0.87	0.21
5.56	0.40	9.81	12.73	1.48	8.13
0.02	0.05	0.50	0.50	0.08	0.05
	0.04	0.05	0.08	0.33	0.36
0.02		0.78	0.78		0.38
5.46	0.29	7.88	10.69	1.01	6.69
0.05		0.25	0.29	0.06	0.45
	0.01	0.35	0.40		0.18
2085.66	**708.91**	**4145.63**	**4603.77**	**497.15**	**295.64**
1970.62	662.07	3958.79	4333.33	408.33	248.27
1492.92	223.73	2700.83	2947.26	286.00	80.99
442.37	433.71	1313.02	1367.34	87.65	151.71
35.33	4.63	-55.06	18.72	34.68	15.56
30.63	23.29	154.30	170.31	40.75	12.76
84.41	23.55	32.53	100.13	48.06	34.62
62.50	22.50	6.37	58.34	41.77	32.47
21.59	1.05	25.84	41.45	6.26	2.12
0.32		0.33	0.34	0.03	0.04

2-3 私营工业企业主要

行 业	企业单位数（个）	工业销售产值（当年价格）	出口交货值	资产总计
总 计	**216506**	**391618.21**	**19407.40**	**229006.48**
采矿业	**8321**	**14360.22**	**25.21**	**11583.73**
煤炭开采和洗选业	3229	5036.35	3.96	5223.67
烟煤和无烟煤开采洗选	3158	4749.67	3.72	5098.43
褐煤开采洗选	50	261.35		118.35
其他煤炭采选	21	25.34	0.23	6.89
石油和天然气开采业	9	39.34		33.52
石油开采	7	37.34		25.78
黑色金属矿采选业	1730	3851.85	1.48	3242.07
铁矿采选	1628	3728.78	1.12	3172.84
锰矿、铬矿采选	81	95.27	0.36	55.58
其他黑色金属矿采选	21	27.81		13.65
有色金属矿采选业	915	2100.28	8.32	1343.57
常用有色金属矿采选	617	1321.78	8.32	859.45
贵金属矿采选	144	419.90		219.63
稀有稀土金属矿采选	154	358.60		264.49
非金属矿采选业	2381	3258.80	11.40	1654.03
土砂石开采	1865	2500.24	10.07	1226.66
化学矿开采	167	235.11		177.13
采盐	24	51.17		59.96
石棉及其他非金属矿采选	325	472.28	1.33	190.28
开采辅助活动	43	52.87	0.05	77.49
石油和天然气开采辅助活动	38	47.04	0.05	76.10
其他开采辅助活动	3	5.41		1.26
其他采矿业	14	20.74		9.38
制造业	**206810**	**375734.46**	**19380.80**	**213635.85**
农副食品加工业	15931	32816.35	1208.59	13841.49
谷物磨制	4696	9051.97	17.29	2938.89
饲料加工	2275	5294.07	45.52	1775.36
植物油加工	1296	3477.82	19.00	1599.50
制糖业	100	221.54	0.51	488.31
屠宰及肉类加工	2496	6293.98	60.60	3015.70
水产品加工	1256	2621.42	594.40	1311.73
蔬菜、水果和坚果加工	2177	3124.29	367.42	1418.44
其他农副食品加工	1635	2731.27	103.84	1293.56
食品制造业	4680	8105.36	339.78	4079.81
焙烤食品制造	856	1341.64	8.77	611.27
糖果、巧克力及蜜饯制造	485	722.84	19.26	361.21
方便食品制造	835	1380.06	28.48	652.51
乳制品制造	217	500.06	0.36	326.00
罐头食品制造	496	805.77	120.65	380.98
调味品、发酵制品制造	672	1171.79	34.72	698.14
其他食品制造	1119	2183.20	127.54	1049.68
酒、饮料和精制茶制造业	3520	5730.30	74.97	3303.07
酒的制造	1430	2937.58	15.79	1758.99
饮料制造	889	1527.46	10.45	889.29
精制茶加工	1201	1265.25	48.73	654.79
烟草制品业	4	11.29		20.69
其他烟草制品制造	3	11.06		20.58

经济指标(大、中类行业)

单位：亿元

固定资产合计	固定资产原价	累计折旧	流动资产合计	应收账款	存货	产成品
81327.57	**128858.36**	**54120.33**	**114893.16**	**30628.35**	**26063.47**	**12075.10**
3981.09	**5666.99**	**2124.49**	**5126.63**	**963.50**	**690.31**	**401.17**
1515.22	2097.79	739.20	2477.31	494.39	250.53	132.73
1474.57	2045.80	724.34	2423.00	483.70	247.02	130.95
38.40	49.29	14.33	51.24	9.65	2.85	1.40
2.26	2.71	0.53	3.07	1.04	0.66	0.37
22.74	39.62	17.47	7.31	0.59	0.66	0.44
17.85	33.94	16.64	5.02	0.55	0.55	0.39
1256.78	1854.23	758.85	1377.21	200.12	218.07	136.76
1236.91	1827.51	748.68	1340.93	193.23	207.57	128.14
15.66	22.03	8.94	30.64	6.18	9.07	7.69
4.21	4.68	1.22	5.64	0.71	1.42	0.93
465.66	632.22	229.41	609.66	102.86	111.25	66.01
276.27	367.67	138.16	438.16	76.97	63.37	35.29
110.67	146.44	45.89	82.80	13.80	12.37	4.30
78.72	118.12	45.35	88.70	12.09	35.50	26.42
693.05	999.44	362.72	607.84	142.65	106.24	64.62
543.98	795.67	292.44	427.41	108.46	71.62	44.09
42.57	62.17	24.20	85.58	14.91	12.30	8.71
17.88	21.13	7.77	25.59	3.05	5.19	3.41
88.61	120.46	38.32	69.27	16.23	17.12	8.41
22.40	37.19	15.31	44.22	22.29	3.22	0.36
21.66	36.38	15.22	43.56	21.83	3.06	0.23
0.68	0.73	0.06	0.58	0.43	0.14	0.12
5.23	6.49	1.54	3.07	0.60	0.35	0.26
75437.67	**120736.13**	**51326.29**	**108580.62**	**29474.53**	**25297.26**	**11659.41**
5412.70	9942.54	5008.52	6676.77	1138.63	1963.92	903.95
1264.13	3255.60	2108.53	1346.26	216.98	445.82	137.06
749.58	1271.36	574.50	768.99	146.63	219.41	79.52
578.40	921.22	379.33	815.43	103.75	305.00	153.43
73.64	130.85	63.60	381.61	24.12	41.43	13.11
1195.39	1923.77	840.97	1406.93	209.01	320.58	167.37
425.96	705.28	319.77	735.89	168.55	245.37	149.93
567.35	867.38	349.25	653.95	154.84	208.82	105.00
558.25	867.08	372.58	567.70	114.74	177.49	98.54
1707.37	2906.50	1331.72	1725.66	353.76	487.83	219.97
265.67	678.56	438.65	244.38	51.43	59.19	19.76
137.11	210.23	81.32	156.75	45.07	48.23	23.12
275.27	373.42	116.21	267.80	51.53	66.51	30.08
136.40	294.86	169.06	142.02	22.71	31.53	14.05
160.56	244.01	92.27	171.82	34.25	69.75	43.97
319.91	487.92	195.92	273.69	46.10	83.05	30.74
412.47	617.50	238.29	469.20	102.66	129.57	58.26
1311.34	1855.79	685.61	1485.80	263.46	527.75	264.36
706.32	1040.43	421.79	801.86	107.60	322.20	153.99
372.35	525.53	182.89	358.60	75.60	93.02	40.76
232.67	289.82	80.94	325.35	80.26	112.54	69.61
6.70	9.48	2.78	10.27	2.22	4.19	1.38
6.67	9.45	2.78	10.19	2.20	4.15	1.38

2-3 续表 1

行业	企业单位数(个)	工业销售产值(当年价格)	出口交货值	资产总计
纺织业	14016	21491.39	1375.13	11403.68
棉纺织及印染精加工	7399	13553.73	495.46	6782.86
毛纺织及染整精加工	795	1168.59	31.78	748.20
麻纺织及染整精加工	173	366.99	21.88	184.45
丝绢纺织及印染精加工	572	756.19	44.22	392.26
化纤织造及印染精加工	1007	832.10	88.65	611.69
针织或钩针编织物及其制品制造	1661	1889.67	227.84	1262.71
家用纺织制成品制造	1188	1367.71	259.12	640.11
非家用纺织制成品制造	1221	1556.39	206.18	781.40
纺织服装、服饰业	9034	10723.16	1522.64	5444.00
机织服装制造	6132	8035.77	981.17	3948.56
针织或钩针编织服装制造	2084	2012.60	422.44	1124.17
服饰制造	818	674.79	119.04	371.26
皮革、毛皮、羽毛及其制品和制鞋业	5130	6615.27	1035.00	2737.71
皮革鞣制加工	320	774.75	16.90	350.40
皮革制品制造	1370	1688.65	286.57	745.31
毛皮鞣制及制品加工	465	632.34	78.69	218.02
羽毛(绒)加工及制品制造	359	569.48	52.98	234.46
制鞋业	2616	2950.05	599.86	1189.53
木材加工和木、竹、藤、棕、草制品业	6784	9768.92	408.93	3736.57
木材加工	1142	1349.87	23.20	500.22
人造板制造	3651	5952.80	160.01	2161.21
木制品制造	1461	1912.02	150.04	869.00
竹、藤、棕、草等制品制造	530	554.23	75.68	206.13
家具制造业	3433	4273.55	557.50	2349.12
木质家具制造	2246	2852.25	242.54	1531.60
竹、藤家具制造	67	111.04	25.65	39.49
金属家具制造	578	684.82	180.12	412.25
塑料家具制造	57	41.84	11.34	30.72
其他家具制造	485	583.61	97.86	335.06
造纸和纸制品业	4037	5649.98	94.05	3218.38
纸浆制造	25	38.18	0.07	24.03
造纸	1671	2612.17	36.94	1734.53
纸制品制造	2341	2999.64	57.04	1459.82
印刷和记录媒介复制业	3119	3781.16	72.30	2095.68
印刷	3031	3676.82	67.35	2053.31
装订及印刷相关服务	82	97.84	4.80	36.86
记录媒介复制	6	6.50	0.16	5.51
文教、工美、体育和娱乐用品制造业	5079	7551.18	1461.21	3804.85
文教办公用品制造	440	558.62	60.67	294.38
乐器制造	113	158.67	29.42	68.79
工艺美术品制造	3086	5155.69	1031.47	2609.66
体育用品制造	522	597.15	96.35	297.76
玩具制造	755	847.28	213.57	345.37
游艺器材及娱乐用品制造	163	233.78	29.73	188.88
石油加工、炼焦和核燃料加工业	1034	5463.00	0.95	5335.50

单位：亿元

固定资产合计	固定资产原价	累计折旧	流动资产合计	应收账款	存货	存货：产成品
4124.70	7142.44	3268.52	5808.60	1381.56	1554.12	757.03
2633.18	4644.66	2157.25	3245.98	688.34	830.08	409.83
203.59	376.71	184.32	483.91	111.53	190.54	82.67
81.41	104.47	31.60	80.98	15.47	30.38	16.52
122.97	202.09	84.55	202.93	44.08	69.44	34.25
197.14	310.87	128.28	348.46	99.67	91.52	47.98
389.00	642.74	278.59	678.26	193.22	157.83	80.27
204.03	365.53	182.51	359.31	105.94	95.73	46.62
293.37	495.38	221.41	408.75	123.30	88.60	38.90
1700.84	2827.11	1234.46	3014.53	729.79	804.85	395.77
1260.43	2090.04	908.78	2196.73	509.51	580.90	296.48
318.04	537.74	245.91	623.50	165.00	173.27	77.91
122.36	199.33	79.77	194.30	55.28	50.68	21.38
908.69	1559.04	694.80	1444.83	417.44	352.79	148.42
114.62	153.07	45.00	145.17	28.11	47.23	19.20
278.26	375.02	110.20	343.57	89.81	86.23	37.76
68.85	105.70	40.17	128.85	29.36	32.35	11.56
63.46	122.68	63.61	153.25	48.46	47.06	21.33
383.50	802.58	435.82	673.97	221.70	139.92	58.57
1579.03	2680.90	1200.69	1641.40	347.76	467.45	229.01
210.76	296.18	105.73	230.03	49.13	59.06	28.29
999.80	1726.80	783.01	885.80	165.48	241.32	125.64
293.27	555.28	278.58	425.30	104.76	133.48	58.64
75.20	102.64	33.37	100.27	28.40	33.59	16.43
843.27	1299.48	521.31	1187.46	259.66	315.37	138.65
570.24	860.38	341.16	764.72	150.75	220.01	99.36
12.78	16.62	4.02	20.91	5.68	8.55	4.04
145.33	226.27	84.52	222.55	58.46	47.49	18.90
12.71	19.24	6.83	12.89	3.09	2.91	1.28
102.21	176.96	84.77	166.40	41.69	36.41	15.07
1269.58	1904.42	742.76	1561.05	467.40	332.73	153.95
10.48	15.98	6.03	11.42	2.21	3.06	1.82
688.78	988.48	361.84	850.81	226.97	169.94	82.16
570.33	899.96	374.88	698.82	238.22	159.73	69.98
821.73	1328.06	563.55	994.04	313.33	215.39	87.59
804.49	1297.65	549.63	973.02	307.15	210.51	85.47
15.51	27.35	12.55	17.41	4.90	3.66	1.38
1.74	3.06	1.37	3.61	1.28	1.22	0.74
1098.37	1730.09	698.60	2204.60	721.31	596.69	294.79
91.70	135.28	46.60	160.96	46.08	35.49	19.76
32.43	52.81	21.33	28.90	6.06	8.06	3.41
667.50	1115.71	494.41	1632.50	573.94	455.10	225.43
132.73	182.10	54.70	134.84	32.34	38.83	17.86
126.16	176.28	59.41	166.31	47.87	39.81	18.08
47.85	67.90	22.14	81.08	15.02	19.41	10.26
1523.84	2191.44	870.57	2832.70	372.52	553.13	300.56

2-3 续表 2

行业	企业单位数（个）	工业销售产值（当年价格）	出口交货值	资产总计
精炼石油产品制造	771	3781.35	0.92	2565.65
炼焦	263	1681.65	0.03	2769.85
化学原料和化学制品制造业	13828	32359.84	1058.53	18377.41
基础化学原料制造	3179	8481.31	172.21	4623.55
肥料制造	1328	3135.00	13.55	2210.37
农药制造	450	1188.28	43.64	613.14
涂料、油墨、颜料及类似产品制造	1743	2880.04	62.97	1665.76
合成材料制造	1456	4658.73	152.56	3007.49
专用化学产品制造	3948	9349.68	224.56	4911.75
炸药、火工及焰火产品制造	951	1326.33	309.94	518.54
日用化学产品制造	773	1340.47	79.10	826.81
医药制造业	3242	7762.86	276.02	5192.74
化学药品原料药制造	614	1652.31	107.83	957.83
化学药品制剂制造	334	1216.79	5.34	1122.89
中药饮片加工	589	909.47	19.41	508.63
中成药生产	587	1620.02	3.00	935.89
兽用药品制造	294	778.35	23.58	333.31
生物药品制造	435	982.23	68.55	963.54
卫生材料及医药用品制造	389	603.68	48.31	370.64
化学纤维制造业	1364	3187.33	179.93	2361.11
纤维素纤维原料及纤维制造	201	1001.60	113.16	822.77
合成纤维制造	1163	2185.72	66.77	1538.34
橡胶和塑料制品业	10610	15926.01	980.56	8485.44
橡胶制品业	1892	4817.50	459.79	2599.50
塑料制品业	8718	11108.51	520.77	5885.94
非金属矿物制品业	20910	31921.62	578.16	19079.96
水泥、石灰和石膏制造	1893	3425.21	6.48	3011.82
石膏、水泥制品及类似制品制造	5776	7092.90	18.43	4728.46
砖瓦、石材等建筑材料制造	6352	9171.35	93.14	4561.85
玻璃制造	462	641.57	11.71	725.10
玻璃制品制造	1302	2174.56	87.99	1244.42
玻璃纤维和玻璃纤维增强塑料制品制造	812	1601.34	32.15	714.04
陶瓷制品制造	1304	2244.83	248.10	1083.18
耐火材料制品制造	1355	2635.17	32.99	1420.06
石墨及其他非金属矿物制品制造	1654	2934.69	47.16	1591.01
黑色金属冶炼和压延加工业	6243	23174.09	297.28	13272.45
炼铁	172	557.34	3.79	457.16
炼钢	111	2110.41		2138.05
黑色金属铸造	2508	4404.41	120.37	2026.05
钢压延加工	2702	14363.56	161.51	7512.16
铁合金冶炼	750	1738.38	11.61	1139.03
有色金属冶炼和压延加工业	4182	16555.29	261.94	9184.72
常用有色金属冶炼	735	3411.77	30.56	2638.20
贵金属冶炼	122	613.55	10.55	261.67
稀有稀土金属冶炼	219	748.29	16.15	387.88
有色金属合金制造	531	1470.62	60.21	814.87
有色金属铸造	121	187.68	2.02	77.07
有色金属压延加工	2454	10123.38	142.45	5005.03

单位：亿元

固定资产合计	固定资产原价	累计折旧	流动资产合计	应收账款	存货	产成品
670.36	988.98	395.79	1502.16	162.52	351.12	178.31
853.48	1202.46	474.78	1330.54	210.00	202.01	122.26
7124.31	11192.73	4696.80	8560.89	2017.88	1819.80	882.60
1879.06	2986.88	1255.72	2051.72	402.48	426.47	207.45
863.15	1266.59	490.27	1010.72	210.72	227.98	106.07
236.67	429.51	214.79	286.15	60.60	85.96	49.73
534.97	1060.84	548.43	864.32	293.73	178.87	77.56
1091.71	1529.99	566.10	1452.40	375.96	303.88	134.74
2018.92	3161.85	1327.57	2240.68	532.06	479.23	242.66
242.11	308.23	81.72	190.81	48.26	30.37	18.89
257.72	448.85	212.20	464.09	94.06	87.06	45.52
1958.20	3134.80	1324.12	2364.80	548.53	479.84	236.39
422.76	633.44	238.86	400.53	90.89	101.70	52.96
318.21	557.71	258.53	554.11	122.87	73.58	34.74
206.11	290.42	109.83	249.65	91.08	69.23	33.92
341.45	651.03	339.23	435.20	112.77	118.30	52.51
195.50	298.58	112.60	104.27	23.27	22.43	11.04
321.11	492.17	196.77	458.54	62.78	59.69	32.28
153.07	211.45	68.32	162.50	44.86	34.92	18.93
866.12	1363.91	531.14	1146.87	208.25	265.53	136.49
349.89	570.51	230.90	330.70	56.81	95.24	38.05
516.23	793.40	300.24	816.18	151.44	170.29	98.44
3092.94	4959.50	2106.53	4368.97	1275.33	939.52	492.42
967.40	1615.50	724.49	1348.90	320.28	279.86	172.29
2125.53	3344.01	1382.04	3020.07	955.06	659.66	320.13
7727.25	11860.10	4748.78	8809.89	2883.28	1691.06	836.21
1413.92	2166.48	899.44	1181.15	252.52	191.12	70.65
1460.98	2409.10	1057.99	2735.55	1326.29	349.12	146.15
2076.20	3107.97	1193.60	1834.53	476.17	490.21	274.56
303.47	417.24	128.78	322.22	43.03	65.82	23.77
470.98	845.44	422.50	575.39	162.86	138.02	70.00
337.22	509.36	190.04	293.72	90.48	54.68	28.12
514.80	769.07	274.76	410.02	96.11	114.06	66.71
519.05	716.97	249.72	727.99	242.76	131.01	77.96
630.64	918.47	331.94	729.32	193.04	157.01	78.30
5843.47	9497.26	4218.43	5634.16	918.99	1389.36	643.03
184.57	315.60	149.81	214.73	36.70	47.73	18.62
1013.85	1588.82	634.87	603.60	48.79	143.24	79.29
956.72	1549.44	647.02	813.31	243.10	193.14	106.91
3315.77	5535.71	2597.17	3413.28	465.07	845.08	361.66
372.57	507.69	189.55	589.26	125.33	160.17	76.54
3197.40	4390.37	1673.23	4733.57	937.13	1370.65	564.40
904.93	1190.75	378.58	1205.65	198.51	427.12	118.71
78.76	91.16	34.01	155.17	9.64	45.49	14.19
130.39	176.18	62.16	195.00	45.51	66.79	34.10
253.91	359.42	124.64	453.17	116.44	105.33	40.20
24.76	37.54	14.91	44.77	12.53	9.45	3.77
1804.65	2535.32	1058.94	2679.81	554.50	716.47	353.45

2-3 续表 3

行　业	企业单位数(个)	工业销售产值(当年价格)	出口交货值	资产总计
金属制品业	12993	20961.67	1175.31	11610.28
结构性金属制品制造	4356	7629.93	151.44	4052.64
金属工具制造	1091	1343.52	227.46	634.05
集装箱及金属包装容器制造	693	1070.54	99.36	670.79
金属丝绳及其制品制造	961	2048.20	87.51	1064.32
建筑、安全用金属制品制造	1607	2348.72	184.39	1577.41
金属表面处理及热处理加工	876	1314.91	24.57	822.37
搪瓷制品制造	98	133.52	15.70	64.77
金属制日用品制造	1137	1374.92	260.04	760.64
其他金属制品制造	2174	3697.42	124.83	1963.29
通用设备制造业	14727	21312.91	886.25	12625.71
锅炉及原动设备制造	992	1979.21	48.43	1316.15
金属加工机械制造	2178	3223.21	96.46	1857.01
物料搬运设备制造	1293	2079.40	69.54	1452.75
泵、阀门、压缩机及类似机械制造	2874	4120.23	208.46	2441.56
轴承、齿轮和传动部件制造	1850	2548.73	84.55	1502.45
烘炉、风机、衡器、包装等设备制造	1653	2523.45	168.86	1491.79
文化、办公用机械制造	168	242.73	39.85	181.42
通用零部件制造	3119	3911.81	154.91	1986.40
其他通用设备制造业	600	684.14	15.19	396.19
专用设备制造业	10065	17031.70	617.85	10960.64
采矿、冶金、建筑专用设备制造	2871	6590.45	166.36	4505.69
化工、木材、非金属加工专用设备制造	1812	2355.73	95.02	1492.58
食品、饮料、烟草及饲料生产专用设备制造	497	730.78	36.13	362.30
印刷、制药、日化及日用品生产专用设备制造	505	683.85	32.37	387.08
纺织、服装和皮革加工专用设备制造	627	824.13	45.53	502.52
电子和电工机械专用设备制造	499	803.83	34.26	491.70
农、林、牧、渔专用机械制造	995	1432.60	50.83	682.27
医疗仪器设备及器械制造	634	958.23	85.89	651.97
环保、社会公共服务及其他专用设备制造	1625	2652.10	71.45	1884.53
汽车制造业	7114	13035.96	462.78	8993.20
汽车整车制造	88	1125.07	20.98	994.49
改装汽车制造	230	837.50	8.84	603.76
低速载货汽车制造	8	28.06		7.28
电车制造	67	80.86	0.12	81.71
汽车车身、挂车制造	182	435.21	1.70	210.43
汽车零部件及配件制造	6539	10529.26	431.14	7095.53
铁路、船舶、航空航天和其他运输设备制造业	2690	5932.80	470.33	3794.08
铁路运输设备制造	375	736.70	4.56	558.90
城市轨道交通设备制造	18	34.64		22.61
船舶及相关装置制造	724	2035.23	140.23	1243.92
航空、航天器及设备制造	74	298.89	48.78	190.30
摩托车制造	847	1885.25	200.91	1297.88
自行车制造	521	771.45	58.86	398.86
非公路休闲车及零配件制造	60	53.33	12.23	36.83
潜水救捞及其他未列明运输设备制造	71	117.31	4.76	44.78

单位：亿元

固定资产合计			流动资产合计			
	固定资产原价	累计折旧		应收账款	存货	
						产成品
4059.39	6412.34	2630.59	6014.90	1711.36	1351.81	615.12
1313.94	2113.85	908.37	2158.09	628.38	483.36	213.78
255.24	436.00	200.11	303.01	86.63	76.78	31.83
192.42	310.59	130.09	369.73	107.72	103.55	37.34
350.42	572.64	231.64	539.74	152.39	113.00	58.76
807.11	1067.77	293.38	617.52	179.00	142.31	65.47
221.85	342.04	134.65	519.26	130.87	100.64	51.39
27.66	69.02	42.30	32.82	12.22	7.50	2.77
215.67	399.94	213.04	422.70	103.12	96.24	42.52
675.07	1100.48	477.03	1052.03	311.04	228.42	111.26
4314.54	6865.13	2836.46	6616.60	2127.54	1637.19	704.80
465.80	787.29	349.98	674.95	204.36	182.31	62.40
737.75	1183.46	483.49	870.48	248.63	256.61	109.66
400.78	702.16	325.78	851.64	266.62	193.18	73.30
814.44	1272.44	526.81	1298.37	457.40	313.53	133.11
550.98	825.77	305.89	722.12	231.48	170.30	91.96
425.36	668.75	272.72	840.69	245.31	225.94	96.58
40.35	64.74	29.88	117.72	35.34	24.69	8.29
755.74	1169.96	464.86	1023.47	365.20	214.53	106.50
123.34	190.55	77.06	217.15	73.21	56.10	23.00
3702.96	5869.29	2390.73	5846.71	1848.79	1333.74	530.95
1485.99	2431.26	991.36	2418.04	824.44	497.59	203.24
453.75	803.31	378.73	841.18	263.87	226.91	83.64
126.29	201.26	85.46	192.44	46.98	54.16	20.37
130.31	225.43	108.15	210.12	57.16	55.38	18.94
183.50	272.77	121.33	258.10	81.57	68.13	29.17
168.18	264.17	118.20	266.90	84.42	58.88	24.14
301.53	434.28	157.41	291.02	71.20	76.63	38.83
202.79	308.25	124.42	336.86	98.38	81.18	34.85
650.63	928.55	305.68	1032.06	320.76	214.87	77.78
2759.98	4185.10	1664.74	4915.63	1569.92	1039.59	540.73
194.71	302.93	117.15	601.80	115.85	86.71	39.29
230.83	313.28	111.74	278.40	63.29	77.00	30.36
2.91	4.00	1.57	3.83	0.84	1.18	0.56
43.65	49.43	7.95	22.83	5.35	6.52	2.39
56.51	73.66	20.45	110.94	30.04	20.42	8.28
2231.37	3441.80	1405.87	3897.84	1354.55	847.77	459.86
1184.40	1907.61	803.56	2070.11	581.34	460.83	157.63
136.43	260.57	131.97	348.69	140.57	68.76	27.07
4.79	8.46	3.70	13.85	6.65	2.82	0.92
432.88	650.31	242.05	608.43	128.46	198.50	48.95
59.11	132.96	77.03	89.03	27.89	27.40	12.65
410.79	653.67	276.62	749.13	214.27	106.53	45.12
113.11	156.77	50.33	223.94	55.31	46.53	18.92
9.42	13.25	4.39	21.58	3.58	5.23	1.65
17.87	31.61	17.47	15.46	4.61	5.07	2.36

2-3 续表 4

行　业	企业单位数（个）	工业销售产值（当年价格）	出口交货值	资产总计
电气机械和器材制造业	13088	25195.78	1653.27	16111.66
电机制造	1557	2843.65	292.07	1995.97
输配电及控制设备制造	4432	7682.94	313.01	5542.10
电线、电缆、光缆及电工器材制造	2768	7622.26	143.19	4413.66
电池制造	652	1690.00	92.41	1091.74
家用电力器具制造	1491	2639.35	477.78	1431.01
非电力家用器具制造	371	477.78	41.74	294.98
照明器具制造	1591	1996.34	273.74	1183.17
其他电气机械及器材制造	226	243.47	19.35	159.02
计算机、通信和其他电子设备制造业	5964	12619.32	1922.66	8348.80
计算机制造	508	926.75	183.79	607.06
通信设备制造	749	3631.76	634.04	2002.72
广播电视设备制造	334	589.06	78.40	388.34
雷达及配套设备制造	11	13.49	0.93	8.66
视听设备制造	451	776.47	192.06	442.32
电子器件制造	1084	2212.72	349.93	2130.94
电子元件制造	2297	3703.79	376.68	2221.30
其他电子设备制造	530	765.28	106.84	547.46
仪器仪表制造业	2026	3513.23	207.37	2275.18
通用仪器仪表制造	1231	2429.45	113.58	1555.03
专用仪器仪表制造	427	755.09	22.70	478.63
钟表与计时仪器制造	64	57.47	21.15	40.60
光学仪器及眼镜制造	230	197.97	45.49	142.57
其他仪器仪表制造业	74	73.25	4.44	58.35
其他制造业	1000	1244.08	173.63	568.48
日用杂品制造	644	800.98	160.76	348.42
煤制品制造	75	112.62		48.46
废弃资源综合利用业	824	1845.87	1.97	898.63
金属废料和碎屑加工处理	450	1469.75	0.35	680.27
非金属废料和碎屑加工处理	374	376.13	1.63	218.36
金属制品、机械和设备修理业	139	173.19	25.89	124.77
金属制品修理	21	29.79	0.06	13.57
通用设备修理	13	8.22		6.84
专用设备修理	10	14.20	0.54	5.93
铁路、船舶、航空航天等运输设备修理	77	102.37	25.18	83.84
电气设备修理	5	2.62	0.10	1.37
其他机械和设备修理业	13	15.99		13.21
电力、热力、燃气及水生产和供应业	**1375**	**1523.53**	**1.39**	**3786.91**
电力、热力生产和供应业	900	860.01	0.40	2949.20
电力生产	569	519.68	0.40	2275.47
电力供应	18	29.77		26.24
热力生产和供应	313	310.56		647.50
燃气生产和供应业	305	530.79	0.60	566.76
水的生产和供应业	170	132.73	0.40	270.94
自来水生产和供应	69	41.27		135.79
污水处理及其再生利用	91	81.54	0.40	127.33
其他水的处理、利用与分配	10	9.92		7.83

单位：亿元

固定资产合计	固定资产原价	累计折旧	流动资产合计	应收账款	存货	产成品
4281.47	6880.95	2902.49	9360.81	3435.15	1767.77	797.41
450.79	695.97	268.43	1171.34	397.61	239.17	90.11
1443.64	2432.53	1104.38	3161.92	1255.04	534.82	231.94
1163.26	1823.28	748.97	2705.14	1072.44	437.38	227.65
319.54	490.81	194.16	629.80	213.31	153.44	65.59
401.26	634.89	262.81	815.33	228.09	203.50	95.20
98.00	144.81	52.75	147.76	39.31	31.96	14.10
356.73	577.14	233.53	636.94	195.76	142.56	63.98
48.24	81.52	37.45	92.59	33.58	24.93	8.83
1830.88	2863.19	1120.24	5404.75	2000.39	1101.93	416.05
103.78	153.88	58.82	405.42	124.65	99.35	36.55
212.91	334.81	133.32	1622.43	684.94	334.61	106.25
76.73	149.62	77.59	260.92	105.64	54.92	25.83
2.09	3.07	1.08	6.02	2.46	0.99	0.39
87.38	131.67	49.87	305.55	108.74	67.67	27.02
553.95	834.75	299.60	1219.61	362.25	229.26	87.31
667.08	1061.68	422.78	1249.23	500.62	250.68	108.53
126.96	193.71	77.18	335.57	111.09	64.45	24.18
681.83	1147.14	493.15	1302.79	439.48	282.89	110.24
438.17	753.32	331.84	903.34	305.85	200.73	74.98
158.22	270.04	116.02	263.18	89.52	48.06	18.42
9.66	14.45	6.02	27.14	6.76	8.92	4.95
52.09	82.68	32.44	78.93	27.68	19.52	9.75
23.69	26.65	6.84	30.21	9.66	5.67	2.14
190.88	338.25	155.06	310.15	88.64	73.39	33.52
111.30	212.41	105.58	195.18	58.40	47.69	21.63
19.57	27.54	8.81	21.88	5.65	5.82	2.41
262.11	407.97	173.38	478.91	95.44	108.01	62.35
176.12	257.37	102.92	381.96	66.72	85.50	51.59
85.99	150.59	70.46	96.95	28.72	22.51	10.76
51.38	83.20	32.96	52.40	18.24	8.12	3.66
7.06	15.41	8.03	5.35	1.43	1.40	0.47
1.41	2.03	0.85	4.22	1.31	0.46	0.21
1.35	5.37	4.03	4.31	2.28	0.80	0.34
35.71	50.13	15.56	30.18	10.33	3.55	0.99
0.16	0.25	0.08	1.20	0.28	0.16	0.05
5.69	10.01	4.41	7.14	2.61	1.74	1.59
1908.81	**2455.23**	**669.55**	**1185.91**	**190.32**	**75.90**	**14.52**
1566.31	2031.51	552.23	881.44	150.40	44.01	7.24
1258.30	1573.65	376.90	585.46	114.41	26.11	5.33
5.68	8.81	3.74	14.63	2.82	0.05	
302.32	449.05	171.59	281.35	33.17	17.86	1.91
216.15	261.03	72.39	219.02	26.49	22.77	4.98
126.35	162.70	44.92	85.44	13.43	9.12	2.30
67.44	82.91	19.47	40.49	2.47	1.46	0.78
56.05	76.00	24.48	41.01	9.98	6.53	1.12
2.86	3.78	0.97	3.95	0.98	1.12	0.40

2-3 续表 5

行　业	负债合计	流动负债合　计	应付账款	所有者权益合计	实收资本
总　计	**118651.48**	**95559.52**	**22340.87**	**108660.59**	**45401.69**
采矿业	**6424.45**	**4917.47**	**950.08**	**5045.03**	**1998.55**
煤炭开采和洗选业	3330.90	2481.61	452.31	1849.59	823.60
烟煤和无烟煤开采洗选	3273.31	2443.96	440.70	1782.89	806.11
褐煤开采洗选	53.84	36.09	10.93	64.51	15.77
其他煤炭采选	3.74	1.55	0.68	2.20	1.73
石油和天然气开采业	21.03	14.75	4.19	12.49	3.40
石油开采	14.88	10.71	1.37	10.90	2.70
黑色金属矿采选业	1701.53	1368.90	242.01	1512.99	510.32
铁矿采选	1663.57	1340.18	235.52	1482.49	494.94
锰矿、铬矿采选	29.55	23.28	6.04	25.91	12.77
其他黑色金属矿采选	8.41	5.44	0.45	4.59	2.61
有色金属矿采选业	616.69	467.55	76.75	696.12	244.05
常用有色金属矿采选	433.52	328.75	54.45	401.29	148.99
贵金属矿采选	60.33	43.82	6.30	154.10	48.55
稀有稀土金属矿采选	122.84	94.98	16.00	140.73	46.51
非金属矿采选业	712.33	547.48	157.61	928.93	395.96
土砂石开采	502.12	384.13	131.14	712.25	281.44
化学矿开采	99.64	76.57	10.37	77.64	28.92
采盐	28.26	24.49	4.72	31.66	7.90
石棉及其他非金属矿采选	82.31	62.29	11.38	107.37	77.71
开采辅助活动	39.18	35.85	16.98	38.31	17.46
石油和天然气开采辅助活动	38.44	35.12	16.61	37.65	16.81
其他开采辅助活动	0.72	0.72	0.36	0.53	0.52
其他采矿业	2.79	1.32	0.23	6.60	3.76
制造业	**109761.81**	**89302.93**	**21097.61**	**102295.03**	**41684.57**
农副食品加工业	6066.76	4753.04	812.78	7650.36	2767.75
谷物磨制	1026.42	770.01	115.05	1890.73	738.18
饲料加工	747.59	581.26	122.96	1006.38	355.80
植物油加工	670.15	532.89	85.54	909.63	291.33
制糖业	433.28	354.72	43.26	51.97	40.43
屠宰及肉类加工	1387.04	1089.91	181.77	1600.77	546.65
水产品加工	673.05	564.71	103.40	631.72	288.41
蔬菜、水果和坚果加工	581.01	445.16	83.74	824.92	252.73
其他农副食品加工	548.23	414.39	77.06	734.25	254.23
食品制造业	1645.65	1296.63	265.97	2407.45	986.58
焙烤食品制造	237.68	188.18	37.45	369.90	172.59
糖果、巧克力及蜜饯制造	138.35	115.71	27.30	221.59	77.56
方便食品制造	233.27	180.77	34.61	413.86	180.87
乳制品制造	148.71	124.69	30.70	175.26	70.31
罐头食品制造	157.04	124.26	32.04	215.03	94.11
调味品、发酵制品制造	278.08	197.79	33.97	417.39	138.43
其他食品制造	452.53	365.23	69.90	594.42	252.70
酒、饮料和精制茶制造业	1423.33	1015.64	192.92	1848.40	701.81
酒的制造	796.56	557.73	87.73	946.98	350.39
饮料制造	383.04	275.59	60.68	495.39	210.73
精制茶加工	243.74	182.31	44.52	406.03	140.69
烟草制品业	14.44	14.44	7.78	5.72	1.88
其他烟草制品制造	14.43	14.43	7.78	5.61	1.78

单位：亿元

国家资本	集体资本	法人资本	个人资本	港澳台资本	外商资本	主营业务收　入	主营业务成　本
1534.01	**557.32**	**17586.54**	**25495.59**	**103.42**	**118.63**	**386394.60**	**334569.19**
11.04	**33.79**	**759.87**	**1192.17**	**0.52**	**0.14**	**13883.47**	**11563.95**
8.75	15.62	337.27	460.76	0.14	0.03	4777.91	3919.84
8.75	15.39	328.62	452.16	0.14	0.03	4495.83	3731.12
	0.04	8.19	7.54			256.67	168.46
	0.20	0.46	1.06			25.41	20.26
		0.55	2.85			33.60	28.11
		0.25	2.45			31.56	26.09
0.53	4.24	174.85	330.53	0.16	0.02	3750.49	3145.04
0.53	4.10	170.15	319.99	0.16	0.02	3633.81	3051.80
	0.02	3.74	9.01			90.45	69.33
	0.11	0.96	1.53			26.23	23.91
1.31	8.50	85.21	148.82	0.14	0.07	2040.38	1743.20
0.24	5.73	55.89	86.93	0.14	0.06	1286.77	1086.89
0.55	2.35	14.58	31.07		0.01	408.63	343.43
0.52	0.43	14.74	30.82			344.98	312.88
0.45	4.90	156.28	234.25	0.08	0.02	3209.43	2670.45
0.45	3.05	120.11	157.74	0.08	0.02	2495.50	2084.42
	0.40	10.43	18.09			208.68	163.37
	0.10	2.70	5.10			60.50	51.81
	1.34	23.05	53.33			444.75	370.85
	0.34	4.93	12.19			51.66	42.17
	0.34	4.41	12.07			45.81	37.50
		0.52				5.43	4.25
	0.20	0.79	2.77			20.01	15.15
537.14	**501.65**	**16337.58**	**24086.00**	**99.02**	**118.00**	**370990.65**	**321766.27**
6.90	36.91	1125.09	1588.79	5.76	4.30	32249.71	28450.07
1.25	8.65	256.49	471.06	0.70	0.03	8953.25	7952.96
0.27	3.90	166.13	184.09	0.75	0.66	5205.95	4645.33
1.34	2.28	100.43	187.19	0.01	0.08	3391.85	2994.86
	0.01	21.72	18.70			220.96	193.34
1.71	11.79	233.84	294.96	2.61	1.73	6212.18	5515.37
0.30	2.96	150.16	132.93	1.12	0.95	2568.89	2281.47
0.54	0.69	100.58	149.88	0.27	0.77	3065.59	2612.95
1.49	6.63	95.74	149.98	0.31	0.08	2631.05	2253.79
2.28	27.38	458.42	490.97	4.20	3.43	7746.36	6537.15
0.51	0.24	68.97	99.65	3.22	0.01	1315.47	1098.66
0.08	0.30	33.47	43.34	0.32	0.05	710.03	592.60
0.06	20.31	81.35	79.11	0.04		1335.95	1146.00
0.03	0.04	41.93	28.23		0.08	476.73	393.76
0.63	0.80	43.07	49.47	0.14		793.53	693.86
0.33	0.89	68.27	68.75	0.07	0.21	1124.33	933.63
0.64	4.79	121.36	122.43	0.42	3.07	1990.32	1678.64
1.96	12.09	280.33	404.80	0.46	2.17	5551.01	4492.67
0.95	4.50	122.84	220.11	0.01	1.98	2826.01	2289.36
0.29	2.95	99.72	107.12	0.45	0.19	1494.47	1208.15
0.72	4.64	57.77	77.56			1230.53	995.16
		1.40	0.48			11.29	8.41
		1.40	0.38			11.06	8.19

2-3 续表 6

行　业	负债合计	流动负债合　计	应付账款	所有者权益合计	实收资本
纺织业	5999.13	5078.59	860.21	5274.60	2093.70
棉纺织及印染精加工	3478.78	2885.73	453.28	3209.60	1252.21
毛纺织及染整精加工	424.41	387.83	63.10	318.27	132.81
麻纺织及染整精加工	84.72	67.43	8.40	97.94	29.98
丝绢纺织及印染精加工	208.52	176.37	29.39	180.17	52.94
化纤织造及印染精加工	408.66	373.50	55.65	201.40	102.03
针织或钩针编织物及其制品制造	705.34	595.10	105.04	549.34	250.20
家用纺织制成品制造	312.81	275.74	69.11	315.37	125.40
非家用纺织制成品制造	375.88	316.88	76.24	402.51	148.14
纺织服装、服饰业	2735.10	2228.63	601.84	2644.45	996.02
机织服装制造	1872.52	1532.62	421.05	2033.67	742.76
针织或钩针编织服装制造	661.46	522.46	131.30	451.67	179.95
服饰制造	201.13	173.55	49.49	159.11	73.32
皮革、毛皮、羽毛及其制品和制鞋业	1266.51	1071.25	251.39	1427.35	441.57
皮革鞣制加工	122.40	104.59	16.60	212.39	45.59
皮革制品制造	345.88	303.68	73.65	388.45	101.49
毛皮鞣制及制品加工	94.59	76.31	13.04	121.63	39.99
羽毛(绒)加工及制品制造	122.16	111.85	24.25	110.44	42.93
制鞋业	581.48	474.82	123.85	594.44	211.59
木材加工和木、竹、藤、棕、草制品业	1494.54	1108.89	216.94	2188.41	798.00
木材加工	186.86	139.99	29.45	301.90	118.62
人造板制造	829.21	577.95	115.01	1298.92	460.22
木制品制造	394.07	328.08	59.69	467.06	175.34
竹、藤、棕、草等制品制造	84.40	62.87	12.79	120.53	43.83
家具制造业	1110.86	921.16	215.61	1208.37	551.37
木质家具制造	723.94	586.49	122.82	780.00	334.27
竹、藤家具制造	22.27	16.22	2.23	16.94	7.64
金属家具制造	194.34	177.22	53.51	216.83	133.50
塑料家具制造	13.81	12.56	3.30	16.90	8.94
其他家具制造	156.49	128.67	33.76	177.70	67.02
造纸和纸制品业	1703.30	1409.36	311.48	1491.59	686.93
纸浆制造	15.15	11.05	2.74	8.88	3.62
造纸	960.49	798.36	160.21	763.95	409.81
纸制品制造	727.66	599.94	148.52	718.75	273.50
印刷和记录媒介复制业	1009.22	844.01	213.42	1077.88	515.32
印刷	989.91	828.13	209.52	1054.91	505.45
装订及印刷相关服务	16.05	12.95	3.11	20.73	7.99
记录媒介复制	3.26	2.93	0.79	2.24	1.88
文教、工美、体育和娱乐用品制造业	2088.87	1726.52	566.46	1677.01	628.74
文教办公用品制造	164.32	146.77	34.57	129.61	41.52
乐器制造	23.22	17.63	4.23	45.46	22.13
工艺美术品制造	1497.37	1226.09	435.03	1077.44	403.69
体育用品制造	146.57	120.26	42.04	150.34	71.41
玩具制造	168.12	140.31	36.29	174.72	55.69
游艺器材及娱乐用品制造	89.28	75.46	14.30	99.45	34.30
石油加工、炼焦和核燃料加工业	4000.29	3185.85	594.13	1309.43	686.06

单位：亿元

国家资本	集体资本	法人资本	个人资本	港澳台资本	外商资本	主营业务收入	主营业务成本
4.47	14.15	720.51	1341.78	5.46	7.25	21368.68	18946.30
3.60	10.59	423.72	807.36	3.08	3.86	13456.46	11985.69
0.02	0.24	44.37	87.29	0.73	0.16	1181.72	1050.77
		10.32	19.51	0.15		347.84	303.53
0.19	0.59	13.75	38.15	0.06	0.21	752.24	666.53
0.14	0.10	32.29	69.49			824.93	735.67
0.06	0.58	101.88	143.98	0.68	2.94	1883.78	1666.13
0.04	1.07	43.99	80.21	0.08	0.02	1364.09	1195.08
0.42	0.99	50.20	95.80	0.68	0.05	1557.61	1342.90
3.58	7.07	350.62	626.33	4.44	3.98	10622.33	9161.07
2.79	2.81	265.22	465.61	3.21	3.12	7954.22	6848.89
0.28	3.68	57.08	117.37	0.72	0.82	1996.00	1732.62
0.50	0.59	28.32	43.35	0.51	0.05	672.11	579.56
0.58	1.50	164.31	272.32	2.06	0.80	6551.15	5673.09
	0.60	14.10	30.89			765.68	653.56
	0.37	35.71	64.53	0.34	0.54	1674.24	1425.03
		17.95	21.99		0.05	619.87	549.01
0.20	0.16	14.65	27.57	0.30	0.04	566.00	508.89
0.38	0.37	81.90	127.34	1.42	0.17	2925.36	2536.60
1.26	6.31	265.37	518.85	0.43	5.79	9619.72	8372.13
0.10	0.60	42.54	74.52	0.05	0.80	1313.46	1128.95
0.90	4.45	142.59	307.39	0.19	4.69	5867.75	5141.07
0.24	1.19	63.92	109.54	0.15	0.30	1883.30	1623.36
0.02	0.06	16.32	27.40	0.04		555.21	478.75
2.42	3.65	169.17	373.65	1.16	1.32	4219.36	3562.69
2.22	3.02	127.25	200.73	0.85	0.20	2811.84	2380.64
		2.32	5.32			110.48	94.42
0.20	0.59	18.84	113.31	0.21	0.36	684.14	570.28
		0.89	8.04			41.88	35.12
	0.04	19.87	46.25	0.10	0.76	571.03	482.23
0.69	9.15	232.41	440.61	4.05	0.02	5562.58	4820.30
		1.96	1.66			34.22	29.60
0.06	5.89	127.85	272.50	3.49	0.02	2588.37	2256.07
0.63	3.26	102.60	166.45	0.56	0.01	2940.00	2534.62
0.96	1.78	196.11	312.77	2.07	1.62	3733.62	3175.64
0.92	1.72	191.62	308.27	2.07	0.84	3633.90	3088.05
0.04	0.05	3.90	3.22		0.78	92.92	81.60
		0.60	1.28			6.80	5.99
0.92	5.05	229.85	388.33	2.43	2.17	7417.34	6443.38
0.02	0.28	13.81	27.12	0.06	0.24	548.89	468.48
	0.02	7.15	14.96			156.94	136.70
0.79	4.56	149.79	245.95	1.14	1.46	5044.16	4405.12
	0.16	31.79	39.16	0.30		590.79	509.82
0.10	0.01	17.60	36.59	0.92	0.47	841.42	725.75
0.01	0.02	9.71	24.55	0.02		235.15	197.52
1.23	13.98	297.53	373.17	0.13	0.01	5455.82	4976.69

2-3 续表 7

行业	负债合计	流动负债合计	应付账款	所有者权益合计	实收资本
精炼石油产品制造	1753.43	1499.18	188.45	798.80	360.34
炼焦	2246.86	1686.67	405.68	510.63	325.71
化学原料和化学制品制造业	9173.52	7212.51	1577.06	9052.01	4040.75
基础化学原料制造	2549.26	2061.73	440.08	2023.65	1272.13
肥料制造	1205.80	777.15	193.36	959.71	566.26
农药制造	284.80	244.06	49.33	326.33	127.01
涂料、油墨、颜料及类似产品制造	802.14	686.80	186.43	858.08	317.60
合成材料制造	1724.39	1313.24	232.98	1270.52	462.87
专用化学产品制造	2143.74	1758.31	379.38	2747.72	1011.00
炸药、火工及焰火产品制造	152.89	109.52	32.26	364.30	119.87
日用化学产品制造	310.50	261.70	63.25	501.70	164.01
医药制造业	2269.48	1677.15	336.00	2900.99	1019.19
化学药品原料药制造	441.60	332.32	84.86	512.85	203.93
化学药品制剂制造	575.78	394.27	56.64	546.51	199.94
中药饮片加工	207.25	164.36	47.70	299.00	111.80
中成药生产	417.55	326.43	72.01	517.58	183.37
兽用药品制造	114.16	86.31	13.63	216.30	85.50
生物药品制造	356.54	247.74	39.35	603.65	155.87
卫生材料及医药用品制造	156.59	125.73	21.82	205.11	78.78
化学纤维制造业	1491.71	1251.65	136.13	863.92	399.44
纤维素纤维原料及纤维制造	517.38	429.37	51.55	302.54	122.62
合成纤维制造	974.33	822.29	84.58	561.38	276.81
橡胶和塑料制品业	4048.59	3426.58	728.51	4338.39	1653.93
橡胶制品业	1196.73	1007.40	193.98	1344.40	392.21
塑料制品业	2851.86	2419.18	534.53	2993.98	1261.72
非金属矿物制品业	9169.22	7323.98	2003.91	9730.43	4773.16
水泥、石灰和石膏制造	1812.27	1356.16	302.78	1192.42	570.72
石膏、水泥制品及类似制品制造	2627.59	2289.31	836.46	2076.42	1113.42
砖瓦、石材等建筑材料制造	1756.45	1317.71	318.40	2750.43	1667.33
玻璃制造	402.19	304.95	53.18	320.47	168.25
玻璃制品制造	632.27	490.07	109.74	587.88	216.97
玻璃纤维和玻璃纤维增强塑料制品制造	269.26	212.16	45.28	414.51	145.08
陶瓷制品制造	381.80	304.15	62.59	697.62	283.70
耐火材料制品制造	586.41	478.61	131.94	815.44	270.46
石墨及其他非金属矿物制品制造	700.98	570.85	143.53	875.24	337.22
黑色金属冶炼和压延加工业	8141.23	6238.91	1552.36	5050.08	2230.72
炼铁	276.71	208.69	76.66	177.60	91.04
炼钢	1560.09	1096.79	393.77	577.95	254.33
黑色金属铸造	850.15	703.34	140.95	1140.02	418.81
钢压延加工	4655.06	3658.98	752.31	2825.08	1259.85
铁合金冶炼	799.22	571.11	188.66	329.42	206.68
有色金属冶炼和压延加工业	5322.76	4238.09	809.10	3826.24	1251.84
常用有色金属冶炼	1797.32	1244.25	401.08	836.91	302.41
贵金属冶炼	152.42	133.61	18.00	108.74	31.96
稀有稀土金属冶炼	200.81	153.05	36.05	179.85	64.84
有色金属合金制造	460.92	391.41	43.17	350.10	143.01
有色金属铸造	46.70	41.50	7.90	29.98	13.98
有色金属压延加工	2664.58	2274.26	302.90	2320.65	695.64

单位：亿元

国家资本	集体资本	法人资本	个人资本	港澳台资本	外商资本	主营业务收入	主营业务成本
0.56	3.66	149.52	206.46	0.13	0.01	3898.19	3555.90
0.67	10.32	148.01	166.72			1557.63	1420.79
420.58	98.15	1623.00	1879.14	6.98	12.90	32206.92	27921.67
408.55	12.07	429.63	415.51	2.34	4.02	8380.62	7362.94
5.23	2.81	350.63	207.06	0.33	0.20	3118.55	2705.63
0.41	2.58	52.54	67.19	1.49	2.81	1175.86	1010.48
0.57	3.81	150.96	160.43		1.83	2843.84	2417.99
0.46	63.86	157.48	240.70		0.37	4640.23	4125.36
5.20	11.65	370.15	617.76	2.66	3.59	9309.11	8084.06
0.16	0.47	45.77	73.45	0.01	0.01	1303.35	1029.44
0.01	0.89	65.84	97.04	0.14	0.08	1435.36	1185.78
8.58	17.16	458.84	533.22	1.00	0.39	7600.16	6165.32
0.59	3.81	87.03	112.42	0.08		1651.61	1379.68
0.53	2.02	107.07	90.26		0.06	1185.44	917.35
1.62	4.54	39.66	65.91	0.04	0.04	885.63	751.60
5.07	3.60	81.14	93.42	0.15		1554.57	1186.91
0.03	1.03	22.80	61.64	0.01	0.01	769.92	655.38
0.29	1.40	86.78	67.37		0.03	953.96	777.08
0.45	0.77	34.37	42.20	0.73	0.25	599.03	497.33
1.45	1.69	198.08	194.98	1.11	2.12	3146.50	2865.58
		76.10	45.20	0.09	1.23	989.78	903.87
1.45	1.69	121.98	149.79	1.02	0.89	2156.71	1961.71
2.35	13.66	582.88	1052.38	1.39	1.28	15706.58	13649.79
0.40	2.76	138.29	250.48	0.18	0.10	4711.25	4126.09
1.95	10.90	444.58	801.90	1.22	1.17	10995.33	9523.70
15.03	49.31	1936.44	2757.82	9.05	5.38	31375.28	26892.69
3.35	13.29	246.42	306.07	0.13	1.48	3315.48	2932.92
2.77	15.14	462.76	632.05	0.61	0.09	6971.88	5954.62
4.85	10.52	625.20	1022.06	3.71	1.00	9068.54	7705.78
0.48	0.29	106.02	61.43	0.02	0.02	628.81	531.22
0.67	0.77	79.02	134.56	0.10	1.87	2098.88	1808.42
1.26	0.84	44.44	98.32		0.22	1602.80	1395.98
0.12	0.95	133.55	144.33	4.39	0.35	2220.73	1864.29
0.08	3.49	76.97	189.76	0.03		2599.45	2222.91
1.47	4.04	162.06	169.24	0.06	0.35	2868.71	2476.56
1.82	14.53	870.58	1337.56	3.86	2.36	23182.52	21045.25
0.12		29.05	61.87			550.22	509.78
0.50	0.51	120.02	133.30			2114.12	1961.06
0.78	2.13	172.38	242.55	0.24	0.73	4307.91	3753.98
0.28	4.79	467.37	782.22	3.57	1.63	14537.32	13309.68
0.14	7.09	81.76	117.63	0.06		1672.94	1510.76
5.02	18.71	572.88	648.23	2.22	4.79	16443.32	14892.46
0.75	2.86	160.59	138.16	0.06		3400.38	3061.68
0.52	0.28	9.50	21.11	0.55		591.13	496.97
2.21	4.19	26.92	31.40	0.11		738.37	655.23
0.17	1.57	52.49	84.07		4.71	1431.67	1279.52
0.01	0.01	4.97	8.99			176.61	159.42
1.37	9.80	318.41	364.50	1.49	0.07	10105.17	9239.64

2-3 续表 8

行业	负债合计	流动负债合计	应付账款	所有者权益合计	实收资本
金属制品业	5866.13	4995.46	1003.25	5665.49	2160.82
结构性金属制品制造	2107.38	1726.27	366.86	1913.40	839.35
金属工具制造	305.95	263.74	60.77	323.51	116.35
集装箱及金属包装容器制造	348.88	305.44	70.10	308.79	140.47
金属丝绳及其制品制造	542.27	434.09	56.61	518.10	164.12
建筑、安全用金属制品制造	561.85	501.82	95.99	1010.84	304.01
金属表面处理及热处理加工	537.02	482.84	76.07	283.10	127.86
搪瓷制品制造	35.59	30.83	7.45	28.54	13.63
金属制日用品制造	427.38	375.55	68.96	328.40	122.11
其他金属制品制造	999.81	874.89	200.44	950.81	332.92
通用设备制造业	5965.91	5057.11	1289.08	6581.74	2593.56
锅炉及原动设备制造	636.35	530.68	141.46	669.66	265.41
金属加工机械制造	856.97	679.98	158.64	985.54	354.66
物料搬运设备制造	670.34	582.84	160.28	775.56	379.95
泵、阀门、压缩机及类似机械制造	1120.77	959.71	270.51	1306.82	566.56
轴承、齿轮和传动部件制造	712.99	589.19	128.12	779.66	271.50
烘炉、风机、衡器、包装等设备制造	714.16	629.20	155.24	766.84	282.05
文化、办公用机械制造	96.40	78.43	28.22	83.89	37.23
通用零部件制造	976.68	850.89	206.91	999.62	342.32
其他通用设备制造业	181.25	156.19	39.69	214.16	93.88
专用设备制造业	5232.97	4203.87	998.31	5675.56	2001.70
采矿、冶金、建筑专用设备制造	2216.71	1642.77	370.58	2274.49	610.96
化工、木材、非金属加工专用设备制造	814.58	713.55	178.02	672.57	275.95
食品、饮料、烟草及饲料生产专用设备制造	158.55	121.46	29.09	202.95	86.10
印刷、制药、日化及日用品生产专用设备制造	185.09	154.33	37.88	195.99	87.17
纺织、服装和皮革加工专用设备制造	249.12	222.31	55.97	252.57	83.00
电子和电工机械专用设备制造	213.81	165.94	50.77	275.31	112.97
农、林、牧、渔专用机械制造	295.76	226.19	58.09	372.72	195.45
医疗仪器设备及器械制造	257.69	220.54	51.04	391.70	124.25
环保、社会公共服务及其他专用设备制造	841.67	736.77	166.88	1037.27	425.85
汽车制造业	5415.96	4293.43	1161.07	3537.43	1277.65
汽车整车制造	813.46	733.35	134.89	177.23	84.33
改装汽车制造	266.57	222.59	43.48	333.91	123.11
低速载货汽车制造	2.94	2.64	0.81	4.34	2.93
电车制造	24.83	20.97	3.20	56.33	23.96
汽车车身、挂车制造	113.84	85.44	13.31	94.95	39.89
汽车零部件及配件制造	4194.32	3228.44	965.38	2870.68	1003.41
铁路、船舶、航空航天和其他运输设备制造业	2071.22	1731.02	416.37	1712.72	586.90
铁路运输设备制造	283.42	239.02	85.57	274.41	103.11
城市轨道交通设备制造	11.89	8.76	1.79	10.71	2.64
船舶及相关装置制造	750.36	568.35	129.62	490.51	212.04
航空、航天器及设备制造	93.29	72.05	14.49	97.01	39.71
摩托车制造	659.47	591.66	125.10	634.49	128.36
自行车制造	230.00	214.70	52.26	167.98	82.42
非公路休闲车及零配件制造	22.42	22.29	3.82	14.41	7.66
潜水救捞及其他未列明运输设备制造	20.37	14.19	3.72	23.19	10.95

单位：亿元

国家资本	集体资本	法人资本	个人资本	港澳台资本	外商资本	主营业务收入	主营业务成本
4.88	18.60	752.55	1366.55	2.85	14.98	20648.44	17944.11
1.95	7.41	296.80	530.62	0.14	2.44	7532.63	6492.52
0.02	0.20	49.37	66.47	0.03	0.26	1324.24	1123.44
0.26	4.18	43.79	88.49	0.01	3.70	1037.04	906.09
0.34	1.71	40.13	116.70	1.74	3.48	2008.26	1768.77
0.62	2.40	124.58	175.92	0.13	0.02	2306.43	2009.19
0.33	0.72	36.86	89.08	0.57	0.30	1317.24	1163.93
0.04		4.74	8.85			132.95	117.24
0.10	0.41	45.68	71.30	0.09	4.54	1356.86	1178.17
1.23	1.56	110.61	219.13	0.15	0.23	3632.80	3184.76
8.35	24.26	934.40	1618.94	1.91	5.51	21076.08	17979.01
0.80	5.87	91.59	165.73	0.21	1.20	1972.06	1697.97
0.75	3.83	139.06	209.08	0.16	1.57	3183.64	2735.94
0.38	4.96	149.28	222.51	0.51	2.31	2057.14	1722.74
2.78	3.40	197.58	362.71	0.09	0.01	4071.42	3444.94
0.21	2.04	73.82	195.29	0.09	0.05	2512.58	2170.39
0.05	2.43	102.35	176.56	0.56	0.10	2512.28	2112.61
	0.20	18.40	18.62			239.48	193.89
0.61	1.14	127.77	212.39	0.30	0.13	3856.58	3331.14
2.76	0.38	34.55	56.05		0.13	670.89	569.40
10.35	26.17	792.02	1165.19	6.12	1.77	16778.31	14220.16
7.89	7.98	214.68	379.82	0.23	0.36	6413.49	5486.29
0.47	4.59	122.05	148.52	0.22	0.10	2320.65	1990.19
0.01	0.02	30.60	54.84	0.60	0.03	726.75	613.19
0.02	2.57	33.51	51.07			689.31	587.54
0.23	0.22	30.95	51.32	0.27	0.01	818.92	691.74
0.13	3.03	61.01	48.07		0.73	769.27	642.24
0.34	0.62	58.65	135.80		0.04	1422.80	1213.82
0.14	4.43	42.15	77.34	0.19		939.88	709.96
1.13	2.73	198.41	218.40	4.60	0.50	2677.24	2285.20
6.17	10.39	549.14	706.81	1.71	3.44	12687.91	10831.45
0.78	0.85	61.78	20.63	0.30		1062.62	919.71
0.94	0.57	74.13	47.47			815.98	647.23
0.54		1.34	1.06			28.81	25.80
	0.43	16.05	7.49			81.05	69.26
0.28	0.01	6.01	33.60			412.55	350.67
3.63	8.54	389.84	596.57	1.41	3.44	10286.90	8818.77
2.46	8.16	191.58	364.09	4.03	16.57	5700.64	4897.33
0.35	3.64	29.46	69.65			720.53	590.72
		1.46	1.19			34.56	30.00
2.10	0.83	67.42	140.96		0.74	1878.37	1641.92
	0.83	8.41	11.67	2.98	15.82	297.70	240.70
	2.21	54.38	71.72	0.05		1852.82	1597.44
	0.66	22.56	58.18	1.00	0.02	746.86	651.74
		3.22	4.45			55.24	45.49
		4.66	6.29			114.56	99.33

2-3　续表 9

行　业	负债合计	流动负债合计	应付账款	所有者权益合计	实收资本
电气机械和器材制造业	8270.82	7070.50	1954.85	7743.24	3758.01
电机制造	1099.79	952.37	251.27	885.00	300.23
输配电及控制设备制造	2792.31	2369.58	741.06	2736.42	1326.23
电线、电缆、光缆及电工器材制造	2093.45	1786.28	346.10	2278.60	1128.54
电池制造	625.61	519.02	172.20	457.45	442.61
家用电力器具制造	863.91	758.62	236.50	563.93	204.20
非电力家用器具制造	142.24	120.50	28.02	149.71	68.57
照明器具制造	578.98	502.68	159.99	588.32	247.11
其他电气机械及器材制造	74.54	61.44	19.72	83.80	40.53
计算机、通信和其他电子设备制造业	4871.11	4303.95	1638.27	3447.47	1363.74
计算机制造	325.36	287.15	116.34	288.77	107.24
通信设备制造	1474.31	1379.59	654.79	521.18	240.95
广播电视设备制造	206.72	191.54	69.05	180.68	77.66
雷达及配套设备制造	4.30	4.17	2.05	4.37	1.94
视听设备制造	290.74	257.84	104.48	148.92	59.76
电子器件制造	1151.66	928.49	261.23	972.65	389.90
电子元件制造	1159.86	1027.79	354.50	1044.91	370.29
其他电子设备制造	258.16	227.37	75.83	285.99	116.00
仪器仪表制造业	1023.56	921.16	229.63	1243.14	409.35
通用仪器仪表制造	680.37	624.06	147.60	871.82	277.68
专用仪器仪表制造	217.95	182.85	49.64	255.43	79.18
钟表与计时仪器制造	23.41	20.13	4.45	17.17	7.11
光学仪器及眼镜制造	77.77	73.13	22.00	64.60	28.62
其他仪器仪表制造业	24.06	21.00	5.93	34.11	16.76
其他制造业	276.99	225.59	52.52	287.92	111.86
日用杂品制造	177.21	154.35	31.94	168.71	67.85
煤制品制造	23.58	13.88	4.50	24.48	13.12
废弃资源综合利用业	528.66	422.94	86.89	366.90	174.49
金属废料和碎屑加工处理	420.15	338.14	67.49	258.95	115.67
非金属废料和碎屑加工处理	108.51	84.80	19.40	107.95	58.82
金属制品、机械和设备修理业	63.95	55.02	13.38	60.35	21.72
金属制品修理	4.92	3.34	0.81	8.43	2.94
通用设备修理	3.25	2.86	0.51	3.23	2.03
专用设备修理	3.00	2.94	1.84	2.93	1.25
铁路、船舶、航空航天等运输设备修理	48.05	41.42	8.71	35.78	13.57
电气设备修理	0.68	0.56	0.17	0.81	0.28
其他机械和设备修理业	4.06	3.91	1.34	9.16	1.66
电力、热力、燃气及水生产和供应业	**2465.23**	**1339.12**	**293.18**	**1320.53**	**1718.58**
电力、热力生产和供应业	1920.79	1016.64	241.10	1025.78	1579.91
电力生产	1440.94	679.10	160.48	833.64	1477.78
电力供应	18.21	15.62	2.34	8.03	3.65
热力生产和供应	461.64	321.91	78.27	184.11	98.47
燃气生产和供应业	366.99	221.23	34.44	199.09	93.10
水的生产和供应业	177.45	101.25	17.65	95.66	45.57
自来水生产和供应	102.86	49.84	9.70	32.93	18.33
污水处理及其再生利用	71.01	47.95	6.97	58.48	25.35
其他水的处理、利用与分配	3.58	3.46	0.97	4.25	1.90

单位：亿元

国家资本	集体资本	法人资本	个人资本	港澳台资本	外商资本	主营业务收入	主营业务成本
19.22	35.62	1540.97	2134.84	18.46	8.76	24941.36	21410.33
8.91	0.97	121.02	164.01	0.08	5.14	2833.11	2400.55
2.74	7.23	538.34	769.94	7.65	0.33	7568.90	6454.35
4.48	9.50	358.55	748.57	7.05	0.39	7578.63	6620.15
1.35	7.68	325.95	106.33	0.70	0.60	1683.78	1440.81
0.05	1.73	76.37	123.91	0.01	2.13	2590.55	2242.08
0.39	0.07	30.00	38.09			477.57	404.63
1.04	8.22	70.88	163.89	2.94	0.13	1971.32	1649.59
0.26	0.24	19.86	20.11	0.03	0.03	237.50	198.15
2.03	20.75	603.65	727.28	2.43	3.32	12706.85	10767.24
0.13	0.08	50.54	52.03	0.06	0.28	963.67	824.50
0.11	5.20	77.72	157.65		0.27	3730.21	3197.04
0.28	0.10	22.60	54.60	0.07		593.06	489.36
		0.03	1.91			13.37	10.94
	2.03	24.55	32.67		0.51	742.82	660.94
0.66	8.29	219.74	160.27	0.46	0.33	2232.96	1868.46
0.46	3.82	151.21	212.50	1.84	0.46	3673.16	3097.68
0.40	1.23	57.26	55.63		1.47	757.59	618.32
0.39	3.01	126.28	277.48	1.87	0.32	3472.70	2850.11
0.29	1.20	77.50	197.41	1.11	0.17	2397.93	1979.95
0.01	0.66	28.64	49.16	0.56	0.14	748.71	597.97
		2.54	4.37	0.20		57.85	48.11
0.08	1.10	10.41	17.02		0.01	194.49	162.43
	0.05	7.20	9.52			73.72	61.65
1.18	0.56	43.67	65.12	0.05	1.27	1244.27	1069.80
1.03	0.45	23.16	41.88	0.05	1.27	797.13	689.65
	0.05	6.57	6.50			112.70	97.32
0.02	1.89	62.12	109.15	1.31		1798.30	1602.07
	1.76	36.19	76.61	1.11		1427.72	1280.67
0.02	0.14	25.93	32.54	0.20		370.58	321.40
		7.36	14.37			165.53	142.28
		1.27	1.67			30.30	25.66
		0.75	1.28			8.27	6.90
		0.34	0.90			14.06	12.23
		4.61	8.96			94.87	82.68
		0.03	0.25			2.39	2.03
		0.35	1.31			15.63	12.78
985.83	**21.87**	**489.09**	**217.42**	**3.87**	**0.49**	**1520.48**	**1238.97**
978.09	16.08	403.68	177.70	3.87	0.49	836.24	648.57
977.42	11.27	360.04	125.19	3.87		506.51	360.24
		1.98	1.67			28.83	25.71
0.68	4.81	41.66	50.84		0.49	300.89	262.62
2.14	2.41	63.18	25.37			553.61	486.44
5.60	3.39	22.24	14.35			130.63	103.96
5.28	1.90	6.21	4.95			41.89	33.08
0.33	1.49	15.86	7.67			77.88	62.17
		0.16	1.73			10.86	8.71

2-3 续表 10

行　业	销售费用	管理费用	财务费用	利息收入
总　计	**8618.52**	**12278.54**	**3602.95**	**198.50**
采矿业	**331.75**	**530.23**	**177.38**	**4.81**
煤炭开采和洗选业	136.31	225.25	83.41	1.95
烟煤和无烟煤开采洗选	130.01	207.41	82.01	1.92
褐煤开采洗选	5.56	16.98	1.15	0.03
其他煤炭采选	0.75	0.87	0.26	
石油和天然气开采业	0.78	1.54	0.63	
石油开采	0.74	1.36	0.54	
黑色金属矿采选业	55.38	109.49	45.97	1.51
铁矿采选	51.39	103.98	44.81	1.52
锰矿、铬矿采选	3.75	5.11	0.99	-0.01
其他黑色金属矿采选	0.24	0.40	0.17	
有色金属矿采选业	35.39	71.31	18.42	0.36
常用有色金属矿采选	26.61	48.06	13.63	0.30
贵金属矿采选	5.56	15.41	1.87	0.02
稀有稀土金属矿采选	3.22	7.84	2.92	0.04
非金属矿采选业	101.92	117.44	27.81	0.95
土砂石开采	77.87	87.10	20.84	0.35
化学矿开采	7.50	14.42	3.09	0.02
采盐	1.69	1.49	0.56	0.56
石棉及其他非金属矿采选	14.86	14.43	3.33	0.03
开采辅助活动	0.48	3.79	0.73	0.02
石油和天然气开采辅助活动	0.26	3.63	0.71	0.02
其他开采辅助活动	0.21	0.15	0.01	
其他采矿业	1.51	1.41	0.42	0.01
制造业	**8263.26**	**11673.34**	**3353.59**	**190.85**
农副食品加工业	689.23	778.47	253.21	8.26
谷物磨制	173.72	191.56	58.46	0.54
饲料加工	114.43	117.59	29.30	0.74
植物油加工	72.21	95.05	29.01	3.03
制糖业	3.70	7.80	7.45	0.58
屠宰及肉类加工	121.93	133.88	47.60	1.07
水产品加工	42.04	56.19	26.60	0.88
蔬菜、水果和坚果加工	84.22	95.69	26.81	0.70
其他农副食品加工	76.98	80.72	27.99	0.72
食品制造业	273.68	256.02	64.25	1.45
焙烤食品制造	54.47	44.19	9.57	0.27
糖果、巧克力及蜜饯制造	29.41	25.36	6.30	0.11
方便食品制造	41.98	40.90	10.74	0.17
乳制品制造	25.71	15.00	3.23	0.27
罐头食品制造	17.35	19.42	7.25	0.08
调味品、发酵制品制造	40.23	39.66	10.35	0.27
其他食品制造	64.52	71.49	16.81	0.28
酒、饮料和精制茶制造业	207.48	186.85	57.25	1.79
酒的制造	85.75	81.26	31.68	1.28
饮料制造	71.93	51.97	13.00	0.23
精制茶加工	49.80	53.62	12.57	0.27
烟草制品业	0.78	1.22	0.18	0.11
其他烟草制品制造	0.78	1.21	0.18	0.11

单位：亿元

利息支出	投资收益(损失以“-”号记)	营业利润	利润总额	亏损企业亏损额	平均用工人数(万人)
3041.23	**-240.02**	**24345.29**	**24249.73**	**1041.90**	**3463.98**
141.43	**1.05**	**1088.30**	**1037.47**	**147.16**	**130.98**
66.67	-2.45	326.91	310.06	80.69	60.58
65.40	-2.89	262.92	254.26	76.34	59.38
1.14	0.44	61.01	52.83	4.28	1.03
0.14		2.97	2.97	0.06	0.16
0.63		2.14	2.16	0.32	0.30
0.53		2.44	2.46	0.02	0.29
38.25	4.35	348.18	333.18	45.83	25.56
37.39	4.33	339.09	324.62	45.37	24.16
0.72	0.02	8.08	7.54	0.39	1.17
0.15		1.01	1.02	0.08	0.24
15.23	1.24	156.88	148.36	12.79	16.35
10.88	0.88	99.69	95.80	7.10	11.21
1.62	0.14	39.86	39.72	0.54	2.82
2.74	0.23	17.33	12.83	5.15	2.32
19.77	-1.78	249.47	239.18	6.00	27.17
13.94	-0.99	192.84	187.77	3.68	21.08
2.13	0.04	15.41	15.05	1.20	2.22
1.48	-0.84	4.31	4.35	0.06	0.50
2.21	0.02	36.91	32.00	1.07	3.37
0.73	-0.35	3.38	3.50	1.51	0.83
0.71	-0.35	2.63	2.76	1.51	0.77
0.01		0.74	0.74		0.05
0.15	0.02	1.35	1.04	0.01	0.19
2838.01	**-250.24**	**23141.83**	**23078.73**	**871.35**	**3320.04**
203.61	-29.77	1867.50	1827.82	45.05	217.19
44.38	-9.37	512.32	499.84	3.21	44.77
21.92	-4.57	270.11	266.79	2.81	28.28
24.85	-6.15	180.37	181.15	12.88	15.77
6.63	0.48	9.44	9.02	6.83	3.51
37.88	-5.86	354.41	336.30	11.51	48.24
24.84	0.19	148.76	147.29	2.86	23.67
21.07	-3.01	223.82	220.58	2.29	29.02
22.04	-1.48	168.26	166.85	2.66	23.92
51.69	-4.47	557.95	557.68	12.45	82.11
8.28	0.09	98.85	98.98	1.13	17.21
5.02	-0.95	49.50	49.63	0.63	8.62
7.37	-0.90	87.96	88.20	0.75	14.14
3.00	-1.25	35.18	35.75	0.94	5.27
5.62	-0.36	47.97	48.18	0.63	9.51
8.54	-0.15	91.07	91.80	1.06	9.95
13.86	-0.95	147.42	145.15	7.31	17.41
45.67	-6.03	481.45	473.26	10.84	52.72
26.62	-2.18	235.98	226.49	8.13	24.54
8.80	-3.04	136.03	137.63	2.61	13.89
10.25	-0.80	109.44	109.13	0.10	14.28
0.29	0.53	1.27	1.25		0.09
0.29	0.53	1.27	1.25		0.08

2-3 续表 11

行 业	销售费用	管理费用	财务费用	利息收入
纺织业	316.37	521.86	230.77	11.23
棉纺织及印染精加工	182.17	299.05	142.49	6.89
毛纺织及染整精加工	14.54	26.82	15.97	0.53
麻纺织及染整精加工	6.25	7.84	3.78	0.05
丝绢纺织及印染精加工	9.05	17.89	7.82	0.44
化纤织造及印染精加工	8.29	20.56	12.19	0.69
针织或钩针编织物及其制品制造	30.43	52.22	24.07	1.25
家用纺织制成品制造	29.84	41.78	9.11	0.76
非家用纺织制成品制造	35.80	55.71	15.35	0.63
纺织服装、服饰业	293.95	386.87	79.72	4.55
机织服装制造	224.20	287.40	55.44	3.75
针织或钩针编织服装制造	48.10	76.66	19.14	0.54
服饰制造	21.65	22.81	5.14	0.26
皮革、毛皮、羽毛及其制品和制鞋业	138.78	206.34	55.21	2.27
皮革鞣制加工	15.69	20.59	8.35	0.16
皮革制品制造	37.19	52.30	21.61	0.25
毛皮鞣制及制品加工	7.10	8.80	3.51	0.17
羽毛(绒)加工及制品制造	9.05	13.71	3.86	0.50
制鞋业	69.75	110.94	17.89	1.19
木材加工和木、竹、藤、棕、草制品业	203.16	256.10	70.62	1.68
木材加工	29.96	36.89	9.42	0.23
人造板制造	110.82	138.31	40.53	1.03
木制品制造	48.75	61.52	15.37	0.34
竹、藤、棕、草等制品制造	13.62	19.38	5.30	0.08
家具制造业	152.06	163.91	34.93	2.43
木质家具制造	96.50	108.95	23.49	1.76
竹、藤家具制造	3.19	3.83	1.66	0.01
金属家具制造	29.88	24.42	6.23	0.47
塑料家具制造	1.53	2.22	0.38	0.03
其他家具制造	20.97	24.49	3.17	0.16
造纸和纸制品业	130.98	175.80	57.48	2.99
纸浆制造	0.69	1.03	0.51	0.02
造纸	53.17	80.41	31.73	2.01
纸制品制造	77.12	94.36	25.24	0.95
印刷和记录媒介复制业	94.13	144.90	36.81	1.33
印刷	91.11	139.96	36.06	1.32
装订及印刷相关服务	2.81	4.61	0.68	0.01
记录媒介复制	0.21	0.32	0.08	0.01
文教、工美、体育和娱乐用品制造业	180.86	231.36	58.21	5.93
文教办公用品制造	19.44	25.42	4.63	1.59
乐器制造	2.32	4.28	0.62	0.04
工艺美术品制造	116.60	138.02	42.65	3.75
体育用品制造	14.38	20.04	4.05	0.18
玩具制造	21.23	33.65	4.75	0.23
游艺器材及娱乐用品制造	6.89	9.96	1.51	0.13
石油加工、炼焦和核燃料加工业	85.63	101.24	95.68	7.38

单位：亿元

利息支出	投资收益（损失以"-"号记）	营业利润	利润总额	亏损企业亏损额	平均用工人数（万人）
199.99	-2.18	1269.29	1264.23	28.06	239.33
120.65	-3.78	805.01	806.62	18.40	143.29
13.63	0.35	68.09	65.41	1.61	13.49
3.18	0.39	23.89	23.37	0.09	5.78
6.60	-0.55	46.58	46.26	1.58	9.63
11.13	0.62	44.78	43.78	2.23	10.57
22.58	0.23	102.89	100.72	1.53	20.66
8.71	0.56	84.53	85.21	1.45	18.69
13.51	-0.01	93.52	92.86	1.17	17.22
63.70	19.22	671.74	674.77	12.73	194.19
45.47	17.20	522.52	525.05	8.50	144.65
13.86	1.73	110.22	109.92	2.80	36.70
4.37	0.29	38.99	39.80	1.43	12.84
49.86	-1.55	436.91	433.23	6.06	110.92
7.80	0.05	66.84	66.16	1.27	8.62
20.09	0.20	127.97	127.72	1.54	28.93
2.71	0.06	48.06	48.10	0.19	4.84
4.27	-1.25	26.36	26.50	1.30	5.10
14.98	-0.61	167.68	164.75	1.77	63.42
50.82	-17.07	627.74	626.12	5.49	94.48
6.28	-2.69	94.72	94.11	0.92	13.08
28.96	-10.38	384.86	384.04	3.76	54.82
11.43	-3.97	115.04	115.46	0.69	18.68
4.15	-0.02	33.12	32.51	0.11	7.90
31.93	0.67	279.66	280.38	6.57	58.92
20.26	0.84	184.70	184.63	4.74	39.64
1.52		5.98	5.81	0.22	1.17
6.56	0.45	49.78	50.47	0.84	10.04
0.31	0.05	2.41	2.51	0.05	0.67
3.27	-0.67	36.78	36.97	0.73	7.40
48.68	-11.77	328.18	330.82	10.62	58.55
0.47	0.03	2.33	2.44	0.07	0.33
28.45	-4.08	147.72	149.08	6.53	26.93
19.76	-7.72	178.12	179.30	4.02	31.29
29.51	0.15	259.85	261.39	6.17	42.45
28.95	0.15	254.02	255.86	6.15	40.91
0.51		5.61	5.31	0.02	1.44
0.04		0.21	0.22		0.10
48.83	2.60	478.59	480.40	6.12	91.31
5.26	1.50	30.06	30.54	0.35	7.48
0.54	-0.19	11.75	11.74	0.03	2.04
34.09	0.23	329.25	330.21	4.75	54.43
3.21	0.03	37.29	37.42	0.25	7.42
4.32	-0.41	51.10	51.13	0.56	16.53
1.42	1.44	19.14	19.36	0.19	3.43
81.11	0.36	160.90	163.41	75.79	21.98

2-3 续表 12

行　　业	销售费用	管理费用	财务费用	利息收入
精炼石油产品制造	39.68	63.82	47.24	3.77
炼焦	45.95	37.42	48.44	3.61
化学原料和化学制品制造业	708.58	926.11	325.20	16.06
基础化学原料制造	152.71	211.61	83.70	4.24
肥料制造	78.58	85.85	38.24	1.09
农药制造	23.17	37.67	8.34	0.28
涂料、油墨、颜料及类似产品制造	77.65	117.76	28.21	0.85
合成材料制造	74.39	123.86	59.12	3.84
专用化学产品制造	179.76	248.98	87.40	4.94
炸药、火工及焰火产品制造	49.80	49.11	12.44	0.36
日用化学产品制造	72.52	51.27	7.75	0.46
医药制造业	364.90	341.79	73.28	9.93
化学药品原料药制造	46.71	65.57	15.11	0.70
化学药品制剂制造	84.12	70.54	14.66	3.67
中药饮片加工	27.07	28.82	7.45	0.07
中成药生产	128.23	82.83	18.47	0.67
兽用药品制造	20.80	23.38	5.44	0.25
生物药品制造	38.21	45.70	6.41	4.06
卫生材料及医药用品制造	19.77	24.95	5.75	0.50
化学纤维制造业	31.63	66.80	52.64	4.19
纤维素纤维原料及纤维制造	13.05	18.08	20.70	0.91
合成纤维制造	18.58	48.72	31.94	3.29
橡胶和塑料制品业	322.13	473.97	146.70	5.77
橡胶制品业	85.46	114.49	46.10	1.75
塑料制品业	236.67	359.47	100.60	4.02
非金属矿物制品业	789.51	965.10	291.83	12.16
水泥、石灰和石膏制造	66.90	96.84	51.68	3.48
石膏、水泥制品及类似制品制造	201.35	230.92	70.67	2.20
砖瓦、石材等建筑材料制造	222.23	285.06	75.07	2.29
玻璃制造	17.49	27.63	12.55	0.12
玻璃制品制造	49.82	68.40	16.84	0.83
玻璃纤维和玻璃纤维增强塑料制品制造	31.75	39.79	10.92	0.46
陶瓷制品制造	62.75	75.64	15.69	0.59
耐火材料制品制造	71.07	67.07	16.97	0.30
石墨及其他非金属矿物制品制造	66.14	73.75	21.45	1.89
黑色金属冶炼和压延加工业	286.56	460.13	194.28	14.89
炼铁	4.68	8.77	4.90	0.19
炼钢	44.34	44.87	27.79	2.34
黑色金属铸造	82.91	115.23	37.78	0.70
钢压延加工	121.54	239.83	105.43	11.13
铁合金冶炼	33.09	51.43	18.38	0.51
有色金属冶炼和压延加工业	154.66	253.86	139.45	11.22
常用有色金属冶炼	38.75	57.50	39.88	1.89
贵金属冶炼	2.21	8.92	4.84	0.71
稀有稀土金属冶炼	8.35	13.00	5.75	0.23
有色金属合金制造	14.66	33.37	16.02	1.67
有色金属铸造	2.93	4.29	1.54	0.03
有色金属压延加工	87.76	136.78	71.43	6.68

单位：亿元

利息支出	投资收益（损失以“–”号记）	营业利润	利润总额	亏损企业亏损额	平均用工人数（万人）
41.57	-3.29	155.40	160.37	16.49	8.94
39.54	3.65	5.50	3.04	59.30	13.04
280.54	7.47	2133.59	2139.15	83.07	196.52
69.02	-1.40	519.07	526.29	40.78	43.46
34.52	-2.66	189.91	191.17	11.41	21.40
7.60	-1.62	88.74	89.46	0.81	7.50
24.73	4.56	190.51	194.10	3.27	21.20
51.70	4.13	249.78	250.42	10.80	19.10
77.11	-4.32	662.00	656.05	12.92	46.20
8.86	-0.19	117.79	115.55	0.73	25.24
7.00	8.99	115.80	116.12	2.34	12.41
63.24	-2.82	609.01	613.74	15.08	61.67
12.15	-1.42	129.33	130.76	3.26	10.97
15.37	1.48	95.99	99.46	2.56	10.30
5.04	0.05	64.27	64.38	0.54	6.61
12.12	-2.70	123.10	120.84	2.56	14.28
4.54	-1.18	64.29	63.20	0.26	5.32
9.25	0.86	86.01	88.23	5.54	7.26
4.76	0.08	46.03	46.87	0.38	6.93
47.47	7.04	131.27	137.47	11.23	19.47
16.81	2.02	34.34	36.66	2.35	5.80
30.67	5.02	96.93	100.81	8.88	13.67
121.97	-6.78	1018.73	1022.28	19.66	146.34
41.17	0.73	316.95	320.83	4.58	33.55
80.80	-7.51	701.78	701.45	15.08	112.79
232.80	-7.48	2115.72	2118.11	92.11	298.32
44.37	-3.11	138.22	149.73	43.26	28.88
54.91	0.23	437.53	433.79	19.20	58.67
57.26	-2.91	686.65	682.77	7.23	88.95
10.68	-0.64	31.45	35.98	6.46	7.43
14.59	-0.77	139.07	138.16	4.10	25.71
8.63	0.20	113.11	111.97	1.43	10.90
11.27	1.23	176.48	176.88	2.81	39.35
12.33	-0.42	198.78	196.89	1.66	18.27
18.77	-1.30	194.44	191.94	5.96	20.15
169.01	-143.95	999.94	920.43	138.90	128.11
3.96	-1.71	17.24	17.22	4.78	4.81
23.66	-9.80	27.44	21.80	29.54	13.79
29.55	-1.53	283.89	282.37	8.10	34.08
96.35	-129.09	623.86	550.41	72.51	62.16
15.50	-1.83	47.50	48.63	23.97	13.27
116.65	-6.38	854.16	818.07	44.16	70.84
31.08	-3.29	156.38	151.29	20.81	17.41
4.33	-0.16	26.91	24.28	1.73	1.99
5.24	-0.21	50.17	43.81	3.77	3.37
14.48	-5.05	79.38	76.07	2.27	7.47
0.97	0.03	6.20	6.16	0.94	1.21
60.57	2.30	535.12	516.47	14.64	39.40

2-3 续表 13

行 业	销售费用	管理费用	财务费用	利息收入
金属制品业	396.36	642.98	181.27	7.78
结构性金属制品制造	150.78	232.12	66.06	2.44
金属工具制造	30.26	51.29	10.79	0.39
集装箱及金属包装容器制造	21.51	35.13	11.19	0.32
金属丝绳及其制品制造	30.12	47.49	23.03	0.81
建筑、安全用金属制品制造	53.48	72.30	17.20	0.61
金属表面处理及热处理加工	15.92	40.70	13.10	0.84
搪瓷制品制造	2.71	3.95	1.10	0.03
金属制日用品制造	30.33	46.32	12.93	0.50
其他金属制品制造	61.26	113.68	25.86	1.83
通用设备制造业	518.69	840.73	187.47	8.02
锅炉及原动设备制造	44.58	72.29	19.51	0.92
金属加工机械制造	77.96	124.40	29.92	1.33
物料搬运设备制造	60.74	92.63	17.56	0.62
泵、阀门、压缩机及类似机械制造	118.54	175.24	36.55	1.69
轴承、齿轮和传动部件制造	41.93	83.02	23.30	1.19
烘炉、风机、衡器、包装等设备制造	72.42	110.24	22.65	1.36
文化、办公用机械制造	8.92	13.32	1.55	-0.07
通用零部件制造	76.55	140.15	30.59	0.88
其他通用设备制造业	17.04	29.43	5.83	0.10
专用设备制造业	446.45	701.25	151.72	7.29
采矿、冶金、建筑专用设备制造	155.31	222.15	64.50	2.84
化工、木材、非金属加工专用设备制造	50.18	108.80	24.23	1.24
食品、饮料、烟草及饲料生产专用设备制造	21.18	30.69	5.63	0.31
印刷、制药、日化及日用品生产专用设备制造	17.93	31.73	3.95	0.19
纺织、服装和皮革加工专用设备制造	19.16	37.04	8.84	0.51
电子和电工机械专用设备制造	22.06	43.15	4.58	0.17
农、林、牧、渔专用机械制造	35.26	45.23	11.12	0.39
医疗仪器设备及器械制造	61.38	70.26	7.02	0.65
环保、社会公共服务及其他专用设备制造	64.00	112.20	21.84	0.98
汽车制造业	258.01	496.35	130.38	7.04
汽车整车制造	24.51	48.47	12.55	0.36
改装汽车制造	15.28	25.40	7.30	1.04
低速载货汽车制造	0.76	0.77	0.15	
电车制造	1.80	2.08	0.78	0.02
汽车车身、挂车制造	6.23	8.21	4.51	0.10
汽车零部件及配件制造	209.43	411.42	105.10	5.51
铁路、船舶、航空航天和其他运输设备制造业	104.32	222.20	49.23	4.40
铁路运输设备制造	15.34	31.64	5.65	0.27
城市轨道交通设备制造	0.37	0.99	0.22	0.01
船舶及相关装置制造	27.04	63.41	17.12	0.70
航空、航天器及设备制造	3.43	12.82	4.36	0.21
摩托车制造	33.57	82.70	16.48	2.67
自行车制造	21.03	25.88	4.21	0.47
非公路休闲车及零配件制造	1.87	2.44	0.68	0.05
潜水救捞及其他未列明运输设备制造	1.67	2.33	0.51	0.01

单位：亿元

利息支出	投资收益（损失以“-”号记）	营业利润	利润总额	亏损企业亏损额	平均用工人数（万人）
149.87	-74.34	1310.28	1306.40	37.33	184.80
50.27	-49.96	485.43	480.85	14.12	60.40
8.88	-1.71	95.50	95.08	1.71	15.99
9.65	0.16	58.77	59.49	3.15	10.35
22.17	-15.84	126.90	123.57	2.48	11.58
14.53	-1.70	148.70	148.98	2.64	23.80
10.91	-6.88	73.33	74.33	5.45	12.78
0.77	0.01	7.24	7.22	0.41	1.47
10.56	0.65	81.63	82.63	2.57	18.90
22.13	0.95	232.77	234.26	4.80	29.53
152.17	-4.73	1396.99	1388.40	39.44	198.46
15.04	1.26	126.33	122.85	3.33	16.75
20.91	-0.02	205.95	207.34	9.07	28.10
15.50	-3.49	140.16	140.95	4.51	18.44
31.19	0.38	278.60	277.18	7.66	39.24
18.55	-0.79	165.43	166.79	3.99	24.78
19.15	-0.47	171.42	171.64	3.81	24.97
1.58	-0.03	17.81	18.58	0.28	3.00
25.79	-0.06	247.90	239.87	4.86	36.39
4.46	-1.52	43.39	43.22	1.94	6.79
132.72	20.35	1124.00	1130.51	30.87	145.32
57.25	22.89	420.08	418.82	13.04	43.27
19.94	0.95	138.01	140.12	4.65	26.29
4.32	0.25	51.21	48.98	1.18	6.41
3.28	0.45	43.10	44.03	0.79	6.57
7.52	0.47	53.85	54.40	2.29	8.15
3.55	0.07	50.03	50.50	1.57	7.16
12.25	-1.73	104.44	103.44	2.42	12.52
6.89	0.88	84.66	88.49	0.88	12.04
17.71	-3.88	178.62	181.73	4.06	22.90
109.94	0.15	832.30	850.60	28.03	124.26
13.04	-0.49	43.17	50.06	11.11	5.96
7.15	-0.25	48.48	51.36	1.41	5.83
0.14		1.11	1.11	0.03	0.20
0.46		6.46	6.49	0.18	1.02
3.69	0.05	39.03	38.70	0.35	2.99
85.47	0.84	694.06	702.89	14.95	108.25
44.59	-4.72	386.65	384.94	15.27	56.24
4.68	-0.75	66.30	67.05	1.10	6.27
0.21	-0.29	2.75	2.73	0.03	0.25
13.63	0.27	116.45	117.28	9.36	17.77
3.77	-7.32	27.83	21.90	0.50	1.75
17.19	2.90	117.89	119.37	1.76	19.92
4.03	0.48	45.85	46.77	2.41	8.51
0.73		4.28	4.52	0.11	0.89
0.35		5.30	5.33	0.01	0.89

2-3 续表 14

行业	销售费用	管理费用	财务费用	利息收入
电气机械和器材制造业	619.29	951.37	215.13	18.92
电机制造	74.09	119.10	26.19	3.60
输配电及控制设备制造	187.61	327.58	64.23	3.86
电线、电缆、光缆及电工器材制造	160.61	198.05	71.62	6.48
电池制造	35.65	64.45	15.13	0.53
家用电力器具制造	78.66	118.88	15.47	2.65
非电力家用器具制造	16.35	20.24	4.89	0.26
照明器具制造	59.33	89.89	15.82	1.43
其他电气机械及器材制造	6.99	13.18	1.77	0.10
计算机、通信和其他电子设备制造业	317.62	643.51	70.85	8.61
计算机制造	22.70	53.47	3.41	1.04
通信设备制造	97.22	167.92	10.00	4.59
广播电视设备制造	19.13	31.22	5.75	0.38
雷达及配套设备制造	0.41	1.12	0.03	
视听设备制造	13.55	36.91	3.70	0.27
电子器件制造	54.87	134.13	18.95	0.74
电子元件制造	86.88	171.49	23.93	1.19
其他电子设备制造	22.86	47.26	5.09	0.39
仪器仪表制造业	121.48	186.53	27.89	1.80
通用仪器仪表制造	76.32	120.41	18.10	1.17
专用仪器仪表制造	35.51	47.88	6.97	0.29
钟表与计时仪器制造	2.75	3.11	0.49	0.23
光学仪器及眼镜制造	4.77	10.67	1.79	0.05
其他仪器仪表制造业	2.13	4.46	0.55	0.05
其他制造业	31.12	44.21	9.54	0.46
日用杂品制造	20.30	28.56	6.54	0.29
煤制品制造	3.38	3.57	1.13	0.03
废弃资源综合利用业	21.54	37.36	10.38	0.85
金属废料和碎屑加工处理	11.47	24.94	7.19	0.70
非金属废料和碎屑加工处理	10.07	12.42	3.19	0.15
金属制品、机械和设备修理业	3.31	8.17	2.02	0.09
金属制品修理	0.58	1.49	0.28	
通用设备修理	0.28	0.42	0.09	
专用设备修理	0.25	0.52	0.04	
铁路、船舶、航空航天等运输设备修理	1.71	4.79	1.49	0.08
电气设备修理	0.02	0.12	0.01	0.01
其他机械和设备修理业	0.46	0.82	0.10	
电力、热力、燃气及水生产和供应业	**23.50**	**74.98**	**71.97**	**2.85**
电力、热力生产和供应业	8.05	46.04	59.18	2.86
电力生产	3.65	28.42	49.69	2.20
电力供应	0.14	0.59	0.16	0.17
热力生产和供应	4.25	17.04	9.32	0.48
燃气生产和供应业	12.07	20.02	7.43	-0.05
水的生产和供应业	3.39	8.91	5.36	0.04
自来水生产和供应	1.04	2.61	3.21	0.01
污水处理及其再生利用	2.03	5.63	2.08	0.02
其他水的处理、利用与分配	0.31	0.67	0.07	

单位：亿元

利息支出	投资收益(损失以“-”号记)	营业利润	利润总额	亏损企业亏损额	平均用工人数(万人)
195.83	8.33	1604.35	1618.81	41.63	221.36
23.97	4.79	203.25	201.14	6.37	27.67
56.84	8.91	487.78	498.41	13.41	67.01
64.56	-2.86	482.20	480.16	6.18	39.79
13.45	-3.59	105.76	109.88	4.20	18.72
16.88	0.48	139.24	139.56	4.28	32.15
4.24	0.01	28.90	29.68	1.21	4.80
14.49	0.05	141.82	144.35	4.90	28.07
1.40	0.53	15.41	15.62	1.08	3.15
74.05	10.50	731.23	771.23	30.98	141.65
3.97	-0.60	58.57	63.83	4.25	13.82
13.12	1.85	141.66	153.50	5.76	21.06
5.67	-0.07	42.74	44.05	1.30	7.23
0.04	-0.25	0.82	0.84	0.03	0.22
3.93	0.50	25.18	26.95	1.45	9.55
19.25	4.66	146.58	164.22	8.25	27.67
23.47	2.67	263.99	265.30	6.56	52.04
4.60	1.72	51.69	52.54	3.38	10.06
24.10	-1.42	272.40	279.16	7.07	33.84
15.27	-1.91	193.35	196.52	5.07	19.98
6.06	0.67	58.58	61.05	1.24	6.91
0.59	-0.01	3.25	3.36	0.04	1.30
1.69	-0.09	12.79	13.44	0.33	4.40
0.50	-0.08	4.44	4.79	0.40	1.25
8.23	0.24	79.44	80.32	2.01	16.02
5.40	-0.04	45.13	45.18	0.90	12.06
1.03		6.02	6.13	0.15	0.65
7.21	-2.45	112.63	116.24	7.70	8.56
4.68	-2.48	94.08	95.41	6.18	5.23
2.53	0.03	18.55	20.84	1.52	3.33
1.93	0.03	8.11	8.09	0.89	4.04
0.22		1.96	1.81	0.03	0.40
0.02		0.52	0.53	0.01	0.13
0.05		0.96	1.04		0.09
1.52	0.05	3.27	3.30	0.85	3.18
0.02		0.18	0.18		0.04
0.10	-0.02	1.22	1.23	0.01	0.20
61.79	**9.17**	**115.16**	**133.52**	**23.39**	**12.96**
52.36	8.91	81.16	98.96	14.02	8.77
44.49	8.66	71.97	79.25	9.81	5.00
0.14		2.08	2.17	0.13	0.11
7.73	0.26	7.11	17.54	4.09	3.66
6.02	-0.12	25.51	25.15	6.89	2.49
3.41	0.38	8.49	9.41	2.48	1.70
1.86	-0.02	1.64	1.81	2.00	0.74
1.49	0.46	5.96	6.64	0.48	0.77
0.06	-0.06	0.89	0.96		0.18

2-4　外商投资和港澳台商投资工业

行　业	企业单位数（个）	工业销售产值（当年价格）	出口交货值	资产总计
总　计	**52758**	**245422.94**	**72948.57**	**201302.69**
采矿业	**204**	**2381.43**	**17.33**	**4091.67**
煤炭开采和洗选业	37	961.28		1986.49
烟煤和无烟煤开采洗选	32	228.66		1233.14
褐煤开采洗选	4	714.64		690.50
石油和天然气开采业	10	448.97	13.27	862.07
石油开采	5	271.60		444.71
天然气开采	5	177.37	13.27	417.36
黑色金属矿采选业	33	628.05		704.24
铁矿采选	26	521.04		591.75
锰矿、铬矿采选	5	26.69		48.83
有色金属矿采选业	46	95.79	0.22	209.78
常用有色金属矿采选	34	67.12	0.22	140.33
贵金属矿采选	10	26.52		66.84
非金属矿采选业	69	126.69	3.83	172.16
土砂石开采	39	36.25	2.82	46.34
化学矿开采	5	18.46	0.69	56.98
采盐	3	31.14	0.02	42.19
石棉及其他非金属矿采选	22	40.85	0.29	26.66
开采辅助活动	9	120.65		156.93
石油和天然气开采辅助活动	8	117.95		152.56
制造业	**51495**	**237668.94**	**72851.55**	**186085.80**
农副食品加工业	1799	9744.80	1069.12	5619.12
谷物磨制	102	540.04	11.49	324.71
饲料加工	363	1773.69	28.37	808.76
植物油加工	128	2936.48	23.37	1533.56
制糖业	26	172.39		281.78
屠宰及肉类加工	203	1440.27	77.05	957.07
水产品加工	392	1189.25	541.59	693.32
蔬菜、水果和坚果加工	409	901.70	311.15	495.82
其他农副食品加工	176	790.98	76.11	524.10
食品制造业	1195	5386.81	393.65	4562.72
焙烤食品制造	261	706.20	17.83	603.88
糖果、巧克力及蜜饯制造	105	518.31	50.45	470.96
方便食品制造	196	1172.31	61.45	882.35
乳制品制造	93	1061.02	4.27	919.58
罐头食品制造	124	310.31	93.25	218.24
调味品、发酵制品制造	130	601.15	65.04	495.94
其他食品制造	286	1017.51	101.37	971.79
酒、饮料和精制茶制造业	806	4108.96	91.30	3810.46
酒的制造	242	1106.90	14.36	1307.17
饮料制造	514	2912.26	68.60	2450.28
精制茶加工	50	89.79	8.34	53.01
烟草制品业	3	6.15		18.08
其他烟草制品制造	3	6.15		18.08
纺织业	2611	5635.32	1457.63	4521.87

企业主要经济指标(大、中类行业)

单位：亿元

固定资产合计	固定资产原价	累计折旧	流动资产合计	应收账款	存货	产成品
61376.90	**112222.44**	**54281.71**	**114480.95**	**35955.08**	**23622.18**	**8933.78**
1235.00	**2482.76**	**1377.33**	**1611.90**	**751.94**	**291.37**	**45.04**
530.87	915.46	422.76	915.23	412.80	162.07	20.30
405.01	562.27	191.55	315.71	73.46	28.58	18.04
110.10	336.73	226.66	574.66	337.83	131.26	0.04
352.72	893.57	601.90	69.20	8.02	31.32	2.49
324.62	857.52	532.90	40.34	3.22	21.43	2.00
28.11	36.05	69.00	28.87	4.80	9.89	0.49
146.14	324.35	185.14	446.25	298.33	63.66	8.96
114.09	290.05	175.60	418.77	291.38	59.33	6.03
23.45	22.89	6.73	25.37	6.90	2.91	2.30
76.49	100.92	28.49	65.86	3.37	18.29	6.88
48.10	65.53	19.61	40.36	3.22	14.77	4.81
26.66	32.87	8.08	24.85	0.06	3.06	1.79
47.51	77.70	33.84	64.72	14.92	11.85	4.97
14.21	22.82	10.90	23.41	5.11	5.39	1.80
4.54	9.57	5.04	15.95	3.36	1.21	0.48
15.60	31.00	14.17	14.20	3.30	2.35	0.56
13.16	14.31	3.73	11.16	3.14	2.90	2.13
81.27	170.76	105.20	50.64	14.50	4.17	1.44
78.84	166.91	103.77	48.70	13.74	3.57	1.12
53977.23	**99041.44**	**48082.24**	**109901.68**	**34658.04**	**23133.99**	**8845.47**
1770.60	3037.90	1520.07	3289.78	513.42	945.09	387.17
113.93	184.08	73.83	188.23	28.62	90.26	21.59
231.44	442.29	235.07	447.20	75.91	102.42	23.78
339.19	702.24	388.09	1113.50	122.45	352.64	140.81
75.49	123.68	53.61	194.89	12.05	24.12	15.63
368.20	533.19	175.15	453.20	78.49	101.52	55.63
246.91	407.67	226.25	392.89	83.59	136.72	70.79
187.41	307.07	161.47	239.36	48.11	82.02	35.97
208.04	337.67	206.60	260.50	64.20	55.40	22.97
1367.96	2367.31	1084.03	2572.78	607.05	428.24	184.44
219.65	398.56	188.50	302.31	74.70	49.47	21.61
160.50	300.96	147.82	231.46	55.04	49.00	18.52
322.56	545.15	237.69	444.15	160.00	65.26	25.47
212.18	317.72	125.95	551.92	80.22	78.93	27.41
83.32	118.75	38.03	95.10	21.34	34.96	20.71
171.30	248.28	92.03	266.55	64.70	60.16	27.22
198.44	437.89	254.02	681.31	151.05	90.46	43.51
1547.87	2594.41	1154.62	1670.21	320.62	373.88	108.40
501.74	913.08	431.97	565.89	67.23	206.56	31.04
1034.33	1665.00	716.31	1076.02	246.20	158.19	74.71
11.81	16.33	6.34	28.30	7.19	9.13	2.64
10.42	11.00	1.38	6.82	3.18	1.75	0.44
10.42	11.00	1.38	6.82	3.18	1.75	0.44
1387.28	2727.05	1407.14	2602.76	626.18	742.31	306.03

2-4 续表 1

行 业	企业单位数（个）	工业销售产值（当年价格）	出口交货值	资产总计
棉纺织及印染精加工	1094	3181.31	649.55	2558.90
毛纺织及染整精加工	160	247.83	79.17	238.39
麻纺织及染整精加工	31	69.40	14.69	73.42
丝绢纺织及印染精加工	52	77.45	21.06	82.22
化纤织造及印染精加工	183	210.74	47.38	279.14
针织或钩针编织物及其制品制造	385	663.52	241.69	426.30
家用纺织制成品制造	341	581.80	197.98	350.70
非家用纺织制成品制造	365	603.27	206.11	512.80
纺织服装、服饰业	3660	6218.61	2487.28	3883.93
机织服装制造	2620	4690.50	1680.22	2901.31
针织或钩针编织服装制造	790	1159.18	652.10	725.27
服饰制造	250	368.93	154.96	257.35
皮革、毛皮、羽毛及其制品和制鞋业	1957	4943.15	1992.24	2728.75
皮革鞣制加工	116	427.55	82.29	249.50
皮革制品制造	700	1090.73	507.03	532.04
毛皮鞣制及制品加工	46	174.86	63.85	72.59
羽毛(绒)加工及制品制造	65	194.41	64.29	128.59
制鞋业	1030	3055.60	1274.79	1746.03
木材加工和木、竹、藤、棕、草制品业	439	1050.62	247.61	662.72
木材加工	45	73.47	7.88	77.64
人造板制造	152	426.86	77.65	268.75
木制品制造	169	442.26	111.90	254.34
竹、藤、棕、草等制品制造	73	108.03	50.18	61.99
家具制造业	876	1831.19	831.40	1368.99
木质家具制造	453	911.37	373.73	703.61
竹、藤家具制造	11	35.44	22.24	37.85
金属家具制造	219	485.26	230.64	384.13
塑料家具制造	17	39.24	33.63	20.78
其他家具制造	176	359.89	171.17	222.61
造纸和纸制品业	913	3616.09	354.44	5388.45
纸浆制造	6	21.53		31.70
造纸	285	2169.42	200.85	3885.92
纸制品制造	622	1425.14	153.59	1470.84
印刷和记录媒介复制业	625	1268.70	297.12	1183.37
印刷	586	1217.51	283.09	1128.26
装订及印刷相关服务	23	21.42	2.65	25.78
记录媒介复制	16	29.77	11.38	29.33
文教、工美、体育和娱乐用品制造业	2153	4676.59	2415.44	2457.63
文教办公用品制造	196	205.75	113.00	152.08
乐器制造	71	142.52	80.53	93.60
工艺美术品制造	926	2572.95	1065.27	1223.51
体育用品制造	365	585.93	401.05	342.41
玩具制造	545	1007.74	634.41	563.00
游艺器材及娱乐用品制造	50	161.69	121.18	83.03
石油加工、炼焦和核燃料加工业	166	3821.51	233.25	2590.24
精炼石油产品制造	129	3082.04	232.94	1672.22
炼焦	37	739.47	0.31	918.02

单位：亿元

固定资产合计	固定资产原价	累计折旧	流动资产合计	应收账款	存货	产成品
778.46	1589.07	846.70	1438.48	320.42	407.40	169.26
53.18	128.98	76.75	162.62	45.41	62.08	24.10
37.28	53.65	16.42	30.72	8.69	10.16	5.62
25.97	44.52	20.00	48.82	14.30	15.73	5.65
85.74	147.87	67.00	169.03	31.66	43.85	22.54
115.01	221.93	112.80	261.48	73.80	72.32	27.36
107.17	186.77	93.85	208.00	50.75	61.85	22.95
184.47	354.27	173.62	283.62	81.14	68.91	28.55
1024.23	1961.19	985.76	2419.55	641.15	665.68	329.77
784.95	1505.31	758.36	1775.78	429.01	479.18	259.04
178.74	336.48	165.93	478.23	165.81	133.79	49.31
60.55	119.41	61.47	165.55	46.34	52.72	21.42
636.23	1160.00	559.60	1764.46	550.90	448.34	158.45
55.26	110.64	56.92	166.09	33.64	67.81	21.51
134.84	241.00	112.63	339.35	117.63	102.89	30.19
20.84	29.81	11.43	47.98	1.80	29.38	6.92
19.52	31.36	12.86	91.99	14.97	19.34	3.66
405.78	747.19	365.75	1119.06	382.87	228.92	96.18
221.50	458.39	264.40	361.56	87.51	124.53	59.31
19.53	27.56	13.70	45.08	6.70	13.31	5.64
94.67	243.98	158.70	145.65	33.46	56.40	31.34
81.51	156.72	85.26	149.19	42.79	48.22	19.57
25.79	30.14	6.73	21.63	4.56	6.60	2.76
354.85	620.45	291.91	882.34	265.39	237.87	83.95
218.37	361.26	158.93	429.12	108.61	137.09	52.74
5.66	9.41	3.84	26.91	7.46	2.26	0.53
71.30	132.16	66.82	262.41	94.72	54.70	17.85
6.33	10.13	3.87	12.72	4.15	4.13	1.53
53.20	107.48	58.46	151.19	50.45	39.69	11.29
2049.49	3395.95	1429.42	2485.66	599.24	404.38	149.76
13.49	22.29	9.35	12.09	3.04	2.38	0.67
1586.23	2631.07	1102.27	1676.49	320.58	243.47	94.37
449.78	742.59	317.81	797.08	275.62	158.53	54.73
347.81	716.29	381.73	701.74	234.28	130.28	61.56
328.16	670.58	355.58	671.12	226.37	125.67	59.72
7.83	17.92	10.12	17.01	3.70	2.64	0.90
11.81	27.80	16.03	13.61	4.22	1.98	0.94
606.06	1142.26	570.74	1605.94	443.33	567.95	278.05
41.89	85.47	46.14	97.94	30.06	27.86	14.69
21.94	46.91	25.50	56.23	10.40	20.90	5.83
260.83	478.43	237.14	828.79	201.41	309.43	189.41
107.09	199.71	98.18	209.21	73.15	66.74	20.47
153.35	301.22	152.73	360.71	115.11	121.94	39.76
20.96	30.52	11.05	53.07	13.20	21.07	7.90
1123.58	2023.76	940.82	1023.15	179.70	291.81	88.80
719.46	1445.75	756.26	685.23	126.49	243.77	70.00
404.12	578.01	184.56	337.92	53.21	48.05	18.80

2-4 续表 2

行 业	企业单位数 (个)	工业销售产值 (当年价格)	出口交货值	资产总计
化学原料和化学制品制造业	3377	18290.74	1706.94	16165.87
基础化学原料制造	662	5125.52	294.14	4891.22
肥料制造	111	536.95	18.88	618.06
农药制造	62	320.88	58.21	234.56
涂料、油墨、颜料及类似产品制造	683	1840.90	141.43	1443.48
合成材料制造	600	4048.11	461.41	3126.44
专用化学产品制造	901	4252.86	554.16	4335.33
炸药、火工及焰火产品制造	28	47.73	6.78	16.29
日用化学产品制造	330	2117.79	171.93	1500.50
医药制造业	875	5048.05	549.91	5458.42
化学药品原料药制造	139	752.96	198.52	984.67
化学药品制剂制造	215	2336.85	83.63	2353.98
中药饮片加工	41	116.98	3.16	129.29
中成药生产	138	700.75	29.49	691.97
兽用药品制造	29	64.80	14.15	74.24
生物药品制造	163	690.94	128.19	949.80
卫生材料及医药用品制造	150	384.77	92.78	274.47
化学纤维制造业	271	2061.86	168.38	2131.03
纤维素纤维原料及纤维制造	52	345.32	20.98	477.98
合成纤维制造	219	1716.53	147.39	1653.04
橡胶和塑料制品业	3177	6556.26	1939.16	6055.78
橡胶制品业	529	1968.06	554.43	2085.98
塑料制品业	2648	4588.20	1384.73	3969.79
非金属矿物制品业	2121	5317.91	738.44	6577.67
水泥、石灰和石膏制造	183	965.31	11.93	1966.22
石膏、水泥制品及类似制品制造	413	676.94	17.54	706.62
砖瓦、石材等建筑材料制造	425	1128.43	135.31	906.39
玻璃制造	99	449.88	92.93	866.80
玻璃制品制造	246	614.46	141.58	773.43
玻璃纤维和玻璃纤维增强塑料制品制造	102	238.17	63.77	375.58
陶瓷制品制造	314	607.07	181.00	474.20
耐火材料制品制造	140	303.58	44.38	212.58
石墨及其他非金属矿物制品制造	199	334.06	49.99	295.84
黑色金属冶炼和压延加工业	656	6114.35	551.07	5104.27
炼铁	10	197.93	4.32	208.71
炼钢	7	484.00	54.42	459.36
黑色金属铸造	188	377.85	140.38	342.18
钢压延加工	410	4654.38	329.90	3502.17
铁合金冶炼	41	400.18	22.05	591.85
有色金属冶炼和压延加工业	668	5306.45	441.15	5248.02
常用有色金属冶炼	76	1477.15	12.95	2098.84
贵金属冶炼	15	75.76		134.80
稀有稀土金属冶炼	28	106.27	23.73	100.17
有色金属合金制造	110	562.05	67.02	363.94
有色金属铸造	27	57.07	11.06	53.94
有色金属压延加工	412	3028.13	326.39	2496.33

单位：亿元

固定资产合计	固定资产原价	累计折旧	流动资产合计	应收账款	存货	产成品
6426.73	11057.18	5014.05	7480.97	1848.76	1461.43	659.34
2326.78	4082.21	1803.38	1707.98	323.56	348.14	145.79
250.32	372.35	175.90	274.26	36.98	62.87	29.49
62.44	98.87	42.45	129.03	33.72	44.33	20.70
309.56	570.13	272.49	988.35	356.10	179.65	84.86
1320.19	2341.70	1072.25	1482.99	392.49	346.22	147.23
1803.33	2957.49	1352.86	1918.10	508.89	326.29	151.42
8.40	9.78	2.22	6.50	1.63	1.11	0.73
345.70	624.65	292.50	973.77	195.39	152.82	79.11
1492.01	2203.10	920.36	3171.60	745.71	791.06	381.31
400.51	497.12	194.55	493.33	128.58	130.89	69.77
537.75	802.00	332.30	1528.74	391.61	462.12	236.48
40.33	53.43	14.18	69.76	26.28	21.32	8.27
184.48	286.54	120.44	396.13	71.04	73.82	24.97
23.68	47.53	25.86	38.93	7.63	7.60	3.32
202.47	357.25	172.44	499.28	84.63	72.28	28.95
102.80	159.23	60.58	145.42	35.93	23.03	9.56
792.98	1330.52	646.78	1083.11	154.68	258.38	132.63
250.75	280.72	118.54	192.11	24.60	68.51	31.51
542.23	1049.79	528.24	891.00	130.08	189.87	101.11
2057.52	4012.73	2061.82	3288.18	1046.38	783.66	323.12
974.14	1718.44	806.31	914.17	323.10	233.59	116.43
1083.39	2294.30	1255.52	2374.02	723.28	550.07	206.69
2551.96	4190.27	1796.92	3193.99	824.81	594.34	288.79
979.28	1470.67	555.14	726.75	77.36	77.19	22.63
187.37	327.07	151.76	457.52	215.40	49.46	25.58
320.01	598.85	312.00	456.68	117.18	137.29	86.78
291.25	490.40	212.80	419.85	77.77	61.25	32.50
298.58	487.22	206.07	394.16	106.06	98.00	37.70
156.83	280.18	124.63	174.32	64.15	32.05	19.37
157.77	267.44	119.84	257.44	77.50	71.34	35.28
58.33	102.48	48.79	136.07	46.84	28.94	14.49
102.53	165.96	65.89	171.22	42.56	38.83	14.46
2080.86	3691.08	1713.41	2271.70	358.56	612.74	216.20
63.32	104.96	52.15	50.85	8.34	26.87	4.80
220.33	371.81	158.81	204.37	13.18	43.03	16.02
150.39	261.04	111.87	158.58	57.21	35.97	14.79
1369.39	2503.84	1216.50	1641.05	242.27	450.43	151.65
277.44	449.43	174.08	216.85	37.58	56.44	28.93
1576.81	2499.44	996.89	2779.29	500.57	587.79	175.54
706.04	990.85	309.49	1058.74	134.55	244.59	47.92
51.18	70.33	23.56	52.94	0.30	18.11	6.78
34.73	56.70	22.56	60.29	10.59	22.73	12.16
101.29	162.04	64.64	223.08	68.57	61.05	19.56
17.58	33.58	17.42	27.89	11.94	6.18	3.15
665.99	1185.93	559.23	1356.35	274.62	235.14	85.97

2-4 续表 3

行　业	企业单位数（个）	工业销售产值（当年价格）	出口交货值	资产总计
金属制品业	2793	6278.60	2002.01	4897.58
结构性金属制品制造	508	1057.07	194.37	881.28
金属工具制造	323	508.07	215.64	438.30
集装箱及金属包装容器制造	257	1149.84	432.18	975.32
金属丝绳及其制品制造	166	406.48	95.11	376.05
建筑、安全用金属制品制造	388	688.06	323.87	539.87
金属表面处理及热处理加工	207	407.83	52.81	340.97
搪瓷制品制造	20	53.88	19.72	49.51
金属制日用品制造	383	681.39	286.48	424.21
其他金属制品制造	541	1325.99	381.83	872.08
通用设备制造业	3624	10880.91	3147.40	10833.31
锅炉及原动设备制造	170	1031.83	144.76	1378.87
金属加工机械制造	422	637.94	83.14	727.65
物料搬运设备制造	330	2445.64	449.17	2531.56
泵、阀门、压缩机及类似机械制造	799	1984.89	478.32	1912.37
轴承、齿轮和传动部件制造	404	798.76	188.04	933.91
烘炉、风机、衡器、包装等设备制造	630	1823.67	632.70	1595.07
文化、办公用机械制造	199	1164.65	874.42	735.13
通用零部件制造	556	839.59	259.89	830.41
其他通用设备制造业	114	153.94	36.94	188.33
专用设备制造业	2588	6266.80	1587.90	7410.10
采矿、冶金、建筑专用设备制造	401	2143.73	329.10	2948.43
化工、木材、非金属加工专用设备制造	844	1244.35	377.90	1472.25
食品、饮料、烟草及饲料生产专用设备制造	75	107.09	27.94	100.55
印刷、制药、日化及日用品生产专用设备制造	167	301.52	95.51	312.74
纺织、服装和皮革加工专用设备制造	179	383.31	105.64	440.00
电子和电工机械专用设备制造	179	347.38	96.91	352.08
农、林、牧、渔专用机械制造	112	326.84	105.03	285.76
医疗仪器设备及器械制造	294	641.57	284.20	724.40
环保、社会公共服务及其他专用设备制造	337	771.01	165.67	773.89
汽车制造业	2953	32302.61	1585.03	23834.50
汽车整车制造	103	19203.12	195.28	12638.17
改装汽车制造	27	107.63	9.13	104.91
汽车车身、挂车制造	19	211.01	41.16	139.83
汽车零部件及配件制造	2801	12772.98	1339.46	10934.22
铁路、船舶、航空航天和其他运输设备制造业	679	3379.92	1373.99	3353.59
铁路运输设备制造	76	310.69	39.54	338.04
城市轨道交通设备制造	7	50.24	2.24	59.16
船舶及相关装置制造	172	1547.64	881.43	1994.50
航空、航天器及设备制造	51	459.32	69.29	215.57
摩托车制造	116	483.55	149.44	393.02
自行车制造	197	346.83	170.83	267.97
非公路休闲车及零配件制造	38	127.65	25.38	56.46
潜水救捞及其他未列明运输设备制造	22	54.00	35.84	28.87
电气机械和器材制造业	3905	16732.30	5628.30	12861.22

单位：亿元

固定资产合计			流动资产合计			
	固定资产原价	累计折旧		应收账款	存货	产成品
1443.69	2697.88	1310.03	2948.97	946.72	725.58	269.30
213.20	377.73	173.80	551.61	177.09	140.82	41.00
152.51	273.18	127.48	248.80	82.49	69.44	27.87
269.26	448.04	185.81	565.93	159.38	123.52	52.45
146.35	295.93	153.45	207.29	79.58	45.02	18.69
129.71	237.77	115.63	360.34	111.43	95.82	34.08
95.00	219.44	122.97	217.93	69.73	39.70	19.61
11.22	19.68	8.46	27.67	9.76	6.02	2.33
116.22	295.94	187.37	271.60	78.50	79.94	24.83
310.21	530.17	235.07	497.81	178.76	125.28	48.43
2377.53	4378.89	2083.54	7242.54	2263.10	1776.42	579.43
262.88	490.75	231.67	970.77	285.11	220.68	65.74
182.29	294.79	118.95	478.56	122.55	158.64	47.99
398.56	660.72	270.51	1785.23	483.05	466.33	117.50
465.21	942.17	502.42	1232.03	378.95	300.71	111.61
358.67	605.44	256.33	482.95	171.16	136.62	51.28
304.04	561.91	269.13	1134.53	399.62	225.70	81.10
120.81	320.24	204.77	548.25	219.98	110.09	35.94
232.39	407.92	186.53	488.20	162.14	121.82	57.31
52.67	94.96	43.25	122.01	40.53	35.82	10.98
1620.00	2883.22	1333.50	4952.47	1710.13	1253.94	358.42
616.97	1054.63	474.78	2032.94	764.27	501.26	126.63
345.63	659.79	322.15	990.24	305.67	266.63	75.08
20.03	38.41	19.28	74.39	24.01	20.61	7.87
88.22	165.46	80.17	200.66	55.73	60.16	13.54
88.96	172.40	85.19	272.09	73.51	74.70	26.49
118.56	232.35	115.73	204.79	80.43	46.74	16.17
69.22	110.37	44.88	183.45	55.52	66.98	30.96
155.37	261.12	114.63	414.17	150.24	87.38	27.21
117.03	188.69	76.70	579.75	200.75	129.48	34.47
6628.04	10933.38	4727.62	14052.38	4718.62	2194.21	877.60
3501.66	5715.66	2397.39	7075.88	1754.54	952.78	368.35
19.35	36.89	18.00	77.05	32.27	17.50	5.33
32.91	46.33	16.94	95.76	21.59	22.96	3.89
3069.75	5126.69	2291.85	6792.94	2907.19	1196.69	496.85
839.62	1477.64	674.51	2022.88	399.65	533.79	109.95
30.37	59.22	31.28	275.53	103.97	71.37	19.23
8.58	12.72	4.15	48.39	16.06	10.19	2.96
513.52	851.66	352.85	1112.79	123.76	338.11	41.66
109.16	164.48	67.48	95.28	28.54	23.29	5.13
67.47	177.01	113.36	281.53	58.02	36.98	20.67
72.65	139.72	69.51	167.16	53.33	45.26	17.64
29.33	58.31	29.21	25.38	10.00	4.96	1.81
8.54	14.51	6.67	16.82	5.98	3.62	0.83
2723.93	5362.08	2757.60	8692.39	3189.65	1498.21	602.03

2-4 续表 4

行　业	企业单位数 (个)	工业销售产值 (当年价格)	出口交货值	资产总计
电机制造	487	2252.69	675.62	1723.02
输配电及控制设备制造	1157	5173.59	1573.65	4179.82
电线、电缆、光缆及电工器材制造	709	2346.81	633.36	1675.48
电池制造	256	1369.63	557.32	1732.90
家用电力器具制造	618	4077.82	1618.49	2378.15
非电力家用器具制造	62	177.82	32.49	211.08
照明器具制造	538	1206.31	504.53	851.12
其他电气机械及器材制造	78	127.64	32.84	109.67
计算机、通信和其他电子设备制造业	5099	57088.17	38150.88	34268.33
计算机制造	616	14993.83	10678.46	6642.20
通信设备制造	406	13909.20	10229.09	8510.36
广播电视设备制造	149	625.54	309.88	421.83
雷达及配套设备制造	4	25.26	6.28	22.16
视听设备制造	386	4524.64	2687.27	2373.99
电子器件制造	1011	10266.48	7897.70	8183.57
电子元件制造	2171	9804.19	5169.15	6533.85
其他电子设备制造	356	2939.02	1173.04	1580.37
仪器仪表制造业	929	2403.42	929.84	2000.53
通用仪器仪表制造	422	1066.02	258.66	1006.77
专用仪器仪表制造	136	550.55	171.85	389.63
钟表与计时仪器制造	144	285.45	190.74	172.03
光学仪器及眼镜制造	202	464.95	297.42	408.90
其他仪器仪表制造业	25	36.45	11.17	23.20
其他制造业	371	576.40	265.09	429.97
日用杂品制造	286	455.39	216.51	325.42
煤制品制造	4	17.28		12.20
废弃资源综合利用业	141	386.83	3.62	234.57
金属废料和碎屑加工处理	95	338.62	1.20	167.95
非金属废料和碎屑加工处理	46	48.21	2.42	66.62
金属制品、机械和设备修理业	65	368.87	211.97	424.72
金属制品修理	8	4.38	0.56	5.37
通用设备修理	3	1.07		2.97
专用设备修理	6	14.68	8.33	11.93
铁路、船舶、航空航天等运输设备修理	39	343.14	201.92	399.42
其他机械和设备修理业	7	4.94	1.17	4.30
电力、热力、燃气及水生产和供应业	1059	5372.56	79.69	11125.22
电力、热力生产和供应业	**526**	**2937.68**	**24.90**	**7084.53**
电力生产	480	2826.61	24.90	6863.61
电力供应	4	23.75		24.78
热力生产和供应	42	87.32		196.13
燃气生产和供应业	357	2147.31	20.92	2624.04
水的生产和供应业	176	287.58	33.87	1416.64
自来水生产和供应	98	156.80		722.34
污水处理及其再生利用	74	79.46		446.03
其他水的处理、利用与分配	4	51.32	33.87	248.28

单位：亿元

固定资产合计	固定资产原价	累计折旧	流动资产合计	应收账款	存货	产成品
328.13	693.86	375.44	1164.23	420.76	240.13	96.83
947.51	1765.14	856.07	2757.17	1157.95	448.08	183.35
336.55	716.82	392.46	1199.23	538.28	210.29	85.55
330.26	559.17	246.10	1131.02	307.01	147.77	48.05
511.83	1142.02	656.02	1670.48	498.44	279.20	131.57
22.79	35.05	15.36	131.61	46.62	19.42	7.05
216.72	401.18	193.01	564.37	198.00	132.36	41.73
30.14	48.84	23.13	74.28	22.60	20.97	7.92
8144.47	18729.03	10812.55	23338.84	10178.82	4219.10	1514.12
1185.16	2901.62	1771.12	5134.57	2785.09	738.94	204.50
1016.16	2155.86	1181.16	6937.10	2870.44	1240.39	509.36
90.10	186.10	97.86	290.16	112.89	55.89	16.14
0.42	1.01	0.60	16.10	1.59	1.68	0.60
353.50	744.88	397.46	1642.80	630.12	359.86	141.26
3116.75	6710.28	3647.50	4214.08	1573.32	823.31	270.30
2061.23	5158.86	3152.29	4000.13	1742.89	806.76	304.84
321.14	870.42	564.56	1103.90	462.48	192.27	67.13
407.77	805.49	408.72	1407.05	509.65	324.79	109.39
173.61	318.27	146.08	725.53	256.48	155.82	45.81
83.08	179.23	97.76	286.37	113.83	51.80	20.00
42.71	70.80	33.71	113.08	32.01	47.88	17.89
102.25	225.39	125.11	266.15	103.21	64.63	24.45
6.12	11.80	6.06	15.93	4.11	4.66	1.24
119.66	212.46	98.87	262.02	77.38	69.53	25.15
90.00	162.97	77.66	194.43	52.28	56.26	19.65
6.46	7.46	1.08	5.68	1.02	0.19	0.04
66.86	106.41	43.87	132.98	25.68	36.70	16.37
42.18	64.22	24.57	103.87	19.08	31.71	14.32
24.68	42.19	19.30	29.10	6.61	4.99	2.05
178.92	254.68	89.56	193.57	87.20	50.22	10.68
1.15	2.51	1.36	2.19	0.84	0.26	0.13
0.40	0.76	0.36	1.89	0.77	0.42	0.18
2.59	4.60	2.06	8.99	3.35	3.97	1.28
173.45	244.78	84.85	176.91	81.03	45.01	8.79
1.17	1.73	0.80	3.07	1.11	0.42	0.15
6164.66	10698.24	4822.13	2967.36	545.10	196.82	43.27
4548.98	**8463.98**	**4118.82**	**1641.74**	**326.58**	**129.20**	**29.42**
4445.17	8288.16	4044.68	1552.28	316.11	124.16	29.08
4.79	10.73	5.94	16.39	2.05	0.05	
99.02	165.09	68.20	73.08	8.42	5.00	0.34
1086.04	1416.63	376.10	887.06	164.19	54.79	12.59
529.64	817.63	327.22	438.55	54.32	12.82	1.26
435.89	674.74	277.08	172.15	29.02	9.03	0.30
82.38	125.97	44.59	157.72	22.64	3.07	0.96
11.37	16.92	5.55	108.68	2.65	0.72	

2-4 续表 5

行　业	负债合计	流动负债合计	应付账款	所有者权益合计	实收资本
总　计	**109679.81**	**92031.00**	**33232.50**	**91126.75**	**50890.78**
采矿业	**2949.38**	**2250.26**	**215.36**	**1141.82**	**330.97**
煤炭开采和洗选业	1375.75	948.42	71.01	610.73	146.33
烟煤和无烟煤开采洗选	745.52	372.77	70.01	487.62	128.11
褐煤开采洗选	578.09	575.65	0.99	112.41	15.22
石油和天然气开采业	780.75	579.21	83.26	81.32	44.65
石油开采	409.82	315.26	49.24	34.89	4.14
天然气开采	370.93	263.95	34.03	46.42	40.51
黑色金属矿采选业	521.25	495.73	26.16	183.44	38.61
铁矿采选	436.01	416.45	16.43	156.18	37.12
锰矿、铬矿采选	25.34	19.54	7.36	23.49	0.18
有色金属矿采选业	124.99	106.04	13.55	84.21	34.32
常用有色金属矿采选	78.78	69.61	11.75	60.98	27.76
贵金属矿采选	45.89	36.11	1.56	20.95	5.28
非金属矿采选业	91.74	72.34	10.87	80.09	49.15
土砂石开采	19.78	13.98	2.71	26.23	17.45
化学矿开采	32.42	24.59	4.67	24.56	14.38
采盐	25.91	21.25	1.15	16.28	7.88
石棉及其他非金属矿采选	13.63	12.52	2.34	13.02	9.44
开采辅助活动	54.89	48.53	10.51	102.04	17.91
石油和天然气开采辅助活动	51.72	45.73	9.30	100.84	16.37
制造业	**100983.90**	**86465.79**	**32507.69**	**84607.21**	**47127.05**
农副食品加工业	3182.69	2667.41	510.07	2422.61	1209.28
谷物磨制	198.22	169.69	18.20	126.02	95.99
饲料加工	441.83	368.88	81.09	365.57	166.03
植物油加工	1003.50	852.42	176.02	527.69	265.63
制糖业	222.53	205.45	17.90	59.25	35.36
屠宰及肉类加工	407.61	353.23	83.81	547.80	263.81
水产品加工	334.79	275.80	59.46	356.01	136.11
蔬菜、水果和坚果加工	206.27	172.71	34.23	284.02	114.36
其他农副食品加工	367.94	269.22	39.35	156.25	131.98
食品制造业	2156.24	1932.89	491.61	2430.77	1065.37
焙烤食品制造	270.70	234.01	78.11	361.07	191.96
糖果、巧克力及蜜饯制造	193.33	187.09	77.46	277.38	105.99
方便食品制造	377.08	340.88	80.01	505.14	203.25
乳制品制造	470.83	411.09	105.46	447.88	187.82
罐头食品制造	115.10	103.97	23.21	102.50	47.35
调味品、发酵制品制造	258.20	233.98	52.43	236.87	114.71
其他食品制造	471.00	421.87	74.93	499.93	214.29
酒、饮料和精制茶制造业	1936.82	1763.09	471.34	1868.44	1134.84
酒的制造	672.86	625.99	135.63	636.25	418.30
饮料制造	1246.62	1122.06	331.88	1196.53	700.72
精制茶加工	17.34	15.03	3.83	35.66	15.83
烟草制品业	11.67	5.94	0.94	6.41	5.52
其他烟草制品制造	11.67	5.94	0.94	6.41	5.52
纺织业	2225.58	1878.72	444.00	2277.27	1457.23

单位：亿元

国家资本	集体资本	法人资本	个人资本	港澳台资本	外商资本	主营业务收入	主营业务成本
2706.84	**405.39**	**11674.71**	**2054.75**	**12572.70**	**21475.51**	**245697.55**	**208266.54**
34.31	**4.41**	**84.25**	**31.01**	**83.69**	**93.29**	**2673.91**	**2143.84**
17.62	3.71	41.34	18.82	18.34	46.50	1184.58	986.52
17.62	0.71	26.81	18.13	18.34	46.50	351.42	251.01
		14.53	0.69			813.94	720.65
3.10		0.60		31.46	9.48	489.06	313.94
3.10					1.03	316.08	200.21
		0.60		31.46	8.45	172.99	113.73
2.13		24.81	2.09	7.44	2.15	655.11	581.13
2.13		23.52	1.89	7.43	2.15	538.95	473.58
		0.14	0.03	0.01		27.83	26.71
4.96	0.22	6.40	2.56	10.33	9.85	99.47	75.72
4.39	0.22	5.58	2.34	7.28	7.95	71.80	57.26
0.02		0.52	0.03	3.05	1.65	25.52	16.69
6.50	0.48	9.84	7.29	3.88	21.15	121.80	91.24
	0.07	4.95	1.25	1.92	9.26	35.09	26.70
6.50	0.10	0.14	1.00	0.11	6.53	19.09	16.16
		4.21		0.61	3.06	33.27	22.97
	0.31	0.55	5.04	1.24	2.30	34.35	25.41
		1.26	0.25	12.24	4.17	123.88	95.29
		1.26	0.25	10.70	4.17	121.18	93.16
1822.35	**369.16**	**10602.49**	**1981.61**	**11630.66**	**20719.91**	**237703.35**	**202120.22**
59.71	16.67	250.35	114.16	216.68	551.71	10038.31	8996.38
11.17	2.07	12.36	7.82	28.03	34.55	561.49	521.28
1.27	1.08	45.06	8.73	32.76	77.12	1772.52	1571.58
22.77	0.98	27.66	13.72	25.56	174.93	2959.31	2699.05
4.52		12.06	0.46	1.79	16.53	178.15	128.92
9.74	3.81	59.18	40.56	59.13	91.38	1701.97	1525.41
0.86	1.75	48.72	25.71	23.70	35.37	1188.37	1062.49
0.78	0.61	24.01	13.04	24.39	51.53	898.79	772.71
8.60	6.38	21.29	4.12	21.30	70.29	777.71	714.94
25.40	5.06	192.40	45.11	282.37	515.02	5759.95	4158.57
2.04	0.53	16.05	6.26	81.04	86.03	786.86	577.91
0.06	0.71	12.35	1.33	24.19	67.35	600.47	397.37
2.31		44.94	13.85	70.40	71.75	1149.76	895.21
11.34	0.10	47.66	4.44	40.09	84.18	1228.79	947.41
0.64	1.21	14.48	2.29	15.76	12.97	301.65	259.86
2.12	0.64	16.74	6.90	17.11	71.19	605.65	445.26
6.89	1.87	40.18	10.03	33.78	121.55	1086.77	635.54
28.46	17.72	239.38	56.25	242.37	550.66	4142.83	3010.67
21.81	8.52	71.20	13.40	73.08	230.29	1114.94	777.04
6.10	9.20	167.06	42.00	158.65	317.70	2943.74	2169.02
0.54		1.11	0.85	10.64	2.67	84.16	64.61
2.24		0.53	0.36	0.14	2.24	6.15	3.68
2.24		0.53	0.36	0.14	2.24	6.15	3.68
6.27	14.87	306.22	104.82	601.33	423.72	5609.50	4903.86

2-4 续表 6

行　业	负债合计	流动负债合计	应付账款	所有者权益合计	实收资本
棉纺织及印染精加工	1253.46	1053.48	246.87	1295.08	809.53
毛纺织及染整精加工	127.71	107.28	33.87	109.77	61.66
麻纺织及染整精加工	23.84	17.71	4.70	49.58	40.35
丝绢纺织及印染精加工	37.32	32.75	6.86	44.90	24.89
化纤织造及印染精加工	164.70	158.77	18.49	114.87	94.39
针织或钩针编织物及其制品制造	210.28	171.41	42.76	213.79	138.92
家用纺织制成品制造	169.99	144.39	38.90	180.67	98.22
非家用纺织制成品制造	238.28	192.92	51.56	268.61	189.26
纺织服装、服饰业	1701.54	1483.13	466.60	2166.53	1012.43
机织服装制造	1246.55	1061.11	338.85	1642.98	741.92
针织或钩针编织服装制造	339.04	310.77	99.52	382.63	200.98
服饰制造	115.95	111.25	28.22	140.92	69.53
皮革、毛皮、羽毛及其制品和制鞋业	1273.01	1108.06	326.05	1443.15	643.31
皮革鞣制加工	138.32	128.82	28.48	110.08	51.37
皮革制品制造	270.68	230.34	93.48	255.34	122.73
毛皮鞣制及制品加工	40.98	37.28	10.42	31.60	19.65
羽毛(绒)加工及制品制造	73.31	70.76	9.37	55.13	21.28
制鞋业	749.71	640.86	184.30	991.00	428.29
木材加工和木、竹、藤、棕、草制品业	290.40	238.52	58.90	365.72	193.72
木材加工	31.92	22.45	3.49	45.72	34.72
人造板制造	121.43	95.93	27.03	141.10	74.98
木制品制造	109.63	99.12	25.25	144.51	62.66
竹、藤、棕、草等制品制造	27.42	21.03	3.12	34.39	21.37
家具制造业	750.24	678.06	217.86	611.42	371.33
木质家具制造	382.18	329.29	77.55	317.42	197.15
竹、藤家具制造	22.36	22.30	4.43	15.49	8.46
金属家具制造	218.27	208.59	87.47	163.25	100.79
塑料家具制造	10.09	8.29	3.35	10.69	7.73
其他家具制造	117.34	109.59	45.06	104.57	57.21
造纸和纸制品业	2934.05	2217.41	492.86	2452.62	1812.76
纸浆制造	14.69	12.42	3.36	17.01	14.46
造纸	2197.93	1583.72	291.62	1689.65	1339.16
纸制品制造	721.43	621.27	197.89	745.96	459.14
印刷和记录媒介复制业	474.88	425.06	156.94	701.34	373.48
印刷	458.89	411.29	152.52	664.30	345.85
装订及印刷相关服务	8.08	7.34	3.01	17.70	11.87
记录媒介复制	7.91	6.43	1.41	19.34	15.77
文教、工美、体育和娱乐用品制造业	1184.15	1008.11	352.05	1268.28	637.51
文教办公用品制造	71.32	66.35	22.54	80.48	53.11
乐器制造	41.69	29.56	11.33	51.81	31.41
工艺美术品制造	595.58	485.97	126.99	624.79	238.52
体育用品制造	145.96	130.53	66.21	195.76	115.65
玩具制造	285.35	257.25	111.63	276.56	176.77
游艺器材及娱乐用品制造	44.25	38.45	13.34	38.87	22.06
石油加工、炼焦和核燃料加工业	1708.33	1102.17	273.87	893.91	691.60
精炼石油产品制造	1035.86	641.62	148.67	632.71	489.94
炼焦	672.47	460.55	125.20	261.20	201.66

单位：亿元

国家资本	集体资本	法人资本	个人资本	港澳台资本	外商资本	主营业务收入	主营业务成本
3.98	8.27	164.05	65.08	357.77	210.39	3132.64	2758.46
0.05	0.19	13.96	4.38	27.99	15.08	274.65	247.04
	0.09	31.35	1.67	6.19	1.06	72.53	63.05
	0.07	3.30	1.43	11.76	8.32	76.46	67.74
2.15	0.35	24.25	5.25	40.17	22.23	205.90	181.26
	0.46	24.45	12.69	69.22	32.10	660.80	575.42
0.03	4.35	17.28	5.05	32.00	39.51	584.94	499.87
0.06	1.10	27.58	9.27	56.22	95.03	601.56	511.03
4.61	4.31	212.84	100.97	436.97	252.73	6231.61	5309.40
3.38	3.63	167.51	86.25	305.87	175.28	4703.32	3975.19
0.73	0.26	29.86	7.67	110.40	52.04	1159.03	1017.53
0.50	0.41	15.47	7.04	20.70	25.41	369.26	316.69
1.85	5.45	131.23	40.99	250.88	212.90	4908.52	4176.01
0.31	0.72	15.49	5.03	10.58	19.23	421.35	373.08
0.51	1.72	22.29	8.02	45.91	44.28	1092.93	941.93
	0.74	2.20	1.29	12.87	2.55	170.04	149.86
		4.97	1.58	7.74	6.99	194.41	172.24
1.03	2.27	86.28	25.07	173.78	139.86	3029.79	2538.89
1.29	1.66	39.28	31.92	72.45	47.13	1023.39	884.41
	0.02	1.75	2.64	24.91	5.40	75.12	62.70
0.88		22.25	7.05	32.25	12.56	406.11	360.06
0.40	1.64	9.66	10.01	13.09	27.86	437.13	369.86
0.01		5.62	12.22	2.20	1.31	105.02	91.79
3.01	1.77	84.24	18.75	122.94	140.63	1800.55	1525.13
0.30	1.33	47.03	12.98	67.39	68.11	887.03	760.37
	0.08	4.04	2.29	0.86	1.19	35.11	29.27
2.71	0.35	18.15	2.17	31.80	45.62	479.99	406.64
		0.66	0.03	4.66	2.38	39.21	35.09
	0.01	14.35	1.29	18.23	23.33	359.21	293.76
61.25	22.47	495.67	34.62	390.19	808.57	3521.16	2974.52
		11.76		1.70	1.00	19.76	15.17
60.04	14.89	417.95	23.92	240.45	581.92	2092.28	1816.50
1.20	7.58	65.96	10.70	148.05	225.65	1409.13	1142.85
11.55	7.38	70.72	22.58	159.45	101.81	1248.11	1005.07
11.06	6.97	64.16	21.58	143.40	98.70	1197.44	963.80
0.46	0.41	3.56	0.64	4.02	2.78	21.32	16.72
0.03		3.00	0.37	12.04	0.33	29.35	24.55
1.60	4.23	97.20	47.51	269.33	217.64	4721.63	4180.27
0.07	0.03	10.33	2.36	21.12	19.20	206.82	173.69
0.05	0.37	3.20	1.99	3.38	22.42	141.26	119.92
1.35	3.33	45.46	28.15	93.18	67.04	2614.91	2353.04
0.09	0.01	10.75	5.79	52.09	46.92	577.62	504.11
0.01	0.49	24.04	8.51	92.86	50.86	1002.11	876.49
0.02		3.43	0.71	6.70	11.19	178.90	153.01
36.75	12.63	303.15	37.43	146.25	155.40	3643.82	2826.98
24.47	1.65	216.96	27.51	76.54	142.79	2942.37	2195.85
12.27	10.98	86.19	9.91	69.71	12.60	701.45	631.13

2-4 续表 7

行　　业	负债合计	流动负债合　　计	应付账款	所有者权益合计	实收资本
化学原料和化学制品制造业	8500.54	6499.62	1664.72	7550.13	4978.13
基础化学原料制造	2609.83	1769.67	379.87	2264.16	1636.55
肥料制造	358.67	234.00	44.43	259.34	129.29
农药制造	119.20	99.54	27.06	115.36	42.05
涂料、油墨、颜料及类似产品制造	652.01	598.98	232.90	781.99	345.54
合成材料制造	1734.67	1276.24	350.60	1349.08	1068.67
专用化学产品制造	2282.24	1853.58	418.45	2021.39	1354.42
炸药、火工及焰火产品制造	5.58	5.08	0.93	10.71	4.05
日用化学产品制造	738.36	662.53	210.46	748.11	397.56
医药制造业	2284.97	1913.03	500.98	3167.24	2380.52
化学药品原料药制造	454.70	358.72	105.90	529.87	254.93
化学药品制剂制造	1104.02	986.08	290.56	1250.13	1652.50
中药饮片加工	34.84	28.37	11.69	94.18	26.21
中成药生产	270.70	189.75	38.12	417.90	116.85
兽用药品制造	21.23	15.30	2.87	53.01	23.90
生物药品制造	302.53	255.09	34.27	644.68	231.66
卫生材料及医药用品制造	96.96	79.72	17.57	177.47	74.47
化学纤维制造业	1232.07	1024.03	151.52	888.72	550.56
纤维素纤维原料及纤维制造	229.83	169.23	45.86	246.75	111.75
合成纤维制造	1002.24	854.80	105.66	641.97	438.81
橡胶和塑料制品业	2893.07	2348.01	802.52	3131.89	1890.78
橡胶制品业	981.70	732.47	254.57	1098.62	673.89
塑料制品业	1911.38	1615.53	547.95	2033.27	1216.89
非金属矿物制品业	3372.53	2757.64	644.18	3191.76	1953.13
水泥、石灰和石膏制造	1023.42	740.52	128.22	943.99	551.61
石膏、水泥制品及类似制品制造	412.81	382.51	114.55	292.94	179.57
砖瓦、石材等建筑材料制造	441.77	389.25	92.73	462.76	240.99
玻璃制造	426.21	364.54	59.56	434.73	283.95
玻璃制品制造	392.87	321.71	104.33	377.57	277.86
玻璃纤维和玻璃纤维增强塑料制品制造	211.75	170.76	38.70	162.97	117.13
陶瓷制品制造	206.96	174.45	48.92	264.11	147.11
耐火材料制品制造	119.98	94.46	24.78	93.91	63.94
石墨及其他非金属矿物制品制造	136.75	119.44	32.38	158.79	90.97
黑色金属冶炼和压延加工业	3079.29	2647.63	646.79	2009.94	1233.41
炼铁	186.14	181.83	18.55	22.33	44.03
炼钢	253.88	237.82	59.86	205.49	85.27
黑色金属铸造	127.00	97.73	30.35	213.27	121.57
钢压延加工	2163.57	1834.70	479.86	1328.48	800.38
铁合金冶炼	348.70	295.56	58.16	240.38	182.15
有色金属冶炼和压延加工业	3341.13	2657.22	426.64	1893.66	1004.07
常用有色金属冶炼	1538.74	1193.85	137.75	558.95	211.84
贵金属冶炼	59.29	45.42	11.07	75.51	18.61
稀有稀土金属冶炼	49.91	38.31	9.79	50.25	29.08
有色金属合金制造	179.30	138.37	38.92	184.89	113.59
有色金属铸造	28.96	26.05	11.76	24.98	13.95
有色金属压延加工	1484.93	1215.22	217.35	999.08	617.01

单位：亿元

国家资本	集体资本	法人资本	个人资本	港澳台资本	外商资本	主营业务收入	主营业务成本
192.31	23.26	921.32	218.07	1219.71	2403.09	18015.43	14865.77
86.25	4.82	336.21	92.89	358.12	758.26	5018.53	4461.68
20.49	1.28	59.03	6.55	20.90	21.03	496.26	436.30
2.28	0.49	5.84	5.21	3.69	24.55	320.41	275.60
4.90	3.51	46.07	12.87	97.40	180.42	1794.07	1378.50
14.84	3.53	230.89	28.15	263.97	527.29	4006.71	3542.16
60.06	9.35	213.02	49.42	376.59	645.99	4239.23	3586.03
		0.15	1.93	0.26	1.71	46.33	36.59
3.49	0.29	30.11	21.05	98.78	243.85	2093.88	1148.90
44.21	9.26	1427.36	92.05	281.70	525.92	5219.73	3265.88
1.26	2.72	26.68	15.25	99.78	109.23	827.91	618.44
37.75	3.94	1289.86	21.43	54.63	244.89	2454.11	1295.46
0.83		13.00	1.12	7.16	4.12	116.85	80.08
1.92	1.13	33.93	17.28	30.64	31.95	690.61	438.98
1.92	0.20	3.39	4.15	7.96	6.28	62.83	43.30
0.08	1.15	52.89	25.72	69.32	82.49	680.51	471.24
0.45	0.11	7.63	7.10	12.22	46.96	386.90	318.38
28.49	4.23	143.55	12.82	229.24	132.22	1975.45	1733.42
24.72	2.66	14.90	1.26	39.29	28.93	348.04	271.50
3.77	1.57	128.66	11.56	189.95	103.29	1627.41	1461.92
26.10	15.29	315.74	50.14	518.95	964.56	6441.79	5433.86
16.04	1.29	107.47	12.66	101.72	434.69	1913.87	1570.10
10.06	14.00	208.27	37.48	417.23	529.86	4527.92	3863.75
93.10	14.72	461.91	106.73	576.67	700.00	5266.65	4427.05
46.20	4.55	113.11	14.63	192.87	180.24	885.98	738.27
3.10	2.92	34.33	12.51	54.51	72.20	677.54	577.36
1.87	1.69	67.23	20.30	74.98	74.92	1125.25	956.40
15.62	1.95	102.30	17.43	64.82	81.83	465.85	390.95
19.67	1.64	48.81	5.19	111.14	91.41	629.56	534.40
0.90	0.16	42.12	4.98	34.42	34.56	240.70	196.90
0.63	1.75	27.58	17.93	20.71	78.50	599.96	495.24
1.89		10.67	9.18	7.07	35.12	303.80	251.86
3.21	0.07	15.75	4.59	16.15	51.21	338.01	285.67
105.46	16.28	360.84	40.08	248.13	462.62	5838.39	5380.13
		14.78	1.54	2.36	25.35	168.87	159.83
	0.74	3.95	3.42	46.55	30.61	365.87	323.02
1.74	0.73	19.35	7.49	20.90	71.37	367.34	305.89
84.05	14.80	241.65	22.32	173.69	263.88	4551.80	4247.63
19.68		81.11	5.32	4.63	71.42	384.51	343.75
106.11	10.17	190.06	41.18	377.98	278.58	5339.94	4791.60
67.02	4.46	49.89	5.73	44.52	40.22	1482.96	1334.70
0.15	1.00	4.43		3.11	9.92	76.15	58.35
3.72		6.24	0.52	8.04	10.56	101.49	86.93
5.35	0.59	8.31	10.60	22.40	66.33	551.17	504.30
		2.23	0.49	7.38	3.84	58.99	48.51
29.86	4.12	118.95	23.84	292.53	147.71	3069.19	2758.82

2-4 续表 8

行业	负债合计	流动负债合计	应付账款	所有者权益合计	实收资本
金属制品业	2329.10	2002.88	612.86	2543.97	1542.40
结构性金属制品制造	422.41	360.66	110.22	451.29	272.94
金属工具制造	202.62	167.72	55.61	230.38	128.52
集装箱及金属包装容器制造	480.61	406.48	98.91	494.06	284.62
金属丝绳及其制品制造	179.28	151.12	35.09	194.93	128.24
建筑、安全用金属制品制造	248.03	222.70	84.25	289.06	167.45
金属表面处理及热处理加工	188.84	171.59	51.74	151.44	98.93
搪瓷制品制造	30.89	28.46	11.64	18.33	11.65
金属制日用品制造	204.60	184.02	55.21	217.66	145.86
其他金属制品制造	371.82	310.12	110.18	496.81	304.20
通用设备制造业	5537.21	4990.15	1672.38	5251.38	2538.81
锅炉及原动设备制造	821.12	757.29	206.87	548.94	218.02
金属加工机械制造	333.14	283.48	102.02	391.51	199.19
物料搬运设备制造	1619.49	1505.37	388.91	896.89	388.69
泵、阀门、压缩机及类似机械制造	830.12	730.21	277.55	1071.50	523.25
轴承、齿轮和传动部件制造	444.38	360.79	133.49	488.25	344.49
烘炉、风机、衡器、包装等设备制造	745.12	680.56	285.44	848.71	372.48
文化、办公用机械制造	313.04	302.31	149.76	420.34	183.39
通用零部件制造	347.37	293.92	100.94	480.71	257.84
其他通用设备制造业	83.41	76.23	27.42	104.53	51.45
专用设备制造业	4015.41	3334.67	1048.15	3366.28	1759.29
采矿、冶金、建筑专用设备制造	1865.99	1439.34	353.57	1065.90	562.33
化工、木材、非金属加工专用设备制造	667.37	596.60	237.65	801.29	428.04
食品、饮料、烟草及饲料生产专用设备制造	49.24	47.90	19.50	50.66	20.65
印刷、制药、日化及日用品生产专用设备制造	158.27	135.74	45.16	153.98	83.78
纺织、服装和皮革加工专用设备制造	231.79	193.84	69.89	206.75	97.43
电子和电工机械专用设备制造	185.80	141.47	52.03	166.27	132.59
农、林、牧、渔专用机械制造	182.91	155.24	45.57	99.62	76.82
医疗仪器设备及器械制造	250.57	225.11	82.56	472.90	214.17
环保、社会公共服务及其他专用设备制造	423.47	399.42	142.20	348.91	143.47
汽车制造业	14082.56	12342.74	6242.76	9728.22	4307.67
汽车整车制造	8317.23	7309.33	3712.30	4315.01	1888.82
改装汽车制造	50.34	48.12	14.04	54.57	21.20
汽车车身、挂车制造	71.68	62.78	18.04	68.15	14.83
汽车零部件及配件制造	5629.33	4913.28	2495.68	5287.96	2365.40
铁路、船舶、航空航天和其他运输设备制造业	1946.17	1612.58	451.60	1399.80	621.68
铁路运输设备制造	187.14	167.88	73.82	149.04	50.31
城市轨道交通设备制造	38.53	38.32	15.93	20.63	13.54
船舶及相关装置制造	1299.62	1022.34	212.45	693.67	291.46
航空、航天器及设备制造	63.07	57.69	22.61	152.50	55.91
摩托车制造	182.50	167.68	66.89	207.38	99.20
自行车制造	136.30	124.05	46.68	130.46	86.88
非公路休闲车及零配件制造	22.54	21.00	8.30	33.73	16.51
潜水救捞及其他未列明运输设备制造	16.48	13.61	4.92	12.39	7.87
电气机械和器材制造业	7066.35	6319.27	2391.67	5746.81	3124.13

单位：亿元

国家资本	集体资本	法人资本	个人资本	港澳台资本	外商资本	主营业务收入	主营业务成本
25.56	11.95	297.56	80.46	491.14	635.72	6233.80	5358.74
2.13	3.47	76.66	24.09	70.33	96.25	1029.80	891.34
0.33	0.45	15.41	6.53	36.75	69.05	523.57	428.77
4.92	4.90	73.05	21.67	90.60	89.49	1146.09	1004.10
2.03	0.08	14.88	4.09	54.81	52.36	403.43	349.53
6.75	0.36	29.01	8.94	45.67	76.71	670.27	575.11
3.25	0.99	7.89	1.50	28.90	56.40	409.82	357.23
		7.02	0.19	0.71	3.73	50.36	38.91
0.36	0.31	19.04	6.03	62.50	57.62	674.40	583.55
5.78	1.40	54.60	7.43	100.87	134.11	1326.06	1130.20
92.17	13.72	497.71	119.00	423.63	1392.08	10939.84	8900.70
20.39	3.76	63.87	9.07	17.76	103.17	1019.53	806.37
4.74	0.92	31.03	8.56	49.14	104.81	651.98	520.85
14.40	1.76	89.54	34.61	55.53	192.85	2474.44	1921.34
39.92	2.55	92.81	19.25	75.52	292.70	1951.55	1580.62
3.40	1.83	70.52	7.92	35.24	225.58	802.14	664.85
3.53	2.50	75.34	27.53	62.85	200.73	1874.50	1539.95
0.46	0.08	17.33	1.35	50.32	113.85	1166.65	1042.12
3.22	0.19	51.33	9.83	64.69	128.59	840.32	696.50
2.11	0.13	5.94	0.88	12.58	29.81	158.73	128.10
75.83	21.28	256.97	86.08	362.44	956.70	6272.99	5116.84
60.03	17.75	75.27	30.99	40.77	337.54	2124.41	1803.26
2.80	1.31	65.79	9.65	156.72	191.78	1245.63	1009.24
	0.02	3.94	0.47	1.88	14.34	109.42	86.11
0.11	1.04	11.83	1.86	26.08	42.86	298.93	234.80
0.51	0.20	10.68	9.84	29.93	46.26	400.84	333.18
	0.07	7.45	2.08	27.77	95.22	343.11	285.96
9.29		19.38	2.23	7.54	38.38	320.00	274.62
0.04	0.05	42.18	12.16	41.30	118.45	652.32	484.48
3.04	0.85	20.46	16.80	30.45	71.87	778.34	605.20
487.91	58.62	1101.15	67.04	334.56	2258.39	32894.47	26470.83
406.64	42.90	612.98	0.51	55.92	769.87	19463.50	15385.42
2.60	2.79	5.67	0.62	3.37	6.14	102.66	82.70
	1.58	2.02	0.03	7.83	3.38	207.20	184.41
70.07	11.36	480.48	65.89	267.44	1470.17	13112.87	10811.46
40.66	2.15	183.76	31.24	72.56	291.31	3256.47	2777.17
7.15		13.16	3.92	5.90	20.18	310.10	220.53
4.17		4.97	0.01		4.40	54.73	46.32
18.72	1.09	90.10	17.16	12.61	151.78	1415.85	1269.44
2.50		20.90	0.77	2.40	29.33	459.94	377.87
7.08	0.90	34.98	0.65	17.45	38.14	482.93	404.29
1.04	0.16	15.65	4.84	30.37	34.83	351.02	308.61
		2.79	2.82	2.19	8.72	127.66	104.96
		1.21	1.08	1.65	3.93	54.24	45.15
55.76	21.28	783.52	188.31	731.52	1343.74	16684.78	14278.36

2-4 续表 9

行　业	负债合计	流动负债合　计	应付账款	所有者权益合计	实收资本
电机制造	836.64	775.45	334.06	884.59	413.49
输配电及控制设备制造	2376.94	2170.21	739.99	1797.01	1072.10
电线、电缆、光缆及电工器材制造	940.47	838.40	312.45	718.25	456.16
电池制造	1026.46	773.09	257.49	697.66	345.16
家用电力器具制造	1317.97	1240.92	527.09	1054.98	525.78
非电力家用器具制造	99.37	87.17	19.05	111.71	39.09
照明器具制造	419.60	387.07	181.06	421.84	228.87
其他电气机械及器材制造	48.90	46.97	20.47	60.77	43.49
计算机、通信和其他电子设备制造业	20053.22	18245.11	10509.60	14161.01	7826.09
计算机制造	4743.30	4385.46	2936.91	1884.01	897.00
通信设备制造	5809.27	5666.02	3361.76	2680.22	922.01
广播电视设备制造	195.44	169.07	99.73	225.37	109.33
雷达及配套设备制造	13.45	13.45	1.45	8.72	6.54
视听设备制造	1612.79	1349.01	769.23	761.50	368.12
电子器件制造	3864.84	3151.11	1471.52	4312.54	3103.72
电子元件制造	2968.05	2709.18	1426.79	3558.52	2140.11
其他电子设备制造	846.07	801.81	442.23	730.15	279.26
仪器仪表制造业	850.62	796.45	350.89	1148.80	476.58
通用仪器仪表制造	448.18	416.88	170.98	557.82	216.32
专用仪器仪表制造	161.23	152.76	75.86	228.34	71.23
钟表与计时仪器制造	76.30	71.03	35.51	95.92	57.14
光学仪器及眼镜制造	157.00	148.20	63.88	251.82	124.20
其他仪器仪表制造业	7.91	7.58	4.66	14.91	7.69
其他制造业	183.01	169.05	50.30	246.83	130.03
日用杂品制造	138.44	126.69	33.43	186.93	96.10
煤制品制造	8.40	7.35	0.87	3.79	2.36
废弃资源综合利用业	127.03	109.77	25.14	108.10	74.82
金属废料和碎屑加工处理	104.16	89.39	18.07	65.10	45.04
非金属废料和碎屑加工处理	22.87	20.38	7.06	43.01	29.78
金属制品、机械和设备修理业	260.01	187.37	51.91	164.18	126.58
金属制品修理	2.19	1.89	0.69	3.18	0.81
通用设备修理	0.94	0.94	0.78	2.03	1.05
专用设备修理	5.94	5.69	1.90	5.99	3.09
铁路、船舶、航空航天等运输设备修理	248.79	176.78	47.73	150.09	119.49
其他机械和设备修理业	2.02	1.94	0.78	2.28	1.71
电力、热力、燃气及水生产和供应业	5746.54	3314.95	509.45	5377.72	3432.76
电力、热力生产和供应业	**3605.71**	**1793.25**	**300.10**	**3478.58**	**2432.65**
电力生产	3463.31	1710.50	290.65	3400.06	2385.31
电力供应	12.40	7.28	0.19	12.39	6.02
热力生产和供应	130.01	75.47	9.26	66.13	41.32
燃气生产和供应业	1363.11	1082.53	166.12	1260.31	599.26
水的生产和供应业	777.71	439.16	43.23	638.83	400.85
自来水生产和供应	364.02	263.42	23.04	358.21	238.55
污水处理及其再生利用	271.58	163.63	18.11	174.45	99.90
其他水的处理、利用与分配	142.11	12.11	2.08	106.17	62.41

单位：亿元

国家资本	集体资本	法人资本	个人资本	港澳台资本	外商资本	主营业务收入	主营业务成本
1.38	2.73	114.87	43.51	71.17	179.82	2244.14	1896.27
27.44	7.55	307.53	77.80	197.34	454.44	5304.19	4570.68
7.05	3.51	105.69	22.74	124.94	192.23	2400.12	2110.31
3.65	2.46	90.56	6.45	129.38	112.64	1355.68	1180.62
12.04	0.95	116.98	11.99	112.58	271.25	3869.19	3264.68
0.34	0.99	6.81	0.58	14.32	16.05	165.90	129.50
3.67	3.09	35.80	23.75	77.09	85.47	1216.23	1024.31
0.19		5.27	1.49	4.69	31.85	129.34	102.00
171.51	22.13	1097.18	145.29	2340.42	4049.56	56895.22	52242.43
1.64	1.29	127.28	9.91	342.37	414.50	15205.84	14302.90
58.43	1.40	105.68	26.49	331.22	398.78	14002.44	12972.06
0.50	0.48	25.59	3.95	30.93	47.89	619.30	534.05
		4.95		0.72	0.88	25.14	23.57
1.81	0.88	35.26	3.72	125.32	201.13	4558.16	4209.28
96.58	0.75	460.20	43.47	658.45	1844.27	9728.79	8833.37
9.40	16.22	310.14	50.16	777.32	976.87	9801.59	8715.85
3.15	1.10	28.09	7.59	74.09	165.25	2953.96	2651.35
8.23	1.10	71.28	37.01	131.75	227.22	2436.65	1967.18
5.26	0.55	33.80	13.66	50.50	112.55	1080.44	850.72
1.31	0.27	16.84	14.99	6.86	30.98	552.45	448.76
0.13		6.23	3.78	33.78	13.22	289.73	238.11
1.52	0.28	14.31	4.58	37.29	66.22	474.67	395.10
0.01		0.11		3.33	4.25	39.35	34.49
0.28	0.26	14.01	2.68	50.96	61.82	582.97	495.45
0.25	0.13	11.40	2.03	38.61	43.69	460.30	393.15
			0.28	2.09		17.08	15.68
3.52	3.99	8.69	5.16	29.99	23.46	385.65	346.28
0.59	0.62	5.96	4.83	19.51	13.53	335.77	304.02
2.93	3.37	2.73	0.33	10.48	9.94	49.88	42.26
21.17	5.23	46.67	2.80	17.96	32.76	367.59	313.57
		0.14	0.07	0.13	0.47	4.16	3.04
		0.15			0.91	2.11	1.61
	0.01	0.07		1.67	1.34	14.67	11.36
21.11	5.22	45.61	2.73	15.81	28.99	340.85	292.80
0.05		0.70		0.05	0.90	5.13	4.37
850.18	31.82	987.98	42.13	858.35	662.30	5320.29	4002.48
666.89	**12.51**	**793.50**	**30.02**	**569.70**	**360.03**	**2852.67**	**1965.15**
658.56	11.69	780.68	27.82	560.38	346.17	2738.48	1870.08
0.48		2.23		0.35	2.97	23.25	22.44
7.85	0.81	10.60	2.20	8.97	10.89	90.94	72.63
109.75	18.79	118.01	9.76	189.58	153.37	2168.96	1842.74
73.54	0.52	76.46	2.35	99.07	148.90	298.66	194.59
70.14	0.48	49.27	2.22	53.30	63.14	168.06	118.94
3.41	0.04	26.02	0.13	38.06	32.24	79.27	51.32
		1.17		7.72	53.51	51.32	24.33

2-4 续表 10

行　业	销售费用	管理费用	财务费用	利息收入
总　计	**8006.43**	**10541.28**	**1703.94**	**414.72**
采矿业	**33.96**	**96.09**	**48.64**	**5.12**
煤炭开采和洗选业	17.97	41.78	27.14	2.24
烟煤和无烟煤开采洗选	16.78	30.43	17.73	1.31
褐煤开采洗选	1.05	10.64	7.96	0.79
石油和天然气开采业	1.44	9.15	9.33	1.25
石油开采	0.86	5.08	6.22	1.19
天然气开采	0.58	4.07	3.11	0.06
黑色金属矿采选业	3.03	13.42	5.65	1.10
铁矿采选	2.58	11.96	5.16	1.09
锰矿、铬矿采选	0.45	1.31	0.41	
有色金属矿采选业	1.23	11.05	2.74	0.39
常用有色金属矿采选	1.12	6.12	1.44	0.37
贵金属矿采选	0.11	4.78	1.30	0.01
非金属矿采选业	9.63	8.21	2.93	0.08
土砂石开采	1.73	2.64	0.33	0.03
化学矿开采	0.73	0.66	0.72	0.02
采盐	3.69	2.16	1.40	0.03
石棉及其他非金属矿采选	3.48	2.75	0.49	-0.01
开采辅助活动	0.66	12.48	0.85	0.07
石油和天然气开采辅助活动	0.63	12.23	0.82	0.07
制造业	**7898.03**	**10256.84**	**1478.75**	**384.89**
农副食品加工业	223.86	209.06	80.25	18.27
谷物磨制	15.58	10.28	5.23	0.11
饲料加工	55.39	51.74	8.34	6.54
植物油加工	49.12	32.06	28.20	8.36
制糖业	4.15	9.47	4.47	0.30
屠宰及肉类加工	41.03	33.85	9.24	2.25
水产品加工	19.15	27.02	10.42	0.26
蔬菜、水果和坚果加工	24.19	26.66	6.81	0.21
其他农副食品加工	15.26	17.98	7.54	0.25
食品制造业	791.97	269.99	18.77	10.64
焙烤食品制造	105.61	40.67	2.97	0.85
糖果、巧克力及蜜饯制造	91.03	36.80	2.03	0.63
方便食品制造	141.16	39.67	-0.94	1.89
乳制品制造	169.90	40.74	2.06	3.10
罐头食品制造	7.62	8.25	2.54	0.15
调味品、发酵制品制造	36.67	35.73	4.82	0.45
其他食品制造	239.97	68.13	5.28	3.57
酒、饮料和精制茶制造业	505.34	177.69	20.08	4.67
酒的制造	102.95	71.35	5.99	0.64
饮料制造	396.88	100.85	13.76	4.00
精制茶加工	5.51	5.50	0.34	0.02
烟草制品业	0.10	0.78	0.53	0.01
其他烟草制品制造	0.10	0.78	0.53	0.01
纺织业	95.56	210.79	52.18	8.33

单位：亿元

利息支出	投资收益（损失以"－"号记）	营业利润	利润总额	亏损企业亏损额	平均用工人数（万人）
1772.32	**482.85**	**15414.34**	**15905.78**	**2040.11**	**2355.44**
35.57	**-4.67**	**276.65**	**284.22**	**22.89**	**10.47**
23.86	-3.75	86.76	87.66	5.84	4.86
17.28	1.24	17.36	18.88	5.84	3.75
4.99	-4.99	67.77	67.83		0.98
1.00	0.13	116.82	122.46	5.55	0.76
0.80	0.09	80.19	81.81	5.32	0.46
0.20	0.04	36.63	40.65	0.23	0.31
4.59	-2.48	42.90	43.55	7.83	1.89
4.30	-2.48	37.06	36.98	7.04	1.36
0.30		-1.37	-0.67	0.77	0.46
2.89	0.09	7.10	8.25	2.68	1.14
1.60	0.09	4.63	4.64	2.64	0.79
1.28		2.37	3.48	0.04	0.30
2.46	0.25	9.10	9.09	0.93	1.50
0.30		3.08	2.96	0.38	0.42
0.74	0.20	1.64	1.70	0.01	0.18
1.22	0.01	2.83	2.88		0.49
0.20	0.05	1.55	1.54	0.53	0.40
0.77	1.09	13.96	13.22	0.08	0.31
0.74	1.09	13.72	12.97	0.08	0.28
1554.67	**409.58**	**14166.07**	**14606.58**	**1984.35**	**2316.91**
68.60	-7.95	447.42	465.38	55.64	56.13
3.72	0.29	7.75	8.88	3.95	1.78
11.29	1.94	78.77	82.93	9.35	7.69
19.42	-10.63	98.14	98.88	13.78	4.14
4.32	-2.23	27.68	29.09	2.28	1.66
7.34	2.38	90.58	95.12	10.51	15.80
9.70	0.19	66.41	66.50	3.23	13.20
5.03	0.26	65.06	64.92	3.72	7.54
7.78	-0.14	13.04	19.07	8.82	4.31
29.23	22.16	502.59	514.14	38.89	51.10
3.36	0.86	56.52	58.56	8.20	11.72
1.94	1.82	52.69	54.20	2.54	6.46
4.34	1.53	71.76	74.23	3.01	12.88
6.19	4.59	78.37	78.20	14.11	5.80
2.29	1.72	24.57	24.80	1.54	3.85
4.23	-0.02	79.18	80.14	2.46	4.20
6.88	11.67	139.49	144.02	7.04	6.20
22.57	27.66	359.93	378.64	45.71	37.06
6.73	17.79	84.11	97.59	16.61	12.11
15.49	9.88	267.54	272.70	28.22	23.76
0.35	-0.01	8.28	8.36	0.89	1.19
0.53	0.01	1.12	1.15		0.05
0.53	0.01	1.12	1.15		0.05
57.01	1.63	321.81	323.40	27.16	84.94

2-4 续表 11

行 业	销售费用	管理费用	财务费用	利息收入
棉纺织及印染精加工	44.04	113.62	29.79	5.50
毛纺织及染整精加工	3.79	9.40	3.66	0.83
麻纺织及染整精加工	1.35	2.36	0.97	0.03
丝绢纺织及印染精加工	1.38	3.27	1.06	0.33
化纤织造及印染精加工	2.78	8.99	3.88	0.29
针织或钩针编织物及其制品制造	11.97	25.03	6.42	0.23
家用纺织制成品制造	13.05	18.37	1.85	0.61
非家用纺织制成品制造	17.21	29.76	4.54	0.53
纺织服装、服饰业	264.11	292.32	26.68	7.66
机织服装制造	231.57	214.30	22.14	5.94
针织或钩针编织服装制造	19.55	62.44	2.89	1.10
服饰制造	13.00	15.59	1.65	0.63
皮革、毛皮、羽毛及其制品和制鞋业	136.49	216.08	24.38	2.80
皮革鞣制加工	4.13	12.49	4.57	0.87
皮革制品制造	25.39	55.05	7.69	0.71
毛皮鞣制及制品加工	1.52	3.39	1.31	0.01
羽毛(绒)加工及制品制造	2.59	6.54	1.47	0.24
制鞋业	102.86	138.60	9.35	0.97
木材加工和木、竹、藤、棕、草制品业	30.87	40.06	9.34	0.38
木材加工	1.25	2.77	0.79	0.10
人造板制造	11.88	11.01	3.46	0.09
木制品制造	15.45	22.90	4.18	0.13
竹、藤、棕、草等制品制造	2.29	3.38	0.91	0.06
家具制造业	68.78	104.65	8.23	1.83
木质家具制造	33.99	47.72	6.73	0.78
竹、藤家具制造	0.74	2.01	0.87	0.06
金属家具制造	14.54	33.52		0.91
塑料家具制造	1.12	1.50	0.03	0.05
其他家具制造	18.39	19.89	0.60	0.03
造纸和纸制品业	140.45	151.81	87.08	9.38
纸浆制造	0.35	1.37	0.44	0.02
造纸	64.62	75.65	76.49	8.81
纸制品制造	75.49	74.79	10.16	0.55
印刷和记录媒介复制业	38.31	81.75	4.53	1.47
印刷	37.03	78.48	4.44	1.33
装订及印刷相关服务	0.62	1.86		0.07
记录媒介复制	0.66	1.41	0.09	0.07
文教、工美、体育和娱乐用品制造业	96.75	202.97	16.53	3.52
文教办公用品制造	7.77	13.19	0.98	0.16
乐器制造	3.01	8.26	0.53	0.05
工艺美术品制造	49.33	79.27	12.64	1.94
体育用品制造	10.94	30.83	-0.66	0.50
玩具制造	20.85	64.88	1.83	0.67
游艺器材及娱乐用品制造	4.85	6.53	1.20	0.20
石油加工、炼焦和核燃料加工业	59.41	86.70	57.45	1.59
精炼石油产品制造	39.93	71.11	39.05	1.52
炼焦	19.49	15.59	18.40	0.06

单位：亿元

利息支出	投资收益（损失以“-”号记）	营业利润	利润总额	亏损企业亏损额	平均用工人数（万人）
32.55	4.30	180.44	184.23	14.97	43.28
3.81	0.40	9.99	10.56	2.28	3.63
0.95	0.17	4.31	4.29	0.57	1.23
1.27	0.04	3.68	3.78	0.44	1.04
3.45	0.05	8.63	7.44	1.80	8.82
6.43	-0.01	39.82	40.23	1.70	10.41
3.63	-4.38	38.85	36.93	2.26	7.68
4.91	1.05	36.09	35.94	3.15	8.84
34.13	26.72	332.74	341.78	24.60	154.41
25.05	27.97	261.67	269.22	18.33	109.56
6.21	-1.41	50.01	51.29	5.13	36.75
2.87	0.16	21.06	21.27	1.14	8.09
27.20	-7.51	320.58	323.98	16.25	128.72
4.32	0.01	26.17	26.16	1.87	4.26
8.02	-0.07	56.83	57.19	4.25	27.90
0.64	0.01	14.59	14.58	0.53	2.65
2.07	-1.34	9.60	9.51	0.40	1.81
12.16	-6.13	213.39	216.54	9.20	92.10
8.10	-1.85	50.36	52.91	4.66	11.59
0.69	-1.60	6.08	6.41	0.39	0.88
3.01	0.04	17.49	19.52	2.98	4.09
3.76	-0.28	21.07	21.31	1.20	4.90
0.63	-0.01	5.71	5.66	0.09	1.72
12.32	15.94	108.93	110.19	9.26	32.87
7.20	-3.21	35.59	36.59	6.53	16.85
0.68	-0.43	2.23	2.10		0.44
2.39	11.58	38.31	38.68	1.51	7.82
0.14		1.46	1.53	0.11	0.75
1.91	8.00	31.34	31.30	1.10	7.01
72.64	26.96	204.83	223.52	31.56	29.63
0.46	0.02	2.31	2.55	0.16	0.22
61.60	25.16	92.34	106.62	21.40	12.29
10.58	1.78	110.18	114.36	10.00	17.12
7.35	3.68	116.69	122.29	6.84	22.32
7.14	3.63	111.94	117.49	6.52	21.46
0.09	0.02	2.14	2.18	0.15	0.59
0.13	0.03	2.61	2.62	0.17	0.28
20.58	2.96	218.05	219.63	13.81	98.60
1.56	0.02	10.57	10.63	0.60	5.18
0.60	0.01	9.70	9.47	1.07	2.85
11.83	2.87	122.32	124.75	5.06	31.92
2.21	0.16	29.76	28.46	1.65	15.80
3.12	-0.06	33.47	33.87	5.20	40.93
1.27	-0.06	12.23	12.46	0.22	1.91
42.53	2.07	179.19	177.54	36.08	8.27
26.84	7.07	160.90	163.87	17.60	4.04
15.69	-4.99	18.29	13.67	18.48	4.23

2-4 续表 12

行　业	销售费用	管理费用	财务费用	利息收入
化学原料和化学制品制造业	951.78	747.10	238.38	28.55
基础化学原料制造	104.89	138.52	84.23	8.94
肥料制造	21.37	15.99	8.72	-0.47
农药制造	12.05	11.27	1.63	0.59
涂料、油墨、颜料及类似产品制造	128.82	124.38	6.57	2.75
合成材料制造	87.64	113.16	73.58	6.92
专用化学产品制造	107.99	176.49	60.80	6.01
炸药、火工及焰火产品制造	0.87	1.29	0.18	0.01
日用化学产品制造	488.15	166.01	2.68	3.81
医药制造业	880.70	376.62	45.36	11.31
化学药品原料药制造	72.53	57.94	9.16	3.00
化学药品制剂制造	606.90	193.02	22.85	4.77
中药饮片加工	10.43	7.09	1.66	0.01
中成药生产	105.00	45.07	5.18	2.22
兽用药品制造	6.06	4.47	0.06	0.03
生物药品制造	65.78	50.59	5.13	1.47
卫生材料及医药用品制造	14.01	18.44	1.32	-0.18
化学纤维制造业	23.88	73.10	43.63	7.91
纤维素纤维原料及纤维制造	6.41	20.19	9.11	1.04
合成纤维制造	17.47	52.91	34.52	6.87
橡胶和塑料制品业	211.88	387.14	51.38	11.58
橡胶制品业	85.64	121.40	25.32	3.22
塑料制品业	126.24	265.75	26.06	8.36
非金属矿物制品业	180.76	280.23	75.51	11.43
水泥、石灰和石膏制造	30.64	54.84	27.42	3.21
石膏、水泥制品及类似制品制造	24.40	29.79	8.21	1.25
砖瓦、石材等建筑材料制造	31.89	46.77	12.82	1.79
玻璃制造	17.06	31.76	0.79	1.43
玻璃制品制造	18.87	40.27	6.99	0.61
玻璃纤维和玻璃纤维增强塑料制品制造	8.04	16.30	8.06	0.50
陶瓷制品制造	24.34	27.68	4.58	1.02
耐火材料制品制造	13.68	14.61	2.34	0.48
石墨及其他非金属矿物制品制造	11.84	18.22	4.31	1.15
黑色金属冶炼和压延加工业	65.55	142.22	94.15	13.46
炼铁	2.66	3.58	8.95	0.08
炼钢	4.75	20.01	3.77	0.99
黑色金属铸造	9.41	21.66	2.64	0.16
钢压延加工	35.89	85.38	65.22	5.89
铁合金冶炼	12.84	11.58	13.57	6.34
有色金属冶炼和压延加工业	49.65	141.07	112.96	14.03
常用有色金属冶炼	11.97	42.02	61.69	7.51
贵金属冶炼	0.20	5.85	2.26	0.49
稀有稀土金属冶炼	1.58	5.52	1.58	-0.03
有色金属合金制造	6.17	16.80	6.99	0.76
有色金属铸造	1.12	5.32	0.15	0.05
有色金属压延加工	28.60	65.57	40.29	5.25

单位：亿元

利息支出	投资收益（损失以"–"号记）	营业利润	利润总额	亏损企业亏损额	平均用工人数（万人）
177.79	21.62	1105.55	1123.57	258.47	70.91
65.79	5.63	211.50	212.37	108.50	13.44
9.47	0.07	12.16	16.16	8.34	2.98
2.01	0.36	19.72	20.23	1.85	1.70
8.44	4.03	156.32	158.58	9.33	11.01
43.55	-1.63	138.42	139.21	73.78	10.90
43.92	0.79	286.47	289.42	50.27	17.55
0.18	-0.35	4.55	4.54		0.69
4.43	12.72	276.42	283.06	6.40	12.65
39.94	12.18	644.54	652.07	27.69	41.10
10.54	1.89	67.24	69.87	3.88	7.79
14.28	7.37	330.89	336.25	15.70	15.79
1.54	0.46	16.44	17.33		0.95
4.43	0.13	92.21	87.04	2.73	6.15
0.46	0.95	9.40	9.61	0.33	0.65
6.70	1.02	94.51	97.91	3.71	5.06
1.99	0.36	33.86	34.05	1.34	4.70
38.43	-1.71	101.65	105.31	18.37	10.83
6.82	1.30	42.48	42.65	3.49	1.98
31.61	-3.01	59.17	62.66	14.88	8.85
55.18	2.50	340.27	351.75	72.35	100.80
21.27	-1.32	103.94	110.67	28.51	25.05
33.91	3.82	236.32	241.07	43.84	75.76
66.49	27.01	292.55	305.32	109.74	65.10
17.23	0.26	28.76	33.44	28.80	7.85
7.28	1.93	36.07	38.23	7.25	6.36
11.71	-0.28	73.94	75.00	7.55	11.71
5.13	24.97	49.37	51.42	17.03	5.31
6.94	0.19	13.62	15.50	29.86	12.14
6.54	0.54	10.74	12.13	5.18	2.92
4.70	-0.13	44.04	44.33	4.05	13.49
1.92	-0.68	20.02	19.17	3.83	2.27
5.05	0.21	16.00	16.11	6.19	3.05
82.33	7.21	138.43	122.33	100.08	27.85
7.71		-6.69	-6.52	7.49	1.13
4.15	0.40	16.22	17.44	2.56	1.97
3.08	0.72	26.92	27.66	1.65	5.15
53.44	4.83	100.06	78.66	76.85	17.33
13.95	1.25	1.93	5.09	11.52	2.27
107.15	7.95	195.39	140.35	70.88	21.85
66.41	4.37	-4.28	-1.31	49.02	5.20
1.59	0.36	9.36	8.92	0.53	0.40
1.46	0.23	5.26	4.28	1.98	0.76
4.28	0.16	16.05	16.48	7.48	2.50
0.31	-0.01	3.62	3.72	0.39	0.72
33.10	2.84	165.38	108.26	11.48	12.26

2-4 续表 13

行　业	销售费用	管理费用	财务费用	利息收入
金属制品业	160.60	324.75	34.99	6.43
结构性金属制品制造	25.63	51.86	7.95	0.64
金属工具制造	20.42	30.54	2.67	0.31
集装箱及金属包装容器制造	31.20	44.97	6.78	1.82
金属丝绳及其制品制造	12.17	25.40	5.41	0.35
建筑、安全用金属制品制造	17.88	39.04	1.01	1.49
金属表面处理及热处理加工	7.49	19.50	3.02	0.01
搪瓷制品制造	1.52	3.78	-0.01	0.27
金属制日用品制造	18.16	32.89	1.65	0.65
其他金属制品制造	26.13	76.78	6.53	0.90
通用设备制造业	384.51	729.85	39.92	25.61
锅炉及原动设备制造	32.93	77.31	2.32	2.36
金属加工机械制造	28.88	47.74	6.20	1.07
物料搬运设备制造	99.39	178.25	11.03	13.92
泵、阀门、压缩机及类似机械制造	76.97	143.08	5.54	3.55
轴承、齿轮和传动部件制造	21.60	54.91	11.17	0.62
烘炉、风机、衡器、包装等设备制造	76.24	114.44	0.10	2.58
文化、办公用机械制造	17.87	49.54	-1.17	0.66
通用零部件制造	22.76	52.11	3.75	0.75
其他通用设备制造业	7.87	12.47	0.99	0.10
专用设备制造业	223.82	472.79	37.97	13.42
采矿、冶金、建筑专用设备制造	52.25	124.42	22.22	7.31
化工、木材、非金属加工专用设备制造	43.09	104.01	4.12	1.63
食品、饮料、烟草及饲料生产专用设备制造	5.00	9.21	0.31	0.39
印刷、制药、日化及日用品生产专用设备制造	16.92	25.68	1.15	0.12
纺织、服装和皮革加工专用设备制造	14.32	26.57	2.09	0.93
电子和电工机械专用设备制造	11.96	25.18	1.13	0.62
农、林、牧、渔专用机械制造	11.64	26.44	4.33	0.82
医疗仪器设备及器械制造	33.19	69.55	0.45	0.82
环保、社会公共服务及其他专用设备制造	35.47	61.73	2.18	0.79
汽车制造业	940.19	1597.15	126.53	44.38
汽车整车制造	650.08	778.67	54.78	26.25
改装汽车制造	3.73	7.11	0.31	0.03
汽车车身、挂车制造	5.49	7.15	-0.25	0.39
汽车零部件及配件制造	280.61	803.05	71.28	17.72
铁路、船舶、航空航天和其他运输设备制造业	53.21	136.08	18.75	8.77
铁路运输设备制造	15.23	18.18	2.29	0.44
城市轨道交通设备制造	1.77	3.99	0.02	0.18
船舶及相关装置制造	7.07	45.22	16.91	6.93
航空、航天器及设备制造	2.10	10.94	0.76	0.16
摩托车制造	14.02	34.90	-1.28	0.40
自行车制造	9.72	18.22	0.11	0.58
非公路休闲车及零配件制造	2.31	3.00	-0.06	0.05
潜水救捞及其他未列明运输设备制造	1.01	1.62		0.04
电气机械和器材制造业	500.33	819.06	66.47	23.99

单位：亿元

利息支出	投资收益（损失以“-”号记）	营业利润	利润总额	亏损企业亏损额	平均用工人数（万人）
46.32	0.29	332.65	338.75	67.80	82.38
7.63	-0.42	45.81	49.06	11.56	11.64
3.31	0.08	39.75	41.78	2.69	8.65
11.51	0.15	59.53	60.72	12.77	9.20
5.08	0.37	9.40	9.31	10.53	4.02
4.69	-0.65	34.73	33.65	6.55	11.57
2.40	0.07	15.50	15.84	9.70	5.39
0.44	-1.44	4.30	4.28	1.71	0.97
3.34	0.36	36.46	36.64	3.38	12.40
7.92	1.76	87.18	87.48	8.91	18.53
61.53	35.80	864.95	874.54	78.83	107.84
5.65	2.31	94.65	97.25	5.33	7.07
5.27	0.12	46.12	49.24	7.00	7.45
18.72	8.86	240.18	239.96	8.74	15.95
8.39	4.61	149.55	148.18	19.62	21.13
8.41	0.34	47.18	48.31	13.89	10.38
6.96	21.47	159.96	162.55	9.00	17.76
0.97	-3.55	52.49	54.22	6.25	14.42
6.23	1.47	65.74	65.63	6.48	11.76
0.92	0.18	9.09	9.20	2.51	1.92
55.71	10.10	361.80	378.83	149.16	69.90
31.31	-0.61	56.29	59.95	99.23	13.45
7.02	5.57	91.88	95.39	13.62	23.06
0.47	0.12	8.70	9.08	0.46	1.13
1.86	0.75	21.05	21.81	2.53	4.23
3.66	4.98	26.87	27.54	3.33	4.84
1.74	0.21	18.65	18.84	6.56	4.90
3.13	0.24	3.41	4.02	11.10	2.88
2.83	-1.51	67.05	70.61	6.25	9.21
3.70	0.35	67.90	71.58	6.08	6.21
109.30	128.56	3040.06	3253.08	164.44	161.09
43.33	107.72	1865.75	2046.77	83.21	46.75
0.39	-0.05	8.19	8.42	0.77	1.14
0.48	0.06	10.55	10.33	0.46	1.78
64.69	20.86	1155.90	1187.80	79.63	111.29
28.44	7.39	242.51	235.24	57.85	30.57
1.77	0.46	53.18	55.10	1.02	2.18
0.04		2.26	2.24	0.13	0.26
21.31	13.12	66.46	55.54	50.15	11.72
0.88	-8.10	53.09	53.31	0.52	1.18
1.68	0.96	32.16	32.95	1.94	5.50
2.36	0.94	12.21	12.93	3.71	7.74
0.18	0.02	17.19	17.16	0.23	1.24
0.22		5.96	6.01	0.14	0.76
106.20	42.34	989.91	994.86	168.41	185.41

2-4 续表 14

行　业	销售费用	管理费用	财务费用	利息收入
电机制造	63.53	113.98	3.15	3.85
输配电及控制设备制造	112.32	229.96	33.44	4.43
电线、电缆、光缆及电工器材制造	44.04	101.09	15.43	2.69
电池制造	24.09	77.58	17.83	1.70
家用电力器具制造	208.73	179.79	-4.46	9.61
非电力家用器具制造	13.45	10.15	0.11	0.03
照明器具制造	30.85	84.04	1.15	1.69
其他电气机械及器材制造	3.32	22.46	-0.17	-0.01
计算机、通信和其他电子设备制造业	698.87	1742.72	68.75	88.14
计算机制造	185.47	309.96	12.07	20.53
通信设备制造	153.60	367.81	23.95	40.61
广播电视设备制造	17.73	32.16	0.23	-0.72
雷达及配套设备制造	0.24	0.48	0.15	0.29
视听设备制造	96.74	127.17	9.54	6.21
电子器件制造	89.05	382.13	31.71	16.17
电子元件制造	124.00	423.57	-8.65	1.73
其他电子设备制造	32.05	99.43	-0.25	3.32
仪器仪表制造业	97.17	171.54	3.22	3.98
通用仪器仪表制造	54.18	82.93	2.72	1.76
专用仪器仪表制造	18.03	37.34	0.93	1.08
钟表与计时仪器制造	11.66	16.64	0.03	0.15
光学仪器及眼镜制造	11.92	33.00	-0.45	0.98
其他仪器仪表制造业	1.38	1.63		
其他制造业	17.27	30.56	2.85	0.19
日用杂品制造	11.73	22.76	2.21	0.03
煤制品制造	0.09	0.21	0.32	0.03
废弃资源综合利用业	2.78	11.49	4.50	0.62
金属废料和碎屑加工处理	1.78	8.64	3.96	0.40
非金属废料和碎屑加工处理	0.99	2.85	0.54	0.22
金属制品、机械和设备修理业	3.08	28.70	7.39	0.52
金属制品修理	0.09	0.56	0.01	0.04
通用设备修理	0.17	0.19		
专用设备修理	0.57	1.51	0.16	
铁路、船舶、航空航天等运输设备修理	2.03	25.96	7.21	0.48
其他机械和设备修理业	0.16	0.36	0.01	
电力、热力、燃气及水生产和供应业	74.43	188.35	176.54	24.71
电力、热力生产和供应业	**4.01**	**77.24**	**136.99**	**15.94**
电力生产	2.35	71.13	134.11	15.70
电力供应		0.79	-0.02	0.14
热力生产和供应	1.66	5.32	2.89	0.10
燃气生产和供应业	58.03	81.82	18.30	5.49
水的生产和供应业	12.40	29.28	21.26	3.28
自来水生产和供应	11.41	18.90	5.08	1.28
污水处理及其再生利用	0.58	8.68	3.89	-0.69
其他水的处理、利用与分配	0.40	1.70	12.29	2.68

单位：亿元

利息支出	投资收益（损失以“–”号记）	营业利润	利润总额	亏损企业亏损额	平均用工人数（万人）
10.70	2.70	151.01	147.09	41.38	24.90
38.99	8.54	336.20	344.13	61.61	48.27
15.89	0.56	121.99	118.39	15.93	27.57
20.86	21.44	77.40	79.66	15.43	16.87
13.86	5.33	208.40	210.31	23.48	44.20
0.81	0.41	11.99	13.09	1.04	1.74
4.85	3.24	79.59	80.07	5.14	20.14
0.23	0.13	3.33	2.12	4.40	1.72
155.30	-5.60	2088.22	2202.99	300.43	570.96
27.73	-10.24	361.62	384.24	91.11	103.41
37.45	-18.61	481.13	527.45	33.85	125.54
2.44	1.19	35.83	36.08	2.53	9.24
0.44		0.68	0.66	0.02	0.10
9.47	6.29	122.69	128.08	12.92	40.59
34.47	4.38	386.05	420.62	91.09	99.41
37.28	10.66	531.82	533.04	58.79	163.74
6.04	0.73	168.41	172.81	10.11	28.92
9.29	0.83	195.03	198.33	18.57	36.58
4.56	3.81	90.31	96.19	7.84	10.55
2.05	0.59	50.14	50.29	1.42	4.87
0.68	-3.88	18.49	18.65	1.31	8.93
1.91	0.31	33.85	30.83	7.84	11.52
0.09	0.01	2.24	2.38	0.16	0.71
3.52	-0.17	34.28	34.11	2.49	12.57
2.82	-0.12	28.19	28.01	0.90	10.61
0.34		0.75	0.73		0.05
3.14	0.02	18.99	21.48	6.17	1.72
2.49	-1.83	14.22	16.16	5.74	1.26
0.65	1.85	4.78	5.32	0.44	0.46
5.79	0.76	15.04	19.11	2.15	3.78
0.02	0.04	0.45	0.48	0.14	0.09
	0.04	0.17	0.18		0.04
0.07	0.17	1.24	1.26		0.11
5.68	0.44	12.81	16.80	1.91	3.47
0.01	0.06	0.28	0.30	0.11	0.05
182.08	77.94	971.63	1014.97	32.86	28.06
141.61	**34.95**	**688.05**	**715.93**	**22.34**	**10.99**
138.41	34.84	679.35	705.42	21.98	10.21
0.11		0.24	0.11	0.26	0.07
3.09	0.11	8.46	10.41	0.09	0.71
21.22	37.24	229.33	238.53	6.58	9.97
19.25	5.75	54.24	60.51	3.93	7.10
5.48	5.10	27.75	31.61	1.69	3.06
4.49	0.65	14.45	16.79	1.66	3.96
9.27		12.04	12.11	0.59	0.08

2-5　大中型工业企业

行　业	企业单位数（个）	工业销售产值（当年价格）	出口交货值	资产总计
总　计	**63703**	**680389.72**	**93786.73**	**718838.61**
采矿业	**2873**	**32073.16**	**156.93**	**82809.13**
煤炭开采和洗选业	1746	14810.29	13.24	47640.32
烟煤和无烟煤开采洗选	1669	13445.67	13.23	45199.48
褐煤开采洗选	71	1334.19		2303.55
其他煤炭采选	6	30.43		137.28
石油和天然气开采业	53	7743.13	13.74	19792.52
石油开采	36	6098.15	0.46	17177.98
天然气开采	17	1644.99	13.27	2614.54
黑色金属矿采选业	344	3348.46	10.98	7723.52
铁矿采选	319	3147.55		7521.68
锰矿、铬矿采选	17	86.77		108.23
其他黑色金属矿采选	8	114.14	10.98	93.61
有色金属矿采选业	389	3482.67	7.25	3645.05
常用有色金属矿采选	204	1334.67	3.52	1725.36
贵金属矿采选	113	1552.21		1266.66
稀有稀土金属矿采选	72	595.78	3.74	653.03
非金属矿采选业	277	1331.03	9.10	1450.82
土砂石开采	159	725.93	0.28	305.45
化学矿开采	47	260.04	0.03	391.22
采盐	44	209.10	1.06	645.62
石棉及其他非金属矿采选	27	135.96	7.73	108.53
开采辅助活动	62	1349.86	102.63	2553.30
石油和天然气开采辅助活动	59	1342.85	102.63	2547.57
制造业	**58396**	**602534.85**	**93578.01**	**542364.85**
农副食品加工业	2973	27806.94	1602.30	16782.50
谷物磨制	375	3261.21	0.24	1384.13
饲料加工	359	3648.43	51.38	1813.12
植物油加工	224	5281.05	27.93	3194.18
制糖业	175	1003.69	0.30	1598.37
屠宰及肉类加工	795	8122.55	179.10	4408.17
水产品加工	425	2471.89	952.19	1730.08
蔬菜、水果和坚果加工	323	1537.37	281.78	933.43
其他农副食品加工	297	2480.75	109.37	1721.02
食品制造业	1625	13047.95	632.44	9281.32
焙烤食品制造	315	1654.94	11.82	957.53
糖果、巧克力及蜜饯制造	142	1015.21	74.25	747.05
方便食品制造	290	2218.13	38.07	1406.22
乳制品制造	220	2383.53	5.11	2157.76
罐头食品制造	183	801.67	198.10	410.38
调味品、发酵制品制造	184	1725.59	108.01	1529.02
其他食品制造	291	3248.88	197.08	2073.38
酒、饮料和精制茶制造业	1116	10765.80	128.29	10839.91
酒的制造	588	6238.11	60.74	7650.60
饮料制造	372	3941.73	57.25	2841.05
精制茶加工	156	585.96	10.29	348.26
烟草制品业	82	8894.00	38.27	8448.08
烟叶复烤	24	108.26		242.68

主要经济指标(大、中类行业)

单位：亿元

固定资产合计	固定资产原价	累计折旧	流动资产合计	应收账款	存货	产成品
262514.07	**430944.12**	**191234.64**	**325464.39**	**75915.91**	**70757.81**	**25129.97**
38399.55	**58244.05**	**26750.63**	**25533.51**	**4592.06**	**3047.91**	**1169.93**
18314.88	23796.53	9906.01	17095.23	2866.30	1956.36	790.63
17605.14	22542.64	9293.91	15944.15	2421.57	1750.73	740.49
661.02	1195.77	598.63	1098.11	441.16	202.54	47.54
48.72	58.12	13.47	52.98	3.58	3.10	2.60
14933.33	26818.55	13703.33	2442.70	219.38	251.72	95.38
13410.69	24375.02	12574.06	2174.87	176.56	209.46	90.16
1522.64	2443.53	1129.27	267.83	42.82	42.26	5.21
2181.83	3184.75	1240.04	2930.59	723.89	271.37	111.35
2118.19	3107.16	1215.62	2875.25	711.20	256.53	99.84
40.18	48.66	17.22	40.36	10.41	6.51	4.36
23.46	28.92	7.20	14.98	2.28	8.32	7.16
1486.37	1872.45	616.12	1195.32	147.17	287.78	115.12
655.46	841.93	298.16	573.93	82.69	110.96	46.48
524.05	664.98	205.84	403.55	39.56	119.07	40.13
306.86	365.55	112.11	217.84	24.92	57.75	28.50
502.31	755.48	332.29	600.71	72.62	86.10	45.58
155.50	232.39	97.64	108.95	20.20	17.08	12.87
107.59	168.55	67.61	140.14	23.15	30.68	9.44
205.30	290.42	133.00	319.95	24.85	33.14	20.55
33.92	64.12	34.04	31.67	4.42	5.20	2.72
978.13	1812.79	952.03	1268.05	562.60	194.54	11.84
976.33	1810.18	951.13	1264.13	561.67	193.98	11.32
169722.12	**282143.66**	**125623.96**	**285626.21**	**69120.32**	**66772.17**	**23867.21**
5671.19	10400.29	5343.61	9014.86	1202.32	2297.95	992.35
610.63	2007.12	1447.15	647.05	82.38	221.35	59.95
634.16	1128.72	546.31	873.33	116.60	182.28	58.02
714.71	1301.40	633.15	2180.32	194.95	662.62	270.13
331.36	655.46	347.64	1087.30	87.88	138.76	73.01
1658.31	2643.96	1090.04	2085.23	304.06	455.23	234.58
632.66	1015.58	555.96	934.68	207.73	296.00	156.43
340.98	519.52	224.90	488.32	87.67	137.32	55.55
748.38	1128.54	498.46	718.62	121.05	204.39	84.67
3184.98	5290.31	2323.40	4615.03	919.68	825.81	352.95
373.42	888.38	548.94	430.03	80.61	77.00	29.24
258.46	423.80	181.28	364.06	79.26	71.38	27.37
515.85	800.78	310.60	674.48	186.85	109.89	48.56
568.28	973.09	449.11	1147.75	194.41	152.11	58.80
161.19	249.99	99.56	206.42	33.36	75.47	48.35
678.57	936.24	297.15	659.04	103.42	152.17	54.74
629.19	1018.04	436.77	1133.25	241.77	187.79	85.88
3235.37	4939.34	2101.22	5966.24	547.73	1734.41	495.79
2085.16	3137.19	1355.31	4424.42	276.72	1454.79	375.67
1028.33	1641.53	696.96	1385.24	244.79	214.79	86.60
121.88	160.62	48.95	156.58	26.22	64.83	33.52
1272.22	2437.75	1320.05	6243.84	610.53	4026.06	290.10
56.39	113.46	59.22	160.02	17.89	25.62	22.35

2-5 续表 1

行业	企业单位数(个)	工业销售产值(当年价格)	出口交货值	资产总计
卷烟制造	44	8711.89	31.22	8138.30
其他烟草制品制造	14	73.85	7.05	67.11
纺织业	3419	21804.88	2343.09	14405.32
棉纺织及印染精加工	2159	15182.10	1127.27	9582.36
毛纺织及染整精加工	196	1575.47	277.55	1195.46
麻纺织及染整精加工	97	347.32	40.21	276.93
丝绢纺织及印染精加工	130	564.97	51.06	298.54
化纤织造及印染精加工	106	391.06	57.85	389.30
针织或钩针编织物及其制品制造	280	1329.16	277.53	1127.99
家用纺织制成品制造	215	1200.01	251.51	789.09
非家用纺织制成品制造	236	1214.80	260.12	745.65
纺织服装、服饰业	3613	12519.28	3184.31	8115.42
机织服装制造	2686	9726.97	2109.84	6358.40
针织或钩针编织服装制造	716	2256.13	914.62	1360.91
服饰制造	211	536.18	159.86	396.11
皮革、毛皮、羽毛及其制品和制鞋业	2193	8692.99	2443.23	4626.01
皮革鞣制加工	126	1090.92	79.23	512.41
皮革制品制造	482	1564.00	488.93	942.04
毛皮鞣制及制品加工	56	363.26	71.27	183.59
羽毛(绒)加工及制品制造	74	339.12	86.39	185.90
制鞋业	1455	5335.69	1717.41	2802.08
木材加工和木、竹、藤、棕、草制品业	916	4061.73	372.98	2170.55
木材加工	90	314.12	10.82	216.21
人造板制造	519	2619.21	136.71	1365.44
木制品制造	207	873.17	154.09	478.77
竹、藤、棕、草等制品制造	100	255.23	71.35	110.13
家具制造业	925	3795.65	1029.24	2671.91
木质家具制造	561	2270.23	480.75	1571.51
竹、藤家具制造	19	107.93	40.42	61.42
金属家具制造	192	754.24	286.68	576.91
塑料家具制造	15	49.83	34.70	30.80
其他家具制造	138	613.42	186.69	431.27
造纸和纸制品业	945	7638.44	384.66	9747.44
纸浆制造	19	102.51		237.60
造纸	475	5417.17	254.46	7974.17
纸制品制造	451	2118.76	130.19	1535.67
印刷和记录媒介复制业	701	2814.45	321.71	2392.25
印刷	678	2759.80	315.16	2345.62
装订及印刷相关服务	19	44.30	5.71	34.09
记录媒介复制	4	10.34	0.84	12.54
文教、工美、体育和娱乐用品制造业	1853	7905.40	2760.82	4251.29
文教办公用品制造	114	425.73	96.85	297.88
乐器制造	46	189.64	88.64	145.41
工艺美术品制造	885	4957.82	1358.06	2457.72
体育用品制造	220	667.19	374.75	438.80
玩具制造	544	1415.13	721.38	731.70
游艺器材及娱乐用品制造	44	249.88	121.14	179.77

单位：亿元

固定资产合计	固定资产原价	累计折旧	流动资产合计	应收账款	存货	
						产成品
1198.67	2295.02	1248.73	6038.97	580.47	3982.23	255.90
17.17	29.27	12.10	44.86	12.17	18.21	11.85
5248.88	9092.04	4273.03	7138.05	1267.67	2110.22	855.65
3661.66	6359.48	2978.96	4646.48	744.30	1378.47	530.90
307.93	551.21	285.78	674.42	118.63	260.25	107.08
123.70	166.55	54.56	126.56	20.10	46.64	24.36
93.77	145.80	56.22	155.50	28.69	56.25	27.02
148.60	218.48	84.02	175.84	28.13	41.20	21.12
384.57	754.42	382.30	517.43	148.61	114.43	47.39
244.69	441.60	226.50	444.41	93.29	125.08	58.53
283.94	454.51	204.68	397.41	85.91	87.90	39.24
2237.82	3892.26	1824.24	4673.15	1091.28	1282.53	689.63
1759.11	3053.77	1432.09	3659.69	803.22	991.06	568.38
377.48	670.81	322.22	784.84	224.66	222.89	96.29
101.23	167.68	69.93	228.62	63.40	68.58	24.97
1194.89	2088.57	952.90	2817.53	787.35	684.94	275.34
136.53	228.72	95.15	289.55	56.73	108.67	36.07
241.84	364.15	131.49	594.72	142.48	142.28	44.98
55.76	72.26	19.49	97.72	9.27	38.50	8.75
37.89	89.20	52.72	120.06	32.31	34.47	14.44
722.87	1334.24	654.05	1715.47	546.55	361.03	171.10
867.44	1623.58	820.51	982.98	179.94	284.62	130.00
96.50	124.11	47.07	93.04	12.69	24.58	12.83
584.07	1155.07	607.04	592.85	91.61	171.24	82.01
150.46	290.21	146.66	238.05	50.50	71.08	27.73
36.41	54.20	19.74	59.04	25.14	17.71	7.42
814.88	1306.44	539.53	1470.23	366.44	394.62	161.00
506.71	791.11	319.54	846.77	184.32	246.06	102.39
13.12	19.15	6.17	40.76	10.47	10.38	4.10
165.16	294.50	132.59	337.45	106.72	70.77	24.57
11.06	17.51	6.45	15.62	5.97	4.84	1.63
118.82	184.16	74.78	229.62	58.96	62.57	28.31
4013.05	6339.18	2632.86	4307.26	814.48	761.41	281.71
134.91	181.56	51.21	77.22	10.00	21.44	7.01
3310.00	5236.54	2186.81	3490.75	565.00	580.63	216.30
568.14	921.09	394.83	739.29	239.48	159.34	58.40
787.18	1487.97	746.87	1204.52	352.39	243.18	100.26
772.61	1461.91	735.01	1178.75	346.27	238.15	98.02
10.50	18.97	8.78	18.42	5.03	3.31	1.38
4.07	7.10	3.08	7.35	1.09	1.73	0.86
1094.62	1861.87	833.13	2593.76	622.04	922.41	446.95
90.17	135.78	52.42	162.76	41.98	40.29	23.59
38.48	73.69	35.63	78.72	12.83	28.96	8.37
567.97	1001.81	473.54	1592.58	337.24	621.87	333.64
151.85	234.84	88.34	248.66	83.54	70.02	24.70
198.66	350.63	163.43	420.02	130.40	130.71	45.74
47.50	65.13	19.77	91.02	16.05	30.55	10.91

2-5 续表 2

行　　业	企业单位数（个）	工业销售产值（当年价格）	出口交货值	资产总计
石油加工、炼焦和核燃料加工业	545	30062.42	489.04	21903.85
精炼石油产品制造	202	25170.45	467.79	14413.97
炼焦	339	4721.84	21.24	7250.33
化学原料和化学制品制造业	3387	45334.41	2726.49	48441.29
基础化学原料制造	779	13383.10	608.41	14760.38
肥料制造	448	6064.14	158.46	9561.22
农药制造	157	1919.91	269.06	1541.06
涂料、油墨、颜料及类似产品制造	322	2798.12	170.09	2307.64
合成材料制造	375	7865.88	488.54	9231.50
专用化学产品制造	653	9286.74	672.12	7920.32
炸药、火工及焰火产品制造	398	981.30	189.57	1000.90
日用化学产品制造	255	3035.22	170.25	2118.26
医药制造业	1660	16717.31	1008.28	17952.64
化学药品原料药制造	325	2950.44	477.47	3509.61
化学药品制剂制造	402	5298.02	140.11	6132.08
中药饮片加工	79	458.04	4.44	394.16
中成药生产	432	4300.26	37.73	4287.25
兽用药品制造	87	515.43	41.42	356.33
生物药品制造	200	2022.09	170.77	2468.03
卫生材料及医药用品制造	135	1173.03	136.34	805.18
化学纤维制造业	286	5137.09	398.23	5107.96
纤维素纤维原料及纤维制造	89	1503.98	168.37	1760.35
合成纤维制造	197	3633.11	229.86	3347.61
橡胶和塑料制品业	2352	14698.41	2525.90	11241.16
橡胶制品业	564	6447.21	1305.03	5545.13
塑料制品业	1788	8251.20	1220.87	5696.03
非金属矿物制品业	4227	22055.56	1161.51	23612.78
水泥、石灰和石膏制造	801	5187.22	21.56	8880.19
石膏、水泥制品及类似制品制造	417	2264.49	13.84	1935.89
砖瓦、石材等建筑材料制造	979	4807.16	127.22	3155.85
玻璃制造	159	829.82	105.77	1818.16
玻璃制品制造	449	2094.43	219.37	2142.80
玻璃纤维和玻璃纤维增强塑料制品制造	141	1041.57	115.67	1123.91
陶瓷制品制造	771	2349.72	383.08	1514.00
耐火材料制品制造	216	1434.27	95.11	1265.63
石墨及其他非金属矿物制品制造	294	2046.88	79.90	1776.33
黑色金属冶炼和压延加工业	1504	46800.92	2132.13	56444.13
炼铁	104	1295.31	8.97	1515.86
炼钢	92	6099.36	238.70	9708.43
黑色金属铸造	356	2078.40	195.34	1625.03
钢压延加工	769	35454.14	1665.28	41695.82
铁合金冶炼	183	1873.71	23.84	1898.99
有色金属冶炼和压延加工业	1258	30903.77	768.22	30161.99
常用有色金属冶炼	383	12648.24	127.98	16139.85
贵金属冶炼	84	1807.80	5.89	1749.62
稀有稀土金属冶炼	71	947.28	45.98	1014.46
有色金属合金制造	122	2030.35	112.98	1666.26

单位：亿元

固定资产合计	固定资产原价	累计折旧	流动资产合计	应收账款	存货	产成品
9328.99	16524.11	7772.33	8577.66	1157.21	2455.73	793.93
6556.66	12488.29	6255.44	5206.51	464.50	1816.16	512.18
2605.74	3828.90	1426.85	3303.25	675.83	624.66	276.98
21647.69	32886.36	13231.53	19010.82	3203.36	3799.01	1700.76
7177.04	11391.01	4554.70	5064.58	715.81	1018.28	419.83
4738.84	6175.36	2280.74	3420.23	330.98	736.47	349.05
509.36	1030.08	548.07	697.99	134.68	200.50	102.40
614.32	1158.70	597.41	1312.26	346.95	257.50	122.86
4352.14	6519.92	2464.33	3356.36	661.81	655.74	260.21
3378.21	5228.06	2208.97	3398.02	695.63	659.64	306.38
373.47	498.28	172.75	410.66	79.49	68.33	26.30
504.30	884.96	404.57	1350.72	238.02	202.55	113.72
4829.05	7398.91	3089.06	9476.10	2058.72	1954.10	906.30
1259.05	1914.85	807.26	1537.07	309.96	355.83	172.69
1360.89	2041.95	818.20	3629.23	846.75	763.79	392.31
147.33	204.21	73.15	195.92	72.33	53.27	23.13
969.36	1522.78	667.44	2356.55	508.66	480.13	183.14
165.65	239.33	79.52	148.03	28.88	24.00	9.05
621.66	1082.63	505.91	1194.84	190.66	198.65	73.74
305.13	393.16	137.58	414.45	101.48	78.44	52.24
1886.63	3164.89	1465.26	2281.72	272.62	591.98	288.69
748.54	1048.66	443.04	741.84	89.10	251.81	90.78
1138.08	2116.23	1022.22	1539.89	183.52	340.16	197.91
4187.04	6970.87	3124.86	5561.76	1447.35	1255.98	616.57
2341.12	3738.92	1619.02	2491.29	616.09	563.17	334.78
1845.92	3231.95	1505.84	3070.47	831.25	692.81	281.79
9997.29	15282.08	6053.41	10123.42	2279.17	1898.75	914.23
4408.49	6621.77	2513.42	3078.32	441.63	406.97	130.03
562.56	970.49	443.64	1096.33	403.85	115.49	58.67
1371.00	2254.40	975.21	1407.27	278.40	403.48	236.87
687.09	1038.08	375.25	798.62	104.67	136.33	62.51
760.26	1255.77	557.66	1038.06	317.95	236.34	103.51
488.46	721.28	292.93	480.95	141.56	79.76	49.66
628.13	1000.00	396.76	655.17	154.29	186.35	102.90
424.66	489.36	167.31	697.94	228.98	127.36	78.71
666.65	930.92	331.23	870.76	207.85	206.68	91.38
23920.53	39910.36	18060.94	20354.19	2096.96	5632.22	1899.18
582.11	1006.93	465.73	493.24	78.72	148.22	47.46
4448.88	7083.43	3250.22	3243.75	348.53	1052.18	485.74
649.75	1067.14	447.88	693.25	178.52	155.24	76.62
17455.70	29619.83	13499.78	15128.47	1345.22	4067.43	1193.25
784.10	1133.02	397.34	795.47	145.97	209.15	96.10
11069.93	15989.16	5900.52	13843.71	1765.94	4097.37	1227.39
6065.94	8896.48	3170.52	7338.54	749.02	2456.73	692.82
407.51	549.57	176.12	831.10	52.53	266.12	51.20
224.37	380.01	173.91	560.66	87.28	156.18	99.61
565.25	818.95	275.81	864.21	160.21	230.67	78.12

2-5 续表 3

行业	企业单位数(个)	工业销售产值(当年价格)	出口交货值	资产总计
有色金属铸造	17	80.12	12.28	91.93
有色金属压延加工	581	13389.99	463.12	9499.86
金属制品业	2575	15873.39	2326.22	12520.07
结构性金属制品制造	722	5138.72	224.00	3799.98
金属工具制造	234	797.84	266.93	659.25
集装箱及金属包装容器制造	193	1543.69	505.63	1212.91
金属丝绳及其制品制造	144	1388.28	112.85	1281.09
建筑、安全用金属制品制造	323	1599.71	366.72	1153.31
金属表面处理及热处理加工	177	995.03	59.72	671.28
搪瓷制品制造	27	122.15	28.06	74.74
金属制日用品制造	312	1070.86	370.35	697.12
其他金属制品制造	443	3217.09	391.97	2970.39
通用设备制造业	3090	23158.15	3538.65	25428.00
锅炉及原动设备制造	326	3445.07	241.84	5386.79
金属加工机械制造	372	2206.00	139.33	2801.18
物料搬运设备制造	351	4613.98	575.84	4985.71
泵、阀门、压缩机及类似机械制造	619	3995.27	525.79	3770.25
轴承、齿轮和传动部件制造	393	2026.85	229.74	2060.37
烘炉、风机、衡器、包装等设备制造	409	3387.52	687.72	3556.18
文化、办公用机械制造	156	1337.56	877.57	926.40
通用零部件制造	393	1839.56	230.03	1505.79
其他通用设备制造业	71	306.34	30.78	435.33
专用设备制造业	2400	18259.32	1942.68	22490.03
采矿、冶金、建筑专用设备制造	728	8708.64	594.24	12573.02
化工、木材、非金属加工专用设备制造	496	1864.58	326.21	2303.62
食品、饮料、烟草及饲料生产专用设备制造	76	452.65	24.28	322.63
印刷、制药、日化及日用品生产专用设备制造	106	648.98	92.05	692.65
纺织、服装和皮革加工专用设备制造	126	583.39	114.63	656.56
电子和电工机械专用设备制造	129	941.37	133.15	941.19
农、林、牧、渔专用机械制造	174	1283.66	97.68	1005.76
医疗仪器设备及器械制造	265	1334.59	345.30	1343.77
环保、社会公共服务及其他专用设备制造	300	2441.44	215.13	2650.83
汽车制造业	3027	55215.97	2413.48	49222.07
汽车整车制造	262	32130.60	710.73	29332.54
改装汽车制造	159	1555.00	61.31	1427.23
低速载货汽车制造	3	191.14	0.77	74.59
电车制造	9	46.43		35.31
汽车车身、挂车制造	45	633.25	42.92	371.45
汽车零部件及配件制造	2549	20659.55	1597.75	17980.96
铁路、船舶、航空航天和其他运输设备制造业	1126	15151.95	3317.90	18777.81
铁路运输设备制造	177	3541.88	258.11	4176.25
城市轨道交通设备制造	10	69.64		119.72
船舶及相关装置制造	311	5375.96	2172.70	7755.32
航空、航天器及设备制造	141	2786.73	233.34	4311.84
摩托车制造	296	2257.98	410.81	1816.65
自行车制造	160	881.75	184.38	495.30
非公路休闲车及零配件制造	18	121.88	26.51	58.72
潜水救捞及其他未列明运输设备制造	13	116.13	32.06	44.01

单位：亿元

固定资产合计	固定资产原价	累计折旧	流动资产合计	应收账款	存货	产成品
22.48	39.97	19.26	51.50	14.31	10.81	3.90
3784.37	5304.19	2084.90	4197.71	702.58	976.84	301.74
3818.41	6101.42	2600.58	7048.69	1914.33	1685.29	681.98
1039.70	1533.46	625.68	2221.97	645.35	563.88	196.81
234.71	410.44	191.73	348.85	101.87	95.19	41.06
305.49	493.12	201.58	732.71	205.89	177.09	66.59
450.56	687.44	304.81	678.19	163.97	140.99	91.26
470.30	727.02	274.70	564.14	147.66	121.66	49.55
174.60	316.93	148.53	403.76	102.05	66.80	36.73
24.35	40.63	16.75	43.41	16.57	9.97	4.01
175.97	350.95	196.58	416.59	107.81	107.70	48.99
942.74	1541.44	640.23	1639.06	423.17	402.00	146.96
5757.72	9633.50	4282.61	15753.10	4935.11	3960.08	1382.55
982.17	1716.06	797.65	3562.89	1013.31	945.06	223.14
784.48	1194.66	482.18	1648.72	379.19	560.41	181.55
924.48	1502.07	618.43	3229.24	1093.84	765.56	251.30
947.69	1672.73	808.76	2225.27	731.28	537.06	236.79
726.01	1203.95	528.77	1082.57	383.05	278.62	129.17
635.67	1025.79	446.20	2220.95	746.61	453.66	177.84
164.43	364.29	209.65	672.36	257.09	149.25	61.20
470.83	769.92	323.22	854.03	245.94	194.07	92.90
121.96	184.03	67.75	257.06	84.79	76.39	28.65
5427.30	8530.87	3552.02	13937.45	4634.71	3369.27	1131.11
2947.32	4613.80	1944.89	8136.37	2954.78	1935.67	647.29
566.29	971.95	430.06	1436.18	447.26	387.98	125.66
84.36	147.48	67.08	210.13	49.46	61.61	18.72
164.47	250.10	105.35	359.62	86.07	90.31	25.88
160.68	264.82	121.54	376.60	93.00	103.29	41.98
281.47	464.63	226.52	489.12	156.39	101.59	46.29
300.86	435.00	155.57	554.58	142.05	145.61	75.65
290.26	448.87	180.38	739.30	245.15	148.24	49.81
631.59	934.22	320.63	1635.56	460.57	394.97	99.84
11683.06	19153.62	8156.47	27953.84	7184.07	4449.29	1917.61
6253.86	10284.24	4326.00	16254.84	2882.11	2281.90	934.40
362.60	598.45	265.80	833.97	243.31	190.97	68.86
10.98	21.62	10.65	46.22	13.49	22.23	3.86
11.90	12.09	1.83	17.46	3.16	2.53	0.66
84.14	113.94	37.01	233.05	60.17	47.94	10.49
4959.58	8123.28	3515.17	10568.29	3981.83	1903.72	899.34
4236.73	6558.04	2709.09	11652.75	2452.97	3321.95	448.35
793.82	1159.71	462.74	2890.21	999.43	770.26	146.71
18.35	27.74	9.39	93.96	39.51	16.90	1.77
1869.43	2804.79	1057.65	4677.26	558.63	1446.39	117.81
866.27	1380.20	627.72	2592.13	492.14	881.65	95.32
468.84	864.38	434.48	1092.73	279.51	138.53	60.25
181.79	249.09	82.34	251.85	69.71	52.44	23.66
26.18	51.26	25.21	27.44	7.48	5.66	1.42
12.04	20.87	9.57	27.17	6.56	10.12	1.41

2-5 续表 4

行 业	企业单位数（个）	工业销售产值（当年价格）	出口交货值	资产总计
电气机械和器材制造业	4418	45174.81	8140.66	39921.06
电机制造	577	5477.84	842.75	5530.42
输配电及控制设备制造	1292	12946.11	2023.01	12691.17
电线、电缆、光缆及电工器材制造	712	8092.69	659.04	5631.54
电池制造	446	3432.02	735.18	3385.71
家用电力器具制造	732	11948.37	3054.39	10133.30
非电力家用器具制造	75	510.78	80.26	739.54
照明器具制造	530	2543.50	699.75	1656.99
其他电气机械及器材制造	54	223.50	46.27	152.40
计算机、通信和其他电子设备制造业	4799	79774.10	43867.46	57142.33
计算机制造	556	16924.79	11068.59	8229.67
通信设备制造	574	24994.86	13529.35	17724.20
广播电视设备制造	169	1169.75	474.82	1060.57
雷达及配套设备制造	29	326.44	33.18	603.34
视听设备制造	374	6936.05	3205.43	4197.54
电子器件制造	977	14050.81	8896.26	14613.17
电子元件制造	1817	12030.38	5479.22	8578.52
其他电子设备制造	303	3341.02	1180.62	2135.33
仪器仪表制造业	841	4984.85	1007.45	5012.27
通用仪器仪表制造	390	2979.00	320.74	3078.58
专用仪器仪表制造	145	1003.98	194.41	961.97
钟表与计时仪器制造	107	264.72	172.61	182.28
光学仪器及眼镜制造	172	659.20	305.01	701.11
其他仪器仪表制造业	27	77.96	14.68	88.34
其他制造业	320	1523.46	380.92	1659.18
日用杂品制造	229	864.02	327.72	526.64
煤制品制造	8	38.32		27.19
废弃资源综合利用业	109	1293.28	6.71	560.43
金属废料和碎屑加工处理	88	1165.36	5.43	521.98
非金属废料和碎屑加工处理	21	127.93	1.28	38.45
金属制品、机械和设备修理业	111	668.16	184.74	1033.77
金属制品修理	6	27.58	0.63	10.85
通用设备修理	3	4.84		4.19
专用设备修理	5	19.77	1.72	28.73
铁路、船舶、航空航天等运输设备修理	81	582.57	182.39	958.31
电气设备修理	8	11.91		9.81
其他机械和设备修理业	8	21.48		21.87
电力、热力、燃气及水生产和供应业	**2434**	**45781.71**	**51.79**	**93664.63**
电力、热力生产和供应业	1877	42473.27	7.14	82610.16
电力生产	794	11573.24	7.00	36022.50
电力供应	885	30173.79	0.08	43840.98
热力生产和供应	198	726.23	0.06	2746.67
燃气生产和供应业	200	2325.37	8.56	4010.16
水的生产和供应业	357	983.07	36.09	7044.31
自来水生产和供应	329	803.97	2.22	5514.90
污水处理及其再生利用	26	134.61		1295.35

单位：亿元

固定资产合计	固定资产原价	累计折旧	流动资产合计	应收账款	存货	产成品
8006.14	14602.89	7044.37	25726.50	8500.41	4334.58	1991.68
997.72	1849.96	921.57	3603.68	1265.68	812.25	266.56
2660.84	4855.30	2369.20	7967.08	3359.47	1211.32	527.61
1235.05	2126.34	980.53	3572.81	1390.36	624.51	312.69
776.20	1278.15	534.13	2107.20	654.08	373.79	137.07
1663.71	3386.77	1770.90	7091.74	1372.69	1019.89	628.25
158.40	229.25	91.59	332.86	102.24	56.33	25.16
470.35	800.59	340.89	952.94	319.91	206.71	82.16
43.86	76.53	35.54	98.19	35.98	29.77	12.18
12260.72	24970.32	13078.95	38238.15	14969.52	7211.11	2533.63
1407.47	3227.87	1884.59	6126.13	3010.64	951.21	294.95
1694.17	3321.38	1695.10	14214.41	5681.26	2729.77	1000.66
214.54	389.70	180.59	655.47	273.94	134.99	54.57
92.54	163.04	72.61	424.26	86.34	144.54	13.95
636.16	1190.99	576.34	3051.08	939.47	702.48	253.42
5159.10	9769.34	4703.03	7372.94	2332.05	1338.12	452.33
2620.62	5924.97	3375.88	5010.12	2089.02	977.63	387.94
436.12	983.03	590.82	1383.74	556.80	232.36	75.80
1080.93	1828.08	796.48	3204.64	1071.07	669.48	238.59
580.52	964.95	403.57	2004.65	688.70	410.78	134.11
236.49	397.39	169.83	607.46	202.62	112.04	48.23
43.99	73.46	35.19	122.69	31.62	50.97	21.09
191.15	356.25	175.70	428.34	138.50	87.75	32.70
28.79	36.05	12.19	41.50	9.62	7.94	2.46
478.73	790.19	350.47	956.87	182.02	321.25	74.97
151.29	280.44	138.19	297.78	76.67	74.06	28.43
16.75	41.21	14.88	9.22	1.78	1.37	0.42
186.53	643.48	477.35	303.81	45.64	72.36	35.97
175.42	621.40	465.45	283.37	41.63	69.81	34.69
11.10	22.07	11.91	20.44	4.02	2.55	1.28
296.21	444.91	166.31	593.60	187.30	124.23	11.98
7.92	13.58	5.66	2.93	0.71	0.72	0.41
0.35	0.82	0.46	3.59	2.21	0.22	0.02
5.09	9.67	4.63	21.74	6.04	8.54	4.97
272.15	403.90	149.27	547.55	171.17	112.33	5.88
1.33	2.87	1.54	7.70	4.26	0.91	0.11
9.36	14.07	4.76	10.09	2.90	1.51	0.59
54392.40	**90556.41**	**38860.05**	**14304.67**	**2203.54**	**937.73**	**92.83**
49562.55	83706.05	36526.79	11099.27	1877.70	787.50	71.62
23884.22	37714.69	14652.93	5180.17	1310.60	621.20	61.92
24224.56	43912.53	21102.94	4939.93	460.01	111.33	5.31
1453.77	2078.83	770.92	979.16	107.09	54.97	4.39
1823.62	2306.78	581.32	1226.74	145.06	102.20	17.05
3006.23	4543.58	1751.93	1978.66	180.79	48.04	4.16
2466.39	3852.96	1583.77	1515.65	119.71	44.54	3.88
538.52	689.04	167.85	357.71	60.27	3.13	0.26

2-5 续表 5

行 业	负债合计	流动负债合计	应付账款	所有者权益合计	实收资本
总 计	**416708.33**	**312132.50**	**86302.91**	**301947.71**	**132932.44**
采矿业	**50633.99**	**31304.62**	**6321.37**	**32172.21**	**15130.54**
煤炭开采和洗选业	32955.77	20216.19	3472.32	14684.47	6048.08
烟煤和无烟煤开采洗选	31191.98	18877.69	3368.61	14007.42	5780.29
褐煤开采洗选	1640.80	1295.45	98.47	662.76	255.33
其他煤炭采选	123.00	43.05	5.24	14.29	12.46
石油和天然气开采业	9295.36	4622.31	1576.14	10497.16	5919.96
石油开采	7819.21	3880.43	1351.88	9358.77	5138.44
天然气开采	1476.16	741.88	224.26	1138.39	781.52
黑色金属矿采选业	4403.05	3303.98	457.80	3318.64	1168.96
铁矿采选	4274.00	3188.33	441.46	3245.85	1151.67
锰矿、铬矿采选	42.81	31.06	9.85	65.42	11.65
其他黑色金属矿采选	86.24	84.59	6.49	7.37	5.64
有色金属矿采选业	1956.57	1431.23	192.68	1688.47	568.72
常用有色金属矿采选	934.91	693.59	95.02	790.45	319.90
贵金属矿采选	663.94	514.94	60.04	602.72	115.51
稀有稀土金属矿采选	357.72	222.70	37.62	295.30	133.31
非金属矿采选业	674.66	464.84	71.69	775.92	268.12
土砂石开采	108.06	74.41	10.34	196.82	64.79
化学矿开采	233.41	172.58	36.95	158.13	65.69
采盐	297.52	203.34	22.16	348.10	94.44
石棉及其他非金属矿采选	35.66	14.52	2.25	72.86	43.20
开采辅助活动	1348.15	1265.89	550.74	1204.38	1155.45
石油和天然气开采辅助活动	1345.07	1263.11	549.71	1202.23	1154.30
制造业	**310122.82**	**253641.89**	**73160.80**	**232074.39**	**95546.42**
农副食品加工业	9233.17	7595.88	1128.24	7533.45	2651.05
谷物磨制	600.14	451.54	53.81	783.91	291.05
饲料加工	851.41	681.41	122.81	960.27	315.84
植物油加工	2069.58	1842.42	285.83	1121.19	420.52
制糖业	1264.66	1108.62	115.82	333.73	178.88
屠宰及肉类加工	2190.80	1764.38	253.30	2208.26	788.12
水产品加工	823.01	697.81	132.65	905.55	261.91
蔬菜、水果和坚果加工	402.61	325.92	54.98	530.78	136.78
其他农副食品加工	1030.95	723.77	109.03	689.78	257.95
食品制造业	4256.98	3598.71	794.33	5056.26	1868.34
焙烤食品制造	392.55	336.26	87.84	603.35	244.14
糖果、巧克力及蜜饯制造	294.56	274.03	89.03	452.14	181.62
方便食品制造	592.40	518.88	113.36	813.49	302.49
乳制品制造	1073.89	949.79	248.09	1083.08	439.60
罐头食品制造	197.30	174.45	32.36	209.08	88.66
调味品、发酵制品制造	760.12	568.99	98.97	768.90	275.05
其他食品制造	946.16	776.30	124.68	1126.22	336.78
酒、饮料和精制茶制造业	4788.34	4107.46	786.41	6047.60	1695.08
酒的制造	3263.35	2790.57	427.21	4388.34	1006.52
饮料制造	1396.32	1230.85	342.04	1439.68	634.96
精制茶加工	128.67	86.03	17.17	219.58	53.60
烟草制品业	2168.08	2136.49	1008.09	6280.00	1049.00
烟叶复烤	31.34	30.19	9.08	211.34	152.20

单位：亿元

国家资本	集体资本	法人资本	个人资本	港澳台资本	外商资本	主营业务收入	主营业务成本
43600.36	**2226.84**	**44029.68**	**19001.11**	**8999.33**	**15182.48**	**693927.83**	**585638.33**
9404.20	**150.52**	**4706.17**	**852.12**	**64.23**	**92.85**	**35413.21**	**28518.34**
3410.59	93.70	2000.21	470.09	15.71	56.85	17999.95	14975.62
3271.81	88.28	1889.04	458.42	15.44	56.36	16563.37	13807.26
130.98	2.42	109.57	11.61	0.27	0.49	1405.44	1142.35
7.80	3.00	1.60	0.06			31.14	26.00
4109.75	0.29	1902.69	2.08	29.41	16.22	7610.44	5265.74
3413.14	0.29	1863.40	2.08			6045.46	4226.33
696.61		39.29		29.41	16.22	1564.99	1039.41
738.78	17.84	222.79	186.41	2.27	0.88	3482.69	2867.56
735.61	17.84	215.04	180.03	2.27	0.88	3284.98	2697.41
3.17		3.31	5.18			84.15	68.82
		4.44	1.20			113.57	101.33
205.40	29.51	224.85	95.66	5.53	7.76	3457.17	2933.87
98.39	18.98	149.30	42.08	5.02	6.13	1353.12	1095.75
56.26	8.51	27.46	21.38	0.51	1.39	1527.24	1313.72
50.75	2.02	48.09	32.20		0.24	576.80	524.40
89.41	5.92	76.19	84.87	0.61	11.11	1295.37	1019.03
1.82	3.39	30.96	28.62			717.48	592.50
30.42	1.66	15.80	10.81		7.00	229.98	169.87
54.72	0.32	27.16	7.81	0.61	3.83	214.68	158.98
2.46	0.54	2.28	37.63		0.29	133.23	97.68
850.27	3.25	279.42	11.78	10.70	0.02	1559.92	1450.18
850.27	3.25	278.27	11.78	10.70	0.02	1553.22	1444.50
17238.82	**1990.67**	**35128.35**	**17924.56**	**8480.01**	**14753.23**	**611696.16**	**515671.87**
156.70	66.41	1077.91	840.80	133.37	375.84	28045.47	24783.44
12.13	0.27	119.57	133.73	13.54	11.81	3282.17	2912.22
6.15	6.53	147.91	106.59	21.94	26.72	3652.33	3227.55
65.61	0.71	147.75	80.63	18.26	107.56	5350.11	4830.68
25.54	3.25	108.31	24.24	1.75	15.80	1011.26	840.97
20.75	31.50	333.16	242.21	54.26	106.25	8248.14	7294.35
2.60	4.55	100.04	120.32	8.47	25.93	2501.37	2215.45
3.94	1.52	48.36	50.06	5.13	27.78	1525.68	1270.47
19.98	18.08	72.84	83.03	10.02	54.00	2474.43	2191.75
89.87	57.63	774.73	432.75	203.33	310.04	13436.23	10268.01
2.31	0.05	51.62	78.21	59.43	52.51	1706.37	1327.36
	1.34	88.70	27.83	18.01	45.74	1115.94	822.16
6.84	18.91	112.09	52.18	55.27	57.21	2162.33	1747.56
34.60	9.75	193.61	104.25	38.41	58.98	2672.03	2055.95
5.05	2.15	55.44	17.25	4.14	4.63	801.20	692.40
19.05	1.62	127.59	73.52	12.02	41.26	1681.15	1298.69
22.02	23.81	145.68	79.52	16.05	49.70	3297.21	2323.90
213.71	28.50	571.65	349.63	154.75	376.83	10723.25	7607.96
196.18	19.81	326.00	227.89	55.44	181.20	6182.87	4222.68
16.47	6.23	220.69	103.00	92.93	195.63	3960.66	2936.82
1.06	2.46	24.97	18.74	6.37		579.72	448.46
467.21	13.43	567.54	0.39		0.42	8736.15	2361.27
79.92	12.06	59.80			0.42	100.07	77.53

2-5 续表 6

行　　业	负债合计	流动负债合　计	应付账款	所有者权益合计	实收资本
卷烟制造	2103.48	2074.74	987.10	6034.82	885.91
其他烟草制品制造	33.26	31.56	11.92	33.85	10.89
纺织业	7410.43	5788.33	1008.23	6987.98	2600.45
棉纺织及印染精加工	5009.14	3853.29	645.87	4566.94	1707.57
毛纺织及染整精加工	612.83	489.99	81.27	582.54	202.41
麻纺织及染整精加工	111.25	91.97	13.38	165.69	84.95
丝绢纺织及印染精加工	147.90	120.83	16.09	150.64	34.19
化纤织造及印染精加工	212.60	180.97	21.67	177.22	79.75
针织或钩针编织物及其制品制造	571.08	418.14	98.77	557.03	195.71
家用纺织制成品制造	391.23	336.89	67.04	397.28	161.82
非家用纺织制成品制造	354.41	296.25	64.15	390.64	134.05
纺织服装、服饰业	3679.63	3082.46	929.73	4422.83	1533.25
机织服装制造	2787.21	2327.20	697.93	3566.54	1212.92
针织或钩针编织服装制造	701.09	578.43	166.53	658.69	244.40
服饰制造	191.33	176.83	65.28	197.60	75.93
皮革、毛皮、羽毛及其制品和制鞋业	1990.26	1731.38	458.81	2631.79	855.68
皮革鞣制加工	210.50	203.67	32.78	301.90	66.08
皮革制品制造	402.64	363.21	103.70	538.31	131.36
毛皮鞣制及制品加工	71.61	61.31	13.80	111.97	41.81
羽毛(绒)加工及制品制造	101.56	86.34	16.96	84.00	21.64
制鞋业	1203.93	1016.86	291.56	1595.60	594.79
木材加工和木、竹、藤、棕、草制品业	986.03	734.33	124.98	1178.39	384.45
木材加工	91.57	69.94	12.63	124.42	55.43
人造板制造	627.97	435.73	70.55	731.94	219.47
木制品制造	219.40	191.43	33.80	259.14	95.26
竹、藤、棕、草等制品制造	47.10	37.23	8.00	62.89	14.29
家具制造业	1370.88	1192.05	313.86	1295.63	565.40
木质家具制造	805.32	689.66	143.65	763.80	319.05
竹、藤家具制造	38.59	34.03	5.46	22.75	10.66
金属家具制造	302.76	274.37	103.32	271.67	143.06
塑料家具制造	15.07	13.05	4.15	15.73	10.71
其他家具制造	209.15	180.95	57.29	221.68	81.93
造纸和纸制品业	5670.20	4273.51	784.01	4073.96	2426.54
纸浆制造	173.92	120.54	26.95	63.68	59.01
造纸	4801.17	3573.76	567.20	3171.14	1991.71
纸制品制造	695.11	579.21	189.86	839.13	375.81
印刷和记录媒介复制业	910.99	791.67	245.27	1480.09	678.45
印刷	896.99	781.11	241.98	1447.46	664.36
装订及印刷相关服务	11.91	8.81	2.65	22.18	9.36
记录媒介复制	2.09	1.75	0.64	10.46	4.74
文教、工美、体育和娱乐用品制造业	2084.40	1748.69	513.39	2165.46	798.13
文教办公用品制造	139.46	126.35	27.88	158.39	46.55
乐器制造	55.69	36.44	13.44	89.72	51.70
工艺美术品制造	1273.40	1039.37	246.38	1182.91	359.12
体育用品制造	204.71	178.33	87.96	233.87	119.40
玩具制造	325.34	287.83	117.82	406.12	194.49
游艺器材及娱乐用品制造	85.81	80.36	19.91	94.45	26.87

单位：亿元

国家资本	集体资本	法人资本	个人资本	港澳台资本	外商资本	主营业务收入	主营业务成本
381.97	0.18	503.41	0.36			8561.63	2227.52
5.32	1.20	4.34	0.03			74.45	56.22
90.19	44.06	944.65	915.97	363.25	242.33	22489.77	20004.69
76.97	30.83	560.16	636.71	251.26	151.64	15696.63	14097.86
4.32	5.30	61.88	104.70	17.44	8.76	1693.47	1518.02
1.44	1.59	64.79	14.02	2.89	0.22	335.06	286.90
0.85	0.23	7.33	16.17	9.25	0.36	570.62	507.67
0.53	0.19	33.78	20.32	15.16	9.77	381.62	332.53
0.38	1.42	96.14	48.76	28.01	21.00	1331.62	1131.02
0.54	2.96	73.47	53.15	15.94	15.77	1209.29	1033.82
5.17	1.56	47.10	22.13	23.28	34.82	1271.45	1096.87
13.97	12.79	575.72	448.78	323.16	158.84	12524.81	10529.41
9.78	11.30	493.26	361.76	232.28	104.54	9735.56	8127.51
3.54	1.49	51.72	67.82	80.55	39.27	2254.90	1950.76
0.65		30.74	19.19	10.32	15.03	534.34	451.14
5.15	8.28	238.48	228.41	198.28	177.07	8747.80	7390.28
	1.49	19.37	24.72	6.74	13.76	1051.19	870.36
	2.11	32.11	44.15	25.15	27.85	1678.49	1439.10
1.50	0.87	17.45	10.02	11.65	0.32	357.83	308.78
0.11	0.02	10.23	5.51	0.98	4.79	332.24	285.69
3.55	3.79	159.33	144.01	153.77	130.35	5328.05	4486.34
13.50	2.09	145.15	164.01	38.26	21.44	3969.33	3401.26
5.01		20.62	7.06	22.26	0.48	303.40	255.05
5.43	1.16	85.45	113.05	11.23	3.15	2561.83	2216.86
2.88	0.94	31.75	37.33	4.71	17.64	853.01	716.76
0.17		7.32	6.57	0.06	0.17	251.09	212.59
5.08	3.08	163.64	222.41	73.36	97.82	3745.69	3103.76
2.37	2.76	104.08	121.16	41.30	47.38	2236.11	1859.32
		5.58	3.89	0.13	1.06	107.31	90.15
2.71	0.28	28.47	59.21	19.44	32.95	747.88	622.51
		1.46	3.33	4.10	1.81	49.27	43.87
	0.04	24.05	34.82	8.40	14.62	605.12	487.91
223.20	32.91	839.39	365.91	285.34	679.79	7476.06	6405.42
1.64		53.06	1.63	1.68	1.00	94.64	74.54
220.72	25.73	690.70	289.86	210.69	554.01	5298.70	4621.10
0.84	7.19	95.62	74.42	72.97	124.77	2082.73	1709.78
92.43	9.56	254.38	167.47	107.39	47.21	2761.77	2263.29
92.43	9.36	246.71	164.23	105.41	46.22	2706.40	2220.32
	0.20	4.44	1.80	1.98	0.94	44.87	35.94
		3.23	1.45		0.06	10.50	7.04
26.44	11.35	227.11	207.26	185.89	140.09	8075.19	7062.98
0.52		16.06	10.09	10.45	9.42	430.73	361.89
10.07	0.41	15.75	6.53	1.23	17.70	186.89	154.63
14.89	9.61	115.75	129.06	54.86	34.96	5127.08	4543.79
0.37		28.17	20.14	35.86	34.86	653.75	562.80
0.01	1.26	46.46	29.31	80.72	36.72	1408.00	1215.22
0.58	0.06	4.92	12.13	2.76	6.42	268.75	224.66

2-5 续表 7

行　　业	负债合计	流动负债合　　计	应付账款	所 有 者权益合计	实收资本
石油加工、炼焦和核燃料加工业	14592.56	11189.63	2493.54	7295.04	4778.16
精炼石油产品制造	8712.90	6615.70	1413.81	5700.85	3623.87
炼焦	5718.93	4533.57	1061.91	1515.37	1101.80
化学原料和化学制品制造业	29258.02	21318.23	4397.79	19131.46	9549.31
基础化学原料制造	9246.64	6536.78	1319.31	5495.23	3074.95
肥料制造	6579.94	4593.37	886.01	2980.82	1531.55
农药制造	790.56	662.52	141.93	750.50	218.31
涂料、油墨、颜料及类似产品制造	1125.42	976.53	266.73	1179.45	406.24
合成材料制造	6010.05	3998.11	832.71	3219.63	1987.24
专用化学产品制造	4092.18	3335.77	635.50	3816.00	1753.29
炸药、火工及焰火产品制造	425.68	326.13	76.27	575.23	167.42
日用化学产品制造	987.55	889.02	239.34	1114.62	410.32
医药制造业	7274.86	5803.19	1216.60	10676.73	2946.79
化学药品原料药制造	1598.33	1205.40	278.84	1913.18	693.39
化学药品制剂制造	2686.09	2248.00	514.90	3445.25	896.34
中药饮片加工	120.67	90.36	30.56	273.39	71.05
中成药生产	1599.52	1295.64	250.58	2687.63	632.73
兽用药品制造	119.08	95.94	13.68	237.25	77.02
生物药品制造	842.93	626.85	81.13	1625.10	466.30
卫生材料及医药用品制造	308.23	241.00	46.92	494.93	109.97
化学纤维制造业	3091.57	2585.37	416.95	2003.46	942.16
纤维素纤维原料及纤维制造	1094.69	923.99	161.73	652.72	269.77
合成纤维制造	1996.87	1661.38	255.21	1350.74	672.39
橡胶和塑料制品业	5271.79	4258.95	1111.83	5969.26	2769.17
橡胶制品业	2715.40	2107.49	522.39	2829.47	1072.81
塑料制品业	2556.39	2151.45	589.44	3139.80	1696.36
非金属矿物制品业	12667.45	9951.66	2009.08	10927.17	4687.52
水泥、石灰和石膏制造	5171.08	3821.24	632.48	3698.13	1820.90
石膏、水泥制品及类似制品制造	978.53	848.51	236.30	957.32	271.61
砖瓦、石材等建筑材料制造	1441.03	1177.11	278.25	1709.51	560.58
玻璃制造	1091.55	897.51	146.13	726.51	427.04
玻璃制品制造	1140.42	904.11	251.95	1001.58	441.28
玻璃纤维和玻璃纤维增强塑料制品制造	627.27	462.82	100.85	496.64	247.98
陶瓷制品制造	644.26	511.01	112.13	869.14	396.06
耐火材料制品制造	619.39	540.69	117.24	646.03	192.05
石墨及其他非金属矿物制品制造	953.89	788.64	133.74	822.32	330.03
黑色金属冶炼和压延加工业	38824.96	31063.38	6791.31	17616.26	9182.25
炼铁	1117.55	953.09	246.37	398.30	263.94
炼钢	7069.67	5984.01	1257.21	2638.76	950.20
黑色金属铸造	782.36	648.50	134.01	841.53	359.35
钢压延加工	28598.05	22523.78	4892.04	13096.01	6912.82
铁合金冶炼	1257.33	954.00	261.68	641.65	695.94
有色金属冶炼和压延加工业	19737.71	15056.59	2660.51	10439.00	4559.12
常用有色金属冶炼	11866.87	9007.42	1749.61	4271.73	2118.75
贵金属冶炼	1081.22	763.76	106.01	668.41	215.42
稀有稀土金属冶炼	376.77	306.02	41.68	637.69	180.57
有色金属合金制造	1099.20	759.44	128.88	565.42	303.31

单位：亿元

国家资本	集体资本	法人资本	个人资本	港澳台资本	外商资本	主营业务收入	主营业务成本
2504.72	61.42	1578.60	389.79	131.30	108.35	30263.85	23738.82
2258.08	12.85	1032.80	158.49	61.09	96.59	25478.60	19356.98
194.16	48.57	545.80	231.31	70.21	11.76	4674.27	4290.26
1875.00	340.44	3758.21	1517.30	788.43	1269.88	45909.89	38927.12
555.37	67.84	1456.59	380.63	239.62	374.86	13517.45	11806.19
534.18	24.49	736.47	214.67	10.73	11.01	6450.03	5621.24
25.17	5.86	90.03	80.37	2.90	13.97	1940.76	1657.73
24.91	12.34	164.50	99.98	35.71	68.80	2743.37	2213.53
525.56	116.40	710.08	204.69	139.44	291.08	7893.21	6991.57
160.11	106.97	460.63	399.44	290.78	335.35	9292.61	7985.63
41.75	3.76	57.37	63.10		1.44	965.93	731.04
7.94	2.77	82.54	74.42	69.25	173.39	3106.53	1920.20
263.55	42.93	1253.94	789.95	234.37	362.04	17008.98	11370.10
59.79	7.14	253.58	196.93	89.27	86.68	3063.92	2396.25
96.88	10.23	392.06	174.87	50.61	171.69	5493.50	3173.20
2.82	0.15	34.89	26.34	6.07	0.79	446.68	327.88
49.76	21.41	309.02	203.94	26.63	21.97	4377.67	2767.83
1.60	0.72	27.36	44.26	0.81	2.26	517.25	401.11
51.75	3.06	196.95	99.55	55.77	59.23	1955.90	1428.06
0.96	0.22	40.08	44.07	5.21	19.42	1154.06	875.79
39.43	7.60	403.03	225.62	179.31	87.17	5050.15	4570.08
31.16	2.53	131.81	44.39	36.17	23.71	1507.63	1338.18
8.27	5.07	271.21	181.23	143.15	63.47	3542.52	3231.90
140.43	18.04	691.14	1019.76	290.39	609.41	14483.82	12320.12
116.46	5.27	290.50	192.08	85.21	383.29	6344.20	5415.91
23.98	12.77	400.64	827.68	205.17	226.12	8139.62	6904.21
715.69	129.09	1894.96	1123.45	423.99	400.35	21687.34	18326.38
471.21	95.08	715.97	232.85	169.75	136.04	4931.04	4151.55
34.90	4.85	121.65	87.98	14.47	7.75	2251.05	1909.52
8.27	5.82	248.75	231.25	37.68	28.83	4769.17	4039.70
31.26	0.69	205.68	72.61	57.02	59.79	827.71	709.17
57.68	5.56	131.56	84.87	99.86	61.75	2059.54	1747.44
35.47	2.74	124.98	37.36	27.42	20.00	1064.29	899.10
15.61	4.66	156.45	137.96	14.15	67.23	2304.05	1908.53
11.63	5.61	41.09	123.62	1.22	8.88	1463.70	1222.10
49.66	4.08	148.83	114.95	2.43	10.07	2016.80	1739.26
2583.34	502.93	3976.44	1572.64	198.74	348.16	48802.96	45655.97
17.74	23.30	124.19	71.76	2.36	24.59	1291.93	1233.67
294.50	2.80	399.36	177.13	45.80	30.61	6189.04	5828.98
22.64	1.08	177.90	89.49	12.78	55.46	2059.92	1790.88
2185.96	448.93	3077.55	890.36	136.35	173.67	37428.37	35142.59
62.50	26.82	197.45	343.90	1.44	63.84	1833.70	1659.85
1385.57	77.16	1930.04	702.19	308.86	155.29	36108.43	33385.17
908.21	24.78	876.91	215.59	58.31	34.95	17772.08	16832.33
33.01	8.41	73.31	85.74	6.83	8.11	1806.54	1645.48
46.12	4.71	65.22	46.24	13.39	4.90	929.10	787.70
141.70	0.84	61.39	55.80	11.25	32.32	2069.28	1865.30

2-5 续表 8

行业	负债合计	流动负债合计	应付账款	所有者权益合计	实收资本
有色金属铸造	58.97	52.24	23.11	32.97	13.87
有色金属压延加工	5254.69	4167.71	611.22	4262.79	1727.20
金属制品业	6608.90	5583.91	1399.43	5890.00	2365.96
结构性金属制品制造	2081.46	1739.96	426.61	1711.32	736.72
金属工具制造	307.23	268.48	70.33	349.71	129.97
集装箱及金属包装容器制造	630.23	542.10	128.97	581.55	257.93
金属丝绳及其制品制造	732.96	601.10	144.44	547.70	205.72
建筑、安全用金属制品制造	441.70	395.15	110.33	711.57	221.17
金属表面处理及热处理加工	442.93	404.13	72.48	227.32	96.56
搪瓷制品制造	44.75	41.06	15.21	29.91	19.55
金属制日用品制造	347.11	313.04	85.14	349.35	139.40
其他金属制品制造	1580.53	1278.87	345.92	1381.58	558.94
通用设备制造业	13886.60	11818.95	3571.09	11507.02	4000.14
锅炉及原动设备制造	3226.40	2837.10	787.47	2151.82	678.86
金属加工机械制造	1615.48	1221.75	298.81	1185.22	390.41
物料搬运设备制造	2967.53	2613.57	744.76	2006.85	596.41
泵、阀门、压缩机及类似机械制造	1784.29	1540.20	527.56	1974.11	715.76
轴承、齿轮和传动部件制造	999.49	826.80	247.04	1060.66	488.36
烘炉、风机、衡器、包装等设备制造	1885.43	1551.63	527.40	1669.28	543.26
文化、办公用机械制造	415.65	393.67	194.40	510.51	207.56
通用零部件制造	739.95	616.91	182.44	764.11	314.40
其他通用设备制造业	252.39	217.32	61.19	184.46	65.11
专用设备制造业	12464.83	9875.56	2802.23	10021.55	3738.49
采矿、冶金、建筑专用设备制造	7687.70	5795.18	1595.45	4885.98	1900.14
化工、木材、非金属加工专用设备制造	1189.26	1038.04	311.55	1112.35	450.01
食品、饮料、烟草及饲料生产专用设备制造	130.70	105.79	37.47	191.93	65.73
印刷、制药、日化及日用品生产专用设备制造	318.94	269.59	74.04	372.73	153.95
纺织、服装和皮革加工专用设备制造	344.66	288.01	97.75	311.90	116.46
电子和电工机械专用设备制造	407.01	286.28	84.62	534.18	215.32
农、林、牧、渔专用机械制造	546.36	457.47	137.47	459.40	179.14
医疗仪器设备及器械制造	507.91	423.04	130.65	835.31	268.43
环保、社会公共服务及其他专用设备制造	1332.29	1212.17	333.25	1317.77	389.31
汽车制造业	28723.51	24762.08	10618.14	20483.03	6826.92
汽车整车制造	17630.51	15284.12	6625.21	11696.86	3619.26
改装汽车制造	871.73	771.94	235.82	554.61	225.65
低速载货汽车制造	36.13	32.55	6.15	38.45	18.89
电车制造	18.53	17.83	8.65	16.77	5.24
汽车车身、挂车制造	222.98	183.91	36.48	148.46	48.01
汽车零部件及配件制造	9943.62	8471.73	3705.82	8027.87	2909.87
铁路、船舶、航空航天和其他运输设备制造业	12296.02	10198.28	3105.45	6472.25	2922.42
铁路运输设备制造	2599.86	2289.67	1125.68	1576.31	760.15
城市轨道交通设备制造	70.30	69.65	32.09	49.42	30.77
船舶及相关装置制造	5655.52	4443.56	1043.32	2097.45	1111.42
航空、航天器及设备制造	2774.83	2302.68	609.48	1530.96	644.76
摩托车制造	893.22	819.90	217.86	922.74	235.68
自行车制造	249.11	223.67	64.85	245.82	117.28
非公路休闲车及零配件制造	27.22	26.01	5.89	31.50	13.81
潜水救捞及其他未列明运输设备制造	25.96	23.15	6.28	18.05	8.55

单位：亿元

国家资本	集体资本	法人资本	个人资本	港澳台资本	外商资本	主营业务收入	主营业务成本
1.05	0.39	6.83	0.68	2.88	2.05	82.31	68.99
255.48	38.04	846.38	298.15	216.20	72.96	13449.12	12185.37
353.43	40.66	746.29	609.92	304.37	311.29	15809.52	13498.47
72.85	20.03	334.51	209.79	56.87	42.66	5120.96	4346.37
18.52	2.94	40.63	20.12	18.08	29.67	799.80	649.07
16.15	4.23	90.10	47.86	46.11	53.48	1497.01	1305.73
23.32	3.72	47.86	69.85	38.92	22.06	1431.88	1242.54
3.49	2.59	70.37	84.11	20.45	40.17	1561.30	1325.26
4.66	4.50	29.13	27.35	13.39	17.52	996.87	867.94
	0.05	11.99	4.37	0.09	3.06	120.06	97.23
	0.83	27.80	33.29	39.08	38.39	1058.37	894.22
214.44	1.77	93.89	113.19	71.37	64.28	3223.25	2770.10
566.55	67.68	1351.31	913.30	204.19	896.12	23215.56	19242.62
154.88	13.53	256.35	152.72	8.30	89.85	3475.95	2882.41
86.02	7.35	150.12	85.09	21.50	40.33	2244.92	1877.06
58.53	10.52	170.41	174.80	34.39	147.76	4653.19	3724.52
90.21	5.55	209.15	188.30	36.44	186.10	3969.25	3293.93
41.54	13.52	191.70	88.24	9.04	146.58	2046.90	1719.78
40.31	8.52	200.17	138.22	27.94	128.10	3311.68	2730.75
13.02	4.48	42.12	16.93	30.78	100.23	1339.15	1174.44
66.25	3.93	112.86	59.13	32.31	39.92	1865.55	1583.74
15.79	0.27	18.42	9.89	3.49	17.25	308.96	256.00
873.47	49.67	1196.31	818.71	223.77	576.56	18165.33	15209.18
763.08	29.08	516.15	344.15	22.14	225.53	8587.43	7403.80
22.55	4.21	130.82	93.45	104.68	94.29	1871.87	1539.86
4.37	0.27	31.91	25.78	0.05	3.35	443.79	364.69
10.46	3.83	35.05	62.46	19.94	22.21	639.69	516.11
12.41	0.17	30.19	29.26	14.88	29.55	598.17	497.72
12.46	1.05	86.95	23.79	17.37	73.71	895.84	745.19
13.20	2.30	92.05	47.28	4.00	20.30	1332.79	1141.38
9.34	2.63	81.84	69.50	25.10	80.03	1390.74	1030.55
25.60	6.13	191.35	123.03	15.62	27.59	2405.00	1969.88
1197.90	128.63	2637.53	656.90	298.85	1908.91	56681.90	46725.21
898.72	69.38	1522.62	138.50	127.48	862.55	33256.58	27153.71
33.50	3.61	133.80	46.80	3.14	4.80	1485.68	1245.85
8.60		0.69	1.00		8.60	191.44	177.30
	0.43	4.58	0.24			46.40	40.92
4.82	1.51	13.29	19.05	7.13	2.22	608.75	532.54
252.27	53.70	962.54	451.32	161.09	1030.74	21093.04	17574.89
1480.55	28.06	812.94	303.04	50.41	244.92	14501.81	12512.76
442.63	18.18	230.12	52.11	9.64	7.46	3514.49	2793.13
3.67		23.60	0.77		2.74	76.22	66.10
509.70	2.28	353.20	100.49	7.14	137.27	4841.23	4414.58
505.84	0.88	84.44	13.28	2.98	36.17	2757.22	2388.25
18.70	6.46	88.90	81.73	10.60	29.29	2230.75	1904.61
	0.08	24.45	48.77	19.03	24.95	847.60	744.52
		3.83	4.05	0.17	5.76	121.84	99.09
	0.18	4.40	1.84	0.85	1.28	112.44	102.48

2-5 续表 9

行业	负债合计	流动负债合计	应付账款	所有者权益合计	实收资本
电气机械和器材制造业	23324.60	20488.46	6725.71	16588.78	6434.07
电机制造	3228.34	2823.88	954.07	2301.78	878.02
输配电及控制设备制造	7203.48	6248.40	2017.66	5486.65	2414.85
电线、电缆、光缆及电工器材制造	3045.34	2632.16	602.25	2584.92	1054.82
电池制造	1994.94	1589.15	535.53	1391.30	550.13
家用电力器具制造	6681.13	6177.44	2239.10	3447.43	945.91
非电力家用器具制造	334.97	259.52	59.81	404.57	180.01
照明器具制造	752.83	678.92	282.32	903.80	381.78
其他电气机械及器材制造	83.56	78.98	34.97	68.33	28.56
计算机、通信和其他电子设备制造业	33377.88	29388.71	14596.39	23813.43	11292.74
计算机制造	5573.47	5102.40	3135.85	2654.82	1100.08
通信设备制造	12199.15	11326.56	5732.13	5520.68	1770.41
广播电视设备制造	497.22	421.62	190.53	563.33	182.60
雷达及配套设备制造	379.47	298.60	101.75	223.86	49.10
视听设备制造	2671.51	2489.01	1127.44	1525.68	547.54
电子器件制造	7064.22	5274.91	2166.19	7559.77	4946.53
电子元件制造	3917.79	3518.39	1659.95	4705.32	2354.67
其他电子设备制造	1075.05	957.23	482.55	1059.95	341.80
仪器仪表制造业	2265.77	2030.88	718.35	2743.64	812.00
通用仪器仪表制造	1416.75	1285.66	440.15	1661.78	453.88
专用仪器仪表制造	419.52	368.78	131.25	540.18	139.77
钟表与计时仪器制造	82.94	78.20	33.28	99.33	51.30
光学仪器及眼镜制造	300.54	267.16	103.65	400.33	151.96
其他仪器仪表制造业	46.01	31.08	10.02	42.02	15.09
其他制造业	967.93	725.38	231.75	691.73	268.80
日用杂品制造	224.64	206.61	51.25	302.54	129.04
煤制品制造	32.41	21.23	4.39	-5.23	3.09
废弃资源综合利用业	333.72	269.65	56.20	223.62	96.34
金属废料和碎屑加工处理	314.83	257.81	52.40	205.95	90.08
非金属废料和碎屑加工处理	18.89	11.85	3.79	17.66	6.26
金属制品、机械和设备修理业	604.76	492.09	143.09	427.50	268.22
金属制品修理	4.53	3.42	1.40	6.32	1.61
通用设备修理	2.41	2.41	1.10	1.78	1.11
专用设备修理	14.54	12.13	3.82	14.20	3.65
铁路、船舶、航空航天等运输设备修理	569.14	461.64	131.24	387.66	253.45
电气设备修理	5.45	5.45	2.08	4.36	3.41
其他机械和设备修理业	8.69	7.04	3.45	13.18	5.00
电力、热力、燃气及水生产和供应业	**55951.53**	**27185.99**	**6820.74**	**37701.11**	**22255.48**
电力、热力生产和供应业	49976.34	23975.50	6376.16	32622.89	19332.98
电力生产	24245.60	9844.99	1863.76	11776.90	7610.33
电力供应	23717.73	12902.09	4282.13	20113.05	11293.87
热力生产和供应	2013.00	1228.42	230.27	732.94	428.77
燃气生产和供应业	2163.30	1465.52	264.62	1846.11	1101.95
水的生产和供应业	3811.89	1744.97	179.95	3232.10	1820.55
自来水生产和供应	2951.60	1545.68	148.19	2562.99	1413.71
污水处理及其再生利用	727.73	191.30	30.97	567.61	353.28

单位：亿元

国家资本	集体资本	法人资本	个人资本	港澳台资本	外商资本	主营业务收入	主营业务成本
549.84	108.38	2484.46	1695.68	557.41	1038.31	45051.73	37744.21
165.74	5.30	311.98	201.51	51.10	142.39	5506.77	4662.90
257.65	44.85	980.96	638.17	146.30	346.92	12977.02	10911.97
47.81	14.17	343.47	439.05	87.43	122.89	8034.40	6955.63
27.72	11.63	229.97	84.78	100.50	95.51	3389.00	2898.10
36.61	22.52	384.63	144.82	108.03	249.28	11888.85	9635.40
3.22	1.79	127.97	29.48	8.42	9.13	492.47	396.45
9.98	7.81	94.51	151.10	54.82	63.57	2538.38	2106.26
1.10	0.30	10.96	6.77	0.81	8.61	224.83	177.50
976.60	76.95	3623.47	910.03	2061.78	3605.21	79801.74	70400.48
12.03	4.96	260.03	92.44	315.38	376.52	17155.77	15929.07
148.19	9.35	776.01	204.66	284.79	347.41	25217.46	21422.83
4.24	0.64	48.97	68.09	22.30	38.38	1147.69	937.65
36.74		7.08	4.41		0.88	381.15	316.88
46.58	7.82	146.60	50.91	106.31	189.32	7015.29	6311.98
658.43	25.16	1744.82	205.40	595.35	1717.24	13493.45	12001.73
65.44	27.01	547.09	223.54	688.31	803.43	12034.79	10530.51
4.95	2.01	92.89	60.58	49.34	132.04	3356.14	2949.84
86.70	7.78	249.31	239.53	103.97	137.56	4979.95	3893.19
52.74	3.97	153.69	154.81	36.46	52.21	2957.48	2322.94
13.97	0.78	42.66	59.10	4.16	20.49	1014.66	791.62
0.25	0.19	6.98	4.49	28.98	10.41	269.74	221.42
18.83	1.19	38.87	19.54	32.35	52.65	659.63	490.20
0.91	1.65	7.11	1.59	2.03	1.81	78.45	67.00
80.29	3.83	72.23	41.64	28.42	43.18	1491.96	1260.29
1.00	2.89	41.15	24.71	23.19	36.10	866.12	738.63
1.00	0.10	0.61	0.06	1.32		35.80	32.47
5.05	3.19	35.20	42.36	9.03	1.50	1303.96	1160.27
5.05	2.44	31.17	41.53	8.39	1.50	1177.56	1055.82
	0.75	4.03	0.84	0.65		126.40	104.45
163.24	6.13	52.58	8.95	16.04	21.28	645.76	549.65
		1.00	0.61			27.70	24.15
0.08	0.21	0.83				5.00	4.12
1.00		1.63	0.60	0.42		18.21	12.61
160.99	5.25	42.94	7.36	15.63	21.28	562.04	479.51
0.46		2.64	0.31			11.86	10.91
0.72	0.67	3.54	0.07			20.95	18.34
16957.34	**85.65**	**4195.15**	**224.43**	**455.08**	**336.41**	**46818.46**	**41448.12**
15372.19	60.01	3285.81	179.24	297.26	137.04	43388.62	38645.59
4519.96	50.93	2466.53	148.24	293.72	130.96	11683.03	8502.14
10640.68	6.88	634.98	11.02	0.31		30933.17	29399.65
211.55	2.20	184.30	19.98	3.23	6.09	772.42	743.80
608.02	17.40	253.02	18.78	116.78	87.95	2389.67	2024.46
977.13	8.24	656.32	26.41	41.04	111.42	1040.17	778.07
776.01	5.49	526.65	24.34	31.21	49.99	846.52	664.11
201.12	2.75	129.61	2.06	9.83	7.91	149.16	95.94

2-5 续表 10

行 业	销售费用	管理费用	财务费用	利息收入
总 计	**19565.97**	**28369.95**	**8869.50**	**1382.48**
采矿业	**728.64**	**2602.68**	**1117.78**	**140.25**
煤炭开采和洗选业	535.03	1434.60	764.42	73.29
烟煤和无烟煤开采洗选	520.08	1359.71	730.51	69.96
褐煤开采洗选	14.72	72.47	30.96	3.19
其他煤炭采选	0.23	2.42	2.94	0.14
石油和天然气开采业	39.04	669.57	176.08	49.83
石油开采	34.47	586.85	142.94	43.17
天然气开采	4.57	82.72	33.14	6.66
黑色金属矿采选业	55.86	172.28	94.43	6.36
铁矿采选	53.52	166.69	91.96	6.30
锰矿、铬矿采选	2.00	4.58	1.27	0.05
其他黑色金属矿采选	0.34	1.01	1.20	0.01
有色金属矿采选业	39.60	180.67	51.41	3.13
常用有色金属矿采选	22.66	77.64	23.07	1.01
贵金属矿采选	12.55	79.35	18.62	0.48
稀有稀土金属矿采选	4.39	23.69	9.73	1.64
非金属矿采选业	55.01	71.83	19.67	2.55
土砂石开采	23.67	26.67	5.09	0.31
化学矿开采	6.67	15.72	7.20	0.45
采盐	17.40	23.83	6.61	1.74
石棉及其他非金属矿采选	7.27	5.61	0.77	0.05
开采辅助活动	3.84	73.47	11.74	5.09
石油和天然气开采辅助活动	3.49	73.14	11.73	5.09
制造业	**18607.74**	**24883.15**	**6290.08**	**1175.47**
农副食品加工业	605.10	654.62	278.96	31.37
谷物磨制	65.79	64.12	27.49	0.96
饲料加工	84.05	89.75	23.30	6.59
植物油加工	91.52	98.23	56.39	11.78
制糖业	15.70	41.02	27.61	5.24
屠宰及肉类加工	182.12	179.59	69.68	4.22
水产品加工	47.54	57.74	23.90	0.84
蔬菜、水果和坚果加工	56.02	54.34	15.84	0.58
其他农副食品加工	62.36	69.83	34.74	1.17
食品制造业	1269.78	501.80	78.50	13.96
焙烤食品制造	149.52	63.05	8.69	1.09
糖果、巧克力及蜜饯制造	112.59	51.64	5.95	0.89
方便食品制造	186.69	71.24	6.06	2.14
乳制品制造	339.53	87.74	7.89	2.51
罐头食品制造	28.60	21.03	6.07	0.72
调味品、发酵制品制造	92.12	83.41	21.76	2.19
其他食品制造	360.72	123.69	22.08	4.41
酒、饮料和精制茶制造业	1030.15	506.33	71.01	25.85
酒的制造	473.63	346.89	40.59	20.57
饮料制造	524.33	128.53	24.96	5.09
精制茶加工	32.19	30.90	5.47	0.20
烟草制品业	129.82	465.80	-15.63	27.66
烟叶复烤	2.34	9.93	-2.87	1.81

单位：亿元

利息支出	投资收益（损失以“–”号记）	营业利润	利润总额	亏损企业亏损额	平均用工人数（万人）
9170.44	**3156.51**	**39574.93**	**41564.91**	**6853.75**	**6245.23**
1208.07	**150.68**	**1246.77**	**1414.04**	**1601.70**	**571.73**
831.31	139.02	-41.63	48.26	862.89	387.27
801.49	139.24	-152.36	-50.85	812.10	373.27
26.49	-0.22	111.24	100.33	48.32	13.24
3.34		-0.51	-1.21	2.47	0.77
202.72	-68.59	641.87	664.23	574.11	72.21
167.50	-70.51	295.92	301.82	574.11	69.27
35.22	1.92	345.95	362.41		2.95
89.15	59.01	305.62	316.57	89.63	33.66
87.70	58.82	289.46	299.65	85.99	31.96
0.58	0.19	7.24	8.00	1.41	1.33
0.88		8.92	8.92	2.22	0.37
49.26	14.21	225.71	229.36	37.67	30.66
22.12	9.45	121.54	122.25	16.26	15.44
18.41	4.28	102.24	104.63	3.80	9.90
8.72	0.49	1.94	2.47	17.61	5.32
18.18	5.89	114.55	118.85	5.72	19.92
3.70	-0.09	61.25	60.06	1.08	9.54
6.95	3.57	27.75	28.29	2.14	3.26
7.10	2.21	6.87	11.93	1.53	5.47
0.42	0.20	18.68	18.58	0.98	1.65
17.44	1.11	-0.08	36.33	31.68	27.93
17.43	1.11	-0.36	36.05	31.68	27.73
6542.44	**2355.32**	**34954.37**	**36439.57**	**4883.58**	**5409.72**
259.46	-38.32	1571.59	1543.56	81.53	210.44
23.47	-1.60	197.61	197.73	5.42	20.49
26.03	8.69	223.18	227.10	8.05	22.49
47.56	-33.31	207.30	209.46	14.27	15.05
28.88	-9.79	86.36	91.91	14.48	11.38
61.41	7.11	487.11	439.99	26.26	72.21
24.77	-0.45	149.57	147.35	3.19	30.20
14.28	0.02	125.24	126.91	1.31	18.42
33.06	-9.00	95.21	103.12	8.55	20.20
91.36	33.05	1275.19	1307.91	32.47	130.64
8.89	3.44	152.20	156.45	5.58	23.99
5.42	0.34	98.18	99.40	2.15	12.27
10.76	0.68	140.86	144.39	2.06	26.07
14.09	23.51	203.23	211.08	13.33	20.23
6.23	-0.30	51.02	52.82	0.54	12.27
22.60	-5.58	187.49	192.86	2.38	14.93
23.37	10.96	442.21	450.91	6.42	20.89
87.95	76.52	1280.79	1297.85	54.69	107.96
57.64	52.28	837.89	845.64	33.64	63.95
25.24	24.88	382.08	391.60	21.04	35.38
5.07	-0.64	60.82	60.62	0.01	8.63
13.55	82.93	1129.45	1117.46	0.73	19.21
-0.37	0.23	13.54	13.74	0.12	2.71

2-5 续表 11

行业	销售费用	管理费用	财务费用	利息收入
卷烟制造	125.26	449.29	-13.26	25.75
其他烟草制品制造	2.22	6.58	0.50	0.10
纺织业	303.53	561.00	298.21	35.59
棉纺织及印染精加工	176.69	362.95	216.50	29.28
毛纺织及染整精加工	18.36	33.35	24.43	1.47
麻纺织及染整精加工	7.35	9.42	4.90	0.11
丝绢纺织及印染精加工	6.32	14.58	5.20	0.52
化纤织造及印染精加工	4.51	12.34	6.43	0.48
针织或钩针编织物及其制品制造	26.94	44.84	21.26	0.87
家用纺织制成品制造	36.21	37.66	8.18	1.57
非家用纺织制成品制造	27.15	45.87	11.29	1.29
纺织服装、服饰业	521.24	544.41	78.58	12.34
机织服装制造	440.12	423.42	64.14	9.74
针织或钩针编织服装制造	56.81	100.39	11.84	1.93
服饰制造	24.31	20.60	2.60	0.67
皮革、毛皮、羽毛及其制品和制鞋业	235.23	344.20	52.99	3.37
皮革鞣制加工	13.49	24.00	10.95	1.09
皮革制品制造	43.98	69.50	13.02	-0.28
毛皮鞣制及制品加工	3.75	5.63	2.31	0.21
羽毛(绒)加工及制品制造	9.24	12.63	3.13	0.14
制鞋业	164.77	232.43	23.59	2.20
木材加工和木、竹、藤、棕、草制品业	105.98	135.42	39.01	2.08
木材加工	7.10	11.21	2.50	0.13
人造板制造	61.84	73.76	26.62	1.48
木制品制造	30.72	40.93	7.35	0.40
竹、藤、棕、草等制品制造	6.31	9.52	2.54	0.07
家具制造业	164.30	194.34	25.36	3.18
木质家具制造	99.31	112.86	17.98	1.63
竹、藤家具制造	3.31	4.92	2.22	0.06
金属家具制造	29.14	42.97	2.95	1.23
塑料家具制造	1.38	1.70	0.18	0.01
其他家具制造	31.15	31.90	2.04	0.25
造纸和纸制品业	220.52	271.32	188.04	22.61
纸浆制造	2.91	11.34	7.30	0.28
造纸	127.70	177.75	165.56	22.19
纸制品制造	89.91	82.24	15.18	0.15
印刷和记录媒介复制业	79.05	170.18	17.49	3.20
印刷	76.13	165.45	17.10	3.22
装订及印刷相关服务	1.75	3.76	0.36	-0.03
记录媒介复制	1.17	0.98	0.03	
文教、工美、体育和娱乐用品制造业	181.82	296.72	45.13	8.09
文教办公用品制造	17.26	21.66	2.69	1.58
乐器制造	5.10	10.80	0.56	0.12
工艺美术品制造	105.54	135.52	37.03	4.73
体育用品制造	14.00	32.82	-0.05	0.52
玩具制造	31.69	83.46	3.37	0.86
游艺器材及娱乐用品制造	8.24	12.45	1.53	0.29

单位：亿元

利息支出	投资收益（损失以“–”号记）	营业利润	利润总额	亏损企业亏损额	平均用工人数（万人）
13.28	82.70	1107.39	1094.85	0.61	15.73
0.64	0.01	8.53	8.87		0.77
293.97	24.80	1258.47	1286.26	42.97	267.79
214.41	14.79	807.68	835.96	33.43	172.46
21.73	0.86	96.44	98.01	3.73	17.42
4.44	0.69	24.86	24.57	0.10	8.27
5.18	-0.33	33.36	32.31	1.12	8.20
6.35	0.96	25.57	24.69	1.30	7.66
20.76	4.81	105.50	103.86	1.26	20.73
9.31	0.10	81.06	80.60	1.17	18.28
11.77	2.92	84.01	86.25	0.87	14.77
81.53	50.39	845.40	861.64	20.42	278.00
65.12	48.00	685.22	698.05	16.51	207.94
12.92	1.64	126.87	129.34	2.65	56.81
3.49	0.75	33.31	34.24	1.26	13.25
55.02	-10.36	660.32	634.84	13.65	203.06
10.29	0.07	129.78	89.42	1.01	10.18
13.87	0.66	105.45	107.10	3.10	35.62
1.53	0.05	35.93	46.83		4.32
3.59	-2.55	17.18	17.25	0.80	4.58
25.72	-8.59	371.98	374.24	8.74	148.35
35.02	-0.42	259.77	267.15	3.36	49.11
2.16	-1.45	25.35	25.91	0.23	5.36
23.99	2.75	167.45	173.36	2.75	26.91
6.52	-1.66	49.56	50.36	0.38	11.83
2.34	-0.07	17.42	17.51		5.02
30.01	20.56	264.67	267.03	8.03	65.67
18.29	0.22	136.92	138.14	7.26	40.78
1.93	-0.43	6.21	6.08	0.02	1.17
5.94	12.17	62.49	63.51	0.46	12.01
0.20		2.06	2.08	0.07	0.93
3.65	8.59	56.99	57.22	0.22	10.78
175.68	30.46	416.68	454.33	48.81	69.22
7.50	0.10	0.89	1.61	5.37	1.07
153.38	34.75	239.87	272.32	38.67	41.87
14.80	-4.38	175.92	180.40	4.77	26.27
20.43	24.73	246.27	254.93	6.32	45.65
20.05	24.72	242.43	250.77	6.32	44.16
0.35		2.59	2.76		1.27
0.03	0.01	1.25	1.40		0.22
53.88	15.39	480.41	481.21	9.82	143.75
4.50	3.24	29.07	29.81	0.30	7.86
0.66	0.20	16.12	16.12	0.93	3.77
39.24	7.21	304.39	302.91	4.03	61.31
2.59	0.87	39.82	40.50	0.62	16.62
5.27	2.54	69.40	69.90	3.79	50.87
1.62	1.33	21.61	21.97	0.14	3.32

2-5 续表 12

行　业	销售费用	管理费用	财务费用	利息收入
石油加工、炼焦和核燃料加工业	287.71	759.72	373.24	35.66
精炼石油产品制造	148.01	626.17	231.37	22.80
炼焦	139.66	128.23	138.85	12.41
化学原料和化学制品制造业	1593.70	1752.20	894.53	82.72
基础化学原料制造	249.89	474.13	295.44	24.14
肥料制造	211.62	257.19	194.60	19.09
农药制造	46.26	69.02	17.75	2.56
涂料、油墨、颜料及类似产品制造	136.07	146.79	26.38	3.43
合成材料制造	135.34	238.55	206.66	16.25
专用化学产品制造	174.26	288.16	130.59	10.52
炸药、火工及焰火产品制造	49.92	76.83	13.83	1.94
日用化学产品制造	590.34	201.53	9.28	4.80
医药制造业	2415.48	1118.65	156.90	33.01
化学药品原料药制造	195.13	197.04	37.00	7.28
化学药品制剂制造	1145.37	436.02	50.01	12.83
中药饮片加工	37.09	21.21	3.16	0.45
中成药生产	784.21	276.71	37.54	5.88
兽用药品制造	23.99	25.50	4.24	0.30
生物药品制造	143.19	111.72	14.31	6.01
卫生材料及医药用品制造	86.50	50.45	10.64	0.27
化学纤维制造业	53.83	151.29	103.17	13.24
纤维素纤维原料及纤维制造	24.00	48.57	37.92	3.29
合成纤维制造	29.83	102.72	65.25	9.96
橡胶和塑料制品业	390.63	596.09	143.91	14.39
橡胶制品业	185.06	241.96	85.67	6.14
塑料制品业	205.57	354.13	58.25	8.24
非金属矿物制品业	631.46	898.26	346.76	30.63
水泥、石灰和石膏制造	147.19	260.48	151.23	10.44
石膏、水泥制品及类似制品制造	61.46	78.77	23.74	3.30
砖瓦、石材等建筑材料制造	113.89	156.71	46.41	3.52
玻璃制造	26.60	52.74	17.62	2.06
玻璃制品制造	63.46	96.47	24.53	3.04
玻璃纤维和玻璃纤维增强塑料制品制造	23.45	40.10	23.55	1.78
陶瓷制品制造	85.28	99.30	20.42	1.75
耐火材料制品制造	63.79	50.89	12.69	1.32
石墨及其他非金属矿物制品制造	46.34	62.81	26.57	3.42
黑色金属冶炼和压延加工业	593.70	1339.23	1021.39	134.12
炼铁	11.64	31.94	45.73	1.44
炼钢	84.73	228.56	171.75	12.83
黑色金属铸造	42.60	65.91	19.10	1.07
钢压延加工	415.26	952.30	748.60	111.39
铁合金冶炼	39.47	60.52	36.21	7.40
有色金属冶炼和压延加工业	297.08	653.40	621.94	62.15
常用有色金属冶炼	141.40	281.85	398.92	26.35
贵金属冶炼	4.54	53.50	21.04	11.93
稀有稀土金属冶炼	10.93	28.17	8.37	6.00
有色金属合金制造	28.54	69.42	33.75	3.87

单位：亿元

利息支出	投资收益（损失以"–"号记）	营业利润	利润总额	亏损企业亏损额	平均用工人数（万人）
357.41	60.50	601.86	579.03	442.38	79.32
221.99	62.35	615.43	622.43	237.74	43.56
116.39	-2.77	-24.59	-55.62	204.64	34.90
837.28	125.00	2385.94	2506.27	579.23	275.44
280.60	38.19	479.83	534.14	233.03	71.28
199.31	12.10	132.13	174.42	129.73	50.29
20.77	2.52	150.19	152.38	2.72	11.97
28.58	13.68	225.61	232.47	12.12	19.21
164.08	15.64	281.92	291.40	128.29	32.32
118.62	6.82	660.35	659.02	55.48	44.37
12.73	9.90	74.69	78.61	7.06	24.65
12.59	26.14	381.22	383.82	10.79	21.34
163.91	100.38	1938.36	1995.37	46.60	156.94
41.17	17.29	234.27	249.40	17.11	29.77
47.70	34.47	691.31	714.74	17.43	44.17
3.25	-5.00	49.06	51.05	0.48	3.87
36.46	42.60	524.72	531.21	3.65	47.42
4.37	0.82	60.61	61.18	0.11	4.83
20.91	11.27	257.43	266.08	7.67	15.11
10.06	-1.07	120.98	121.72	0.15	11.78
93.58	10.34	182.92	200.25	35.02	32.17
32.57	7.63	67.75	72.63	8.26	11.81
61.01	2.71	115.16	127.61	26.76	20.37
147.41	15.56	984.87	1009.11	56.00	172.06
83.88	5.03	391.20	409.31	35.32	57.90
63.53	10.54	593.67	599.80	20.67	114.16
335.49	68.37	1397.79	1494.87	207.89	275.20
144.36	12.14	211.13	280.42	104.47	49.15
22.49	19.52	179.24	182.42	4.83	24.86
42.46	1.74	376.76	374.39	7.16	61.12
21.34	25.32	48.12	57.97	31.79	12.19
24.63	3.72	101.92	107.77	31.77	33.50
21.93	0.83	77.07	81.10	4.15	10.61
17.59	2.08	173.24	174.77	7.76	51.73
12.18	1.63	105.03	105.64	3.23	14.43
28.52	1.38	125.28	130.38	12.73	17.61
932.48	-49.72	28.39	39.40	1283.26	279.90
45.21	13.10	-25.38	-23.55	49.75	11.14
148.82	1.58	-124.71	-121.91	211.89	42.27
18.04	0.58	127.59	130.38	3.93	20.96
686.27	-65.20	22.61	22.99	971.82	191.38
34.13	0.22	28.29	31.50	45.87	14.15
574.61	69.50	1048.39	951.55	417.97	141.75
361.98	36.28	79.10	28.54	321.76	65.31
29.38	13.95	62.16	65.93	6.14	6.95
12.51	2.25	79.43	76.06	2.12	5.91
32.35	-5.11	59.72	65.01	28.91	10.87

2-5 续表 13

行　　业	销售费用	管理费用	财务费用	利息收入
有色金属铸造	1.41	6.32	0.77	0.03
有色金属压延加工	110.25	214.14	159.10	13.97
金属制品业	346.32	677.88	131.00	20.83
结构性金属制品制造	103.73	201.43	47.67	4.74
金属工具制造	28.10	46.98	5.93	0.48
集装箱及金属包装容器制造	37.28	53.84	7.20	1.93
金属丝绳及其制品制造	27.54	49.84	21.70	5.26
建筑、安全用金属制品制造	39.79	62.35	5.86	1.38
金属表面处理及热处理加工	11.83	33.40	8.63	0.80
搪瓷制品制造	3.20	6.33	0.42	0.25
金属制日用品制造	41.69	46.26	5.64	0.81
其他金属制品制造	53.16	177.45	27.95	5.18
通用设备制造业	747.94	1345.26	195.36	40.30
锅炉及原动设备制造	106.52	242.59	18.27	4.37
金属加工机械制造	71.57	128.10	43.88	3.78
物料搬运设备制造	166.66	275.78	47.93	16.00
泵、阀门、压缩机及类似机械制造	148.30	233.87	23.63	5.20
轴承、齿轮和传动部件制造	48.67	109.06	23.85	1.85
烘炉、风机、衡器、包装等设备制造	120.78	181.53	17.15	5.26
文化、办公用机械制造	31.95	61.87	0.24	0.44
通用零部件制造	42.57	93.10	14.59	1.12
其他通用设备制造业	10.92	19.35	5.82	2.28
专用设备制造业	589.00	1062.16	204.69	40.67
采矿、冶金、建筑专用设备制造	235.86	436.18	135.34	30.80
化工、木材、非金属加工专用设备制造	53.13	132.36	21.07	2.27
食品、饮料、烟草及饲料生产专用设备制造	14.17	24.28	2.57	0.76
印刷、制药、日化及日用品生产专用设备制造	26.75	39.80	3.40	0.08
纺织、服装和皮革加工专用设备制造	20.37	41.13	4.98	1.57
电子和电工机械专用设备制造	23.93	55.43	6.87	0.71
农、林、牧、渔专用机械制造	44.47	70.33	10.94	0.43
医疗仪器设备及器械制造	92.66	131.27	5.27	1.71
环保、社会公共服务及其他专用设备制造	77.67	131.37	14.26	2.34
汽车制造业	1736.27	2781.49	244.48	137.34
汽车整车制造	1244.98	1510.60	77.54	106.34
改装汽车制造	34.81	61.86	13.53	2.55
低速载货汽车制造	1.67	4.84	0.63	0.41
电车制造	1.71	1.31	0.19	-0.01
汽车车身、挂车制造	11.14	16.54	3.53	-0.08
汽车零部件及配件制造	441.96	1186.34	149.07	28.13
铁路、船舶、航空航天和其他运输设备制造业	232.10	821.75	101.76	64.81
铁路运输设备制造	100.58	277.60	10.89	11.68
城市轨道交通设备制造	1.77	5.85	0.02	0.35
船舶及相关装置制造	29.51	203.07	46.39	40.25
航空、航天器及设备制造	23.68	179.87	29.75	6.88
摩托车制造	50.54	122.91	12.21	4.59
自行车制造	22.37	27.76	1.98	0.90
非公路休闲车及零配件制造	2.40	2.73	0.33	0.10
潜水救捞及其他未列明运输设备制造	1.25	1.96	0.18	0.05

单位：亿元

利息支出	投资收益（损失以“–”号记）	营业利润	利润总额	亏损企业亏损额	平均用工人数（万人）
0.93	-0.12	4.58	4.71	1.07	1.05
137.46	22.25	763.40	711.30	57.98	51.65
149.27	-46.70	1056.00	1094.79	52.73	184.81
43.19	-34.93	344.12	355.58	12.11	47.77
6.36	-1.17	65.17	68.61	1.58	14.24
12.80	0.76	92.39	95.00	6.78	14.36
27.50	-14.36	85.59	83.44	6.20	10.84
9.92	0.57	120.89	120.66	2.45	21.63
8.60	-2.29	71.82	73.38	5.00	11.42
0.79	-1.44	10.49	10.59	1.64	2.03
7.02	0.48	67.43	68.69	2.66	20.31
33.09	5.69	198.09	218.84	14.32	42.22
227.06	104.71	1629.88	1713.01	123.11	245.95
27.71	29.84	220.74	233.70	19.60	32.60
45.53	2.60	119.34	132.77	22.30	27.43
56.05	21.20	412.50	433.04	6.62	35.67
29.41	4.47	275.29	284.28	16.24	44.64
22.65	2.46	133.70	139.17	19.17	26.35
24.18	41.45	267.71	281.24	10.52	32.54
2.77	-1.57	66.30	70.52	10.42	17.27
15.17	3.52	124.69	127.60	7.32	25.16
3.58	0.75	9.61	10.70	10.92	4.29
256.04	68.90	956.83	1072.07	253.27	189.32
171.91	32.90	235.41	310.11	189.47	74.57
24.04	6.92	127.65	131.63	16.35	32.13
2.66	0.69	36.53	36.30	0.93	4.67
5.03	3.81	53.32	59.59	1.93	6.86
6.85	6.57	36.01	39.51	6.40	8.48
6.81	2.49	59.07	66.33	11.26	9.86
10.57	-0.06	65.55	67.61	9.65	13.96
9.83	13.87	142.23	149.53	10.48	18.63
18.34	1.71	201.07	211.46	6.79	20.16
316.25	906.81	4863.54	5265.42	266.23	340.63
145.82	756.72	2932.51	3246.96	175.75	121.34
15.05	1.48	51.87	71.01	12.84	13.88
1.03	0.07	7.18	7.61	0.37	1.62
0.13		2.17	2.21	0.19	0.54
4.16	0.23	45.08	45.07	1.58	4.71
150.07	148.31	1824.73	1892.57	75.49	198.53
155.60	57.72	790.80	841.26	171.75	143.84
21.36	15.30	291.61	306.91	29.65	28.83
0.24	0.02	1.86	2.15	0.72	0.61
78.39	48.37	129.91	145.60	127.45	44.74
33.82	-20.51	142.57	155.16	7.82	31.56
16.90	12.70	148.78	153.84	4.74	23.61
3.82	1.82	52.79	54.13	1.23	12.26
0.59	0.01	17.04	17.15	0.14	1.18
0.47		6.25	6.33		1.05

2-5 续表 14

行　业	销售费用	管理费用	财务费用	利息收入
电气机械和器材制造业	1790.40	2051.24	288.29	97.91
电机制造	163.31	274.37	36.15	10.64
输配电及控制设备制造	376.83	605.29	134.39	20.55
电线、电缆、光缆及电工器材制造	189.56	264.39	86.55	8.74
电池制造	74.82	159.15	34.75	1.84
家用电力器具制造	868.99	550.94	-16.08	52.11
非电力家用器具制造	27.92	28.23	3.10	1.26
照明器具制造	80.92	142.15	8.66	2.66
其他电气机械及器材制造	8.05	26.73	0.76	0.11
计算机、通信和其他电子设备制造业	1785.85	3707.99	255.56	163.73
计算机制造	256.26	421.03	23.02	20.07
通信设备制造	846.19	1621.96	94.87	84.27
广播电视设备制造	32.11	73.70	6.90	0.19
雷达及配套设备制造	6.08	30.23	2.51	1.10
视听设备制造	243.06	244.02	29.12	15.68
电子器件制造	173.05	637.13	90.47	28.80
电子元件制造	177.99	539.83	7.83	9.57
其他电子设备制造	51.10	140.10	0.83	4.06
仪器仪表制造业	216.31	355.17	27.38	7.88
通用仪器仪表制造	139.71	202.97	20.04	3.54
专用仪器仪表制造	46.82	78.95	6.35	2.34
钟表与计时仪器制造	11.80	16.97	0.17	0.39
光学仪器及眼镜制造	15.83	50.85	0.49	1.49
其他仪器仪表制造业	2.15	5.43	0.31	0.12
其他制造业	38.89	89.63	6.65	3.54
日用杂品制造	26.07	38.19	4.92	0.53
煤制品制造	1.22	1.59	0.25	0.03
废弃资源综合利用业	7.83	18.82	8.21	0.65
金属废料和碎屑加工处理	5.95	15.29	7.65	0.61
非金属废料和碎屑加工处理	1.87	3.54	0.57	0.04
金属制品、机械和设备修理业	6.71	56.78	7.19	2.60
金属制品修理	0.43	0.58	0.13	
通用设备修理		0.74		0.01
专用设备修理	1.47	2.20	0.18	0.03
铁路、船舶、航空航天等运输设备修理	4.50	51.24	6.65	2.46
电气设备修理		0.52	0.05	
其他机械和设备修理业	0.31	1.51	0.18	0.10
电力、热力、燃气及水生产和供应业	**229.59**	**884.13**	**1461.63**	**66.76**
电力、热力生产和供应业	56.99	655.00	1359.18	48.75
电力生产	24.44	307.20	914.24	27.99
电力供应	24.93	281.51	414.44	17.82
热力生产和供应	7.63	66.29	30.50	2.94
燃气生产和供应业	90.37	104.71	33.98	6.61
水的生产和供应业	82.22	124.42	68.48	11.40
自来水生产和供应	80.53	111.22	44.43	5.72
污水处理及其再生利用	1.28	11.70	12.32	3.00

单位：亿元

利息支出	投资收益（损失以“–”号记）	营业利润	利润总额	亏损企业亏损额	平均用工人数（万人）
401.71	192.17	3135.95	3211.93	214.44	416.86
50.04	10.22	340.46	338.42	67.06	54.14
148.69	56.46	918.94	961.97	83.18	108.21
87.77	11.58	528.23	508.28	11.06	55.27
39.65	22.50	224.90	228.46	13.32	42.66
56.99	87.68	883.32	929.73	24.23	108.16
5.17	1.01	34.08	35.74	3.28	6.07
12.52	4.38	195.29	199.37	8.44	39.07
0.89	-1.67	10.73	9.96	3.87	3.28
334.40	342.52	3613.53	3996.28	376.87	775.50
43.51	4.34	486.16	517.77	87.31	122.19
82.75	255.32	1289.00	1485.43	58.24	184.54
10.16	2.28	91.78	95.35	1.84	17.18
3.39	3.60	25.08	27.87	0.92	4.04
30.94	11.03	177.67	200.23	31.46	59.87
95.05	25.63	557.23	660.79	142.47	144.23
58.94	34.96	778.03	787.62	46.85	205.18
9.65	5.36	208.58	221.22	7.78	38.26
37.02	20.18	438.85	462.37	22.98	64.71
23.69	16.45	278.72	301.32	11.24	27.76
8.37	2.94	92.99	96.20	2.11	10.18
1.05	0.06	18.96	19.20	1.08	9.25
3.39	0.82	45.12	41.98	7.55	15.88
0.52	-0.10	3.06	3.67	0.99	1.64
10.70	8.02	96.80	108.90	1.88	25.88
5.40	2.73	55.09	55.07	0.33	16.57
0.27		0.54	0.50	1.15	0.48
6.19	-9.36	92.29	97.19	7.10	6.09
5.65	-3.36	85.29	89.65	7.04	5.18
0.54	-5.99	7.00	7.54	0.06	0.91
8.17	0.69	22.40	26.33	2.04	12.86
0.11		2.21	2.21		0.43
	-0.03	0.06	0.11		0.43
0.19	0.05	1.60	2.23		0.54
7.56	0.65	17.80	21.03	1.94	10.50
0.05		0.19	0.19	0.03	0.50
0.25	0.01	0.55	0.57	0.08	0.46
1419.93	**650.51**	**3373.80**	**3711.31**	**368.47**	**263.77**
1308.24	587.92	3134.05	3398.00	305.39	219.92
905.73	205.45	2082.51	2209.41	202.01	71.58
371.22	378.60	1111.85	1179.35	77.25	133.39
31.29	3.87	-60.32	9.23	26.13	14.95
37.44	41.58	203.54	221.41	28.84	15.99
74.25	21.02	36.21	91.90	34.24	27.86
48.76	20.17	-3.53	40.19	31.74	25.91
16.43	0.91	27.47	39.40	2.49	1.82